清代文化東傳研究

嘉慶、道光學壇與朝鮮金阮堂

〔日〕藤塚鄰 著　藤塚明直 編
劉婧 譯注

鳳凰出版社

圖書在版編目（CIP）數據

清代文化東傳研究 /（日）藤塚鄰著 ; 劉婧譯注. --
南京 : 鳳凰出版社, 2020.12
ISBN 978-7-5506-3038-3

Ⅰ. ①清… Ⅱ. ①藤… ②劉… Ⅲ. ①中華文化－文化交流－文化傳播－研究－朝鮮、日本－清代 Ⅳ. ①K249.03

中國版本圖書館CIP數據核字(2020)第219808號

書　　名	清代文化東傳研究——嘉慶、道光學壇與朝鮮金阮堂
著　　者	(日)藤塚鄰 著　(日)藤塚明直 編　劉　婧 譯注
責任編輯	張永堃
裝幀設計	徐　慧
出版發行	鳳凰出版社(原江蘇古籍出版社) 發行部電話025-83223462
出版社地址	南京市中央路165號,郵編:210009
出版社網址	http://www.fhcbs.com
照　　排	南京凱建文化發展有限公司
印　　刷	江蘇鳳凰通達印刷有限公司 江苏省南京市六合區冶山鎮,郵編:211523
開　　本	880毫米×1230毫米　1/32
印　　張	17
字　　數	441千字
版　　次	2020年12月第1版
印　　次	2020年12月第1次印刷
標準書號	ISBN 978-7-5506-3038-3
定　　價	198.00圓

(本書凡印裝錯誤可向承印廠調換,電話:025-57572508)

金正喜肖像

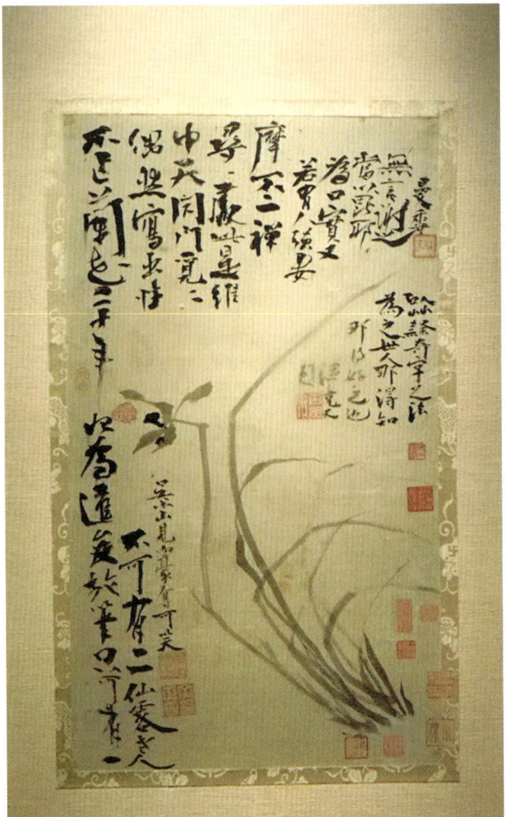

阮堂繪《不二禪蘭》

《秋史餞行圖》
金正喜由清歸國前，阮福等人爲之餞行

藤塚鄰于望漢廬書齋

譯注前言

《清代文化東傳研究——嘉慶、道光學壇與朝鮮金阮堂》爲日本學者藤塚鄰(1879—1948)於一九三六年提交的東京帝國大學的博士論文,藤塚鄰去世後由其子藤塚明直(1912—2006)編輯,於日本昭和二十年(1975)在日本國書刊行會出版。著者藤塚鄰以朝鮮阮堂金正喜(1786—1856)與清代碩儒翁方綱、阮元等人在經學、金石、書畫以及書籍的編纂與流通等方面的交流爲縱横線,通過個人數十年蒐集的大量寶貴文獻資料,考述了清代學術、文學、文化等東傳朝鮮和日本的脈絡,是近代東亞三國學術、文學、文化等領域的重要研究成果。藤塚鄰不僅是近代著名的經學研究者,也是一位收藏家和鑒賞家,尤其對中國、朝鮮、日本學者的經典著書、手札、書畫等文獻收藏豐富。本書中收録的部分文獻後被戰火燒燬或散佚,更彰顯出此書的學術文獻價值之寶貴。

本書出版之後,在日、韓學界引起了極大的關注,韓國亦有兩種翻譯本問世:一是朴熙永翻譯本,書名爲《秋史金正喜的另一面》,於一九九四年由韓國教育中心出版社出版;一是尹哲圭等共譯,書名爲《秋史金正喜研究——清朝文化東傳研究》,於二〇〇九年由果川文化院出版,以上韓文譯本爲韓國學界提供了很大的便利。爲了能對近代東亞文化交流等問題做更深入的研究,筆者在對相關問題研究的同時亦對此書進行譯

注。在譯注過程中,主要遵循了以下幾點原則:

一、原著中引用的原典內容,有傳世存本者儘量復核原文進行確認。同時,對引文重新斷句,對引文中的錯訛字等進行校改。

二、爲便於讀者理解,對原著中的重要地名、人名、事件等做了注釋,附於頁下。而原著中的著者"案"語,則一律附於本文中,不另出注。

三、原著中的書影因附於卷首,閱讀原文時不便查閱,遂重新調整,附於每章節本文中。原著中攝影底片因年代久遠不易辨認者,又按秋史博物館提供的最新書影做了調整和添補。

此書譯注的前期準備曾逾五載,集中譯注亦歷三冬,今校對工作又過二秋,願藤塚鄰先生泉下有知,能諒解鄙人之愚拙,對此書被介紹給中國學人能稍感欣慰。此書能譯注出版,衷心感謝學界師友、同仁和家人的支持!此外,藤塚鄰後孫駒田和子女士授予原著的翻譯版權,果川文化院院長崔鍾秀先生和華南師範大學蔣寅先生曾給予多方協助,秋史博物館館長成映周、學藝研究士許洪範和諸位負責先生提供書影,在此一併深表謝忱!最後,感謝鳳凰出版社姜小青先生對此書出版的支持,感謝張永堃和諸位編輯先生的辛苦編校工作!對於譯注中的不當之處,敬請方家教正。

戊戌冬至　草稿

庚子仲秋　修訂

劉婧　於大德山房

目　録

譯注前言　*1*

序　*1*

導言　*1*

總　説

第一章　清朝文化和朝鮮學人　*3*

第二章　洪湛軒的入燕與清儒　*10*

第三章　《四庫全書》的編纂和琉璃廠書肆　*15*

第四章　新人四家的崛起和《古今圖書集成》的輸入　*19*

第五章　李雅亭、朴楚亭的入燕和《通志堂經解》的輸入　*24*

第六章　朴楚亭、柳惠風的入燕與清儒　*30*

第七章　李美卿、姜豹庵的進賀與諸名賢　*44*

第一　燕行篇

序言　*65*

第一章　金阮堂的家系和少年時節　*69*

第二章　金阮堂的入燕與曹玉水　*72*

第三章　徐星伯與阮堂　76
第四章　翁覃溪父子與阮堂　78
一、翁覃溪的閱歷與石墨書樓　78
二、宋拓《化度寺故僧邕禪師舍利塔銘》　82
三、東坡真蹟《天際烏雲帖》　85
四、《宋槧注東坡先生詩》殘本　88
五、蘇東坡像　90
六、唐刻拓本《孔子廟堂碑》　91
七、陸放翁書詩境刻石拓本　92
八、翁覃溪的經學和諸經附記　93
九、翁宜泉和翁星原　95
第五章　阮芸臺與阮堂　98
一、阮芸臺的閱歷　98
二、泰華雙碑之館與《西嶽華山廟碑》拓本　99
三、《七經孟子考文補遺》　101
四、《佚存叢書》與《四庫全書未收書》　103
五、《算學啓蒙》　105
六、唐貞觀造像銅碑　106
七、南宋尤延之本《文選》　106
八、阮芸臺寄贈的諸著書　107
九、阮芸臺研經的態度　108
十、阮氏略系圖　109
第六章　朱埜雲與阮堂　111
第七章　李心葊、洪介亭與阮堂　117
第八章　李墨莊與阮堂　119
第九章　金宜園、近園兄弟與阮堂　122
第十章　法梧門與阮堂　125
第十一章　阮堂的離燕　127

第二 歸東篇

第一章 日本儒生對阮堂的思慕 133
一、古賀精里和阮堂 134
二、三宅橘園和阮堂 135
第二章 阮堂的日本文化觀 138
一、篠本廉的文筆和對日本文化的驚嘆 138
二、大槻玄澤的《蔫録》及與清朝、朝鮮的學緣 140
三、阮堂的日本文事雜詠 141
第三章 金清山對日、清間學術交流的作用 144
第四章 翁覃溪與阮堂 146
一、寶覃齋 146
二、覃溪與阮堂的友人申紫霞、柳貞碧、李六橋 148
三、覃溪八十壽之頌與賀阮堂生辰 151
四、阮堂贈給覃溪父子的禮物——日本刻《繹山碑》拓本等 154
第五章 翁星原與金阮堂 158
一、紅豆山莊的匾額及日本夾花扇賦 158
二、《天冠山題詠重槧本》的贈來 159
三、星原之子引達的誕生 159
四、《麟角寺碑》拓本的求贈 160
第六章 翁星原和朝鮮學人間的媒介 162
一、李景博 162
二、沈斗室 164
三、洪約軒 165
四、金景林 176
第七章 翁星原的訃告 183
第八章 翁覃溪的研經指導 189
一、第一封手札的探討 189

二、第二封手札的探討 193
三、第三封手札的探討 200
四、另外一封手札的探討 208
第九章 翁覃溪的逝世和石墨書樓的落寞 214
第十章 吴蘭雪與阮堂 221
一、吴蘭雪 221
二、西堂、山泉的燕行 223
三、蘭雪和西堂、山泉的面契 226
四、蘭雪《梅龕圖》與阮堂、山泉的韻事 228
五、蘭雪夫人的書扇、畫幅的贈來與山泉 235
六、蘭雪、西堂的周甲和《蘭雪紀游十六圖》 237
七、《富春山圖》題詩 249
第十一章 曹玉水、周吉人、陳石士與阮堂 255
一、曹玉水和阮堂的修舊 255
二、周吉人和阮堂 257
三、周吉人和西堂、山泉父子 264
四、陳石士父子與阮堂、山泉 267
第十二章 葉東卿父子與阮堂 271
一、東卿的家系和閲歷 271
二、東卿與阮堂 274
三、葉東卿嘉慶己卯手札的探討 282
四、葉東卿嘉慶庚辰手札的探討,以及《論語附記》、《易附記》的寄贈 283
五、道光三年葉、金兩家的面契 287
六、道光六、七年間葉東卿和阮堂的交流 289
七、《阮芸臺全集》、《蘇齋附記》、《汗簡》、《汪氏篆尚書今注》,外諸珍本的寄贈 292
八、汪孟慈寄阮堂書册,東卿托阮堂索購古碑 295

九、葉東卿道光十四年寄札的探討 297
十、東卿和山泉 299
第十三章 李月汀、鄧守之與阮堂 303
一、李月汀的家系和閱歷 303
二、李月汀與阮堂 305
三、鄧守之和酉堂 307
四、李月汀與阮堂的初交 314
五、李月汀的清儒媒介及山泉 315
六、新興學人，尤其是山東諸儒與山泉 318
七、阮堂書札中所體現的經學論和李月汀 321
八、李月汀對阮堂的清儒經説觀的答書 327
九、陳秀才、郝蘭皋、汪懷祖、苗秀才、劉燕庭的有關消息 329
第十四章 劉燕庭與阮堂 332
一、劉燕庭的家門 332
二、劉燕庭 334
三、劉燕庭和趙雲石的墨緣 337
四、雲石稿本《海東金石存攷》的寄贈，燕庭的古石鼓拓本答禮 340
五、燕庭所著《海東金石存攷》的真相 350
六、燕庭與陳南叔、金酉堂、阮堂、山泉父子兄弟的墨緣 351
七、《海東金石苑》的撰述 366
八、《新羅真興王巡狩碑》拓本的展觀 370
第十五章 阮小雲、賜卿兄弟與阮堂 374
一、小雲與阮堂 374
二、《皇清經解》的東傳 376
三、賜卿與阮堂 380
四、《算學啓蒙》的出版 382
五、結語 383

第十六章　汪孟慈與阮堂　385
一、孟慈的閱歷　385
二、孟慈與阮堂的神交家藏孟慈寄札表　386
三、孟慈的讀書觀與清儒批判　389
四、《述學》、影宋本《公羊傳注》的贈來　390
五、《先儒林年譜》、《壽母小記》、《孟慈自訂年譜》、《尚友記》等書的贈來　392
六、張皋文遺書各種的贈來與阮堂、山泉　396
七、孟慈《海外墨緣》的草本與阮堂　398
八、汪容甫的遺蹟所圍繞的諸名賢及阮堂　410
第十七章　張荼農、朱茮堂、吴山尊、徐鈞卿與阮堂　414
一、張荼農與阮堂　414
二、朱茮堂與阮堂　420
三、吴山尊與阮堂　424
四、徐鈞卿與阮堂　425
第十八章　阮堂《歲寒圖》與清儒十六家　431
一、阮堂的《歲寒圖》與李藕船　431
二、《歲寒圖》所題清儒十六家的詩文　437
三、張石州與阮堂　449
四、張仲遠與阮堂　451
五、趙伯厚與阮堂　455

附　録

一、《阮堂集》和《阮堂先生全集》編纂謬誤訂正　462
二、金阮堂藏書目録　490

跋　518
後記　520

序

藤塚鄰博士的學位論文終於以《李朝對清朝文化的移入和金阮堂》爲題得以刊行出版，這對學界來説是一件重要的值得慶賀的大事。不僅對於學界，對於本人也是有着特别的意義。不僅如此，我想這對於韓、日文化交流的貢獻也是巨大的。

本人在兒時就久仰藤塚鄰博士的盛名，那時并没有直接受到先生的指教，直至先生在京城帝國大學退休，來到東京之後我纔直接受到了先生的教誨。在東京時，先生作爲我學習的東方文化學院的評議員時，常到我的研究室對我的學習進行多方面的指導。因爲有這樣的機緣，這次的著作出版也好像有着諸多的關聯。不過，讓我爲先生的遺著寫序文一事，我卻感到萬分慚愧，在這兒我想我只是代替我的先父宇野哲人來寫這篇序文而已。先父不幸在今年(1974)二月十九日以百歲天壽之年去世；如果先父在世，他會萬分高興地親自來爲先生寫序。在這兒我先講述一下從先父處聽到的有關先生的一些故事。

藤塚鄰博士是衆人皆知的"書癡"，他對世事皆不關心，把所有的精力都用在書物學問上了。他不僅愛好古書，對這些書籍做了精讀，他的博學多識可謂無人能及，而對《論語》的研究尤爲精湛。先父在提議先生提交學位論文主題時，先生曾經想以《論語》爲主題來完成學位論文。不過,因爲顧慮到對《論語》主題的研究會没有太多的獨創性,只怕會終止於前人的學説概述,先父隨即提議以其他主題來寫學位論文。本來,在已經有前人研究的基礎上選擇適當的學説,或者在原來學説的基礎上進行重新闡釋,這些都需要深厚的學識,也是值得去研究的主題。不過對於這樣的研究傾向,在戰前的教授會裏面是有着很大的偏見而不被接受的。不過,先父認爲不一定要以《論語》爲主題的另外的緣由是:先生在朝鮮朝的學術研究方面是其他人無法超越的,先生自己對於所掌握的這一體系文獻也有着一定要進行整理的强烈願望。

因爲有着以上的論文主題選題的經緯,在先生的博士論文完成以後,適逢先父退休紀念日的昭和十年(1935)十二月,在先生的論文被三次評審通過之後,先生乘飛機來到東京帝大提交了自己的研究成果。論文的審查是以先父作爲主審,副審是中國文學專業的鹽谷温和東洋史專業并對韓國史尤爲精通的池内宏兩位教授。審查結果當然是没有異議,尤其是在治學方面特别嚴謹并對清朝文化精通的池内宏教授也對先生的研究評價極高。主審在審查報告中的記録是這樣的:"本論文著者對清朝學術造詣頗深,在之前學界肯定金阮堂金石學方面成就的基礎上,又論證了金阮堂吸取清朝學術精髓,尤其是作爲經學大家的阮堂。這是對朝鮮五百年文化史上未曾研究的領域進行了新的闡明。"這一評語也可謂是具有重要的意義。

在先生的博士論文完成之後,先父曾經多次勸説先生出版。可是對萬事都要求完美的先生,還想等修訂之後再行出版,但是在戰後的混亂没有收拾整頓完之前先生卻與世長辭,這部論文在當時没有得以出版。

在此之後,先父對先生的論文未能出版一事一直惦念在心,一直懷有要出版先生論文的想法。現今,經過先生哲嗣明直先生多年的努力,今日終於得到先生論文出版的消息,使我不禁感慨萬分!

可是,有一點讓我感到不安的是,先生一直對自己著述出版一事不甚讚同。不過,通過先生生前在精神上進行交流的清朝學者遺著出版的情況來看,清朝學者的著述大部分也是去世後由後人進行整理出版的,由此也可以看作是對先生最爲合適的禮遇吧!

爲了此書的出版而多方奔走的中吉功先生和我在京城帝大博士學習過程中就十分熟識,也因之前的緣分促進了此書的出版。另外,此書的出版也是明直先生最大的孝行。明直先生和我是同學,已經有三十多年的交往。如果説這事是從這一點個人私情上來談的話,還請諸位能以寬宏之心加以諒解!

昭和四十九年(1974)十一月十五日

先考 生誕日

東京大學名譽教授 文學博士 宇野精一

導　言

大正十年(1921)秋,我被任命爲第八高等學校的教授,爲了研究清朝經學要去中國,在去中國的途中經由韓國,得以在當時的京城漢城停留了兩天,之後到北京居住了兩年。在北京期間,我爲了訪購經籍,經常盤桓在琉璃廠①書肆,去了有數百次,購買的書籍也達到了數萬卷。由此,我對琉璃廠書肆産生了巨大的興趣,也開始涉獵有關文獻資料,以至於看到"琉璃廠"三個字就像口渴之人遇到甘泉一樣欣喜若狂,同時對有關的文獻資料進行了抄録整理。其中,當我看到清人陳鱣的《簡莊文鈔》中收録的《貞蕤藁畧叙》中有"嘉慶六年三月,余舉進士,游都中,遇朝鮮國使臣朴修其檢書于琉璃廠書肆,一見如舊相識"的文字,在驚喜于能找到有關琉璃廠資料的同時,也對朝鮮的"朴修其"産生了濃厚的興趣,并把這個人的名字印在了腦海裏。隨後,找到《藝海珠塵》所收《貞蕤藁畧》

① 琉璃廠,位於北京和平門外。此地歷史上遼代時無城區,當時叫海王村。元代時開設官窑燒製琉璃瓦,明代建設内城時因修建宫殿,擴大了官窑的規模,琉璃廠成爲當時朝廷工部的五大工廠之一。明嘉靖三十二年修建外城後,因不便在城内燒窑,把窑廠遷至現在的門頭溝區,但琉璃廠的名字則保留下來,流傳至今。至清代,因各地來京參加科舉考試的舉人大多聚集住在這一帶,出售書籍和筆墨紙硯的店鋪林立,形成了琉璃廠書肆街。當時的朝鮮使臣出使北京時,大都會來此地購買書籍,故朝鮮使臣撰寫的燕行録中多有對琉璃廠的描述。版本目録學家孫殿起著有《琉璃廠小志》,可供參閲。

來閱讀,并瞭解到"修其"爲朴齊家的字。因當時北京所藏朝鮮史籍不多,未能對朴齊家的有關資料進行詳細考察,只能留存疑問,還是把精力都傾注在琉璃廠書肆史的研究上了。

大正十五年(1926)京城帝國大學在漢城創設之後,我收到了支那哲學系教課的邀請,隨後再次來到了漢城。想起某人曾對我説過:"朝鮮朝五百年的文化只是宋明之餘唾,此外豈有他物?"果如其言否?

一日,經過漢城翰南書林①,在書店偶然看到一部"四家詩",卷首赫然題有"朴齊家"三字,頓時驚喜無措,沉睡在腦海中的這個朝鮮人的名字勃然復蘇,當即檢閲書册内容,得知朴齊家與李德懋、柳得恭、李書九并稱四家,乃是朝鮮後期的新興學人。而且,在這部詩集的卷首有清人李調元、潘庭筠兩位名賢的序文,詩文中亦有他們的評批。我認識到朴齊家是一位非凡的英才,而且他和清代儒學者之間竟有如此深厚的學緣,這也引發了我對他們之間交流的濃厚興趣。此後,我對有關朴齊家的詩集、文集、《北學議》等相關資料進行收集,尤其是收集到了以他和清儒之間往來的詩文和書信編輯成册的《縞紵集》二册,也收集到了羅聘爲朴齊家所畫小照,如此,朴齊家的全貌宛然如睹。同時,他的同輩李德懋、柳得恭以及先輩洪大容等人出使到北京時和清代儒學者的交契之場面也燦爛地展開了。通過他們彼此間贈答往復的書籍尺牘的累積,清朝文化東傳之徑路也可以清晰地勾勒出來了。

朴齊家的弟子金正喜,朝鮮五百年來稀見之英才的出現,爲朝鮮學壇注入了新的生機。金正喜出使燕京,和清代大儒翁覃溪、阮芸臺兩位經學家結識,并和諸多名賢往來,可以説抓住了清朝學術的核心。金正喜歸國後展開了"實事求是"的學術研究,可謂是開創了朝鮮學壇五百年

① 翰南書林,朝鮮末期收藏家白斗鏞(號心齋,1872—1935)所開設的古書店。1905 年在漢城仁寺洞開張,1920 年遷移到寬勳洞,當時爲兩層建築:一層爲書店,二層爲印刷所。1926 年白斗鏞曾編纂出版了《海東歷代名家印譜》六卷,後因經營困難,在 1932 年被當時的收藏大家全亨弼(號澗松,1906—1962)收購,他主要收集全國的主要文化寶物。1940 年全亨弼曾重建擴張,後因古書畫市場的萎縮而陷入經營困難,在 1959 年把此建築賣出,書店也就有名無實了。

來未見之新局面。

在之前的研究中,學界一致認爲朝鮮只是繼承了宋明理學之末學支流,而對清朝文化東傳朝鮮這一事實持否定態度。這種偏狹見解直到此時才能得以反省,也立即讓我認識到對這個重大的課題進行研究的必要性。此外,清朝經學研究作爲我個人一生的研究目標,在過去十年間曾苦心慘澹、極力蒐集的相關文獻書籍有千餘卷,書簡、書畫拓本類也有上千件。當然,這些文獻資料雖然不能充分説明自己就能展開全面的研究了。不過,通過清朝學術集大成的金正喜爲中心的研究,至少可以考覈出清朝文化移入朝鮮的足跡。同時,通過對兩國學人的接觸交契、文集、拓本的東傳西寄的考述,也可以揭示出朝鮮學壇令人尊敬的一面。本論文其實是懷有以上研究目的所進行的撰述,這也是爲日後要完成的《清朝文化東漸史》所進行的奠基工作。

總　說

第一章　清朝文化和朝鮮學人

清朝文化東傳的路徑，一條是由海上通過長崎傳入日本，另一條是通過陸路經由朝鮮傳入日本。根據清朝文化傳播的方式還可以看出，朝鮮和日本接受清朝文化的態度和消化的能力大相徑庭，導致清朝文化對兩國文化影響的結果有着巨大的差異。所以，朝鮮和日本文化的比較也是近世文化史上重要的問題，尤其是對沉浸在清朝經學研究的筆者來説，更加能體會到其中有别于其他問題的趣味。

昔日物徂徠①在把自己的住處搬到品川的芝浦時曾說："即使能搬到離中國聖人近幾里的地方，也是值得慶幸的事情。"這個故事好像有些誇張，可是我卻認爲這也可以看出物徂徠那種没有虚情假意的純真之心。這種對中國的憧憬不只是物徂徠有，也可以認爲是德川時代儒學者内心的共同感情。當然，也不能説是全部的儒學者。尤其是這一時期日本國法禁止去中國，人們没有辦法親自踏足中國，只能通過傳聞或者閱讀書籍來瞭解中國。江浙一帶的文人、畫工、商人，即使偶有一人來到長崎，人們也會争先恐後地去見面，以解自己胸中所鬱積的思念之情，或者是

① 物徂徠(1666—1728)，即荻生徂徠，日本德川時代中期的哲學家，古學派之一蘐園學派(又稱古文辭學派)的創始人。本姓物部，名雙松，字茂卿，號徂徠、蘐園，通稱總右衛門。著有《論語徵》、《大學解》等。

拜托對方爲自己的詩文增删點評,獲得這樣的機會也可能使一些得意洋洋之輩到處去炫耀。清初著名的儒學者朱竹垞(名彝尊)在貞享三年(1686)來到長崎,看到貝原益軒①的《近思録備考》,非常喜歡,遂抄寫後帶回清朝,這種傳説(《益軒先生年譜》)也只不過是那個地方的學者們因一種愛慕之心而産生的幻想罷了。

回過頭來再看朝鮮的學人,他們作爲"事大"使臣,一般在一年中一定有一兩次到中國出使的使命。而且,那裏是北京——文明的中心之地,也是學者們聚集的華麗舞臺,更是朝鮮和清人相見言歡的場所,聚集了學壇中的名流。從環境方面來説,朝鮮學人有着德川時期先儒們所無法比擬的優勢。尤其是清朝文化最爲璀璨的乾隆時期,相比於能在那兒和清代大儒見面的朝鮮學人,即使是現在的我們也已經没有那種幸運了。筆者現在簡述一下乾隆時期去北京的這些學人們在北京活躍交流的場景,還有他們帶回去的名禮物。

現在暫時回顧一下古代的文人交流,作爲槿域之人的學者去中國獲得名聲的大有人在。在唐代有崔致遠、金夷魚、金可紀、崔承祐,在宋代有朴寅亮,在元代有李齊賢。這些人物因名聲顯赫,即使過去了一千多年,到現在還在人類歷史上綻放着耀眼的光芒。可是,這也是由于朝鮮對明朝宗主國的慕華思想色彩較重,又把朱子學作爲國教來信奉,在意識形態上没有超越這種範疇。以上有關内容可以通過兩國使臣交流的詩文集,如《皇華集》(五十卷,世宗至仁祖時期編)中的記録詳細得知。對以上内容在此就不再贅述,現只對明末以及清初在北京引起熱議的朝鮮金尚憲進行詳細的分析。

金尚憲(1570—1652),字叔度,號清陰,安東人。明朝天啓六年(1626)以使臣身份赴清,金尚憲使臣一行通過水路在山東登州登陸後來到濟南的日涉園,在那裏拜見了曾任尚書的張延登(1566—1641,字濟

① 貝原益軒(1630—1714),日本江户時代初期儒學家、博物學家、醫學者。名篤信,字子誠,初號損軒,晚號益軒,通稱久兵衛。早年專講朱子學,晚年對朱熹提出質疑。著有《益軒十訓》、《大和本草》、《慎思録》、《大疑録》等。

美,號華東,謚號忠定)和其次子萬選,張延登看到金尚憲的詩後大爲欣賞。次年,金尚憲把自己吟詠外國風物的詩文編成《朝天録》一卷贈送給張延登。張延登看到這部詩文集後非常高興地爲其撰寫了序文,并將之刊刻行世。之後,清初的王士禎①在其《感舊集》中也收録了金尚憲的八首詩文。由此,金尚憲的詩名在中國詩壇得以遠播,至少那些略微懂些詩文的文人幾乎没有不知道朝鮮的金清陰的。因此,之後朝鮮使臣在出使北京時,金尚憲幾乎成了兩國文人之間交流的情感紐帶。需要指出的是,王士禎是張延登兒子萬鍾的女婿。

朝鮮的宗主國明朝滅亡後,愛新覺羅氏君臨天下,朝、清之間的關係也隨之變化,當時的朝鮮人對清朝的態度也出現了很大的變化。其中一部分朝鮮人把清朝視爲不共戴天的仇敵,對清廷也懷着侮蔑的態度。可是,雖然懷有這種感情,事實上已經成爲奉正朔出使清朝的臣民,他們也不得不以謝恩使、進賀使、年貢使等身份出使清廷。這種壓抑的感情如果遇到合適的機會,他們也會集合自己的力量拿出勇氣來進行反抗,不然,他們也免不了漸漸被同化的命運。對於這樣的問題,只能以清朝的實力和清朝文化自身的價值來解决——最後也是這樣解决的。

康熙帝是爲清朝創下豐功偉業的一代英主明君。他在政治上傑出的手腕是毋庸質疑的,而對學術上的關注以及自己在這方面的努力,也使他在這一領域做出了傑出的貢獻。他不但大大加强採用漢人學者編纂書籍,并成就了卓越的事業,在學問的擴張、文化的振興方面也付出了畢生的努力。由此可知,在明末清初朝代更替的混亂時期,也使學界産生了新的生機,開始了活躍的學術活動。在這些學術活動中也産生了諸如顧炎武、張爾岐、朱彝尊、萬斯大、閻若璩等碩學鴻儒。尤其是顧炎武作爲明朝的遺民,没有出仕清朝。但是,顧炎武作爲清朝學術開闢的第一人,其學術地位是不容忽視的。清朝學術的特色,曰經學的新研究,曰

① 王士禎(1634—1711),字子真、貽上,號阮亭、漁洋山人,山東新城人。原名王士禛,爲避雍正皇帝的諱,被稱爲士正,後來乾隆皇帝又追賜爲士禎,之後至清末未變。其因詩文被封爲一代宗匠,與朱彝尊并稱爲“朱王”。

漢學復興,曰反宋、明學,曰校勘學,曰考證學,曰訓詁學,曰諸子學,曰天算學,曰金石學等,屈指算來應有十多項,而一言以敝之,則可謂實事求是的學問,是科學研究的精華。經過雍正一朝,至乾隆治世的六十年間,形成了這一時期燦然文化的盛世。

朝鮮的使臣和學人在直面如此偉大的乾隆文化時,是以怎樣的態度去面對的呢? 而且,二金二李的學説義理玄微、踐履篤實,就是風行感化根强之人也難以實踐。不過,程朱之學在朝鮮學人間歷年久遠,難免傳承者會墮入單調、平板、偏狹、固陋之弊端。而一部分朝鮮學人在意識到這種學術弊端,同時面臨實事求是的學風到來時,是不能不被這一學術新風所動摇的。其中有很大一部分人在愕然之下,也開始睁大眼睛學習和跟從這一學風了。清朝文化的東傳,就是最初經歷這一學風的學者們,爲朝鮮學壇注入新的生命力進行不懈努力的結果。

朝鮮在仁祖十五年(1637),即清太宗崇德二年丁丑開始,每年定期派遣謝恩使、年貢使、進賀使等使臣赴清。這些使臣中不乏在學術和文學上博學的有識之士,這些人在北京停留的地點因時間或其他情況有所變化,其中首要的一個據點就是玉河館(或稱之爲朝鮮館),在玉河第二橋的西邊,翰林院的南面。其次還有南館,在玉河第一橋的西邊,離城墻很近,這個地方是現在的公使館。此外,還有朝鮮館,在東四牌樓附近乾魚胡同(現在的甘雨胡同)。這些使臣停留的場所大體是初期在玉河館,後來在朝鮮館,乾隆二年(1737)以後在南館。

以使臣或隨行員的身份赴清,而在乾隆學壇聞名的朝鮮學人大有人在,現在舉例來看其先驅者金昌業和黄梓的燕行活動。

金昌業爲金壽恒(1629—1689)第四子,也是明末清初在中國聞名的金尚憲的曾孫。金壽恒也曾在孝宗四年(1653),即清世祖順治十年癸巳十一月受命前去北京。他的兒子昌業也成爲了優秀的學者。金壽恒四個兒子的排行如下:

昌集(1648—1722),字汝成,號夢窩;

昌協(1651—1708),字仲和,號農巖;

昌翕(1653—1722),字子益,號三淵;

昌業(1658—1721),字大有,號稼齋。

其中昌協和昌翕二人讀書最多,其氣質浩蕩,也無不例外地憧憬着去中國游覽,他們的這種治學傾向也直接影響到了他們的弟弟昌業。金昌集曾以正使的身份在肅宗三十八年(1712),即康熙五十一年十一月三日從漢陽出發,在十二月二十七日到達北京。兩地的距離大致有三千零十九里(按當時計算),在玉河館停留了四十六日。次年康熙五十二年(1713)二月十五日從北京出發,三月三十日回到漢陽。此次的使行始末在隨行的金昌業所記《老稼齋燕行録》(一名《稼齋燕行日記》)中有詳細的描述(朝鮮古書刊行會刊本)。其中對人馬的數量、携帶用品、旅行風物、城池樓閣、北京城内儀仗、習俗、人事、名所、古蹟等都有非常詳細的描寫。只是對學界的消息、學者的動向記録簡略,和乾隆時代的學術風向大有不同。其中記録購入的書籍有《朱子語類》、《四書朱子異同條辯》、《漢書評林》、《杜工部詩集》、《劍南詩鈔》、《本草網目》、《農政全書》、《奎壁四書五經》、《文選》等。以上書籍也都是一些普通書籍,只能供我們大致瞭解當時朝鮮學人的讀書水平。即便如此,這部燕行記録的内容也向如坐井觀天般的朝鮮人介紹了新的清朝的政治文化,以及北京城内的光景,這些都無疑爲當時的朝鮮學界帶來了極大的刺激。實際上,朝鮮使臣對明朝的態度在嘉靖之後已經有了很大的改變,明朝一方面禁止朝鮮使臣與明代文人之間的私交,甚至也禁止朝鮮購買刊行本。相比于明朝,清朝則是相對持寬大的政策,對於這些,朝鮮使臣可謂心存竊喜。當時,安東金氏在金清陰之後對於中國文明傳入朝鮮起着重要的作用,其流風餘韻綿綿不绝,被他們的子孫繼承了下來。金氏家族所藏文獻之所以被稱爲東國之冠,蓋非偶然。

在老稼齋之後比較引人注目的是黄梓的燕行録。黄梓(1689—1756),字子直,昌原人。其爲人嚴謹,學識淵博,不苟言笑,其先祖是曾在高麗時期做過侍中的黄忠俊。黄梓的大兒子黄仁儉(1711—1765)把其詩文遺稿七册與燕行録五册合集,命名爲《畢依齋遺稿》。筆者在去年曾收集到此書，是校訂極爲詳細的善本。從没有家諱這一點來看，應該是其家藏本。黄梓曾兩次出使燕京，第一次是在英祖十年，即雍正十二年（1734），當時暫居在乾魚胡同的朝鮮館内；第二次是在英祖二十六年，即乾隆十五年（1750），當時滯留在南館。前者的記録有《甲寅燕行録》（二册）、《同别録》（一册），後者的記録有《庚午燕行録》（二册）。在這兒對於這兩次記録的詳細内容暫且不表，只將其對於這兩次燕行所産生的特殊印象，即對乾隆政治所進行的尖鋭的批評摘録如下：

> 甲寅之於今年，不過爲十七年之間，前後之異見，甚有可言者。馬驢爲群，脱勒去來於庭際者，如雞狗然。早朝三尺童子取其一，加勒騎出，則一群隨之，夕又如是而歸。兒童成隊，無論宿站過站，出而争觀者，在在皆然。人畜之盛，蓋可揣知矣，此甲寅之所見。而今行未見一處如是，此其前後之異也。路傍下户，所食不過穄粟，其所炊成，半生半熟，非粥非飯，所排器皿什物稱是矣，此甲寅之所見也。今行見其所喫着，只是舊日様子。而若其櫃藏箱盒之屬，輒皆漆以朱，畫以金，輝煌炫耀，其中所有，不過一對破襪而已，此其前後之異也。無論滿漢人物，不敢言皇帝事，或有問之者，皆不答，此甲寅之所見也。今行自稱業儒者，顯言皇帝之短，無所忌諱，此前後之異也。閭里之蕭條，生理之艱辛，亦有異同於前後者云。余既趲程過來，無以得其實狀矣。大抵康熙屢巡江南，遠入沙漠，而未曾聞有怨咨之言，今乾隆則不然，訪讟盈路，豈行李有繁簡而然耶，是未可知也。聞前年瀋陽之行，侍女皆幻男粧以隨之。今此江南之行，太后皇后同之云，如此而安得不貽害於生民耶。略記見聞以識之。

黄梓對乾隆時期相較於十七年之前的雍正時期，國家只存於形式，人心惡化的現狀發出了很大的感慨。他所目睹的是乾隆初期，與那些傑出的名流碩學也没有交際的機會，不過他對清朝的印象和批評也不是没有道理的。

值得一提的是,黄梓的第三子黄仁點[1]曾在乾隆四十一年(1776)[2]至乾隆五十八年(1793)間六次出使清朝,他是在乾隆盛世時期出使而回,不知他對父親的記録是否有同感。

---

① 黄仁點(1732—1802),字景樂,號恬窩。朝鮮英祖二十七年(1751)和英祖之女和柔翁主成婚,被封爲昌城尉。

② 原著中誤記爲乾隆四十四年(1779),據韓國民族文化大百科辭典改。

第二章　洪湛軒的入燕與清儒

經過康熙、雍正、乾隆三朝的變遷，朝鮮學人對清朝也逐步有了正確的理解，既而産生了敬慕之心，也有了與清朝碩學接觸的機會，從而對清朝的考察和研究也不斷加深，對文籍的購買力也隨之增大。而這些燕行文人的燕行録内容和取旨也和之前康熙、雍正時代有了很大的差異。其中舉幾個有代表性的例子：

《湛軒燕記》，自乾隆三十年至乾隆三十一年，洪大容，六册，鈔本

《入燕記》，乾隆四十三年，李德懋，一册，鈔本

《熱河日記》，乾隆四十五年，朴趾源，十册，鈔本（刊本爲光文會本，一册；《燕巖集》本，三册）

《燕行録》，自乾隆四十九年至乾隆五十年，嚴璹，一册，鈔本

《燕行紀》，乾隆五十五年，徐浩修，二册，鈔本

《熱河記行詩注》，乾隆五十五年，柳得恭，一册，鈔本

先看一下洪大容的燕行記録。洪大容（1731—1783），字德保，號湛軒，南陽人。英祖四十一年，即乾隆三十年（1765）十一月隨三節年貢兼謝恩使一行北上燕京。洪大容的叔父是書狀官洪檍，此次同行的還有他

的朋友金在行(字平仲,號養虛)。金在行對能隨宗人副使金善行一起出使,表示了無比的興奮。這一行人在十一月二十七日渡過鴨緑江,在嚴寒徹骨的十二月二十七日到達了他們夢想中的北京。他們在北京停留的六十多天裏也有一段值得流傳後世的佳話。

洪、金兩人在京期間與嚴誠、潘庭筠、陸飛有密切的交往。他們之所以能有這種因緣還有一個很有意思的故事。乾隆三十一年(1766)二月,正使的裨將李基成去琉璃廠買眼鏡,在那裏看到了兩位穿着和行爲儒雅之士,而這兩位清人正好戴着很好的眼鏡。李基成以羡慕的眼光打量了好久,最後向他們説道:"我有親識求眼鏡,而市上難得真品,足下所戴甚合病眼,幸賣與我。足下則或有副件,雖求之亦當不難矣。"其中的一人説:"求於君者,想是與我同病者也。吾何愛一鏡,何用言買?"[①]一邊説一邊把眼鏡摘下給了李基成。李基成想以禮物謝之,那位紳士則輕拂衣袖離開了。李基成遍訪附近之人,纔查訪到了他的住處,得知他是"浙江錢塘舉人,現寓城南乾净衕衕"。李基成在第二天就去拜訪了這位浙江舉人,更爲他的恭順言行和高潔情操所嘆服,回去後把這個經過告訴了洪大容和金在行,也勸説他們去結交。因爲這個緣由,洪、金兩人纔和嚴誠與潘庭筠交往了起來。嚴誠字力闇,號鐵橋,浙江錢塘人,當時三十五歲。嚴誠對性理學研究頗深,文章出衆;潘庭筠字蘭公,號秋庫,當時二十五歲。潘庭筠姿態出衆,詩文俱佳,而且在繪畫上也很有才能。他們見面行禮後,潘庭筠就問到:"君知貴國金尚憲否?"金在行其實就是金尚憲的第五代孫。洪大容回答説:"金是我國閣老,而能詩能文,又有道學節義。尊輩居八千里外,何由知之耶?"嚴誠把自己所藏的王漁洋的《感舊集》給他們看,并説:"有詩句選入中國詩集,故知之。"隨之他們的話題也不斷加深。對於朱子學、陽明學、出處進退、天人性命、大義名分乃至朝鮮的歷史問題都進行了熱烈的討論,極盡主客之歡後纔散去。陸飛(字起潛,號筱飲)在聽説他們交往的經過後把自己的詩稿五册作爲禮物

---

① 洪大容《乾净衕筆譚》,本段落具出自二月一日筆談。以下具引自《湛軒書》收録本《乾净衕筆譚》(朝鮮新鮮社,1939年鉛活字本)。另,本文中"筆譚"爲專有書名,行文中寫作"筆談"。

贈送給了洪大容和金在行，并在附信中説道："但生平以朋友爲命，况值海上異人且不止一人。如竟不獲附力闇、秋庳之末，則此二人者，飛終身抱不解之妒矣。"①之後，這五人之間的交往是前代所未曾有的深厚，其中洪、嚴二人交往的感情更爲誠摯。朝鮮使人的歸國日程越來越近，嚴誠對於他們的離别感慨："一别千古，泉下相見，誓無愧色。"這些人都不禁相對凝噎。

嚴誠爲金在行撰寫了《養虚堂記》，他們在洪、金回國後也保持着書信往來。潘庭筠給洪大容的信中曾説道："頃讀手教，益見足下高雅拔俗，立身不苟，志願甚大，如中國之陶靖節、林和靖，千古不過數人。高風逸致，起敬彌甚。又示以令師大人先生之梗概，足見淵源有自。孔、顔之樂，仿佛可思，尤令人翹首雲際，極不能忘耳。所深憾者天各一方，不能頻奉教益，及一拜令師先生也。弟雖忝居中土，平生知交不過一二人。如嚴力闇兄之外，僅有其兄九峰先生名果者與吴西林先生，皆師事之；其餘雖相與者百餘人，皆非知己可師可法者也。今又得一足下，實爲萬幸。即一旦溘逝，可以瞑目重泉矣。"②

嚴誠與洪大容的書信中曾寫道："天涯知己，千古所無。弟等下俚鄙人，雖幸生中國，交游頗廣；從未見有傾蓋銘心，真切懇至如吾兄者也。感激之極，手爲之顫。胸中鬱勃之情，雖千語萬言，筆何能達？惟有彼此默默，鑒此孤忱而已。"③

洪大容曾給嚴誠告誡之語曰："君子顯晦有時。"嚴誠領悟其深意，遂决心南歸。後來爲了生計去閩中務政，卻不想在他鄉染上疾病，歸鄉後去世。臨終前他手握洪大容的書信在胸前，在洪大容所贈的墨香中閉上了眼睛。嚴誠的長兄嚴果和嚴誠的兒子嚴昂把嚴誠臨終的情景記了下來，通過千里之外在京的潘庭筠轉達給了洪大容。洪大容在接到噩耗之後，悲痛萬分，爲嚴誠設立靈位，焚香祭奠後爲了告慰摯友亡靈寫了哀

---

① 《乾净衕筆譚》二月二十三日收録嚴誠書信。

② 《乾净衕筆譚》二月初五日條。

③ 《乾净衕筆譚》二月初五日收録潘庭筠書信。

辭。這封哀辭通過中國的親舊孫有義(號蓉洲)寄到了八千里外的嚴氏故里,到達的那天正是嚴誠的大祥之日。故里之人都認爲是故人的冥感所致,視之爲一大異事。嚴果爲亡弟念誦了洪大容的哀辭,祭奠了亡弟的靈魂。江南士人無不爲洪大容和嚴誠的摯交所感動,寫了很多的詩文來稱頌他們的誠摯友情。當時朱文藻(1735—1806,字映漘,號朗齋,仁和人,精通六書金石)所記録的相關内容爲世人所知,并流傳至後世。在嘉慶、道光年間,這個故事依然流傳很廣,乃至後來在咸豐年間出使清朝的朝鮮金永爵(1802—1868,字德叟,號邵亭)來到燕京,見到了清人葉名澧和馮志沂,他們在談到洪大容和嚴誠的交往時也是感慨萬分,淚水沾濕了衣袖(吴昆田《漱六山房全集》卷六)。

嚴果爲了紀念自己弟弟,把其詩文集《鐵橋全集》送給了洪大容,不過在途中多次輾轉未能寄到,九年之後纔轉交到洪大容的手中。此詩文集中有嚴誠手繪的洪大容肖像畫。乾隆四十八年(1783)洪大容逝世時,朴趾源考慮到洪大容和嚴誠的關係,曾拜托孫有義把訃告轉達給江南的故交,同時也把這些友人的書信《書畫尺牘詩文》(十卷)焚燒於洪大容的靈前(朴趾源《洪德保墓誌銘》,《燕巖集》卷五)。如上所述,朝鮮人和清人之間的人情之美彌足珍貴,應該傳到千萬年之後。另外,嚴誠、潘庭筠、陸飛和朝鮮李烜、金善行、洪檍、李基成、洪大容、金在行之間來往的詩文和書札也由嚴誠的朋友朱文藻編輯成册,命名爲《日下題襟集》[①](六卷),有乾隆三十二年(1767)朱文藻寫的序文。

《湛軒燕記》不只是燕行的見聞日記,其中還記録了清人和西人之間的問答以及學問交友的經過,這是之前的燕行録中所不曾見到的,可以説是更高水平的燕行記録。而《乾净衕筆譚》是其中最爲新鮮有趣的部分。此外,對吴彭問答、蔣周問答、劉鮑問答、衛門諸官、孫蓉洲等的記録也非常精彩有趣。劉鮑問答中的記録是洪大容多次訪問天主教堂時和劉松齡、鮑友官(獨逸人)討論天算儀器的内容,湛軒對自己所學的知識

① 近有譯注者點校本《日下題襟集》(上海古籍出版社,2018)可供參考。

進行探討的場面是最爲珍貴的部分。通過這些問答,可以看出湛軒是一個典型的禮儀端莊、識見高邁的君子,這也給了清人很深的印象。他在行文中也不斷地對自己國家士人的習性進行反省,而且心存憂慮,對許多行爲進行指責,這種態度是很值得注意的。比如:

> 東俗驕傲尚夸詐,待之多不以禮。或受其饋,而無以爲報,又從行無識者,往往吸煙唾涕於堂中,摩弄器物,以拂其潔性(劉鮑問答)。[①]

"東俗驕傲尚夸詐"是對自國的通病進行的嚴厲批判。這種弊病阻止了多少進步學問的發展呢?一般有思想的人士都常常會想到這個問題。

以上雖然只是對《湛軒燕記》的簡單概説,但是筆者感到遺憾的一點是,像湛軒這樣傑出的人物,到了北京後,爲何没有機會見到代表乾隆學術的大家如戴震一樣的人物?爲何没有獲得和他們聲氣相通的機會,接觸到清朝經學的神髓呢?可是,這種期待對於洪大容也許是過於無理。這個任務,只能遺留給不久之後出使清朝的朝鮮學人了。

---

① 洪大容《湛軒書》外集卷七,《燕記・劉鮑問答》。

第三章　《四庫全書》的編纂和琉璃廠書肆

洪大容歸國的八年後，即乾隆三十八年(1773)，北京開始了大規模的編纂《四庫全書》的事業。毋庸置疑，這是乾隆皇帝用畢生的精力和臣下一起進行的文化創舉，爲此也積極採用天下有用之才和碩學鴻儒參與這項偉大事業。據説參與的人數達到三百六十一人，在翰林院(玉河館北)設立了辦理處，以武英殿作爲繕寫處。差不多耗費了十年的時間，編纂成經、史、子、集四部，總三萬六千册。另設置了四處書閣，以收藏這些書籍。其中，北方的四閣爲：

文淵閣：北京宫中文華殿後

文源閣：北京城外圓明園

文津閣：熱河避暑山莊

文溯閣：奉天故宫

之後，在乾隆五十五年(1790)又繕寫三部，藏在南方的三處書閣：

文瀾閣：浙江省杭州聖因寺行宫

文匯閣：江蘇省揚州大觀堂

文宗閣：江蘇省鎮江金山寺

北京文淵閣及其内部

瀋陽文溯閣及其内部

參與《四庫全書》編纂事業的館臣諸公和朝鮮士人意氣相投,建立了翰墨往來的關係。其中如紀昀、戴衢亨、戴心亨、翁方綱、李鼎元、曾燠等與朝鮮學人的交往尤爲密切。紀昀作爲《四庫全書》的總纂官,其實是這個偉大事業的中心人物,其揮筆删定的《四庫全書總目提要》更是提綱挈領。而翁方綱對朝鮮文化方面的影響更爲廣大,可謂東人的大恩人。下面看一下《四庫全書》中所收録的朝鮮人撰著:

史部

一、《朝鮮史略》六卷,不著撰人名氏,浙江鮑士恭家藏本(卷六十六,史部載記類附録)。

二、《高麗史》二卷,鄭麟趾等撰,編修汪如藻家藏本(卷六十六,史部載記類存目)。

三、《朝鮮志》二卷,不著撰人名氏,浙江范懋柱家天一閣藏本(卷七十一,史部地理類)。

四、《朝鮮國志》一卷,不著撰人名氏,浙江范懋柱家天一閣藏本(卷七十八,史部地理類存目)。

集部

五、《徐花潭集》二卷,明嘉靖中朝鮮生員徐敬德撰,浙江巡撫採進本(卷一百七十八,集部别集類存目)。

以上所記五種朝鮮書籍中,《朝鮮志》和《朝鮮國志》是同一種書籍,應該和現在的《輿地勝覽》類似,在《海東繹史》(卷四十三)中有録,但現在不能查定。不過可以得知只有《朝鮮志》一種收録在《四庫》史部中,其它的只是附録在存目中。這和《七經孟子考文補遺》、皇侃《論語義疏》、《古文孝經》通過日本傳入北京的四庫館并讓這些館臣大爲驚異從而最後收録在《四庫》經部相比,朝鮮的這些書籍其實是比較落後的。四庫館臣所採録的這些書籍也引起了朝鮮學者的不滿,對於這個問題,朴趾源在《熱河日記・口外異聞》中也曾言及。在乾隆五十五年,紀昀曾對來京的朝鮮柳得恭説:

貴國徐敬德《花潭集》,已録入《四庫全書》别集類中,外國詩集入四庫者,千載一人而已。

可是,柳得恭在聽到紀昀的這番話後并没有露出欣喜之色,只説:

《四庫全書》開局以來,傍求軼書,我東文籍流轉中國者想多,獨《花潭集》收入,爲可異。

(柳得恭《熱河紀行詩注》)

從柳得恭的回答也可以看出,他没有隱瞞自己對《四庫》集部僅收録徐敬德[①]詩文集的不滿。《四庫全書》從編纂之初起,其必然的結果是促進了琉璃廠書肆的繁榮,也提供了學者交游的場所。琉璃廠也是朝鮮人士和清人經常會面的地方,現在就簡略叙述一下當時的情景。清初的學者一般去外城的慈仁寺書肆購買書籍,當時的顧亭林、王漁洋每日都去盤桓採訪。琉璃廠書肆的名稱在陸隴其[②]的《三魚堂日記》康熙十四年(1675)條曾有記録,可以得知在清初已經有琉璃廠其名了,不過這個地方是在乾隆時期開始繁榮起來的。乾隆三十一年(1766)出使北京回國的洪大

---

① 徐敬德(1489—1546),字可久,號復齋、花潭。朝鮮前期的學者,著有《花潭集》。

② 陸隴其(1630—1692),原名龍其,避諱改爲隴其,字稼書,浙江平湖人,學者稱之爲當湖先生,清代理學家。康熙九年(1670)進士,歷任江南嘉定、直隸靈壽知縣、四川道監察御史等職。著有《困勉録》、《讀書志疑》、《三魚堂文集》等。

容在《湛軒燕記》中對琉璃廠的有關書籍、碑版、鼎彝、古董商有較多的描述。對於書肆則有下面的記録：

> 壁周設懸架，存十數層，牙籤整帙，每套有標紙，量一肆之書，已不下數萬卷。仰面良久，不能遍看其標號，而眼已眩昏矣。

洪大容和蔣生、周生見面的地方也是在琉璃廠的味經堂書房。當時他們所流連的這些書肆也不斷地增加，在洪大容歸國四年之後，即乾隆三十四年(1769)清人李文藻在其著述的《琉璃廠書肆記》(《南澗文集》卷一)中進行了詳細地記録。現在把其中的略圖描繪如下：

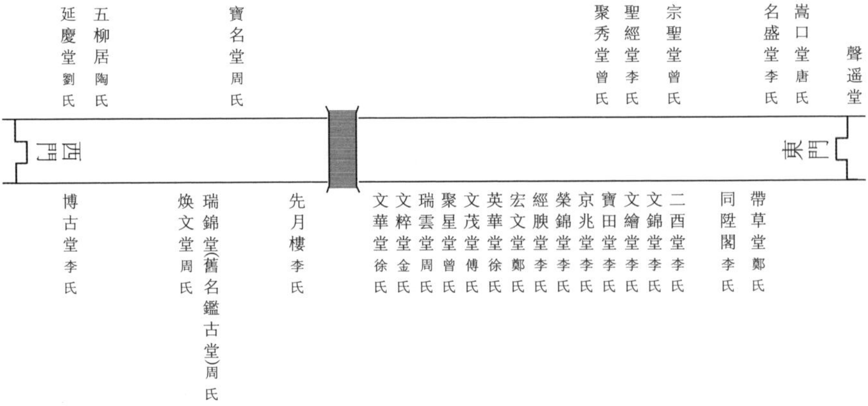

乾隆時代李文藻所見琉璃廠書肆圖

《書肆記》中没有記録味經堂書房，也許是李文藻漏掉了。五年後，四庫全書館已經開設，廠肆的書籍商爲了購買古籍大都南下了。同時，江南的書籍商也陸續來到了北京。在這些書籍商中，最引人注目的是五柳居主人陶正祥和文粹堂的謝某。陶正祥字庭學，號瑞庵，蘇州人。其天性任俠，學識淵博，對古版本也有非凡的識别能力。當時他受皇命搜訪秘書，對江南各地秘藏的書籍進行大量的收購，并以貢品的形式進呈給四庫館，而對這些典籍中有闕疑的部分也給了館臣諸公諸多助言。從這方面來説，他在某種意義上應是《四庫全書》編纂史上的一個重要人物。而他也是朝鮮學士的恩人，是需要特記之人。

第四章　新人四家的崛起和《古今圖書集成》的輸入

再看朝鮮半島的學壇，因受清朝《四庫全書》編纂所掀起的巨浪的衝擊，也掀起了一股新興潮流。爲了尊重學術和振興文化之目的，朝鮮英祖五十二年，即乾隆四十一年(1776)設置了奎章閣。不僅如此，英祖也積極任用年輕學人。現把可以代表當時這一潮流而被啓用的新人“四家”列舉如下：

李德懋，三十六歲(乾隆四十一年)，字懋官，號炯庵。英祖下賜給“雅”字，號爲雅亭。完山人。

柳得恭，二十九歲(乾隆四十一年)，字惠甫，號惠風、泠齋。文化人。

朴齊家，二十七歲(乾隆四十一年)，字在先，號楚亭、貞蕤，初名齊雲。密陽人。

李書九，二十三歲(乾隆四十一年)，字洛瑞，號素玩亭、惕齋、薑山。完山人。

這四人之間交情頗深，也都敬慕前輩朴趾源的學問，尤其是朴齊家師事朴趾源。當時，他們這些人并不得志，而且因家境貧窮乃至於難以爲生。李德懋在給李書九的書信中曾這樣描述自己的近況：

家中長物,只《孟子》七篇。不堪長飢,賣得二百錢,爲飯健啖,嬉嬉然赴泠齋,大夸之。泠齋之飢,亦已多時,聞余言,立賣《左氏傳》,以餘錢沽酒,以飲我,是何異子輿氏親炊飯以食我,左丘生手斟酒以勸我?於是頌讚孟左,千千萬萬。然吾輩若終年讀此二書,何嘗救一分飢乎?始知讀書求富貴,皆僥倖之術,不如直賣喫圖一醉飽之,爲樸實而不文飾也,嗟夫嗟夫!足下以爲如何?

(李德懋《雅亭遺稿》卷六)

李德懋的話雖然豪放,但怎能不讓人爲之悲傷呢?可是,他們没有因貧窮而放棄自己的治學志向,依然互相鼓勵,互相切磋,積累甚厚。李德懋給李書九的信中説道:

《日知録》,苦心求之,經營三年,今始紬人之秘藏讀之。六藝之文,百王之典,當世之務,訂據明析。嗟乎!顧寧人真振古之宏儒也。顧今世匪足下,誰可讀此?匪不佞,誰復鈔此?四册先爲持贈,寶玩如何?

(李德懋《雅亭遺稿》卷六)

李德懋閲讀《日知録》,其識見卓越,能透悉時流。俗話説:飛龍在淵,風雲在際。他很快便踏上了天邊飄來的祥雲,飛上了屬於自己的舞臺。柳得恭的叔父柳琴(1741—1788,字彈素,號幾何)夙喜四人詩才,遂編輯了他們的詩文,題名爲《巾衍集》,盼望着去燕京能得到清人的點評。乾隆四十一年(1776)十一月,柳琴隨副使徐浩修①使團一起到了北京,同時一直在考慮這部《巾衍集》首先應該拜托誰撰寫序文。一天,柳琴在琉璃廠讀到李調元②的《粤東皇華集》,心想如能得此人序文點評則最好,遂下定尋訪的决心。乾隆四十二年(1777)正月,在没有任何人介紹的情况下,

① 徐浩修(1736—1799),字養直。朝鮮英祖三十二年(1756)生員,後歷任弘文館副校理、奎章閣直提學等職。正祖即位後升任都承旨,在同年以進賀兼謝恩副使身份出使清朝。後在正祖十四年(1790)又以進賀兼謝恩副使出使清朝,此行後撰有《燕行紀》四卷。

② 李調元(1734—1803),字羹堂,號雨村,綿州羅江人。戲曲理論家、詩人。有藏書樓萬卷樓,編纂有《函海》、《續函海》等,有個人詩文集《童山詩集》等。

柳琴拜訪了李調元,請其爲《巾衍集》題寫序文。李調元一面感到驚異,一面十分高興地提筆寫了序。在序文中他寫道:

> 偶有剥啄聲,啓之,則一秀士。丰神朗潤,眉如長松,眼爛爛若巖下電。戴笠子,衣道衣,不似中國人。問之,則目瞪然,不解一語,因以筆代語,始知爲朝鮮來中國,賀聖天子元朝云云。
>
> (《巾衍集》序)

這就像是一幅畫裏所描繪的一般。李調元寫完序文後,又把這部詩文集拿給潘庭筠(洪湛軒的友人),請其題寫序文,他們還一一在詩文下加了評語(李爲藍筆,潘爲朱筆)。因此,朝鮮四家的詩才首先在北京的學壇揚了名。之後,徐浩修也找到李調元,談起這段翰墨之交,回國後在給李調元的書信中也表達了景仰之情。李調元非常高興,在重刊《皇華集》的時候,把徐浩修的手札收入卷首,作爲序文刊印行世。

在這次使行中還有一件重要的事情,即正祖派徐浩修以高價購買了《欽定古今圖書集成》一萬卷,五千二百册的銅活字初印本。本書是蔣廷錫等人奉康熙皇帝的命令,在雍正三年(1725)編訂完成,可謂是古今未有之類書。這部貴重本是柳琴通過翰林院的相識者所購入的。正祖對購入的這部書籍大爲欣喜,將其重新裝幀之後保存在了王宫的皆有窩,這件事情可以説是朝鮮文獻史上的一件大事。現在這部書保存在學務課分室裏。

又,日本在元文元年(1736)購入了繪圖本一百六十册,在寶曆十五年(1763)首次購入了六百册的全套本,次年保存在了幕府的書庫裏(據近藤守重《好書故事》卷五十八、九書籍)。這樣看來,日本比朝鮮提前十四年購入了這部書籍。

乾隆四十三年(1778)三月,李德懋(當時三十八歲)和朴齊家(當時二十九歲)隨行使行團訪問了他們憧憬已久的北京。這次,李、朴二人其實纔是清朝文化移入朝鮮的主力,他們的使行也是名留青史的重要事蹟。在洪大容、金在行使行團入燕經過了十二年之後,到乾隆五十五年的時候纔迎來了乾隆學壇的繁榮期。當時，碩學大儒雲集，爲了《四庫全書》的編纂事業各主其事。對此，朝鮮的學者們懷有怎樣的想法呢？他們二人的詩文因收入《巾衍集》而被北京的學壇熟知，他們也没有忘記携帶同學柳得恭的《二十一都懷古詩》入燕，到達後不時地向清人介紹這部詩文集。潘庭筠和李鼎元看到這部詩文集，都對柳得恭的詩文讚不絶口。李鼎元(字和叔，號墨莊)是爲《巾衍集》寫序文的李調元的從弟。

柳得恭的《二十一都懷古詩》小册子不能只單純地看作是部詩文集。李德懋和朴齊家以這部詩文集爲媒介得以和清朝大儒建立了交往。洪湛軒雖然學問和人品都爲上流，但卻没有機會和清朝碩儒們進行交流。而李、朴二人卻因這部詩文集有了這種重要的機會。他們二人在燕京的兩個月内，把大部分的時間和精力都用在探訪琉璃廠書肆的圖書上面了。他們懷着要學習和吸收乾隆文化的决心和信念，積極地向那些鴻儒們求教問學。他們能擯棄自己的固陋，謙虚地探求學術的真諦，表現出那些來京的先輩學人所未曾有過的態度。琉璃廠對於那些之前到來的朝鮮人而言，只是一個游覽場所而已。而對於李、朴二人來説，則是具有生命力量的知識寶庫。他們對於《四庫全書》的編纂事業驚嘆不已，李德懋在《盎葉記》中的《四庫全書》條中描述了當時編纂此書時的情形：

> 戊戌游燕時，見坊曲揭黄紙詔書，嚴禁錢謙益、屈大均、金堡三人遺集。毁板焚燒，勿遺片言，藏者抵罪。蓋謙益則以明朝宰臣，投降清朝，而其述詩文，侵斥不已。大均、堡革世後，托跡緇流，亦斥清朝故也。至若已死於明朝者，如黄道周、劉宗周輩，其於疏章間，或有淩侮清人之語，此係爲其本朝，只可抹去侵斥之句語，亦爲謄寫《四庫全書》中，其大略如此。問琉璃廠書肆陶生，則以爲塗抹句語之書，如《亭林集》、《三魏集》之類，可至三百餘種云。①

事實上，乾隆皇帝雖然崇尚學術，也爲了圖書事業而編纂《四庫全書》，但

① 李德懋《盎葉記》卷三，《青莊館全書》韓國古典翻譯院翻譯本，收録奎章閣抄本影印本，1978。

另一方面,其爲了維護政治統治也大肆施行禁書政策。乾隆一面進行圖書編纂事業,命令館臣收集圖書,甚至於收集收藏在民間的書籍,而如果這些書籍中有反抗清朝的思想或有損傷清朝尊嚴以及對政治有妨礙的文句,則會將這些書籍的全部和部分進行銷毀,或者禁止刊行和售賣。

這些舉措都是長期進行的,持續了多年。這些禁書的《銷毀抽毀書目》、《禁書總目》、《違礙書目》都在李德懋的《耼進齋叢書》中有詳細記録。《入燕記》一節都是李德懋在燕京時直接看到和感受到的,是對當時情況的真實記録,具有重要的史料價值。書中記録的陶生,顯然就是五柳居主人陶正祥。

第五章　李雅亭、朴楚亭的入燕和《通志堂經解》的輸入

乾隆四十三年，李德懋跟隨使行團到達北京的第三日，即五月十七日，就和朴齊家一起來到琉璃廠的北佛庵拜訪了徐紹薪。十九日早上到琉璃廠書肆調查了朝鮮所没有的稀貴書目，并整理出需要的書一百三十餘種。通過這些也可以看出，當時朝鮮半島學壇的書籍分布情况是多麽的貧弱。現把這些書目摘録如下：

嵩秀堂

《通鑑本末》、《文獻續纂》、《協紀辨方》、《精華録》、《賦彙》、《欽定三禮》、《中原文獻》、《講學録》、《皇華紀聞》、《自得園文鈔》、《史貫》、《傅平叔集》、《陸樹聲集》、《太岳集》、《陶石簣集》、《升庵外集》、《徐節孝集》、《困勉録》、《池北偶談》、《博古圖》、《重訂别裁》、《古文奇賞》、《西堂全集》、《帶經堂集》、《居易録》、《知新録》、《鐵網珊瑚》、《玉茗堂集》、《傳道録》、《高士奇集》、《温公集》、《唐宋文醇》、《經義考》、《古事苑》、《笠翁一家言》、《獪園》、《子史英華》

文粹堂

《程篁墩集》、《史料苑》、《忠宣公集》、《欒城後集》、《圖繪寶鑑》、《方輿紀要》、《儀禮節略》、《册府元龜》、《獨制詩》、《文體明辨》、《名媛詩鈔》、《鈐山堂集》、《義門讀書記》、《王氏農書》、《山左詩鈔》、《墨池編》

聖經堂

《弇州别集》、《感舊集》、《路史》、《潛確類書》、《施愚山集》、《紀纂淵海》、《書影》、《青箱堂集》、《昭代典則》、《格致録》、《顧端公雜記》、《沈碻士集》、《通考紀要》、《由拳集》、《本草經疏》、《閒署日鈔》、《倪元璐集》、《史懷》、《本草匯》、《曹月川傳》

名盛堂

《寄園寄所寄》、《范石湖集》、《名臣奏議》、《月令輯要》、《遵生八箋》、《漁洋三十六種》、《知不足齋叢書》、《隸辨》、《益智録》、《幸魯盛典》、《内閣上諭》、《帝鑑圖説》、《臣鑑録》、《左傳經世鈔》、《理學備考》

文盛堂

《王梅溪集》、《黄氏日鈔》、《食物本草》、《八旗通志》、《盛明百家詩》、《皇清百家詩》、《兵法全書》、《虞道園集》、《漁洋詩話》、《荆川武編》、《吕氏家塾讀詩記》、《本草類方》

經腴堂

《音學五書》、《説鈴》、《今詩篋衍集》

聚星堂

《安雅堂集》、《韓魏公集》、《吴草廬集》、《宛雅》、《詩持全集》、《榕村語録》

帶草堂

《堯峰文鈔》、《精華箋注》、《精華訓纂》、《漁隱叢話》、《觀象玩占》、《篆書正》、《明文授讀》、《香樹齋全集》、《七修類稿》

郁文堂

《賴古堂集》、《李二曲集》

文茂堂

《埤雅》、《許魯齋集》、《范文正公集》、《邵子湘集》、《闕里文獻考》、《班馬異同》

英華堂

《帝京景物略》、《群書集事淵海》、《三魚堂集》、《廣群芳譜》、《林子三

教》、《楊龜山集》

文焕齋

《榕村集》、《名媛詩歸》、《觚賸》、《穆堂集》

上面所抄録的書名中,《笠翁一家言》、《篋衍集》、《觚賸》、《宛雅》四種在《禁書總目》中有録;《感舊集》、《説鈴》在《違碍書目》中有記;《潛確類書》、《詩持》兩種在《禁書總目》和《違碍書目》中有記;《史貫》在《全毁書目》中有録;《賴古堂集》、《由拳集》在《抽毁書目》中有記録,由此可知當時這些書籍還没有被徹底銷毁。以上十二個書肆中的文盛堂、郁文堂、文焕堂未見於李文藻的《書肆記》中。另,《書肆記》中所記"嵩□堂",現在可以推測應爲"嵩秀堂"。此外,他們經常去的地方是五柳居,和其主人也最爲親密。李德懋的《入燕記》中有如下記録:

> 陶氏所藏,尤爲大家。揭額曰五柳居,自言書船從江南來,泊于通州張家灣,再明日當輸來,凡四千餘卷云。因借其書目而來,不惟吾一生所求者盡在此。凡天下奇異之籍甚多,始知江浙爲書籍之淵藪,來此後,先得浙江書目,近日所刊者,見之已是瓌觀。陶氏書船之目,亦有浙江書目所未有者,故謄其目。①

浙江書目是王亶望所編《浙江採集遺書總録十卷閏集一卷》,在乾隆三十九年(1774)刊行。陶氏所藏書目在當時是不易見到的,李德懋對這些書目的艷羡之情也溢於言表。他在店鋪爲書狀官沈念祖(號涵齋)購買了納蘭成德(其實是其師徐乾學所編)所編的《通志堂經解》一千七百七十五册和馬驌的《繹史》一百六十卷,并標注"稀有之書,皆善本"。《入燕記》中所記録的朱彝尊的"經解",應是《經解序略》,所記朱氏應是筆誤。

《盎葉記》中亦記録有購入《通志堂經解》的情況:

> 自子夏《易傳》外,唐人之書僅二三種,其餘皆宋元諸儒所撰述,而明人所著,間存一二,真儒家之府藏,經學之淵藪也。此書刊行已

① 李德懋《入燕記》,《青莊館全書》韓國古典翻譯院翻譯本,收録奎章閣抄本影印本,1978。

百年,而東方人默然不知,每年使臣冠蓋絡繹,而其所車輸東來者,只演義小説及《八大家文鈔》、《唐詩品彙》等書。此二種雖曰實用,然家家有之,亦有本國刊行,則不必更購。中國則此二書亦廣布,不必珍貴,價亦甚低,但朝鮮使來時,必别爲儲置,必高價賣之,東人之孤陋類如是。

(李德懋《入燕記》)

如以上所記,當時爲了豐富朝鮮貧弱的藏書而購入的《圖書集成》和《通志堂經解》雖然也可以反映出正祖的好學,但這種圖書的購入更應該看作是對世道變遷有着洞察力的朝鮮學人努力的結果,正祖把這些書籍都藏在了皆有窩。《通志堂經解》是康熙十二年(1673)着手編纂,十五年(1675)完成的原刊本,是稀有之珍本。這部書輸入日本的時間是元禄八年(1695),比朝鮮早了八十三年。

沈念祖[①]在五柳居購買了當時列爲禁書的《顧亭林集》,在歸國的路上曾向李德懋説過這樣的話:

左右嘗盛言顧亭林炎武之耿介,爲明末之第一人物。購其集於五柳居陶生,陶生以爲當今之禁書三百餘種,《亭林集》居其一,申申托其秘藏。歸來,余於轎中盡讀之,果然明末遺民之第一流人也,不惟節義卓然,足以横絶古今,其詩文典則雅正,不作無心語。余曰亭林跡雖布衣,不忘本朝,不赴康熙乙未博學宏詞科,此真大臣也。其所著《日知録》,可以羽經翼史,可見其淹博也。書狀(沈念祖)曰以亭林之輪囷熱血,其言之雅典如此,不作横走語,此老胸中有學問故也。余曰此一言足以知亭林也。

(李德懋《入燕記》)

由此,顧亭林的學問漸漸地傳入朝鮮。

---

① 沈念祖(1734—1783),字伯修,號涵齋。朝鮮青松人。朝鮮英祖五十二年(1776)别試文科乙科及第,曾任奎章閣直提學、弘文館副提學等職。正祖二年(1778)以書狀官身份同謝恩兼陳奏使蔡濟恭一行赴清。

李德懋每次都和朴齊家形影相伴,和他們一起促膝交談、討論經文學術的有潘庭筠、李鼎元、李驥元(鼎元弟)、祝德麟、沈心醇、唐樂宇等人,這些在《入燕記》中都有記録。尤其是潘、李二人意氣相投,潘庭筠爲李德懋題寫了"青莊館"堂額,也爲其詩文集撰寫了序文。可以想見,十三年前已經和洪大容心心相契的潘庭筠,今日看到和洪大容一樣的李、朴朝鮮英才,這樣的相見該是多麽地令人感懷。他們聽潘庭筠談到往事的事情,心情也應是無比地激動吧。李、朴二人在回國經過三河縣的時候到孫有義從弟孫嘉行處收到了嚴鐵橋的遺集和小像,這也是洪大容和他們聯繫的因緣。

他們帶着比期待的還要豐碩的成果回到了朝鮮,當時,不知那些固陋偏狹、夜郎自大的朝鮮人作何感想,不過對那些求知若渴的朝鮮士人來説,則是欣喜萬分、爲之歡呼雀躍的事情。尤其是正祖,對於能轉變朝鮮學者新人視野的這些學者,决心要給予優待,在次年就增設了奎章閣并制定了檢書官制度,啓用了李德懋、柳得恭、朴齊家、徐理修四名新人,不但提振了士氣,也給學界注入了新的生機。

李德懋人格高尚,儀節嚴格,最得正祖的喜愛。他在書籍編纂和校勘方面也做出了很大的貢獻,尤其是在《奎章全韻》的撰述方面,不但考據精博、義例詳密,在思想方面也最符合正祖的趣旨。他博學無雙,在當時可謂無出其右者,有關他的逸話很多,《熱河日記・銅蘭涉筆》中所説的"懋官博雅,更勝漁洋"一節就是最顯著的例子。李德懋的著述中有很多是在燕行時獲得的新知識,這些都在《清脾録》、《盎葉記》中有所體現。《清脾録》的書名取自唐代著名僧侣貫休的詩"乾坤有清氣,散入詩人脾",書中對兩國人物和詩文的接觸和交流描寫詳緻。尤其是對日本的文物理解也頗貼切,對物徂徠、服部南郭的文辭和學風的評價也可以看出其不拘泥於門户,既無偏狹之陋習,也無自滿之意氣的客觀態度。日本明和元年,即乾隆二十九年(1764),朝鮮的成大中①出使日本時,在大

① 成大中(1732—1809),字士執,號青城。昌寧人。朝鮮英祖三十二年(1756)廷試文科及第,曾任興海郡守等職。英祖三十九年(1763)隨趙曮一行出使日本。著有《青城集》十卷。

阪見到木村蒹葭堂并受到他的厚待,收到了《蒹葭堂自畫》和同人題詠的《雅集圖》。李德懋對於日本的學流韻事曾説道:

> 嗟呼!朝鮮之俗,狹陋而多忌諱。文明之化,可謂久矣,而風流文雅,反遜於日本。無挾自驕,凌侮異國,余甚悲之。善乎!元玄川之言曰,日本之人故多聰明英秀,傾倒心肝,炯照襟懷,詩文筆語,皆可貴而不可棄也。我國之人夷而忽之,每聚首而好訛譏。余嘗有感於斯言,而得異國之文字,未嘗不拳拳愛之,不啻如朋友之會心者焉。①

從現在計算來看,在一百五十年之前,朝鮮學人中能有幾人有這般見識,會如此正確地理解日本呢?對於日本向來就持有偏見的朝鮮學界,能産生對於學者一邊倒的偏見有所啓示的正確評論,不能不讓人感慨萬千。《蒹葭雅集圖》現在藏於總督府博物館。《盎葉記》的書名取自古人書柿葉投盎中的典故。李德懋不但涉獵東西古今、經史子集,更對各種題目進行解説和考證,對這些文籍進行深入研究。其中《永樂大典》、《四庫全書》、《圖書集成》、《經解目》、《海印寺藏經》、《中國書來東國》、《高麗圖經》、《日本文獻》、《吾妻鏡》、《東國書入日本》、《大覺國師》等研究都是有益之文字,是朝鮮學人中第一流的隨筆。李德懋博洽多聞,他的同學朴齊家曾讚揚他道:"李懋官,品識第一,篤行第二,博學强記第三,文章第四。"從中也可以看出他真實的一面。當時在朝鮮士人中像《論語》一樣流行的《士小節》也應該是他用了很大的功力所撰寫的精華。筆者在讀了他的《青莊館全書》(七十一卷,二十五册,鈔本藏於學務課分室)之後,不由得想起了他私淑的顧亭林先生。

① 《清脾録》卷一《蒹葭堂》,李德懋《青莊館全書》。

第六章　朴楚亭、柳惠風的入燕與清儒

現再把話題重回到朴齊家上。乾隆四十三年（1778）朴齊家和李德懋一起赴燕京，李德懋只在此年去過燕京，之後再沒有得到過機會。而朴齊家在乾隆五十五年（1790）得以再次入燕，在嘉慶六年（1801）得以第三次出使燕京。爲了方便起見，下面就放在一起加以論述。

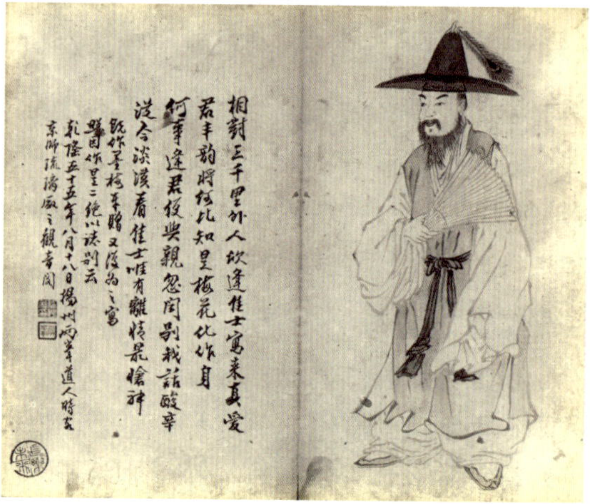

朴齊家

朴齊家、李德懋和柳得恭都是在朝鮮這一特殊時期誕生的不幸之人。爲什麽這麽説呢？因爲他們都是庶子出身。朝鮮時期對庶子出身的不公正待遇是當時其他國家所不存在的一種制度，因這種庶孽制度，不僅自己的一生受到身份的限制，自己的後代也會受到牽連，以至于自己的才能没有任何施展的機會。下面來看一下朴齊家的家譜：

- 朴純
  - 星東 長子
  - □ 次子
  - 臺東 三子 — 玶
    - 齊道 系 — 長晉 — 孝正
    - 齊家 庶
      - 長稔
      - 長檩
      - 長馣

朴齊家作爲朴玶的庶子,其出身雖然看似卑微,但其天分出衆,可以説是上天給予他的最大恩賜。他以聰明英俊的資質,在逆境中也能修煉自身,使學問和德行更爲高潔。他師從朴趾源,與李德懋和柳得恭交好,他們互相在學問上激勵對方,年紀輕輕就已經在詩壇上揚名了。他能和李德懋一起出使燕京,其實也是正祖的特別許可。以這次出使爲契機,他撰成《北學議》一書。"北學"是取自孟子所説的楚國陳良"北學於中國",從這兒也可以看出他的慕華思想是多麽地强烈。後來,金正喜稱自己爲"東夷之人",他們的謙虚態度是相通的。這在當時和驕傲誇詐的朝鮮風俗相比,可以説是完全不同的"今昔之感"。朴齊家認爲要學到廣博的知識,首先要知道自身的不足。《北學議》中對清朝的器具、建築、動物、商業、經濟、兵事、文化等各方面進行了探究,對事物分析的眼光異常犀利,有快刀斬亂麻之感。《通江南浙江商舶議》中可以看到經世家的卓見;《尊周論》中對蔑視滿洲朝廷,以及不理解清朝文化的朝鮮人的陋見進行了激烈的批判;對朝鮮官吏所謬辯自己的不正行爲是因自己的俸禄太少的腐敗現實,對風水説大肆風行的迷信行爲,朴齊家都進行了切合實際而又符合事理的批判。以上可以説都是他撰述的憂國慨世的文章。

朴齊家的第二次燕行是在正祖十四年(1790),爲了祝賀乾隆帝八十大壽隨使節團一起出使。這次出使的使節名單是:昌成尉黄仁點、禮曹判書徐浩修、兼掌令李百亨。這次他的友人柳得恭得以一起出使。在第一出使燕京時,朴齊家就已經和清朝學人建立了密切的交流關係,這次進京之後他交往的大家碩學更多,建立了更爲深厚的學緣。現在只舉一兩個例子。

經學大家孫星衍[①]當時住在琉璃廠橋西，他家前面有一棵粗大的柳樹。其問字堂是當時的名士畢沅、阮元、魏成憲、方體、伊秉綬、楊夢符、王念孫、徐大榕、張問陶等人經常光顧的地方，也是當時國内能文講學的人士歡聚的場所。朴齊家偶然在琉璃廠書肆（應是五柳居）看到了孫星衍校閱的古書，遂決定去拜訪。當時朴齊家四十一歲，孫星衍三十八歲。孫星衍很高興地接待了他，并把自己喜愛的《唐刻石經》作爲禮物送給了朴齊家。這時朴齊家很欣喜地大書"問字堂"三個字作爲堂額，并作詩答贈孫星衍（據張紹南《孫淵如先生年譜》，孫星衍《岱南閣集》卷二《王大復詩集令序》）。另外，朴齊家又爲孫星衍題寫了隋朝崔儦的"不讀五千卷書者，毋得入此室"的名句。孫星衍也爲其題寫的名句題寫了答詩：

琉璃廠西青廠口，塵鬻圖書衔尊卣。
十丈紅飛過客塵，一株綠認先生柳。
高冠褒服來叩門，登堂晝字口不言。
愛才異域且同志，豈有文謈雞林傳。
異書海舶有時出，不似大航留僞帙。
開成石刻贈殷勤，要使薄海尊經術。
興來落筆蛟螭翔，五千卷室崔儦藏。
似聞比歲朝天客，猶訪當年問字堂。[②]

（《冶成集》卷下）

蜀地的張問陶[③]作爲詩人以慷慨義憤知名。他在入京後就住在楊椒山（名繼盛，謚忠愍）的故宅松筠庵，當時的志士文人經常匯聚此地談論

① 孫星衍（1753—1818），字季逑，號淵如，別署芳茂山人。陽湖（今江蘇武進）人。清代著名藏書家、目録學家、經學家。乾隆五十二年進士，授翰林院編修，充三通館校理等職。著有《周易集解》、《寰宇訪碑録》、《芳茂山人詩録》等。

② 此詩見録《孫淵如先生全集》（光緒十一年刻本）卷一《冶成集》，詩題爲《書堂問字》。詩前有小序，小序内容輯録如下：予始僦居琉璃廠橋之西，宅前有大樹，海内之士賞奇析疑者咸識其居也。後移寓孫公園小拓宇，爲諸名士燕集之地。每歲朝鮮使臣至，必款門投刺。朴卿齊家爲予書問字堂額，又大書崔儦語云："不讀五千卷書，毋得入此室。"

③ 張問陶（1764—1814），字仲冶、一字柳門，號船山、蜀山老猿。清代詩人、書畫家。乾隆五十五年進士，曾任翰林院檢討、吏部郎中等。著有《船山詩草》等。

時事。朴齊家這次入燕帶來了日本刀,專爲贈送給肝膽相照的友人張船山。船山後來把這把刀送給了陳瀚并作日本刀歌賦,他的賦作慷慨淋漓,在衆多日本刀歌作品中是最爲痛快的作品:

日本刀歌贈陳瀚刀爲朴楚亭贈物

海客貽我日本刀,寒光一尺疑冰蛟。
醉中脱贈意無極,愛君氣奪千人豪。
盤根錯節别利器,安居美食成何事。
浮世升沈盡偶然,少季莫損英雄氣。
斫地起舞爲君歌,我輩自視當如何。
藏刀不用亦神王,請君一日三摩挲。
書生戴頭不敢近,死守毛錐剛一方。
那知烈士多苦心,文人好武原非病。
嗚呼! 文人好武原非病,君不見鄉曲小儒無血性!

(朴齊家《縞紵集》)

刊本《船山詩草》中没有小注"刀爲朴楚亭贈物"一句,詩句中也有些字不同。

朴齊家、柳得恭和紀昀相識後,屢屢前去拜訪,一起談論經義見聞和文墨。他們在回國之前,紀昀贈送詩曰:

送而后檢理歸國

貢篚趨王會,詩囊貯使車。
清姿真海鶴,秀語總天葩。
歸國憐晁監,題詩感趙驊。
他季相憶處,東向望丹霞。①

朴齊家的次韻詩如下:

辱題僧孺館,勝御李膺車。
披扇驚文藻,陳詩愧正葩。

---

① 此詩爲下首朴齊家《次韻禮部尚書曉嵐紀公昀詩扇見贈》所附紀昀原韻。

蟲心猶慕鵠，駑足敢先驊。

喜我書厨潤，歸沾玉井霞。[①]（先生有玉井硯銘，硯今歸鶴山副使）

年老的紀昀非常喜歡朴齊家的詩才，在朴齊家歸國後也偶爾讓朝鮮使臣傳遞書信。他寫給朴齊家的詩有：

寄懷而后先生

偶然相見即相親，别後匆匆又幾春。

倒屣常迎天下士，吟詩最憶海東人。

關河兩地無書札，名姓頻年問使臣。

可有新篇懷我未，老夫雙鬢漸如銀。[②]

這首詩寫在染色的綢緞手巾上，只有巴掌大小。正祖得知他和紀昀的親交，親自接見并稱讚道："以此觀之，朴齊家非華國之才歟？"這實在是當時的一大佳話。紀昀作爲清朝一流的大家，年輕的朴齊家收到他情意纏綿的詩句時，其感慨之情如何呢？下面的詩是朴齊家在歸鄉鍾城時收到紀昀詩後的次韻詩：

白鷗何意絶遠親，慣遣秋茄集裏春。

佳句自無霜後傑，好音偏向日邊人。

雲山萬斛新螺子，滄海千秋古雁臣。

忽夢頎然觀奕叟，牀前月色爛如銀。[③]

紀昀非常擔心朴齊家的狀況，又寄詩詢問：

爲問朴而后，行蹤近若何。

舊游憶文酒，遠道阻風波。

---

① 此詩見録朴齊家《貞蕤閣三集》(《韓國文集叢刊》261，收録奎章閣藏鈔本)，詩題爲《次韻禮部尚書曉嵐紀公昀詩扇見贈》。後附有紀昀原詩，詩題爲《附原韻紀昀》。

② 此詩見録朴齊家《貞蕤閣五集》(《韓國文集叢刊》261，收録奎章閣藏鈔本)，爲《追次曉嵐見寄詩韻 二月六日》後附録詩，詩題爲《附原韻紀昀》。

③ 此詩見録朴齊家《貞蕤閣五集》(《韓國文集叢刊》261，收録奎章閣藏鈔本)，詩題爲《追次曉嵐見寄詩韻 二月六日》，即追次紀昀的《寄懷而后先生》。

悵望情無極，傳聞信恐譌。
陸機才似海，無乃患才多。

這是乾隆末年(1795)五月二十四日紀昀在其七十二高齡時寫的詩。能夠從乾隆時期的大人物紀曉嵐處受到如此鄭重的禮遇的，可能也只有朴齊家一人而已。他們的筆談中也有很多溢於言表的深情話語，在此就省略不敘了。

羅聘也是朴齊家在京期間所結交的文友。羅聘(1733—1799)，號兩峰、花之寺僧，江南揚州人。少年風流倜儻，晚年則皈依佛教。當時羅聘來到北京，寓居琉璃廠的觀音寺。他畫習從金農(1687—1763，字壽門，號冬心)，可謂青出於藍而勝於藍，冬心的畫作有一半以上是兩峰代作的。他和朴齊家離別時畫了墨梅圖作爲贈別禮物，并在畫作上題詞：

次修檢書，將歸朝鮮，作此小幅，以當折柳之意

一枝蘸墨奉清塵，花好何妨徹骨貧。
想到薄冰殘雪候，定思林下水邊人。

既作墨梅奉贈，又復爲之寫照，因作詩二絶以誌别云：

相對三千里外人，欣逢佳士寫來真。
愛君丰韻將何比，知是梅花化作身。

何事逢君便與親，忽聞别我話酸辛。
從今淡漠看佳士，唯有離情最愴神。

這幅墨梅圖和肖像的真蹟是去年筆者收藏的作品。除了和羅聘的交往之外，朴齊家還和彭元瑞、翁方綱、伊秉綬、鐵保等很多學者有過交往，在這兒就不一一詳述了。

柳得恭的這次燕行是第一次，不過他編撰的《巾衍集》和《二十一都懷古詩》已經在清代學壇被人熟知，這次雖然是和作爲導游的朴齊家一起來到燕京，但是所到之處都受到了熱情的接待。他把自己抄寫的《二

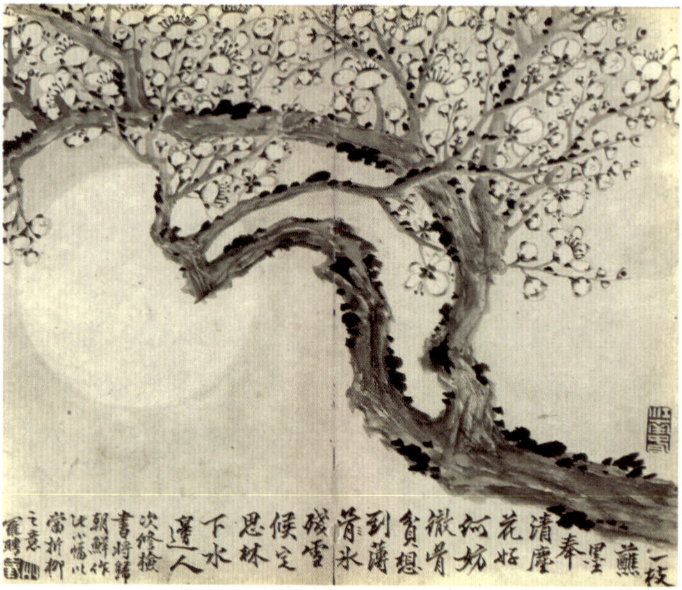

墨梅圖(望漢廬藏)　乾隆末年,朴齊家以文酒和書畫大家羅兩峰相親,羅在離别時以墨梅圖和朴齊家肖像相贈。

十一都懷古詩》作爲禮物送給了紀昀,紀昀也把金曰追[①]的《儀禮正譌》十七卷作爲回禮贈送給了柳得恭。羅聘非常想得到這部《二十一都懷古詩》,可惜柳得恭没有其它抄本在身,羅聘只能從紀昀處借來抄寫一册并裝幀收藏起來。十年之後,朴齊家再次訪問羅聘的時候,還看到這部詩文集擺放在羅聘的案頭。柳得恭手抄本《二十一都懷古詩》從紀昀處流傳到翁方綱、葉志詵處,清末被趙之謙所藏。之後,趙之謙在編纂《鶴齋叢書》時收録了進去。朝鮮有近年翰南書林刊行本。

柳得恭交往的清代學者除紀昀之外,還有潘庭筠、李鼎元、李驥元、孔憲培、羅聘、張道渥、吴照、莊復朝、阮元、劉鐶之、熊方受、鐵保等。在這兒只對孔、阮二人進行簡略叙述。

衍聖公孔憲培(1756—1793,字養元,號篤齋)是孔子的七十二代孫,

① 金曰追(1737—1781),字對揚,江蘇嘉定人。諸生,王鳴盛弟子。著有《儀禮注疏正譌》十七卷,阮元奉詔校勘《儀禮石經》多採其説。

年齡三十餘歲。其容貌秀麗,擅長筆墨。爲柳得恭題寫了"泠齋"堂額,并在贈送書籍之外,又贈送了孔子墓上生長的蓍草五十支。贈送給柳得恭的書籍是:

趙汸《春秋金鎖匙》一卷

戴震《考工記圖》二卷

戴震《聲韻考》四卷

蔡京《州學碑》

党懷英《杏壇碑》

姜開陽模刻《定武蘭亭》

柳得恭把義興的麐角寺碑拓本作爲謝禮送給了孔憲培。孔憲培有《凝緒堂詩集》八卷,有袁枚題序"天機清妙,與造物同游"的讚辭。

阮元(1764—1849),字伯元,號芸臺、雷塘庵主,江蘇儀徵人。柳、阮兩人的交往其實爲後來朝鮮學人和清人交流起到了橋樑的作用,非常值得關注。柳得恭當時四十三歲,阮元二十七歲。他們見面時柳得恭提到阮元在二十四歲時所作的《車制考》,阮元聽後非常高興。後來柳得恭在其詩集中也注有:"阮伯元著有《車制考》,紀大宗伯(紀昀)亟稱其考據精詳,余舉而言之,則伯元色喜。"(柳得恭《熱河紀行詩注》)

阮元是歷經嘉慶至道光五十年間學界的領袖,他對清朝學術的集大成做出了巨大的貢獻,也對朝鮮文化得以树立實事求是的新學風做出了卓越的貢獻,是朝鮮學界的大恩人。柳得恭的《熱河紀行詩注》二卷(别名《灤陽録》)中對在熱河参賀(當時乾隆帝在熱河行次中)的情况以及北京風物的側面描寫等都是值得關注的話題,可惜現在還没有刊本行世。柳、阮二人在嘉慶六年(1801)又有直接交流的機會,這也是受乾隆時期交流的影響,現簡略記録如下。

朝鮮純祖元年(1801),即嘉慶六年二月,柳得恭和朴齊家一起到了燕京。當時紀昀已經是七十八歲的老人了,他們對於這次的相见感到萬分高興。紀昀見到朝鮮的稀客,和他們談論北京的近况:李鼎元出使琉球回來的事情,李調元回到成都自居的事情,孫星衍離都南下正居喪中的事情,以及蘇州七子後裔錢氏子姪中的傑出英俊等話題,縷縷不能盡言。朴齊家最後題筆寫道:"先生久坐不便,請退與令郎令孫一暢,亦繼世好耳。"紀昀回答説:"此皆豬犬,不足仰拔大賢也。"如此説來,當時也没有紀昀子孫中有出衆者的記録,可見并不是紀昀一時的謙辭。作爲一位老學者,其晚年在書齋中的寂寥之感可想而知,對於朝鮮客人的拜訪也應當是件倍感高興的事情。

這次燕行,他們還結交了一些新的朋友,如陳鱣、錢東垣、黄丕烈、曹江、沈剛、張玉麒、王霽、彭蕙支等。朴齊家、柳得恭和陳鱣、錢東垣在琉璃廠的五柳居見面後便開始了交往,陳鱣向朴齊家贈送了自己的著書《論語古訓》(乾隆六十年,1795 年刊刻),朴齊家拿出自己的诗文集《貞蕤稾畧》向陳鱣请序。當時剛從琉球回來的李鼎元也在場,他極力勸説陳鱣題寫序文。陳鱣很高興地寫了序,并在文中極力稱讚朴齊家貫通六藝、精通古學。陳鱣向友人吴省蘭介紹了這部詩文集,并爲之做了校正,收録在《藝海珠塵》中,後來還自行刊刻了單行巾箱本送給朴齊家。從這兒也可以看出他們之間的深厚情分。這部巾箱本分爲文和詩兩册,在包匣上寫有"貞蕤稾略簡莊題",有陳鱣的序文。這部刊本是非常少見的本子,筆者收藏有朴趾源的孫子朴珪壽的舊藏本。清人徐康在介紹《珠塵》本時曾誤記爲"日本使臣朴齊家云云"(《前塵夢影録》),實在是很可笑的事情。日本人的著述能在這部叢書中收録是件少有的事情,西島蘭溪的《慎夏漫筆》卷四能收録進去讓人有種空谷跫音的感覺,可能也是《珠塵》本流傳下來的。

陳鱣的《論語古訓》所用材料是根據所謂的高麗本《論語集解》一書,他正好趁機向朴齊家詢問其中的各種問題。這部書籍是明代蕭應宫[①]作爲監軍出使朝鮮時所收集的鈔本,錢曾從蕭氏的第七代子孫處購買了此書,乾隆時期又傳入顧安道手中,陳鱣從其處借來,以爲自己撰述《論語

① 蕭應宫,字伯和,直隸蘇州府常熟縣人。明朝政治人物,萬曆年間曾出使朝鮮。

古訓》時參考的最重要的材料。在卷末中有“正平甲辰”年號，這個年號究竟是朝鮮什麽時期這個問題一直是錢曾之後没有解决的疑問，這次向朴齊家詢問是個最好的機會，朴齊家回答説：“東國無正平年號，殆是日本國，當呼爲倭本耳。”（陳鱣《經籍跋文》）這時，纔知道“正平”是日本的年號。

黄丕烈也向朴齊家詢問這個問題，吴騫則從陳鱣處聽説了這個答案。從這兒可以看出當時的學者、藏書家、鑒賞家都争相向朴齊家詢問確認這樣的疑問。而《論語集解》的鈔本也通過顧抱沖、黄丕烈、張金吾、陸心源處流傳下來，現在收藏在日本的岩崎家靜嘉堂文庫，實在是一部特別的鈔本。另外，陳鱣聽聞浙江趙昱（字谷林）的小山堂中藏有宋代徐兢的宋刊《高麗圖經》高麗翻刻本，於是向朴齊家詢問朝鮮現在是否也有高麗刊本。朴齊家很坦然地回答説：“刻本尚多，惜行笈中未曾携帶耳。”（《拜經樓藏書題跋記》卷二《高麗圖經》）可是這部高麗刊本究竟是否存在還值得商榷，現在爲止經眼的文獻中并未發現有傳本，而李德懋在《盎葉記》中有對《高麗圖經》的詳細論述，但對高麗刊本卻隻字未提，可以推測這部翻刻本并不存在。如果是這樣的情况，朴齊家所謂的“刻本尚多”一句應該删除纔可。不管怎樣，當時的清人對於朝鮮的朴貞蕤先生還是十分仰慕，他們争相聚集到五柳居書肆。因此，五柳居也越來越有名氣，貞蕤的名聲因五柳居也越來越大。黄丕烈曾説道：

> 余與五柳居主人爲莫逆交，至都每觀書。至書肆，時遇朴貞蕤、柳惠風二公，賞奇析疑，真覺此番此來，獲交海外君子，臨行之日，思有以贈，自愧才拙未能也。四月二十七日，在寓無聊，午飯後磨墨伸紙，得七言古二十韻，持贈二公。當笑我出之太易，有示璞之譏已。
>
> （朴齊家《縞紵集》）

從這兒也可以看出他們當時交往的情景。當時像夏文燾、盛學度、黄成等都與五柳居有很深的學緣。黄丕烈有詩如下：

嘉慶六年歲辛酉,我隨計車適北走。
京都滚滚風塵中,忽遇奇人朴與柳。
衣冠狀貌殊中華,云是朝鮮使臣某。
二公本是彼國豪,天界才華真富有。
朴公發跡由詞科,策對萬言孰與偶。
一編藁略號貞蕤,洋洋大篇冠諸首。
况其天性慕中華,名公鉅儒皆樂友。
卷中不盡懷人詩,熙熙慕思要以久。
我來訂交恨已遲,傾蓋相知意獨厚。
贈我楹帖見摛文,濡墨揮毫不停手。
題我畫圖爲祭書,屬辭比事方脫口。
海内文章信有人,如此東人肯居後。
柳公詩筆劇清新,一字一珠卻不苟。
長篇曾向扇頭窺,篆刻鴻章氣赳赳。
側聞歸國已有期,數簏奇書驅馬負。
琉璃書肆人肩摩,誰向嫏嬛時一扣。
何晏論語世所稀,東國舊傳今失守。
徐兢圖經家尚藏,副本未携我職咎。
區區愛書心正同,不惜千金買幣帚。
德功之立古云難,與子相期言不朽。

通過當時在乾隆嘉慶時期這些碩學大儒積極和朴齊家交往的事實,也可以看出他對清朝和朝鮮文化交流過程中的重大影響。而像朴齊家一樣和乾、嘉時期的清朝學者進行如此廣泛交流的朝鮮學人也是歷史上未曾有過的。現在作爲參考,可以看看他交往過的人數:

親見者	一〇二
望風溯想者	四(陸筱飲,沈雲椒,吴西林,袁簡齋)
折簡往復而未見其人者	一(郭東山)

聞聲相思者　　　　　　二(王椒畦,劉澄齋)

詩筆相通而未得證交者　一(嚴有堂)

以上合計有一百多名。我在讀他們之間交往的詩文、尺牘、筆談等相關資料時,好像自身正逢乾、嘉盛世,能聞到他們的學術氣息。雖然其中一些可能只是泛泛之交,不一定值得褒揚。不過,正因爲朴齊家有如此强烈的慕華之心,纔會有如此豐碩的成果。對此,他的朋友李德懋感到非常擔心,曾在《與朴在先齊家書》中勸告曰:

> 每恨吾兄爲人,性癖突兀。生長東方禮儀之鄉,而反慕中原千里不同之俗,其所設心,一何宏闊。甚至滿洲鐵保、玉保之輩,看作兄弟;西藏黄教、紅教之流,視如士友。世俗所云唐癖、唐學、唐漢、唐魁之目,舉集於兄身。此是公案,兄亦自知矣。
>
> (李德懋《雅亭遺稿》卷七)

就朴齊家來説,他確實有很嚴重的唐癖,且這種唐癖是始終貫一的。他對李德懋的相勸也表示認同,但對自己的這種缺陷卻并不加以改正。不是不能改,而是他自己不願意改。對於他的這種唐癖,以及他對學術的貢獻,是不是應該給予肯定呢?朴齊家的遺著中重要的有以下幾種:

《貞蕤藁畧》,一册,鈔本、刊本

《北學議》,一册,鈔本

《貞蕤閣(初二、三、四集)》,四册,鈔本

《竟信堂夾袋》,一册,鈔本

《貞蕤閣文集》,二册,鈔本

以上朝鮮後期四家中有三家都曾到過燕京,只有李書九[①]没有去過。李書九出身名門,曾歷任户曹判書、弘文館提學,純祖甲申(1824)被任命爲右議政。他是所謂的相臣録上收録的人物,雖然以四家并稱,但其官歷

---

① 李書九(1754—1825),字洛瑞,號惕齋、薑山、素玩亭、席帽山人。英祖五十年(1774)廷試丙科及第,曾任弘文館校理等職。著有《惕齋集》十六卷、《薑山初集》四卷等。

和生長環境卻和其他三家有很大的差異。他的才能毫不遜於其他三家，是從三位朋友帶來的北京的先進文物中最快地吸收新知識的人物之一。他青年時期的詩作《薑山集》二卷在乾隆四十三年(1778)李德懋入燕時被介紹給北京的詩壇，并得到潘庭筠、李調元、祝德麟等名士的序文。李書九還把錢謙益《列朝詩集》和朱彝尊《明詩綜》中所收録的高麗詩人的名號、紀年等錯誤，摘録整理出四十則，命名爲《薑山筆豸》，并拜托李德懋把這部修訂稿介紹給清代學者。他還把三位朋友從北京帶回的書籍一一閱讀并抄録，在吸收新知方面十分努力。比如元代趙汸的《春秋金鎖匙》，他在精心抄寫後於"新安趙汸子常著"下鈐個人"李書九印"，在卷末題寫了如下句子：

> 庚午五月十七日讀畢趙氏集傳、屬辭、師説、補注等書，俱入於通志堂所刊經解，獨《金鎖匙》一書見佚，余從人借録，蓋亦屬辭比事，以求筆削之旨者也。凡一百五則，而全經之要領，世變之始終，具見焉。當學《春秋》之津梁也。惕齋。

李書九看到的《通志堂經解》應該是乾隆四十三年(1778)李德懋帶回的皆有窩藏本，而《春秋金鎖匙》可能是乾隆五十五年(1790)柳得恭從孔憲培處收到的禮物。總之，李書九能在當時閱讀趙汸的《春秋金鎖匙》并抄寫下來，也可以看出李書九具有非凡的讀書慧眼。這部抄本字蹟精妙，現在被今西龍教授收藏。

縱觀乾隆學壇，朝鮮學人和他們的交流也是往來不斷。朴趾源在乾隆四十五年(1780)入燕并撰述了《熱河日記》；洪良浩在四十七年(1782)以及五十九年(1794)入燕并和戴衢亨、紀昀有過交流(紀昀爲洪氏《耳溪集》、《字説》寫有序文)；金漢泰在四十九年(1784)入燕，與翁方綱、博明交流頻繁，他們在爲清朝文化的傳入方面都做出了巨大的貢獻。對此，筆者擬日後再做詳細論述。

如上所述，乾隆時代燕行的朝鮮學人對於清代學壇的先進文化是倍感驚異的，他們也充分感覺到了自己的渺小，遂決定擺脱落後的陋習并努力吸收和傳入清代新興的學問。爲了這個目的，他們來到燕京後積極地和這些鴻儒碩學進行交流，同時也積極地購買書籍以啓發國内的學人。結果使朝鮮學界受到一定的刺激，從而促進了新學的興起。尤其是那些在國内一次也没有邁出過國門的朝鮮學人，也有一部分人看到了舊學的弊端，開始了實事求是的樸學研究。例如申綽[①]的《易次故》、《詩次故》，丁若鏞[②]的《諸經解》等，雖然都打開了舊學的路子，但是如果没有樸學新興的促進作用，以及入燕諸公的引導，是不可能有這種成果的。

因而，當時由諸朝鮮學人所種下的實事求是的學術思想，終於在槿域經學大師阮堂金正喜這兒開出了最絢爛的花朵。實際上能抓住清朝文化的核心，并深入地進行經學研究又能得其神奧者，在朝鮮幾百年之間，也只有金正喜一人而已。朝鮮的學壇，因爲有了阮堂，纔能在中外學界具備誇耀的資格。筆者爲了叙述阮堂的業績，在這兒只是拉開了一個序幕，做了一個鋪墊而已。

附記：

本稿中所引用的《使勒録》是依據小田教授所藏本；《貞蕤閣文集》、《熱河紀行詩注》二書是借閲今西龍教授藏本後抄録的家藏本；《清脾録》是今西龍教授惠贈的藏本。此外，鮎貝房之進氏、稻葉岩吉氏、藤田助教授也多次借給我所藏珍籍，我也經常去學務課分室的井上琢磨氏處借閲書籍。在此一併致謝！（昭和四年〔1929〕六月）

---

① 申綽(1760—1828)，字在中，號石泉。平山人。朝鮮純祖九年(1809)狀元及第，因服父喪後決心不再出仕，專心研究學術。與丁若鏞關係親密。著述有《詩次故》、《易次故》、《春秋左氏傳例》等。

② 丁若鏞(1762—1836)，字美鏞，號茶山、與猶堂等。朝鮮正祖七年(1783)進士及第，曾任藝文館檢閲、弘文館修撰等職。著述有《經世遺表》、《牧民心書》、《欽欽新書》等。

第七章　李美卿、姜豹庵的進賀與諸名賢

清朝聖祖康熙帝在位六十一年間曾舉行過兩次千叟宴——千叟宴是天子爲表達敬老思想所舉行的招待宴會。第一回千叟宴是在康熙五十二年(1713)三月壬寅舉行,又稱爲六旬萬壽節。這次康熙招待了漢族大臣、官員、一般百姓等九十歲以上者三十三名,八十歲以上者五百三十三名,七十歲以上者一千八百二十三名,六十五歲以上者一千八百四十六名,聚會在暢春園正門前舉行。暢春園在明代稱爲清華園,位於北京西直門外南海淀大河莊北邊,圓明園的南邊(現在的清華大學所在地是其舊址)。康熙皇帝撰有《御製暢春園記》,這天還選拔出諸王室子孫中年齡在十歲以上、二十歲以下的勸酒童子六七十名,專門去爲老人勸酒。宴會第三天又招待滿蒙漢軍文武大臣、官員、護軍、兵丁、間散人等,九十歲以上者七人,八十歲以上者一百九十二人,七十歲以上者一千九十四人,六十五歲以上者一千一十二人,也是在暢春園正門前舉行。

第二次千叟宴是在康熙六十一年(1722)壬寅正月初二,當時招待了滿蒙漢軍文武大臣、官員以及辭官者中的六十五歲以上老人。諸皇子也受命爲諸王、大臣一一敬酒。不滿十二歲的皇子皇孫則站在皇帝旁邊,讓他們學習禮儀。皇帝御製七言律詩一首并讓與會大臣唱和,皇帝還命人把這些都詳細記録下來,并讓畫工繪畫當時情景,以流傳後世。

乾隆帝從其皇祖康熙帝盛典中學到這一範式，乾隆五十年(1785)正月六日在乾清宫前面的院子中舉行了千叟宴。爲此，也讓朝鮮派遣七十歲以上的使節來參加這次壽宴。最後，朝鮮在審議之後派出了正使李徽之，副使姜世晃。

李徽之(1715—1785)，字美卿，號老圃，完山人。其父爲文靖公李觀命，受蔭官補，曾任牧使，在英祖四十二年(1766)文科及第後歷任吏曹参議、大提學，正祖四年(1780)任右相。曾參加耆社，正祖九年(1785)離世，謚號文憲。

姜世晃(1713—1791)，字光之，號豹庵，晉州人。趙威鳳外孫，姜鋧之子。生於肅宗三十九年(1713)，在正祖十五年(1791)七十九歲時去世。

正祖八年(1784)十月十二日，李徽之和姜世晃作爲使節入燕，翌年即乾隆五十年(1785)正月六日舉行千叟宴，當時李正使七十一歲，姜副使七十三高齡。他們在宴會上各人收到了《御製千叟宴詩》的御筆刻一張。《千叟宴詩》全文如下：

千叟宴　恭依

皇祖原韻

抽秘無須更騁妍，惟將實事紀耆筵。追思侍陛髫垂日，皇祖於壬寅舉行千叟宴，實從古未有之曠典，維時與宴王大命諸皇子賜觴，以示慈惠。至年未及歲之皇子皇孫，并命立觀禮，余時年甫十二，躬逢嘉會，親見耆筵慶賜，龍光燕譽之隆，閱今乙巳，凡六十四年矣。訝至當軒手賜年。今歲乙巳朕御極五十年，恭依皇祖盛典，於新年正月初六日，再舉千叟宴禮，共有年屆九十，及一品大臣以上，皆召至御筵前手賜之觴，以昭天恩國慶，醻酢一堂之盛。君酢臣醻九重會，天恩國慶萬春延。祖孫兩舉千叟宴，史策饒他莫并肩。

乾隆五十歲次乙巳新正月上澣御筆

之天古

寶子稀　　㊂

下面有下賜給李徽之的物品單子，目録如下：

賞朝鮮國正使李徽之

《御製千叟宴詩》一張	如意一柄
壽杖一根	蟒緞二疋
錦二疋	大卷緞二疋
閃緞二疋	倭緞二疋
漳絨二疋	貂皮十六張
各色絹箋二十張	硃紅絹福方二十張
湖筆二十枝	徽墨十錠
硯一方	文竹香盒一件
商絲茶盤二件	象牙火煉包一件

此外,副使姜世晃的下賜品單子在其自記中有記録(參照下文)。乾隆帝爲了嘉賞朝鮮的誠意,也另外下賜了以下物品:

宋澄泥仿唐石渠硯一方

梅花玉版牋二十張

仿澄心堂紙二十張

花牋二十張

花絹二十張

墨二十定

筆二十枝

(吴振域《養吉齋叢録》卷十五)

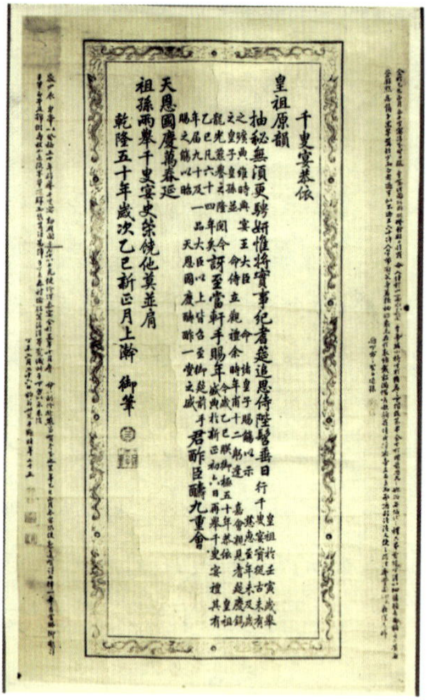

乾隆御筆木板,姜豹庵題記(望漢廬藏)

李徽之和禮部尚書德保,兵部員外郎博明爲首的金簡、顔應煒(顔回的遠裔)、劉人直、陳杰等當時的名流有過交往,他們之間交流的詩札也被帶回了朝鮮。李徽之把《御製千叟宴詩》以書箋形狀和其它收到的詩札一起裝幀成二帖,并且在上面題簽"唯能爲也”四個大字。當時清代諸名流的筆墨也在朝鮮得以大放光彩。本帖現在藏於筆者的書齋。

德保是滿洲正白旗人,姓索綽絡氏,字仲容、又字潤亭,號定圃、又號龐村。官至禮部尚書,曾負責乾隆癸未、己丑、庚子、辛丑、甲辰的五會試,死後謚號文莊,著有《樂賢堂詩文鈔》。有關德保的宦蹟韻事,其子英和在其著書《恩福堂筆記》中有記録。

李徽之的“唯能爲也”帖中所收録的德保的詩文有如下五首:

乾隆乙巳上元佳節,圓明園正大光明殿賜宴,恭紀

鳳紀祥書五十年,日華寶殿錫瓊筵。
班聯鵷鷺環堯陛,樂奏簫韶叶舜絃。
雜伎紛陳迷色相(一),仙童高唱出雲煙(二)。
陪臣二國承恩寵(三),抃舞嵩呼聖主前。

原注:(一) 是日各色雜伎,分班呈進。
(二) 白書燃放活盒子,内有四童歌唱,如自空而下。
(三) 朝鮮、暹羅二國貢使在京,恩唯一體入宴。

乙巳元夕,御園山高水長處,命内外諸臣,看放煙火,恭紀二首

御園情暖月初升,仙仗霞供錦萬層。
天上奇開三島景,階前光燦九蓮燈。
鞦韆捷起穿雲界(一),盤架高登弄綵繩。
春色太平圖畫裏,和風藹藹兆祥徵(二)。

城幻襄陽伺夜開(三),雲端線引若驚雷(四)。
千條火箭凌空舞,萬丈丹蛇逐信催。
月色平分迷水鏡,燈輝朗照萬春臺。
元宵退直從仙苑,不侍金蓮徹送回。

定圃德保(白文印) 大宗伯印(朱文印)

原注:(一) 年例,西洋鞦韆,轉雲兜,俱當場舞獻。

（二）回人，赤脚踏繩。

（三）煙火，制如城座，按次陳設，火燃機發，銃舉雷奔，謂之打襄陽城。

（四）走線，自御座前燃放。

以上的三首詩是爲了紀念所贈，下面兩首是就李、姜二人原韻詩的和答：

奉和　朝鮮李正使恭紀千叟宴詩元韻

皇朝郅治洽重熙，航海冠裳玉帛綏。
五代福堂昭世德，敷天春酒介瓊巵。
禮成東國蒙庥日，疇衍南山獻壽時。
恩命寵教陳雅句，賡瀛賡拜樂無私。

奉和　朝鮮姜副使恭紀千叟宴詩元韻

古稀聖主賜華筵，寶祚祥徵五十年。
壽寓洪延耆叟集，遠臣同慶玉音傳。
太平雅樂昌期協，長養春風大地旋。
愧我追隨諸老後，千秋盛典共瞻天。

禮部尚書德保稿　定圃德保　大宗伯印

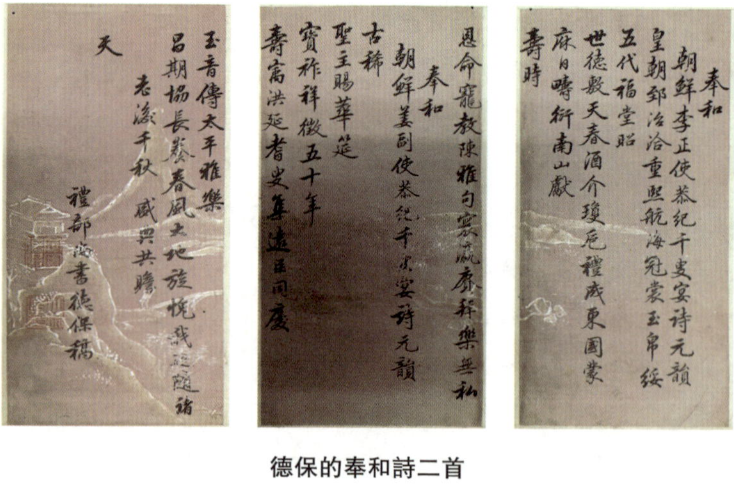

德保的奉和詩二首

以上兩首詩寫在一張紙上,後來分作兩通,一通給了李徽之,一通給了姜世晃。德保的筆蹟存世較少,因而尤爲珍貴。有名的法式善(1752—1813,號梧門)是德保的弟子,他曾借閱師父德保的詩册,德保的兒子英和多次追還,法式善也没有歸還給他。他對此辯稱:

> 此賦三十首、五言詩三十二首、七言詩二十一首,俱吾師定圃先生庶常時館課也。法式善以吾師手書從公子煦齋借留齋中者數年矣,煦齋選吉士屢向余索之,余重師翰墨,愛而生吝,且知煦齋藏師遺蹟尚夥,鈔其副歸之,此册遂爲余有。其事雖弗衷于道,獨無如余情之弗捨也。至吾師生平持躬好學,及立朝梗概,世都知之,此不復云。①

煦齋是英和(1771—1840,字樹琴)的號。法式善雖是德保的得意門生,但能得到恩師的親筆詩册也是不容易的事情,故德保送給李徽之和姜世晃的和答詩經歷了一百多年能保存在朝鮮,其價值尤其珍貴。現其中一封保存在筆者的書齋裏,另一封(姜氏舊藏)保存在筆者門生廉廷權氏手裏,由此可以看出他們之間深厚的學緣關係。

德定圃和朝鮮使臣來往的事蹟在乾隆詩壇頗爲有名,甚至成爲歌頌定圃的詩文材料。尹雲林(名朝棟)在其《呈座主大宗伯定圃先生》二首中的第二首起句中有"邊人争問李端卿,日上星辰聽履聲"(《賜硯齋詩鈔》卷二),可見其在當時的聞名程度非同一般。

英和少時起就才學出衆。當時乾隆皇帝的寵臣和珅看到英和後,非常喜歡他的才學,曾托付金簡牽線要納其爲婿,可是英和的父親德保卻堅決拒絶了這門親事。因爲這件事,和珅耿耿在懷,在乾隆帝面前處處誹謗德保。英和在乾隆五十四年(1780)進士及第,在嘉慶四年(1799)十一月通過特别選拔爲内閣學士,與乾隆配祠天地詔賜物上敕使田國榮(散秩大臣丘襲侯,時年六十二)一起,作爲副敕在翌年正月來到朝鮮京城,當時英和三十歲。之後,英和與其父親德保和朝鮮舊交也加深了交

① 法式善《存素堂文集》卷三,《德定圃師道遺稿跋》。

流。英和非常欽佩父親的朋友翁覃溪,他把翁覃溪死後所留下的稿本《翁氏家事略記》從覃溪的門生蔣攸銛(號礪堂)處借來,在進一步考證校訂後刊行出版,覃溪七十卷本《復初齋詩集》也附録在後。這部詩文集傳到了朝鮮,對於覃溪的經歷、事蹟研究具有重要的文獻價值,金阮堂等人非常高興。英和在道光二年(1822)升任户部尚書,道光二十年(1840)去世,享年七十歲。

博明(1726—1774),字希哲、又字廣夫、晰齋,蒙古族人,元世祖二十一代孫。乾隆十七年(1725)進士及第,歷任翰林、雲南迤西道兵部員外郎。他精通考據之學,擅長隸書,曾自説讀書三萬餘卷,又精通歷代掌故。他也是翁覃溪的同鄉,曾一起應試,經歷也相似,因而他們的關係尤爲親密。覃溪在博明的著書《西齋雜著二種》序中説道:

> 西齋與予生同里,乾隆丁卯同舉鄉試,壬申同中會試,同出桐城張樹彤先生之門,又同選庶常,同授編修,同直起居注,同修《續文獻通考》,同教習,癸未科庶吉士,同官春坊中允。其後,予視學粵東,西齋觀察粵西,予寄詩有十同篇之詠,蓋知西齋者莫予若也。[①]

序爲覃溪於嘉慶五年(1800)五日作。《西齋雜著二種》由《西齋偶得》三卷和《鳳城瑣録》一卷組成,此外他還著有《西齋詩輯》三卷。以上三種著書合稱爲《西齋三種》,筆者藏有初印本。其中,《鳳城瑣録》所記録的是他在鳳凰城赴任期間研究的滿洲有關記録,在《附朝鮮軼事》中對朝鮮的地理、歷史、制度、姓氏、言語、方物、王家世系等都有詳細記述,也有對日本的有關紀事。另,在乾隆四十二年(1777)春,他在邊門見到了要歸國的謝恩正使李溵、副使徐浩修。對賀正正使朴明源、副使鄭好仁歸國路上相遇的事情也記述甚詳。徐浩修一行當時購入了《古今圖書集成》一萬卷。《鳳城瑣録》傳世稀少,筆者在去年把此書謄寫後作爲禮物送給了滿洲的金毓黻,後來這部書編入了《遼海叢書》而得以廣泛傳播。

博明給李徽之的和韻詩如下:

---

① 博明《西齋雜著二種》,嘉慶年間刻本。

奉和　老浦師相元韻

人生千萬里，所貴在心知。
文字緣非淺，逢迎遇更奇。
古松幽壑老，幽蕙碉芳遲。
翹首東來氣，佳文慰鄙思。
矻矻窮年老，天涯契所知。
芳春逢令日，妙語喜探奇。
蕭寺坐來晚，殘陽西下遲。
無窮幽賞意，抽筆攄新思。

乙巳新正三日

西齋博明書　博明　西齋主人

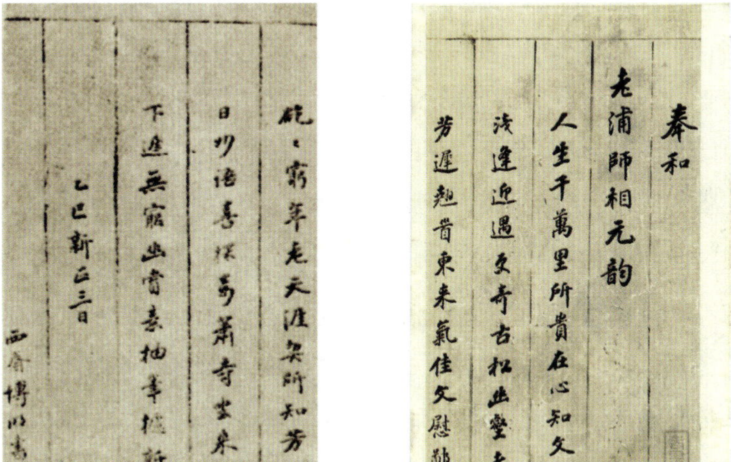
奉和
老浦師相元韵
人生千萬里所貴在心知文字緣非
淺逢迎遇更奇古松幽壑老幽蕙碉
芳遲翹首東來氣佳文慰鄙思
矻矻窮年老天涯契所知芳春逢令
日妙語喜探奇蕭寺坐來晚殘陽西
下遲無窮幽賞意抽筆攄新思
乙巳新正三日
西齋博明書

博明給李徽之的和韻詩(望漢廬藏)

博明也作有《千叟宴紀恩詩恭和御製元韻》四首，并把印刻的送給了李徽之和姜世晃作爲禮物，其中第二首如下：

千叟宴紀恩詩,恭和御製元韻

暖日晴風節序妍,珠欄玉戺設芳筵。
瑞逢虞帝呈圖世,典重周王宴鎬年。
摛藻輝煌千載麗,湛恩汪濊萬方延。
須知薄海元同慶,屬國耆臣坐并肩。

并有夾注曰:"朝鮮陪臣前議政李徽之七十一,禮曹判書姜士晃("士"應是"世"的誤字)年七十三,皆入宴。"

博明的著書在朝鮮尤爲珍貴。阮堂曾稱讚曹訥人(名匡振,字正甫)的書藝曰:"蒼雅奇拔,怪偉挺特,鴨水以東,未嘗有也。"而曹氏即是博明的門生之一。

金簡(? —1794),字可亭,漢軍正黄旗人,其女是乾隆皇帝的妃子。總管内務府大臣,累官《四庫全書》副總裁,曾翻譯遼、金、元三史中的人名地名官名,另以滿洲語重編三史刊印。官至吏部尚書,乾隆五十六年(1791)受皇命掌管《御定石經》的出版事業,謚號爲勤恪。

金簡是歷經康熙、雍正兩朝的名臣常明的從孫,常明是朝鮮義州人,常明的曾祖父是中樞德雲,德雲的墓地在義州南山,碑上有雍正元年(1723)受誥命所刻的碑文。其碑文如下:

> 皇帝制曰:國有爪牙之選,極宣力於旂常,朝頒綸綍之榮,必勤思於水木,用褒先世。以大追崇,爾德雲乃管理上駟院院務散帙大臣提督南海子總理烏鎗兼佐領加二級常明之曾祖父,樹德務滋,發祥有自,敦詩説禮,克垂樽俎之獻;勇戰敌官,甲裕熊羆之略。兹以覃恩贈爾爲光禄大夫,錫之誥命。於戲! 懋功有賞榮,則遡於所生,慶典欣逢恩,不忘其自出,加兹寵秩,尚克欽承。

另,乾隆二十四年(1759)追贈其爲"太子太保領侍衛大臣慤勤公"。

如上所述,金簡和朝鮮有着無法割捨的血緣關係。

金簡在乾隆三十九年(1774)爲户部侍郎,當時向皇帝奏請造二十五萬木活字,把編入《四庫全書》中對世道人心有所裨益,抑或對考證有所幫助的珍貴圖書挑出一百三十八種在武英殿逐次印行出版。這些書籍在乾隆四十八年(1783)印成,乾隆帝命名爲"武英殿聚珍版叢書",并且命在每書的卷首題寫"御製題武英殿聚珍版十韻有序"和圖書提要。乾隆讚這部叢書"精越鷃冠禮,富過鄴架儲"。這部叢書的活字其實是金簡從中周旋做成的,也因金簡的先祖是朝鮮人的緣故,從這一點來看,通過考察活字文化在朝鮮和清朝的關係方面,這是重要的參考資料。

另外,金簡造木活字和出版的《武英殿聚珍版叢書》也傳入了日本,給了日本學界很大的刺激。尤其是吉田篁墩模仿聚珍字命令玉河某氏造活字三萬字,也命名爲"聚珍",印了《論語集解攷異》,甚至要印行十三經。吉田篁墩的著書《活版經籍考》中可見其大綱。太田全齋買了這些活字,又追造了一萬字,印了《韓非子翼毳》二十部,感動了當時的學人。他在自跋中引用武英殿聚珍版式記道:"雖實醜於精越鷃冠之工,竊慕乎愚公運石之誠。"從這兒也可以看出受金簡造字之影響。

北京右安門外面的尺五園是金簡的别墅,也是當時的雅客韻士聚集的清靜場所,朝鮮使臣也經常到這兒和清人一起談論翰墨。金簡送給李徽之的手札有兩封,其中第一封的内容如下:

> 金簡頓首拜啓。舊冬使節入朝,兩次接瞻儀範,朗若玉山,欣遂私忱,因在禁近,未暢話言。兹奉手書,并惠筆墨扇牋等件,感紉雅愛,再誦鴻篇,爾皇和雅,洵堪鳴盛。昨知已呈聖覽,欽羡曷極。肅械佈復,不盡欲言。
>
> 新正五日

根據以上書札内容,可知李徽之向乾隆皇帝奉呈的詩篇已經得到聖覽了。第二篇書札的内容如下:

> 金簡頓復。蒙惠佳製藥餅,不殊神仙青粔,珍感珍感。雜什賜教,詞翰斐然惟獎,蹴愧不敢當,謹誌盛意。謝謝! 不備。
>
> 正使李學士執事
>
> 簡拜手

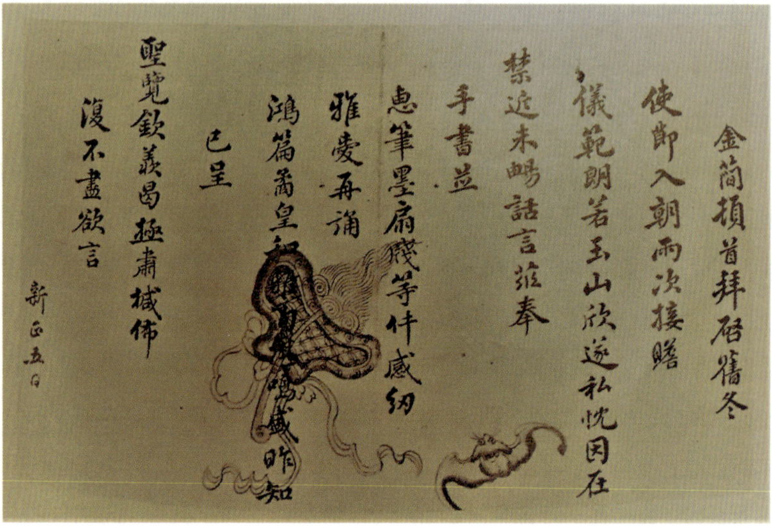

金簡頓首拜啓舊冬
使節入朝兩次接晤
儀範朗若玉山欣遂私忱因在
禁近未暢話言并奉
手書並
惠筆墨扇牋等件感紉
雅愛再誦
鴻篇矞皇[illegible]盛昨知
已呈
聖覽欽羨曷極肅椷佈
復不盡欲言
新正五日

金簡給李徽之的手札

另外還贈送了下面的禮物：

《欽定重刻淳化閣帖釋文》全函

《欽定快雪堂法帖》全部

羽緞二件

錦緞二件

徽墨二匣

湖筆二匣

歙硯一方

其中《淳化閣帖釋文》五册即是武英殿聚珍版，板心刻有“臣金簡恭校”，卷末有“乾隆丙申年仲夏月朔臣金簡恭跋”。這對於贈送的人和接受的人來説，都是最好的紀念。這部圖書原來由李藕船（也稱藕船）所藏，現爲筆者望漢廬收藏。

對於顔應煒、劉人直、陳杰三人的書札，在此就省略不叙。

姜世晃（1713—1791），字光之，號豹庵。豹庵的家族原來就與清儒有着深厚的學緣關係，其父親姜銀字子精，號白閣，肅宗二十七年（1701）

即康熙四十年冬天,以冬至兼告訃使(仁顯王后閔氏之訃)入燕,當時和江南的祝愷(廩膳生員)進行了交流,并得到其贈詩五排十二韻一首、七律一首;豐潤的谷一枝梼以七律二首相贈;山東的蔡瑚以五言絶句一首相贈。這些作品都雅馴可愛,在字句中也不乏頌美之詞。另外,豹庵的姐夫海興君橿在英祖十三年(1737)即乾隆二年十一月,以進賀兼謝恩三節年貢正使的身份入燕,在京中和奉天林本裕(號辱翁)有過交往,林氏以七言絶句一首相贈。林本裕曾跟隨吴三桂征戰,吴三桂兵敗後林氏留在了奉天。他的文章比起詩來更典雅,當時年齡已達九十高齡,但精力并没有衰退。林氏的宅邸非常寬闊,花草山石相映成趣,藏書也達到一萬多卷,其言論大抵慷慨激昂。林本裕也給書狀官南渭老贈寫了詩文,胡玠則給林氏贈送了自己的書帖。豹庵把這些清儒贈送的詩文裝幀成册,在英祖四十二年(1765)寫了跋文後珍藏了起來。

豹庵的書法學習二王、米、趙之法,楷、草、篆、隸、擘窠各體,都達到了神妙的境界,其書法天分甚高,無一點塵俗之氣。在燕都時,乾隆皇帝看到他的書法,寫下“米下董上”四字匾額下賜,蓋(海東號譜)異數也。豹庵和博西齋、劉石庵、翁覃溪等都有過交流,博西齋稱讚其“詩接放翁,書有晉人風骨”,劉、翁嘆其書法“天骨開張”,也曾有清人愿出高價買其書法的傳聞。在其歸國時,正祖曾下令到龍灣(義州)迎接并下賜参蘗以示愛撫。這些事情在鄭元容編撰的《漢城府判尹姜公世晃謚狀》(《經山集》卷十九)中有詳細記載。

豹庵歸國後把收到的下賜御製詩以掛幅的形式寶藏了起來。不幸的是,此物在兩年後被盜,萬幸的是又找了回來。爲此,在正祖十一年(1787)二月二十六日曾對其緣由作了題記,原文如下:

> 歲甲辰,皇帝以登極五十年,將舉千叟宴,敕我國年七十以上充使价俾參宴。余於是年十月膺命,以副价赴燕,兼賀冬至也。翌年乙巳正月參宴,仍使製進賀詩七律一章,有賞賜御製詩手筆印本及錦緞、壽杖、如意、紙墨、筆硯。歸而裝其詩爲障子。丁未春,被偷胠

篋，後得尋覓。識此于下方，以示來後。

丁未二月二十六日　豹翁　世晃　題

時年七十五　豹翁　姜世晃印　之光

翌二十七日，又題寫了如下内容：

余於乙巳正月，參千叟宴，後至望日，隨皇駕往圓明園觀燈戲。數日臨罷，命人侍於山高水長閣，皇帝踞小椅坐於檐廡之下，階級甚卑，余坐於前咫尺之地，俗無俯伏之禮，只昂首跪坐，得以細瞻顔色。面貌色正黄，無蒼雜點痣，鬚多黑莖，髯短少而白者過半，似不過五六十許人。常帶微笑，身着狭袖貂裘，毛在於表，頭戴貂滿帽，咳嗽頻發，侍臣持唾壺，左右立而承唾。數語後，又使之隨往慶豐園（别苑名），夜深乃歸。

題　下方　之習日追録　豹翁

根據這兩篇題記，可以詳細得知拜賜之顛末。當時在圓明園的山高水長閣，豹庵在乾隆帝咫尺之前，得以仔細端詳皇帝的顔色、容貌、服裝、態度等，這些描寫是很珍貴的記録。這幅障子現爲筆者望漢廬收藏。

筆者還藏有豹庵臨摹王右軍的一大長卷（金阮堂舊藏），每當打開這個卷軸，就能感受到博西齋所説的晉人風骨。豹庵曾説：

右軍正傳，在於唐四家。黄、蔡效唐，文、祝效宋。今人欲法右軍，當先法宋、明。由今之世，何可躐蹴而直接古遠乎？是故蘭定武本不及唐模賜本，唐本不及松雪十三跋本。

其實這也是後來金阮堂所主張的學説，是因豹庵的名聲而産生影響的朝鮮朝學人的一針見血的批評。

姜豹庵曾經臨摹聽松（成守琛，字仲玉，成宗時代的一流畫家）所鑒賞過的元朝趙子昂的墨蹟，題詞云：

青衫白髮老參軍，旋糶黄粱置酒尊。
但得有錢留客醉，也勝騎馬傍人門。

這三十字的影搨本原來是由申紫霞收藏，純祖十年(1810)夏天阮堂正好從燕京回國，紫霞把這部搨本作爲禮物送給了阮堂。這首詩是宋代德清的盧政議所作，子昂非常喜愛這首詩，遂抄寫在了紙絹上。清人江秋史也收集有這首詩的墨蹟。江秋史(1752—1793)，名德量，字成嘉，號秋史，自稱爲“江南子”，江蘇儀徵人。乾隆四十五年(1780)進士及第，任御史等職。江氏酷愛金石碑刻，尤其對兩漢以前的金石收集豐富，其隸書成就卓越，自成一家。其收藏廣泛，和翁覃溪交往密切。江秋史和朝鮮的朴楚亭和柳惠風也非常熟識，其在清和朝鮮的文化交流上起着重要的作用。江秋史曾把自己收藏的墨蹟給覃溪欣賞，覃溪題寫了如下的詩和序文：

江秋史得趙文敏墨蹟，云：“青衫白髮老參軍，旋糶黄粱置酒樽。但得有錢留客醉，也勝騎馬傍人門。余愛此詩，頻頻書之，以自適意耳。子昂。”凡四十四字，半爲人描壞，不復成字，予爲審擇存廿五字，題曰完璧帖而歸之，因題其後。

完璧歸于趙，生花夢自江。
千秋吟買酒，幾夕剔寒釭。
曲折圖移繡，横斜搨就窗。
似聞茗雪上，摇紉韻吴艭。(一)

（翁方綱《復初齋詩集》卷三十）

原注：(一) 此詩，宋德清盧政議作。

紫霞在純祖十七年(1817)讀了覃溪的《復初齋集》，爲這兩篇詩序之間的淵源感嘆不已，遂次韻覃溪詩，并且爲之題寫了序文。序的末尾是這樣的：

據此知趙文敏頻書此詩，人間不止數本。覃溪本比聽松本但多“余最愛此詩，頻頻書之，以自適意耳”十四字耳。不知孰爲真蹟也。完璧帖，存只廿五字，則又不及聽松本之完也。此書之一歸江秋史，一歸金秋史，洵一段奇事也。遂次覃溪原韻，以賀秋史之墨緣。

其次韻詩如下：

翰墨徵秋史，如今不姓江。
雙鈎三十字，一炷百千缸。
松壑聲傳耳，鷗波影落窗。
覃翁完不得，真壁厭東艘。

（申緯《警修堂全藁·蘇齋二筆》）

阮堂在得到此本之後，也作了和韻詩。其詩如下：

紅葉樓中偈，心心月印江(一)。
朱門誰繫馬，綠酒自斟缸。
清聽松鳴屋(二)，留陰竹補窗(三)。
天官徵玉尺，共溯鷗波艘。

原注：(一) 霞文詩序云，趙書舊爲豹翁所摹。
(二) 聽松。
(三) 用蘇齋移竹故實。

（同上）

申紫霞的《警修堂全藁》中收録的爲豹庵所作的詩文很多，阮堂對這些詩作亦有評論。豹庵天性高潔，他以旺盛的精力創作了大量的詩文。另外，從他閲讀的數千卷以上的書籍規模來看，也可知其學術氣量非同一般。從鐘鼎款識、金石鏤畫到古彝敦董器，其鑑裁可謂絶妙。他的圖章鐫刻深得漢唐古法，不僅對文字的精邃，而且對點畫的誤差、音韻的譌舛等都能毫辨縷析，對諸子百家也能貫串該洽，晚年尤在翰墨技藝方面用力精深。正祖非常欣賞豹庵的才學，頻頻召至内庭，賞賜給豹庵的物品數量頗多。甚至於受命能將英祖的御真作爲標題來用。如此，正祖喜愛豹庵的書藝可謂至極，豹庵去世後，正祖寫了如下的禱文：

踈襟雅韵，粗跡雲煙。揮毫萬紙，内屏宫箋。卿官不冷，三絶則虔。北槎華國，西樓踵先。才難之思，薄酹是宣。

可謂恩榮至極。豹庵在正祖十五年(1791)正月二十三日離世,享年七十九歲。

豹庵的孫子彝五[①],字聖淳,號若山,正祖十二年(1788)出生(比阮堂小兩歲)。擅長書畫,和申紫霞、金阮堂交情深厚。阮堂曾爲若山所畫梅花軸題詩,其詩如下:

題姜若山彝五梅花障子歌

天下畫梅者,二樹與兩峰。
二樹之梅識者少,兩峰一派來天東。
天東奇士姜若山,朱草林中瓣香供。
愛君性情本靈慧,心到手觸無不通。
妙竅直欲窮秒忽,異想天然合玲瓏。
座右長懸兩峰畫,即薪即火摹追工。
女戈丫川格殊絶,勁柔澹濃意不窮。
最善一枝過墻來,何須倚竹兼靠松。
書卷氣味温如玉,生香活色入溔空。
冗處求清亂中理,此理從君折其衷。
是時雪積山嘷夜,四座怳若迴春風。
與君共做鐵笛夢,林下水邊一短笻。

(金正喜《覃揅齋詩藁》卷二)

詩中的二樹是清人童鈺[②],兩峰是清人羅聘[③]。兩峰和柳惠風、朴楚亭等衆多朝鮮學者有交往,因而他的書畫也大量傳入到朝鮮。若山學習羅聘的書畫精髓,因而得到了同時代名家的稱讚。豹庵和若山祖孫兩人相繼

① 姜彝五(1788—?),字聖淳,號若山、留堂。武科及第後曾任郡守,善繪畫。今韓國國立中央博物館藏有其繪《江岸舟游圖》、《松下望瀑圖》。

② 童鈺(1721—1782),字璞巖、又字二樹,別號借庵、二樹山人、梅道人、梅癡等。山陰(今浙江紹興)人。清畫家、藏書家。著有《二樹山人集》、《香雪齋餘稿》等。

③ 羅聘(1733—1799),字遯夫,號兩峰、衣雲、花之寺僧、金牛山人、師蓮老人等。安徽歙縣人,先輩遷居揚州。爲金農弟子,善繪畫。著有《香葉草堂集》。

成爲朝鮮畫壇的名家，實在是當時的一大奇事。

李徽之、姜世晃兩人在進賀的第四年後，即乾隆五十四年(1789)十月，爲了祝賀乾隆皇帝八十壽辰，朝鮮又派正使李性源、副使趙宗鉉帶領使節團出使燕京。翌年，即乾隆五十五年(1790)春，乾隆帝在御園和外國使臣一起大擺盛宴，當時命作《御製詩章和韻》。趙、李兩位使臣首先賦呈頌詩，乾隆帝看到後龍顏大悦。紀昀(號曉嵐)在《御製節前御園賜宴席中得句恭跋(乾隆五十五年)》中詳記如下：

> 臣聞，千古未有之聖人，始能舉千古未有之盛典。我皇上，合德乾坤，超越三五，非惟文治武功，爲攝提合雒以來，所希覯，即一燕飲賡颺之事，亦爲前史之所無。乾隆五十有五年，聖壽八旬，斂福敷錫，溥洽懽心。歲之元正，頒詔中外塞北天西諸藩臣，咸鱗集仰流，而東之朝鮮，東南之琉球，南之安南，西南之巴勒布，亦皆航海梯山，和會闕下。朔六日丁亥，先賜宴紫光閣，越六日癸巳，復賜宴於御園。皇上推同仁之意，垂柔遠之恩於諸臣正使，咸手卮以賜，聖慈優渥，迴殊常格。其感激懽忭，亦倍萬恒情。午刻宜示御製詩章，俾使臣能詩者恭和。中惟暹羅、巴勒布二國，文字各殊，不諳聲律；其朝鮮、安南、琉球三國使臣，并拜效頌祝，得詩九章以進。

紀昀首先列出了《朝鮮國正使行判中樞府事李性源詩》：

> 堯階春葉報中旬，湛露恩深法讌頻。
> 薄海懽欣同玉帛，寰區慶祝競神人。
> 陪筵每感黄封遍，賜醖那安御手親。
> 五紀馨香躋八耋，南山北斗總歸仁。

下面是《朝鮮國副使禮書判書趙宗鉉詩》：

> 春回慶歲月中旬，玉帛來庭侍讌頻。
> 姬籙萬年躋壽域，堯階三祝效封人。
> 身沾法醖叨恩曠，衣若香煙仰聖親。
> 武帳嵩呼同内服，雙擎雲漢頌皇仁。

之後和韻詩的順序如下：

安南國謝恩正使刑部右侍郎阮宏匡詩
安南國謝恩副使東閣學士宋名朗詩
安南國謝恩副使翰林院侍制黎梁慎詩
安南國進貢正使翰林院侍讀陳登大詩
安南國進貢副使東閣學士阮止信詩
安南國進貢副使翰林院侍制阮偍詩
琉球國副使正議大夫鄭永功詩

在這七首詩之後,又記道：

今乃同文者三國,能詩者九人。恰似聖壽八袠之歲,同日預宴賦詩,此非千古未有之盛典歟。云云。

（紀昀《紀文達公遺集》卷十）

李、趙正副使在二月二十日歸國後記有如下馳啓：

初十日,禮部印臣等至乾清門,軍機大臣阿桂、王杰、福長安列立於皇卓之東。授詔書一度、戰圖二軸,臣等跪受,安于黄亭中,奉到館所。曾前順付詔勅,皆自禮部頒給,而今年則大臣成班於寢殿正門外,是黄亭頒發者,似出皇旨。戰圖則圖十六幅,詩十六幅,又圖十六幅,題詩上端。皇帝曾於乙亥以後討平伊犁地方及回子與大、小金川後,鏤畫其戰伐、納降之狀,繫以詩章,鋪張武功者也。①

李性源在歸國途中染病在身不能親自面君,趙宗鉉在三月二十六日代替李性源復命。四月初,李性源去世。李性源(1725—1790),字善之,號湖隱。朝鮮延安人。生父是李得輔,後入嗣工曹判書吉輔。英祖三十九年(1763)癸未文科及第,曾任兵曹正郎②、弘文館校理、左議政等職。

---

① 《正祖實録》卷二十九,二月二十日辛未條。《國編影印本》第46册96面。另,原著中"正祖實録"誤作"正宗實録",今改之。

② 原著中"兵曹"誤作"兵曾"。

李性源廣頰秀幹,眼采燁然,精神器量都超乎常人。另外,其持身簡嚴,不苟言笑,處事皆有尺度。在朝亦鞠躬盡瘁、憂國愛民,在黨論争議中也能堅持折中之道。謚號文肅。

趙宗鉉(1731—1800),字元玉,號天隱。朝鮮楊州人。其父是吏曹判書趙雲達。英祖七年(1731)出生,英祖三十二年(1756)進士及第,四十四年(1768)文科及第,被弘文館録取之後連任要職,與同僚相比也政績優異。正祖初年(1777)被構陷後隱居鄉里,正祖二十四年(1800)被啓用任判中樞府事,同年曾參加耆社活動并於當年去世。其文章典雅,精通六書,尤其擅長楷書,曾受托寫過大量的墓志銘。趙氏曾編撰自己的詩文集爲《天隱亂稿》,詩文集中收有詩、記、説、識、遺事、題、傳、解、序、花月令、祭文等。又收録有北征詩,叙述了北關的各種風俗。

第一　燕行篇

序　言

朝鮮的學人以驚異之眼開始關注清朝文化,并且也改變了以往對清朝文化的敵視態度,他們對清朝文化的吸收和引進也漸漸展現了個人的努力,這些都在前文總説部分進行了論述。而金阮堂的出現,正説明清朝文化的潮水以江河决口之勢,如濤濤洪水湧入朝鮮,已經勢不可擋了。阮堂是朝鮮朝五百年間朝鮮學壇的傑出存在,他不但能把握清朝文化的核心,致力於經學的研究,還能把清朝實事求是的學問引入到朝鮮,而且又能擺脱朝鮮學壇所堅持的宋明空疏和偏狹枯燥的陋風習氣等各種弊端,從而打開了朝鮮朝學風的新局面。可以説,阮堂以偉大的業績,可以當之無愧地被稱爲朝鮮學者的第一人。

朝鮮時期對清朝文化的傳入,以及朝鮮學人和清儒之間的學術交流,都是近世文化史上的重要問題。而對於這個問題,在學術研究蓬勃發展的今天,一些學者仍然不能對此做細緻的研究,實在是不可思議的事情。而在一百二十三年之前的日本德川時代,一些日本碩儒就已經和朝鮮使節討論過這些問題了。

在日本文化八年(辛未),即朝鮮朝純祖十一年(1811),朝鮮使節在對馬島會見日本學人,當時通信使一行有正使金履喬(字公世,號竹里)、書記金善臣(字季良,號清山)、副使李勉求(字子餘,號南霞)、書記李明五(字士緯,號泊翁)、製述官李顯相(字相之,號太華)。接待這些使臣的日本人有小倉藩主小笠原忠固、龍野藩主脇坂安董兩位領主。大學頭林衡[①]受幕府之命,帶領門人松崎復[②]隨行。古賀樸(號精里)和門人草場韡(號佩川)、三宅邦(號橋園)也一起出迎。

松崎慊堂的《接鮮瘖語》上、下兩卷是當時的接見記録,尤其讓筆者關注的有以下内容(金善臣的字爲季良,慊堂全集中錯記爲李良):

述齋問:"清朝自入唐山來,康熙、乾隆享國久,版圖闢,富强之業,前古希比。及嘉慶主嗣立,今已十餘年,寂不聞聲息。行中諸公,定有觀風燕臺得其要領者,不吝一及。"

金清山答:"我國之於清人使行往來,而俺等未嘗有是役。要領有,難强説。鄙行文士中數人,有往來者,而亦不過游戲翫賞而歸耳。"

述齋問:"僕每云:朱明之於貴國,信爲有大造,而其不得已於清國,亦時勢之使然也。意今日燕臺之德,比之胡明,孰薄? 坦懷商量。"

金清山答:"我國之與清人交好,即是古聖人以小事大之義,使臣家與清人有嫌,故未嘗充燕臺使役,所以不欲詳言。我國縉紳家中,不可作貴國通信之使者,亦多有之耳。"(上卷)

慊堂問:"《皇華集》三十四卷,此間所傳,至於天啓元年而止。入清後,未得看一篇,續集印刷者,今有如干卷,其最穎脱可觀者爲誰也?"

李太華答:"天啓以後,更無《皇華》續集。"

慊堂問:"入清後,不舉此故事乎? 豈又不編録乎?"

李太華答:"與清人,縱有一二唱酬之事,都不編輯,雖欲刊行,

---

① 林衡(1768—1841),字德詮,號述齋、蕉軒、蕉隱。江户後期幕府儒官。主要研究朱子學和清朝考證學。編有《德川實紀》、《新編武藏風土記稿》等。

② 松崎復(1771—1844),名復,字明復,號慊堂。江户後期儒學者,著有《慊堂全集》二十八卷、《慊堂日曆》等。

其如無栖不托,何哉。”

(下卷)

從以上的問答可知,述齋和慊堂兩人對朝鮮和清人名流間的信息是懷有多麽熱切的心情想去瞭解的。可是,卻從金、李兩人的回答中得不到要點。他們是真的對清人和朝鮮學緣之間的關係一無所知呢,還是不便於直言?抑或是爲了掩飾自己的無知?讓人不得其解。如前章所述,像洪大容、朴燕巖、李雅亭、柳惠風、朴楚亭、洪耳溪等人,在赴燕時已經和清人有過密切的交流。關於他們和清人交往的細節,金清山和李太華兩人竟然一點也没有向日本學者介紹,這不能不讓人感到萬分遺憾!因此,述齋和慊堂没能得到任何自己滿意和期待的答案。不過,從當時述齋和慊堂這樣的碩學已經提出了這樣的問題來看,我們可以明白其中的重要意義。而對於現在要進入到本研究的本論中去的筆者來説,實在是有空谷跫音之感。此事發生在文化八年(1811),即清朝的嘉慶十六年,此年也是金阮堂從北京收穫了巨大的成果後歸國的次年。製述官李顯相送給述齋諸多禮物,其中包括多位朝鮮名士的書幅。這些書幅的書寫者如下:

金祖淳,字士源,號楓皋

金履度,字季謹,號松園(李顯相的師父)

申在植,字仲立,號翠微(李顯相的親舊)

俞漢芝,字德輝,號綺園(李顯相的親舊)

金魯敬,字可一,號酉堂(李顯相的親舊)

其中,金魯敬[①]正是阮堂的父親。李顯相將金魯敬所寫的對聯“金翅劈海,香象渡河”(宋代嚴滄浪的句子)作爲禮物送給了述齋,并介紹曰:

李太華曰:“魯敬字可一,號酉堂。文章甚高,僕常鄰居交厚,今

① 金魯敬(1766—1837),字可一,號酉堂。朝鮮後期文臣,歷任吏曹、刑曹判書。善書法,對其子金正喜影響很大。著有《酉堂遺稿》等。

搜行篋,適有一小册子,兹以奉贈。"

述齋曰:"開卷一二首,已覺神趣不凡。須歸寓爛誦,如此詩册,何以不附梓?"

李太華答:"我國已梓行,而來時適有此耳。"

(松崎慊堂《接鮮瘖語》上)

後來,慊堂以手簡向李太華轉達述齋的辭意,其内容如下:

吾師取君所贈酉堂詩册,日吟玩賞不措。而曰:"靈心秀口,求之清人中,又不可多得,汝見李君,能致是意。"

(松崎慊堂《接鮮瘖語》上)

上面所列的金祖淳以下五人中,金魯敬尤其值得注目,而述齋也對其最爲敬服。因本文是對清朝學造詣最深的阮堂的研究,對於筆者來説,他也可以説有着深厚的因緣,在筆者心中深深地刻下了印記。

第一章　金阮堂的家系和少年時節

金正喜(1786—1856),字元春,號秋史、阮堂、詩庵等。作爲慶州名門金氏家族金魯敬的長子,他的家族系譜如下:

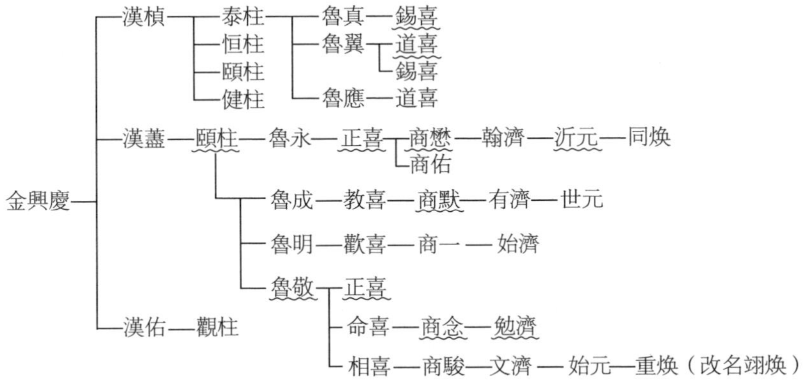

(劃線人名,是爲繼嗣人)

金漢藎(1720—1758),字幼輔,領議政金興慶(1677—1750)之子,在十三歲時和英祖的第二個女兒和順翁主完婚,封爲月城尉。金漢藎少時就表現出傑出的才能,尤其工於詩文。在做了駙馬之後,持身恭謹嚴正,其生活全和一般寒士無異。和順翁主亦仁孝端淑,在丈夫去世後,曾十幾日水米不進,晝夜慟哭,最後悲痛而亡。英祖爲嘉賞她的貞烈,曾親筆寫了旌閭牌石。

因金漢藎和和順翁主没有子嗣,只能過繼兄長之子頤柱作爲養子。金魯敬是頤柱的第四子,字可一,號酉堂。純祖五年(1805)文科及第,官至户曹判書。他和杞溪俞駿柱(進士、郡守、吏曹判書)的女兒婚後生育有三個兒子,長子即是阮堂。

秋史在正祖十年(1786)六月三日出生於忠清南道禮山郡新岩面龍山月宫,呱呱落地之聲就和其他兒童不同。及長成,每天眺望龍峰的晚霞和山峰,歷練自己的身膽。之後,去鸎鵝峰的華嚴寺和寺里的僧侣一起誦讀梵經,這和他後年的超世脱塵的風韻氣格有着直接的淵源。金正喜仲弟命喜(1788—1857,字性源,號山泉),季弟相喜(號琴眉,又號琴麋),都聰敏好學,兄弟之間也常常相互切磋,積累了深厚的學問功底。阮堂後來成爲伯父魯永的養子,由其弟山泉來子承父業。

阮堂離開家鄉來到京城壯洞寬闊的府邸居住之後,開始了對經學的研磨,也對書道展開了研習。其天稟不群的才學得到了楚亭朴齊家的認可,其學問也得以長足發展。朴楚亭是當時最爲達識的學人,他對清朝文化傾注了大量的精力去學習理解,也對後學鼓舞激勵。朴楚亭曾三次入燕,在燕京結識了許多的清人學者,他把自己的經驗傳授給阮堂,對於年輕的阮堂來説,不能不説是一件熱血沸騰的事情。楚亭在第三次入燕回國的那年,阮堂的年紀是十六歲。楚亭從這個少年身上看到了自己年輕時的影子,他想通過這個少年,來重新找到第二個自我。阮堂作爲朝鮮五百年所未曾出現過的傑出人物,尤其表現在他對清朝學術的造詣在朝鮮歷史上無人可與匹敵,而阮堂之所以能成就如此偉大的事業,他最初的指導者就是楚亭先生。對於這些内容,通過楚亭的《貞蕤閣集》所載《答金大雅正喜》可以具體瞭解。阮堂擺脱了朝鮮人的鄙陋習氣,他周圍也無人和他一樣有如此出衆的學識。阮堂曾説:"自以謂東國無可交之士,今方隨貢使入來,將交接天下名士,以效古人爲情死之義云。"阮堂曾寫有如下詩句:

慨然起別想，四海結知己。

如得契心人，可以爲一死。

日下多名士，艷羨不自已。[①]

阮堂翹首以盼能夠入燕，最後他終於等來了這個機會，躍然加入到了燕行行列中。這是清朝文化東漸史上能成爲新紀元的重大事件，所以是一定要記録下來的具有重要意義的事情。然而可惜的是，楚亭在此之前的純祖五年(1805)和其師朴燕巖都已歸道山，他們都没能親眼看到阮堂的燕行。

① 此詩爲朴齊家於嘉慶六年(1801)使清時，在北京給清人曹江介紹阮堂時引用的詩句，具體細節可參看下一章内容。

第二章　金阮堂的入燕與曹玉水

朝鮮純祖九年(1809)十月,冬至兼謝恩正使的判中樞朴宗來、副使吏曹判書金魯敬、兼掌令李永純一行從漢陽出發,一路北行。此次跟隨赴清的阮堂也是意氣昂然,當時他的父親酉堂年齡爲四十四歲,阮堂二十四歲。

作爲半島麒麟兒的阮堂,第一次踏入燕都的土地,讓其真正心動的并不是巍然的城壁、廣大華麗的宮殿樓閣,而是那些可以滿足他求知欲望的碩學鴻儒。唯一能讓朝鮮使臣開心游覽的場所琉璃廠,對於阮堂來説不過如兒戲之地,他首先考慮的是應該先去拜訪哪位清人學者。之前與朴楚亭、柳惠風交流的名士大多都已經離世,在世的一些人也已經離京,在京的故人很少。如紀曉嵐、羅兩峰、洪稚存、宋芝山、江秋史等都已歸道山;孫淵如、陳仲魚、黄蕘圃等已回到江南。萬幸的是翁覃溪還算健碩,鐵冶亭、李墨莊、法梧門、曹玉水也都健在,尤其是阮芸臺正巧在此年上京,也在燕京暫留。這些明賢都曾和楚亭、惠風有過交往,阮堂早有耳聞,素懷仰慕之情,此次入燕的目的就是和這些名流面晤,以解心契之願。因此,阮堂對這些名賢的訪問也是不遺餘力。阮堂入燕後最先拜訪的人好像是曹玉水,下面就首先叙述他們的交往關係。

曹江字玉水,號石谿,上海人。其父名錫寶,字鳴書,號劍亭,晚號容圃。劍亭爲乾隆時期進士，曾任陝西道御史，乾隆末年因彈劾大學士和珅被革職，謫居遠島至死。在嘉慶六年得以昭雪，贈副都御史，其名聲通過燕行使臣，很早傳到了朝鮮。

玉水容貌甚美，性好客，有其父風采。玉水少時從學于唐采江（名晟），以陰職官補大理評事。其妻爲户部尚書朱珪（字石君，號南厓）的從孫女。曹仁虎（字殷來，號習庵）是他的同宗叔輩，陸錫熊（字健男，號耳山）、王肇嘉（字右申，號萍溪，王昶之子）是其姊夫，劉喜海（字燕庭）是其中表外戚，玉水姻族多名流。

嘉慶六年（1801），楚亭、惠風入燕時和玉水在正陽門外蔣家胡同的雲間會館會談，應酬頗妙。在離別之際，玉水曾題扇詩贈惠風，其詩如下：

奇緣萬里種，握手一歡然。
雅望中朝著，新詩古驛傳。

投情縞紵外，歸路海雲邊。
從復來持節，相逢也隔年。

（《縞紵集》）

後又有如下小叙：

柳君惠風，予遇之書肆中，一見如故，相與訂交，既半月叙，君又將歸東海，正未知相逢何日，能不悵然。君屢索拙作，自顧不堪呈教，君行有日，情不能已，姑踐昔言，知君他日偶一展玩，或憶及今日之叙云爾。

海上玉水曹江未定草

之後又用八分書[①]曰：

皇王施令寅嚴宗誥，

① 八分書：隸書二分、篆書八分混合寫的書體。

我有絲言兆民尹好。

惠風先生復索八分，不敢，方命聊博一哂

玉水又書

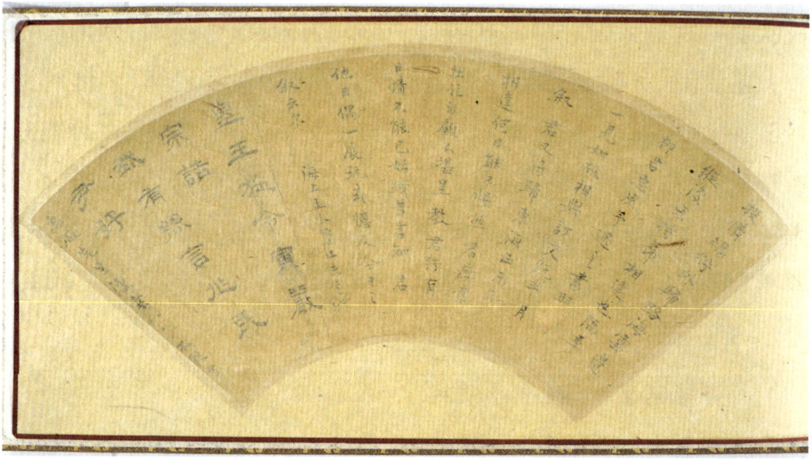

嘉慶六年（1801），朴齊家（楚亭）、柳得恭（惠風）在北京正陽門外蔣家胡同的雲間會館中與玉水會談，離别之際，玉水爲惠風所作題扇詩以及扇面（真蹟爲望漢廬藏）。

這幅扇面現藏於筆者的書齋望漢廬中。玉水當時還贈送了劉石庵、唐采江書聯。之後，在嘉慶十年（1805），玉水在給楚亭的書信中告知了自己母親去世的噩耗，同時也轉達了陳仲魚、王萍溪的消息。

嘉慶十二年（1807）十月，南公轍①以冬至正使身份入燕，因素聞玉水文采，以詩文相送并請題序。玉水也很高興地應允并爲南公轍《金陵居士文集》題寫了序文。

玉水和朝鮮人的關係前有略述，阮堂對他們的交往也已耳熟。玉水亦聽聞秋史要來京的消息，非常高興，題辭曰：

東國有金正喜先生字秋史，年齡廿四，慨然有四方之志。嘗有詩云：

① 南公轍（1760—1840），字元平，號思穎、金陵。正祖四年（1780）初試合格，官至右議政。著有《歸恩堂集》、《金陵集》、《穎翁續稿》等。

慨然起别想，四海結知己。

如得契心人，可以爲一死。

日下多名士，艷羨不自已。

其趣尚可知也。與世寡諧，不作功令文字，放浪形骸之外，能詩能酒。酷慕中州，自以謂東國無可交之士，今方隨貢使入來，將交接天下名士，以效古人爲情死之義云。

（依據原蹟摘録）

從以上内容亦可看出玉水對阮堂的欽慕之情。當時玉水二十九歲，比阮堂大五歲。兩位年輕人有時在五柳居書肆會晤，有時在法源寺見面，或暢談學術，或討論文章，相得甚歡。阮堂稱讚玉水道："名家子弟曹玉水，秋水爲神玉爲髓。"阮堂在回國之後也和玉水書札往還。對於二人之間詳細的學術交流，在歸東篇周達一節（第十一章）再叙。

第三章　徐星伯與阮堂

阮堂和玉水認識後不久見到的是徐星伯。徐星伯(1781—1848),名松,字星伯,號夢竹,直隸省大興人。乾隆四十六年(1781)出生,嘉慶十年(1805)進士及第,以殿試二甲一等合格。嘉慶十四年(1809)被派遣到全唐文館參與編纂《河南志》、《宋會要》、《中興禮書》,在嘉慶十五年(1810)任文穎館總纂,完成《唐兩京城坊考》五卷。嘉慶十七年(1812)因御史趙慎畛的彈劾被發配到伊犁,嘉慶二十五年(1820)得以赦免,從伊犁返回京師。他對西域的有關地理知識都是在伊犁時期得以培養的,相關著述豐富。道光二十八年(1848)在其六十八歲時去世。其著述如下:

> 《新疆識略》十卷;《新疆賦》二卷;《西域水道記》五卷;《唐兩京城坊考》五卷;《唐登科記考》三十卷;《新斠注地理志集釋》十六卷;《漢書西域傳補注》二卷;《元史西北地理考》;《西夏地理考》;《宋三司條例考》一卷;《明氏實録注》一卷;《輯大典書》;《宋中興禮書》二十四册;《宋會要》五百卷;《河南志》三卷;《宋元馬政考》一册。(以上書名輯録于繆荃孫《藝風堂文集》卷一《徐星伯先生事輯》)

不過,《畿輔通志》的《徐松列傳》中記有"《長春真人西游記》二卷",星伯在道光二年(1822)曾寫有《西游記》跋,并不是有上記著述,應是誤記。

星伯是覃溪的門生,與同門朱埜雲等人交往密切,此外也曾做過陳東之(名潮)的門客。其在與朱埜雲交往時結識了陳東之,陳因而也與山泉得以結交。阮堂入燕時正巧星伯在全唐文館中任職,阮堂得以較早認識星伯并拜托其代爲引見翁覃溪。當時覃溪并不想多結交世人,不過星伯深知阮堂的心願,積極爲之穿針引線,通過現藏於筆者書齋中的兩封書信可以詳細瞭解他們交往的細節。這兩封書信的全文如下:

伻至得手書,何深懇耶。弟今日爲俗冗所絆,不克來一談,悵惘殊甚。昨歸館,想不晚耶。覃翁今日未必見客,廿九雖晨遲亦未必見,兄意定當致於星原。然以弟度之,如此人生相知,似不在皮毛耳。尊大人如必欲一見,當與玉水商之,於廿八日未申之間,在法源寺可以一談,其寺僧玉水之友也,故與商之。《治水圖》諸物俱送上,扇已致埜雲,仁對當覓書,弟冗甚,意未題《治水圖》隻字,當作一詩題册上耳。時帆病甚,且素不善書,故原紙奉繳,此復廿九午間再圖良晤,伏惟珍攝。不宣。奉復金公子書,弟松頓首。

事情總算有了眉目,在正月二十九日的早晨阮堂終於得以訪問蘇齋。在書札中有如下内容:

翁覃溪先生可以一見,但在卯刻爲期。明早來竚候爲禱。秋史先生,弟松頓首。送金公子一切信物,都交鬍子送上,《治水圖》頃交埜雲看去。廿九日即面繳可也。松再曰。

阮堂稱呼星伯的號爲夢竹,他也和李心葊、朱埜雲、翁星原、劉三山、朱子仁等有交往。阮堂的詩中有:“最憐劉伶作酒頌,徐邈聊復時一中。”描寫的正是劉三山和徐夢竹。有關的内容,在下面章節中叙述朱埜雲時將再詳細討論。

第四章　翁覃溪父子與阮堂

一、翁覃溪的閱歷與石墨書樓

阮堂在燕京期間最爲傾倒和感激的是見到了翁覃溪和阮芸臺二位經師，而在覃溪那裏則受到了異常眷遇，覃溪爲了阮堂打開了他石墨書樓的寶庫，大大地滿足了阮堂的好學之心。

翁方綱(1733—1818)，字正三(其父命名)、又字叙彝(父執孟穎仙命名)，號覃溪，又號彝齋等。直隸大興人，翁希舜的長子。覃溪生於雍正十一年(1733)八月十六日，乾隆十七年(1752)二十歲進士及第，歷任江西、湖北典試等。乾隆二十九年(1764)在廣東視學八年後回到京城，三十八年任翰林院編修并參與《四庫全書》編纂工作，四十一年任文淵閣校理官，又任武英殿繕寫四庫書分校官。四十四年任江南典試，四十六年辭去國子監司業，後被拔擢爲司經局洗馬。四十八年任順天鄉副考官，四十九年任少詹事，五十一年重到江南視學，五十六年到山東視學。嘉慶元年(1796)以六十四歲高齡參加千叟宴，嘉慶四年任鴻臚寺卿，九年在七十二歲高齡入諸侯的學宫泮林，十二年在七十五歲高齡受三品銜，參加鹿鳴宴。覃溪作爲學界的耆宿、金石學的大家，當時已經是七十八歲的高齡了。

覃溪的住所屢屢遷移，在乾隆三十八年(1773)搬到藩家河沿，其在廣東任職時曾摹勒蘇東坡、米元章書二石，嵌於齋壁并揭扁“蘇米齋”。後又搬到了爛麵胡同，此時偶得宋槧本蘇詩施顧注三十一册，又揭扁“寶蘇室”。乾隆四十五年(1780)春，因得《化度寺故僧邕禪師舍利塔銘》宋拓本，遂命名自己的藏書樓爲“石墨書樓”。又，覃溪得陸放翁書刻“詩境”兩字石本，又在齋壁題“詩境軒”三字作爲自己的書室名。乾隆五十四年(1789)搬到了保安寺街，王漁洋、邵青門等曾在此居住，此處是衡宇相對、文酒徵逐的名區，又因有“保安寺街石墨書樓”而聞名天下。覃溪自作《石墨書樓歌》(《復初齋詩集》卷三十九)遣懷。覃溪的弟子錢泳(號梅谿)在稱頌覃溪時曾言及到石墨書樓道：

圖書文籍，插架琳瑯，登其堂者，如入萬花谷中，令人心摇目眩，而無暇譚論者也。

(《履園叢話》耆舊)

朴楚亭在乾隆五十五年(1790)夏天隨從進賀使黄仁點、副使徐浩修赴清。一行人先到了熱河，此時覃溪和祝德麟(號芷塘)爲了校正文溯閣的《四庫全書》，都去了奉天。覃溪在五月一日至七月九日期間一直滯留在奉天，回到北京時已經是八月二日。這次燕行，朴楚亭没有見到覃溪(《朴楚亭瀋陽雜記》注《翁氏家事雜記》)。在嘉慶六年(1801)，朴楚亭第三次入燕，終於在石墨書樓見到覃溪并結下了文字緣。楚亭在覃溪的《落葉詩卷》之後題诗曰：

愛汝題詩不減紅，多情還是各西東。
何由化作王維石，吹落扶桑萬里風。①

在《燕京雜絶》中對覃溪、羅、孫、洪四人有如下描寫：

① 此诗見録朴齊家《貞蕤閣集・三集》(《韓國文集叢刊》261)，題名爲《次韻翁覃溪落葉詩帖》。

金石正三翁，丹青羅兩峰。
清修比部衍，鉅麗北江洪。①

楚亭歸國之後，也屢屢向覃溪去信并作詩相贈：

蕭然金石出風塵，落筆長歌句有神。
不覺清談高一格，蘇齋門下瓣香人。②

覃谿洪趙流，金石窮錙銖。
丑月日十九，瓣香祭髯蘇。
引我上清閟，高會參文殊。③

覃溪學士癖於蘇，燕處長懸笠屐圖。
宛轉人行金石裏，恰如九曲螘穿珠。④

楚亭所敬慕的覃溪老人一如既往地在石墨書樓裏面研習經書，他好像忘記了自己已經老去，每天對着兩個兒子樹培、樹崐研經，忘掉了世俗雜念。嘉慶十五年(1810)的正月二十九日，阮堂經由覃溪的門人李心庵的引見，在保安寺街拜見了覃溪老師。

石墨書樓裏面的覃溪老師已經是七十八歲高齡，而海東的才士金阮堂不過二十五歲，介紹人李心庵當時四十一歲，覃溪老人欣然接待了阮堂。覃溪私淑蘇東坡，自認爲是東坡化身。而且覃溪的外貌也神似東坡，連項左長出的瘤子也像極了東坡。覃溪强度近視，凹面懸掛着一副深度眼鏡。現在看到站在他面前的短軀精悍、氣魄縱横的青年阮堂，正

① 此诗見録朴齊家《貞蕤閣集·四集》(《韓國文集叢刊》261)，題名爲《燕京雜絶贈别任恩妛姊兄，追憶信筆，凡得一百四十首》，詩後有小注：翁侍郎方綱字正三，羅兩峰名聘，孫比部名星衍、字淵如，洪翰林亮吉博學工駢儷之文。

② 此诗見録朴齊家《貞蕤閣集·三集》(《韓國文集叢刊》261)，題名爲《寄翁侍郎》。

③ 此诗見録朴齊家《貞蕤閣集·三集》(《韓國文集叢刊》261)，題名爲《懷人詩仿蔣心餘余以不才，三入燕京，中朝人士不鄙而與之傾倒焉。倦游既罷，棖觸于中，追述舊事，得知名五十人，漁洋爲七絶，蔣清容爲五言》

④ 此诗見録朴齊家《貞蕤閣集·四集》(《韓國文集叢刊》261)，題名爲《續懷人詩十八首》。

如接見楚亭一樣。而這個青年熾烈的好學心，從他口中出來的關於經義翰墨的見解，其精深的造詣讓覃溪老人也深爲驚嘆。

覃溪老人一邊嘆賞海東的英才，一邊爲阮堂題寫了“經術文章，海東第一”字幅。阮堂欽佩覃溪的懇情愛眷和卓越的學問風格，亦對覃溪表現出渴仰之情。覃溪忘記了自己已是高齡老人，阮堂也忘記了自己是少齡之人。他們心心相契，猶如魚水相見。這種知遇之感，讓介紹他們認識的李心庵也感到非常感動。他們之間的會面，在清朝和朝鮮文化交流史上是值得記録下來的歷史瞬間，也是中韓兩國文化交流史值得特書的一部分。

覃溪雖然是深度近視，可是眼力卻非常好，每年的元旦早上都會在胡麻面上題“天下太平”四字端書，這已經是多年的慣例。當時恰在正月，覃溪寫下這四字給阮堂看，阮堂看後大爲驚異，遂記下了如下內容：

> 蘇齋元朝，於胡麻上書“天下太平”四字，時蘇齋年七十八矣。字如繩頭，亦不睠鏡，甚可異也。又自元朝寫金經，日課一紙，至晦日乃畢，施之法源寺，又於余所供大士小幀題字甚細，皆同時事也。
>
> （金正喜《阮堂集》卷四，别録）

阮堂經常去拜訪覃溪，覃溪也把自己的珍藏不斷地給阮堂欣賞講解。下面就分幾個章節來詳細講述覃溪給阮堂鑒賞的珍寶。

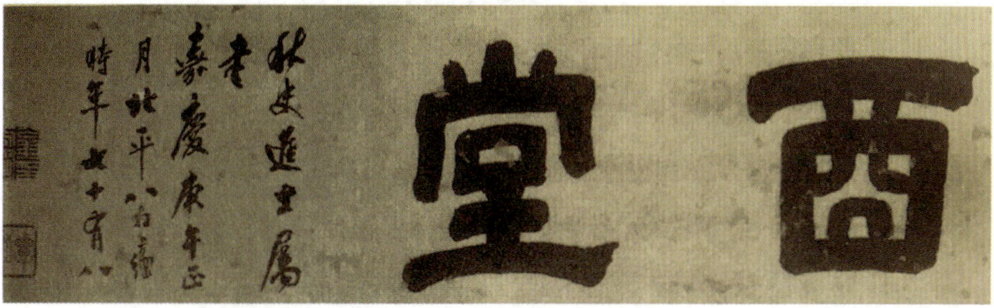

“酉堂”是阮堂父親金魯敬的號，此爲阮堂在嘉慶十五年(1810)於北京保安寺街訪問覃溪時覃溪所題匾額。

二、宋拓《化度寺故僧邕禪師舍利塔銘》

乾隆四十四年(1779)覃溪作爲江南鄉試副考官與正考官謝墉(1719—1795,字崑城,號金圃)赴南京,當時以優異的成績及第的汪中[①]在秦淮的旅館中訪問了覃溪。汪中在自己的行篋中拿出幾幅碑帖(據《翁氏家事略記》)并説道:"我們揚州的化度寺有兩種拓本:一種是真本,一種是宋翻本。真本是蔣愚亭的,宋翻本爲馬半槎舊藏。"覃溪聽到這些非常心動,可是汪中已經重新把這些拓本收起,只能空留遺憾而歸。此後,在同年的冬天,儀徵的江德量[②]爲應試北上,帶來了這兩種拓本。次年春天,江德量將真本送給了自己的座師覃溪(從汪容甫處購入),宋翻本送給了朱筠[③]。據汪容甫所言,此舍利塔銘是唐貞觀五年(680)七十五歲的歐陽詢正書,其原石之前并没有爲世人所知,宋慶曆初(1041—1048),范雍(981—1046,字伯純,謚號忠獻)在洛中的南山佛寺中發現了這塊斷石,當時大爲驚異,拿了數匹綢緞給寺廟主持換回了這塊斷石,後放到自己故鄉的賜書樓裏。汪容甫所説的真本就是這塊原石的拓本(覃溪云:南山佛寺,此洛中南山,非陝之南山也。孫退谷誤讀解:《春雨集》訛范爲王,訛洛爲陜)。覃溪得到了這件夢寐以求的寶物,欣喜之情可以想像。爲了紀念和保存這部拓本,他模仿范氏的賜書樓,把"石墨"兩字冠于前,將書齋名定爲"石墨書樓"。桂未谷(1736—1805,名馥)篆刻了"石墨書樓"四字匾額送給覃溪(《復出齋集外詩卷》十四《未谷爲予篆石墨書樓印,賦謝》)。

嘉慶年間朴楚亭在覃溪的蘇米齋見到江秋史,在他們的談話中這部"化度寺本"肯定是重要的話題之一。江秋史作爲有名的收藏家,把自己收藏的《元祐名賢尺牘》(二卷)也呈給楚亭欣賞,楚亭曾在《燕京雜絶》中題有"復愛江秋史,名賢手蹟香"的詩句。楚亭在歸國後給江秋史的書信

---

① 汪中(1744—1794),字容甫,其子汪喜孫和金阮堂建立了交流關係,在清、朝文化交流上做出了重大貢獻。

② 江德量(1752—1793),字秋史,乾隆進士。精通小學,喜收藏碑板、書畫、古錢。

③ 朱筠(1729—1781),字竹君,號笥河。朱珪之兄,翰林院學士,其女嫁與覃溪的三子樹端。

中也附有以下三首詩：

自信胸中考古圖，愁看贋帖遍街衢。
丁寧寄語江秋史，元祐人書再覯無。①

昔與江秋史，數晤覃溪室。
奇文與僻事，十徵不一失。②

姓字翩翩夢筆餘，詩名七十二泉如。
收藏擬續思翁跋，鑒定鶼溪兩世書。③

根據以上詩文内容可以看出他們交往之密切。

阮堂曾多次聽到楚亭的"燕京雜談"，對於蘇米齋以及江秋史和宋拓化度寺真本應該非常熟悉。而此時覃溪正是把他所收藏的這部拓本拿給阮堂欣賞，阮堂看着這些清晰的墨蹟，懷着喜悦之情，很仔細地玩味了歐氏書法。

之前，覃溪曾借了陸謹庭所藏弇州第二本和馬半槎、謝金圃、陳伯庵三家所藏初翻宋本進行了校訂(當時馬半槎本已被朱筠所藏)，在乾隆五十七年(1792)于山東濟南使院進行摹刻，其摹刻本後來贈送給了阮堂。阮堂在歸國後，執筆在帖後題有識語。其全文如下：

歐碑，今海内見存爲七，此其一也。但原石已佚，此本爲翁覃溪老人合校宋拓諸本，摹刻於濟南學院者也。嘗見成親王所臨一本，較此本，殘字多少不一。成親王所臨，即南海吴氏本也。此本合校時，似未及并收矣。歐法易於方勁，此本最得圓神，非老人深於歐法，無以爲此，尤可寶重也。

---

① 此诗見録朴齊家《貞蕤閣集・三集》(《韓國文集叢刊》261)，題名爲《寄贈江秋史》。

② 此诗見録朴齊家《貞蕤閣集・三集》(《韓國文集叢刊》261)，題名爲《懷人詩仿蔣心餘》，全詩爲：昔與江秋史，數晤覃溪室。奇文與僻事，十徵不一失。最愛元祐人，真蹟多於鯽。

③ 此诗見録朴齊家《貞蕤閣集・四集》(《韓國文集叢刊》261)，題名爲《續懷人詩十八首》。

東人最重歐法，自羅代至於麗中葉，皆恪遵渤海遺式矣。麗末暨本朝初，專習松雪，轉失書家舊法，不知歐書爲何樣，其後又自高標置，家家晉體，户户鍾王，童而習之者，皆《樂毅論》、《黄庭經》、《遺教經》，外是輒卑而不顧，未知其所習《樂毅》、《黄庭》、《遺教》竟是何本耶。《樂毅》真本，已自唐代難得。《黄庭》非右軍書，如《遺教》，即唐時經生書也。是以趙子固云："入道於楷，僅化度、九成、廟堂三碑。"趙之距今，已六七百年矣。六七百年之前，僅以此三碑爲楷法章程，子固豈不知有《樂毅》、《黄庭》如是立説也。《樂毅》諸書法，訛失難據，惟此三碑，尚存原石，可以溯源晉人，此由唐入晉之正軌，捨是無適也。

近又東人一書家，拈出万豪齊力一語，迷誤諸人，不講懸腕，不講搬壓鉤揭，不講九宫間架，以此萬豪齊力一語，欲了書法，多見其不知量也。既拈萬豪齊力一語，又何不更拈其上句之漿深色濃耶。不覺放筆一笑。禮堂學人，漫書於燈影庵中。

（原册吾望漢盧所藏）①

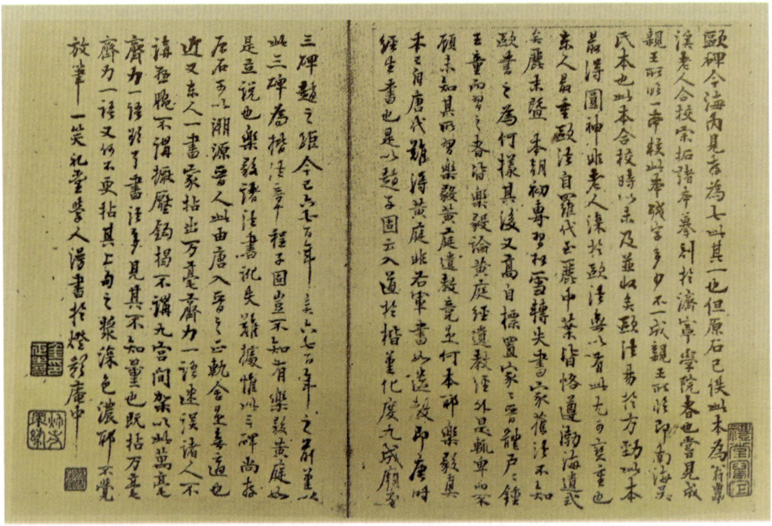

翁覃溪送給阮堂宋拓《化度寺舍利塔銘》摹刻本，阮堂歸國後在帖後題寫的跋文。

① 此文見録《阮堂先生全集》(1934 年印本)卷六，題名爲《題歐書化度寺碑帖後》，印本文字與藤塚鄰收藏原册有字句差異。

阮堂對覃溪習歐法深表贊同,轉而也講述了高麗末期之後的書法史,最後對朝鮮學人的無識進行了嘲諷。此外,阮堂講到曾親眼看到成親王所臨寫的一本,也可能是在蘇齋裏看到的。對此臨本,覃溪的門人英和曾進行了詳細的考證,在《焦循著憶記》卷一曾進行了引用。阮堂在朝鮮純祖十一年(1811)爲友人申緯(號紫霞)燕行而寫的詩中有如下詩句:

邕塔嵩陽括一義,都從稧帖瓣香添。①

此處所題邕塔即指化度寺真本。此外,對於化度寺本,覃溪在自己的詩文中也多有提及,其詩文記録如下:

《化度勝醴泉論二首》(《復初齋文集》卷九);《化度寺邕禪師塔銘跋二首》(同上,卷二十二);《跋吴門鮑氏化度寺碑》(同上);《又跋化度寺碑》(同上);《借得竹君所收化度碑臨翫旬月響搨成册再次後村韻二首》(《復初齋詩集》卷二十三);《予購得舊本化度寺塔銘,附詩記之》(同上,卷二十四)。

最後需要再提及一點,近年敦煌出土的《化度寺塔銘》殘本,由西東書房以金屬活字印行,樋口銅牛氏作了解説。

三、東坡真蹟《天際烏雲帖》

覃溪的珍藏中有東坡的真蹟《天際烏雲帖》,又稱爲《嵩陽帖》。此帖是東坡在熙寧年間,即四十二歲前後,根據杭州有名的書法家蔡襄(字君謨)的《夢中》詩句:

天際烏雲含雨重,樓前紅日照山明。
嵩陽居士今何在,青眼看人萬里情。

---

① 此詩見録《阮堂先生全集》(1934 年印本)卷十,題名爲《送紫霞入燕十首并序》。全詩如下:混侖元氣唐沿晉,篆勢蒼茫到筆尖蘭亭是篆勢,而先生筆法專用篆勢。邕塔嵩陽括一義,都從稧帖瓣香添先生云:見化度寺碑,益覺蘭亭真意,嵩陽帖君字是蘭亭群字上頭,此皆蘇齋秘諦也。

所書行書。真蹟的粉箋紙上揮毫題寫了:此蔡君謨夢中詩,軾在定屐橋野店中觀之。

宋代趙德麟的《侯鯖録》以及周公謹的《雲煙過眼録》中也有提及。之前這幅筆帖是以卷軸裝幀,後來又改裝成了帖裝。上有元明人的題記八段:

虞道園,元至順二年
柯敬仲,元至正三年
張伯雨,元至正三年
倪雲林,明洪武元年
馬孝常,明洪武十四年
陳汝同,明宣德二年
董思白,明
項墨林,明嘉靖卅八年

此《烏雲帖》是覃溪在廣東赴任中的乾隆三十三年(1768),由福建鄭潤(字雨亭)介紹,從湖南吴氏手中以六十金購得。這幅帖紙質古厚,幾處已經破損,舊如楮幣,已經分辨不出是由粉箋紙書寫而成。可是,得到此幅海内獨一無二的珍品,覃溪喜悦之情難以自禁,把自己的書齋也改成了蘇齋,甚至在每年的東坡生日的十二月十九日,供奉東坡笠屐像,和友人一起祭祀。覃溪還對此帖進行了考證,題有《跋天際烏雲帖》(《復初齋文集》卷二九)、《蘇文忠天際烏雲帖歌》(《復初齋詩集》卷三)以及《再題天際烏雲帖九首》(《復初齋詩集》卷六)。

此外,涿州的馮氏快雪堂、曲阜的孔氏、徽州的程氏也分别藏有《烏雲帖》的拓本,據覃溪的考證,他們的拓本都不是據真蹟所拓。

阮堂看到覃溪所藏真蹟感嘆不已,歸國後多次向友人提及,在朝鮮的藝文界遂廣爲人知。在申紫霞燕行時阮堂的送詩中有如下詩句:

樓前山日澹餘紅，快雪粉箋說異同。

萬里許君青眼在，曾於扇底覓春風。①

這首詩就是寫的《烏雲帖》，詩文下有小注曰："余嘗摹《嵩陽帖》詩意於扇頭，鋪置頗難，爲紫霞所點定。"純祖十七年(1817)申紫霞以書狀官的身份入燕，阮堂介紹了覃溪的石墨書樓并叮囑一定要前去拜訪。申紫霞去後，覃溪向紫霞展示了自己藏品，包括這幅《天際烏雲帖》和蘇集宋槧本，并且請紫霞題寫跋文。紫霞爲了表達自己的感謝之情，寫有詩文贈送。申紫霞的詩文集《警修堂全藁》中有《奏請行卷》，因篇幅所限，此處省略全文。

覃溪曾對真蹟做過描臨，其刻本後來傳入朝鮮，朝鮮憲宗曾收藏，申紫霞寫有跋語曰：

坡翁《天際烏雲帖》，一云見於守居閣子，一云見於定香橋店，而蓋坡翁之絶筆也，覃溪頗得其神。

臣緯

奉　聖旨跋

哲宗十三年(1862)好古堂主人刻了此跋文。

在此之前程氏拓本的《烏雲帖》已經傳入朝鮮，也經過了阮堂的鑒定，現在就討論一下其始末。

程氏在乾隆五十四年(1789)囑托古歙的程音田(名振甲)、旌德的李良玉鐫刻《烏雲帖》，後題跋有："此帖已刻快雪堂，而元明諸家題跋則未之及，余愛其辭翰之工，如煙雲變幻，不名一體，迺知六研齋所記鑒賞真不謬。因壽之石，以補馮氏所缺云。時乾隆乙酉閏五月伏日。古歙程振甲識。"朝鮮漢陽趙秋齋(1762—1849，名秀三，字芝園，號秋齋)正巧在此帖鐫刻的那年出使燕京，在乾隆五十五年(1790)正月初一訪問了程音田，收到了程氏贈送的這部新刻本。歸國之後，趙秋齋於乾隆六十年

① 此詩見録金正喜《阮堂先生全集》(1934 年印本)卷十，題名爲《送紫霞入燕十首并序》。前聯後有小注："嵩陽帖真蹟是宋粉箋，快雪帖所刻非蘇齋本。快雪帖原本非粉箋，與題跋沕然一紙，皆有考證詳切。"

(1795)在《程音田所藏烏雲帖》下題寫了如下跋語:

右坡老真蹟,元明諸公題跋。洵兩絶,庚戌元日入燕,音田出家藏新刻本見贈,爲余愛之深也。

乙卯長至日秀三識

趙秋齋把這部帖子認作真蹟拓本,視之格外珍貴。阮堂將在蘇齋看到的真蹟和這部刻本進行了比較,題寫了如下跋文:

此帖是程音田所藏本也,快雪堂所刻即此本也。蘇齋翁氏所藏本爲真蹟,此本尚屬摹本。蘇齋本是宋粉箋,此本與下題跋皆一紙,坡公生辰,程音田以此本携來蘇齋,與蘇齋本同證。蘇齋詩云:"料量僧虔倚柱法,翜翜褉帖馳官奴。"即喻此也。此是乙酉坡辰,程刻在乙酉夏矣。余於庚午春,在蘇齋得見真本,又見偃松圖讚真蹟,趙子固笠屐圖墨墨緣盦題。

(據阮堂自筆本)

趙秋齋出生於英祖三十八年①(1762),其風采英美,具有煙霞之氣,文詞鴻博,尤其擅長作詩。秋齋曾六次出使中國,廣交中國文士。秋齋在八十八歲去世,作爲阮堂的前輩和阮堂有很多交往,有《秋齋詩鈔》行世。

四、《宋槧注東坡先生詩》殘本

此書是宋代吴興施元之(字德初)和吴郡顧禧(字景繁)作注,由吴興的傅穉(字漢孺)以歐體寫就,在嘉定六年(1213)②刊行。此本每半葉九行,行十六字,字體較大,看起來非常美觀。這部書四十二卷中的一、二、五、六、八、九、二十三、二十六、三十五、三十六、三十九、四十卷,共十二卷,以及年譜、目録上卷闕。在明末傳入錫山安氏,後來傳入常熟毛氏

① 原著中誤記爲英祖十八年。

② 原著中誤記爲嘉泰二年(1202)。

(汲古閣),在清康熙年間傳入商丘的宋犖[①]手中。乾隆三十八年(1773)覃溪通過黄易(字小松)購得此本,因定室名爲寶蘇,并將其和所藏《烏雲帖》一起供奉在東坡像前,每逢東坡生辰都會和朋友一起祭奠。覃溪的弟子凌次仲[②]在乾隆四十九年(1784)見到此書,題寫了如下序文:

> 宋漫堂中丞,重雕宋本《施注蘇詩》,乃邵青門所改竄者。原本殘蝕斷爛,僅十之七。中丞裝褾藏篋,自他山所見影寫本,後世久不知有真鼎,乾隆癸巳翁覃溪師以十六金得之燕市,舊題曰《注東坡先生詩》。款書吴興施氏、吴郡顧氏,有毛子晉及宋中丞印,始知世所行者非真也。癸卯二月出以見示,命廷堪作詩題於後。
>
> (凌廷堪《校禮堂詩集》卷四)

由此,這部書作爲藝林之鴻寶而廣爲人知。阮堂在聽到這個故事的十年之後纔得以親睹這部書的真本,其欣喜之情無以言表。之後,在送給友人紫霞的詩中有"唐碑宋槧萃英華"[③]之句,其詩集即指《黄山谷集》和《陳後山集》。紫霞從覃溪手中看到這部施顧《注東坡先生詩》後也題寫了跋文。這部稀見珍品在覃溪離世後依次傳入了以下幾人的手中:

> 翁方綱—葉志詵—葉名澧—吴榮光—潘仕成—鄧氏—洪志東—袁思亮

而且,這部書中寫滿了覃溪的題記,也有很多乾隆、嘉慶以後的名家識跋,又有閔貞、華秋嶽、朱畦雲所繪東坡肖像以及覃溪四十歲肖像。此外,還有顧南雅的《泥金梅花》、何子貞的小楷七古一章、《東坡生日圖》、

---

① 宋犖(1634—1714),字牧仲,號漫堂、西陂等。詩人、畫家,官至吏部尚書。與王士禎、施潤章等人同稱康熙十大才子。又性嗜古、精鑒賞,藏書達數萬卷。

② 凌廷堪(1757—1809),字仲子、又字次仲,安徽歙縣人。乾隆四十八年至京師,與阮元等名士相識,經程晉芳引薦,受業翁方綱之門,致力於經史之學。著有《禮經釋例》、《校禮堂文集》等。

③ 此詩句見録金正喜《阮堂先生全集》(1934 年印本)卷十,題名爲《送紫霞入燕十首并序》。全詩如下:唐碑虞書廟堂碑是唐時拓本宋槧施注蘇詩及山谷後山諸集爲宋本萃英華,漢畫武梁祠像尤堪對客誇。拱璧河圖曾過眼,雪鴻怊悵篆留沙。

《東坡肖寒圖》。可是,在傳入袁思亮手中後不久,因京邸發生火災,這些珍品只留下了數册,大部分都被焚燬①。(民國顧廷龍的《讀宋槧蘇詩施顧注題跋鈔記》,《國立北平圖書館館栞》七分之一)

五、蘇東坡像

覃溪把東坡的三種像供奉在自己的寶蘇齋,在東坡生辰時和友人一起懸掛《天際烏雲帖》,并打開宋槧蘇詩施顧注一起祭祀東坡。東坡的三種像有:

宋　李龍眠畫《東坡金山像》

宋　趙子固畫《東坡研背笠屐小像》

明　唐寅畫《蘇文忠公笠屐圖》

《蘇文忠公笠屐圖》是明代正德十三年(1518)六月十五日由唐寅(字伯虎,號六如)所畫,覃溪曾題讚:

> 此像繪於粤東,時甫得《嵩陽帖》,載一葦之煙蓬。後廿七年,供於蘇齋之中,乃得《偃松屏讚》與《施顧集注》。共香篆而交玉虹,浩乎襟袖,大海長風。
>
> 乾隆乙卯秋八月三日　寶蘇齋重裝敬讚　翁方綱印(原品舊在北平辻野作次郎氏藏)

覃溪也賦有以下詩文:

> 蘇米齋中寶蘇室,鏗然拄杖有聲來。
>
> 飲泉鑒面何分别,夜發神光説五臺。
>
> (翁方綱《復初齋詩集》卷十三)

阮堂門人許維(號小癡)所畫蘇東坡像,阮堂友人權敦仁題讚。

---

① 原書有誤。實際上并没有被燒燬,現藏于臺灣"國家圖書館"。

阮堂在蘇齋看到的還有《坡像雨雪詩》(摹寫後供奉在蘇齋)、《坡像策仗》(覃溪之前所題“九霞洞開策仗聲來”)和陸謹庭顴右痣本(覃溪定爲真影)。阮堂在送給紫霞的詩中有:

> 百摹雨雪捴塵塵,又一九霞洞裏春。
>
> 顴右痣傳松下供,何如子固研圖人。①

亦可以看出阮堂對蘇齋的懷念。後來阮堂得到了吴漁山(名歷,清初四大家之一)在康熙甲子(1684)所畫《東坡笠屐圖》,并別自摹題讚曰:

> 坡像有吴下所傳真影顴痣本、有李伯時磐石筇杖醉態本、有趙子固研背笠屐本,此皆有據者也。此本出自貫春波,以爲七百年前神韻,蘇齋題訂耳,研圖庵書。
>
> (以上兩圖皆爲鮎貝房之進氏所藏)

所以,東坡的像在朝鮮學人中也非常珍貴,秋史的門人許維(號小癡,號爲秋史所命)畫了東坡的像後,由秋史友人權敦仁(號彝齋,官至領議政)題寫了讚文。當時作爲對東坡瞻仰的一種形式,朝鮮學人對東坡像的題讚活動亦非常頻繁。

六、唐刻拓本《孔子廟堂碑》

虞永興(名世南)所題《孔子廟堂碑》爲唐的貞觀拓本,正如宋黄山谷所題“孔廟虞書貞觀刻,千兩黄金那購得”所言,在宋代已經是稀世珍品了。歐陽説自己所見到的石本可能是宋初王彦超摹勒的所謂陝本,至於是否看到唐刻的原石也很值得懷疑。親眼目睹唐刻的在宋代只有黄山谷(滎咨道本、張福夷本、蔡致君本),在明代只有王敬美、孫月峰(韓存良家本)而已。清代以博聞精鑒著名的何義門、王翁林、徐壇長等人也都未能親眼目睹。因而,覃溪在友人的書齋中看到唐刻拓本(有元康里氏印、周伯温印)後,一定感到非常驚訝和欣喜。他借得此本,和陝本、城武本

① 此詩句見録《阮堂先生全集》(1934年印本)卷十,題名爲《送紫霞入燕十首并序》。

相互印證,花了三旬之久。其中,真唐石的千四百餘字通過陝本而得以補全,爲此覃溪還題有三首詩文(《復初齋詩集》卷六十六)。他題的《跋廟堂碑唐本》、《跋廟堂碑城武本三首》(《復初齋文集》卷二十二)中對其原委有詳細考證。

這部唐刻拓本很偶然地被蘇齋收藏,阮堂也得以展玩此部珍本。前記送申紫霞的詩句中所言"唐碑宋槧萃英華"正是指的這部作品,小注中也記有"虞書廟堂碑,是唐時拓本"。

七、陸放翁書詩境刻石拓本

南宋的方信孺(字孚若)把自己畏敬的陸放翁所書"詩境"兩字懸掛在自己赴任的各地住所,又自號"詩境",之後也著有《好庵游戲詩境集》。其石刻有:

第一次　嘉定四年　廣東省韶州武溪

第二次　嘉定五年　湖南省道州窊尊

第三次　嘉定六年　廣西省臨桂中隱山北牖洞

第四次　嘉定七年　廣西省臨桂龍隱巖風洞

(參照翁方綱《粵東金石略》卷五、《謝啓昆粵西金石略》卷十一)

覃溪在赴任廣東期間曾拓有韶州武溪的刻本,後來把這塊"詩境軒"匾額掛在了自己的齋壁上(《詩境篇題放翁石本後》,《復初齋詩集》卷十五),乾隆四十五年(1780)也拓有桂林的刻石本(《又得桂林陸放翁書詩境字石本扁于齋壁》,《復初齋詩集》卷二十)。

阮堂在詩境軒的書齋中欣賞到"詩境"拓本,題有關於覃溪的詩句"詩境軒中風雨驚",這是後來贈給紫霞(申緯)詩中的句子。現在位於龍宮里龍山華嚴寺的岩壁上還有阮堂所題的"詩境樓"三字,可以作爲當年的遺韻。

此外,阮堂看到《漢畫武梁祠石像》拓本(黄小松贈覃溪者)後題有"漢畫尤堪對客誇"的詩句;看到《王漁洋秋林讀書圖》(文點所畫)後作了

“三百年來無此翁,石帆亭上聞宗風”的詩句;看到趙松雪的《完璧帖》(江秋史贈覃溪禮物)後題有“江秋史去留完璧”的詩句。阮堂看到宋本《黄山谷集》、宋本《陳後山集》以及《蘭亭帖》等各種應接不暇的珍品寶物,一邊賞奇析疑,一邊像掉進了三昧之境。當時阮堂是携帶着朝鮮版《山谷詩選》入燕的,現在可以直接看到這部宋槧本,覺得簡直是曠世奇緣,在萬分欣喜之餘,歸國後在《山谷詩選》上題寫了如下詩句:

夾傛春風萬里遲,蘇齋參聞舊論詩。

一生口吸西江水,壽日如今又并時。[①]

在之後還題有小注:“山谷生辰在六月,翁覃溪有黄詩校述等作。”

八、翁覃溪的經學和諸經附記

如上所述,阮堂金正喜在翁覃溪的石墨書樓裏欣賞了無數的寶物,而在他的心中最爲期許的則是覃溪的經説。作爲一世學宗,覃溪在經學方面的研究傾注了很大的精力。此外,他在金石學和書帖學方面也是泰斗北山。

乾隆、嘉慶期間是漢學隆盛的時期,當時如惠棟、任大椿、程瑶田、王鳴盛、錢大昕、江聲、戴震、段玉裁、王念孫、王引之、阮元、張惠言等鴻儒碩學輩出,在學術研究方面已經超越了以個人私利爲目的的研究,此時宋學已經式微,而當時的學人也已經不屑於奉程朱爲尊。覃溪宗漢學,重視實事求是之學,但同時又遵從宋學,不排斥程朱,對漢宋之學採取折中的態度,“博綜馬鄭,勿畔程朱”是覃溪的信條。顧炎武的經學本也是立足於理學的。覃溪在這種境界下有時也對純漢學者的學説有所駁擊,根據《復初齋文集》所録詩文就可以看出其主張。有時純漢學者也對覃溪的議論有所反駁,在漢學興盛的時代,即使顯露出對宋學尊重的態度也可能會受到各方的非難。如果是單純地站在學術的立場上進行辯駁是可以接受的,可是其中只是因爲不喜宋學而攻擊覃溪的也不在少數。

---

① 此詩見録《阮堂先生全集》(1934 年印本)卷十,題名爲《題山谷詩選後,是携入燕中者也》。

不過,雖然覃溪知道這些對自己不利,他也很泰然地進行接受,并堅定地走自己的路。正如對於海東的青年學人金阮堂,覃溪也是堅守自己的學術信念,以經學爲本,把研經的方法非常正確地傳授給他。對此,阮堂對覃溪的敬慕愈加深切,而好學之心更爲熱切。覃溪對此深爲欣慰,對阮堂的指點也更爲勤懇。阮堂對恩師覃溪的指教深爲感動,在詩中有"漢學商量兼宋學,崇深元不露鋒尖",即是對覃溪學風的讚美之詞,在詩句下有小注:"覃溪經學,以不背朱子爲正軌。"覃溪有《禮儀今古文考》、《春秋補注》、《杜氏長曆》等著述,阮堂也在詩的轉句和結句中有:"已分儀禮徵今古,更證春秋杜曆添。"(原蹟爲孫在馨氏所藏)

在這一時期,覃溪的經學著述《經義考補正》(十二卷)在乾隆五十八年(1793)刊行(此書據王聘珍之手傳而成),因對外没有刊布多少,所以知者不多。蘇齋傾注平生精力進行經學研究,是爲了完成《諸經附記》。根據覃溪的門人英和校訂的《翁氏家事略記》,在嘉慶九年(1804,覃溪七十二歲)條中有其數十年中對多種經書進行研究的成果,根據抄録的分卷記録可知有如下内容:

> 《易附記》十六卷;《書附記》十四卷;《詩附記》十卷;《春秋附記》十五卷;《禮記附記》十卷;《大戴禮附記》一卷;《周官禮附記》一卷;《論語附記》二卷;《孟子附記》二卷;《孝經附記》一卷;《爾雅附記》一卷

以上著述都是覃溪傾注了很多心血的研究成果,因都是手稿而輕易不示外人,阮堂親眼目睹這些手稿著述,無比嘆服。而且,覃溪對自己的這些研究并没有滿足,之後也不斷進行修改訂補,以使之更爲完備。在《諸經附記》之外還有《蘇齋筆記》十六卷,是覃溪對經史子集研究的筆記,是在阮堂回國之後覃溪完成的成果。對《附記》和《筆記》中的内容阮堂經常向覃溪請教,覃溪對阮堂的篤學深思感到無比高興,盡自己最大的努力回答阮堂的各種疑問,每次都寄送給阮堂長文手札陳述自己對諸經義的看法。其中也有對《附記》研究過程中各種困難的記録。覃溪并謄寫了一些抄本贈給阮堂。在覃溪去世後,其門人葉東卿校勘了《蘇齋筆記》後寄送給了阮堂一部,對此將在之後章節中詳細陳述。

九、翁宜泉和翁星原

覃溪和夫人韓氏一共育有五男三女,和妾室劉氏育有二男三女。這些子女的詳細情況如下:

長男:芸,乾隆二十一年生,乾隆二十四年卒。韩夫人出。

次男:穎,乾隆二十四年生,同二十五年卒。同。

三男:樹端,乾隆二十六年生,同五十三年卒。同。(松官夭,大紐嘉慶十三年歸安邑葛廷蘭)

四男:樹培,乾隆二十九年生,嘉慶十六年卒。同。

五男:樹敏,乾隆三十六年生,同。

六男:樹崐,乾隆五十一年生,嘉慶二十年卒。劉氏出。(成官夭,引達)

七男:樹實,乾隆五十二年生,乾隆五十六年卒。同。

長女:樹訓,乾隆二十七年生,乾隆二十七年生。韓夫人出。(乾隆四十九年歸梁鉞)

次女:不詳,乾隆三十四年生,同三十八年卒。同。

三女:樹玉,乾隆三十八年生,同上。(乾隆六十年歸青陽王宗誠)

四女:樹金,乾隆四十四年生,劉氏出。(嘉慶二年歸涿州馮立鈞)

五女:樹齡,乾隆四十六年生,同上。(嘉慶三年歸獻縣戈寶樹)

六女:樹寬,乾隆四十八年生,同上。

如上所述,覃溪的子女衆多,不過長男、次男、七男、次女都夭折。其中,三男樹端在乾隆四十五年(1780)娶了朱筠的女兒并且育有一男一女,可是一對兒女也在乾隆五十三年(1788)早夭,其妻子朱氏也早亡。長女、三女、四女、五女各自出嫁,秋史金正喜訪問蘇齋的時候未能見到她們,當時只有四男樹培、六男樹崐兄弟在家(五男樹敏不詳),阮堂和樹崐的關係尤爲密切。

翁樹培字宜泉，乾隆二十九年(1764)出生在廣東，從小在覃溪的朋友錢載(1708—1793，字坤一，號籜石)家裏長大，因當時算命先生説只有在異姓家中生活纔會避免早夭。樹培乾隆五十二年(1787)進士及第後任翰林院檢討，五十七年(1792)代替父親在奉天的文溯閣覆校《四庫全書》。樹培博雅好古，繼承了家學淵源，尤其對貨幣學用力最深，對刀幣貨布識别眼力尤高，樹培的字"宜泉"正是出自潘毅堂所藏大泉五十錢範底下的文字"宜泉吉利"。其著有《泉幣彙考》十六卷，内容精博，優於宋代洪遵的《泉志》。樹培平日手不釋卷，與經常出入蘇齋的江秋史旨趣相投，二人交誼深厚。

宜泉一邊與阮堂切磋學藝，一邊出示古錢供其鑒賞。阮堂興奮之情溢於言表，題詩曰："翁家兄弟聯雙璧，一生難遺愛錢癖。"

宜泉的詩草在民國時期由劉承幹以《翁比部詩鈔》爲題印行(嘉業堂叢書本)，覃溪題有《次兒樹培小傳》(因覃溪子芸、穎早夭，故稱宜泉爲次兒)。

翁樹崐字星原、又字學承，號紅豆山人。樹崐是覃溪妾室劉氏所出，生於乾隆五十一年(1786)十二月十八日(《翁氏家事略》中記爲乾隆五十年生人，應是英和編訂時的誤記)。因樹崐生日與東坡只相差一日，好像是東坡投胎换生，故覃溪對其尤其疼愛有加。樹崐聰敏好學，擅長文章，書法亦承其父家法。樹崐對金石非常癡迷，石墨書樓的收藏已經不能滿足其好學之心，他還廣爲收求。樹崐在蘇齋見到海東的阮堂後，二人討論到海東的金石文獻，談到高興之處，樹崐亦手舞足蹈。二人都是丙午年生人，因此關係更爲親密。星原在當時把秋史(即阮堂)的"秋"字和自己字中的"星"合一，取號"星秋"。之後，經秋史介紹認識了朝鮮學人申紫霞、柳貞碧，又取二人"霞"、"碧"二字，號爲"星秋霞碧之齋"。

樹崐還拜托秋史代爲收集朝鮮的金石古拓。又在秋史介紹下認識了一些朝鮮友人，也請他們積極地代爲收集。因此，在之後的數年内，蘇齋中收集了大量的海東金石拓本文獻。覃溪考證的以下跋文，都是取自這些海東金石文獻：

翁覃溪三子樹崐在嘉慶十七年(1812)寫"紅豆山莊"(樹崐號)匾額贈送給阮堂。(阮堂家藏)

《跋平百濟碑》,《復初齋文集》卷二十四

《跋新羅鍪藏寺碑殘本》,同上

《跋新羅雙谿寺碑》,同上

《跋高麗靈通寺大覺國師碑》,同上卷二十五

《跋高麗重脩文殊院記》,同上

《跋朝鮮靈通寺大覺國師碑》

(翁方綱《復初齋集》,外文卷三)

阮堂在歸國之後與翁覃溪父子的交流關係也佔有很大的比重,對此下章中會再做詳細論述。

第五章　阮芸臺與阮堂

一、阮芸臺的閲歷

阮堂經常去拜訪翁覃溪，深深傾倒於覃溪的學德。同時，阮堂也拜訪了阮芸臺，受到了異常的感化。芸臺歷經乾隆、嘉慶、道光三朝，被尊爲當世經學大師，也是完成和宣揚清朝文化的一代保護者，被尊爲學者之宗師。芸臺曾赴多地爲官，阮堂赴京時芸臺正好偶然上京，對於阮堂來説可謂是極大的幸運。

阮元（1764—1849），字伯元，號芸臺（又雲臺），江蘇儀徵人。乾隆五十一年（1786）舉人，乾隆五十四年進士，任翰林院編修，大考第一，後擢升少詹，歷任内閣學士，户部、禮部、兵部、工部各部侍郎，山東、浙江各學政，浙江、河南、江西各巡撫，兩湖、兩廣、雲貴各總督，太子少保、體仁閣大學士等。嘉慶四年（1799）、道光十三年（1833）兩度任會試總裁。道光十八年（1838）秋歸里，後任太子太保。道光二十六年（1846）丙午科受鹿鳴之宴，後任太傅。道光二十九年（1849）去世，享年八十六。賜諭旨祭葬，謚號文達。

芸臺平生做事清廉謹慎，政務勤勉。任督學時倡導學士應有一藝之長，尤其獎勵任命能解經義和工古今體詩的學士，在會試總裁時也一定合校二三場文策,選拔了不少當地的優秀士人。芸臺所到之處必定興學教士,在浙江時興建詁經精舍,赴廣東時建學海堂,使儒生雲集一方并崇尚實學,爲當朝培育了一批批優秀人才。芸臺因一生都以座師朱文正公(1731—1807,名珪,字石君,號南厓)爲表率,其經術文章自然也類似文正。芸臺不但能保持此風會,還被尊爲泰山北斗而受到士林五十餘年的尊敬和愛戴。芸臺在乾隆四十六年(1781)十八歲時(據阮氏《王太孺人壽詩序》、《雷塘庵主弟子記》爲十九歲,應是誤記)與安徽歙縣凌廷堪(字次仲,時年二十五歲)相交,爲之後芸臺與覃溪的交契奠定了基礎,這也對與阮堂的交流産生了影響,在此不得不謹記之(可參考凌次仲贈芸臺《擬大鵬見希有鳥賦以見志》和《後大鵬遇希有鳥賦》)。乾隆五十年(1785,芸臺二十二歲)芸臺科試第一,受到當時江蘇督學謝金圃的激賞,次年謝金圃卸任赴京時和芸臺同行,在十一月十九日入京,芸臺從此長居北京。而在丙午年(1786)金阮堂纔出生於海東的僻壤之地。芸臺在北京與諸多碩學鴻儒相互往來并切磋學術,其學藝造詣日益深厚,知識水平日益高遠,而在乾隆五十五年(1790,芸臺二十七歲)柳惠風、朴楚亭兩人入燕時與芸臺建立了學緣。當時芸臺的著書《考工記車制圖解》受到惠風的肯定而受到矚目(見柳得恭著《熱河紀行詩注》)。所以,在之後的二十年間向楚亭、惠風學習的阮堂,會很自然地懷有要奔向芸臺并叩動其門的願望。

二、泰華雙碑之館與《西嶽華山廟碑》拓本

嘉慶十四年(1809)九月二十三日入都的芸臺按照慣例寓住内城太僕寺街的衍聖公邸(明英宗時下賜給孔宏緒的宅邸,當時孔十歲),芸臺的繼室孔璐華爲衍聖公孔憲增的長女,他與孔氏家族有姻親關係。阮堂訪問時爲嘉慶十五年(1801)正月,芸臺當時四十七歲。芸臺一見到阮堂就看出其非凡的才智,甚是歡喜,迎接阮堂至泰華雙碑之館後,芸臺以稀世茗茶龍團勝雪款待了阮堂。

現就龍團勝雪略作説明。北宋慶曆年間(1041—1048),蔡襄

(1012—1069,字君謨)任福建路轉運使時,最初以小片龍茶進貢朝廷,因茶品精絶,遂以"小團"命名(歐陽修《歸田録》卷二)。宣和二年(1120)漕臣鄭可簡以銀線冰芽爲創意,做成方寸新銙,并在上盤有蜿蜒小龍狀,故命名"龍團勝雪"(見《潛確居類書》)。此種茶葉在當時的北宋朝廷曾賜贈高麗朝廷,隨後亦有商賈通販,而《高麗圖經》(卷三十二《器皿》)中亦有記載,應該是赴宋廷的義天、指空等僧侶携帶歸國的。不過,關於此珍品傳入朝鮮的情况卻未見文獻記録(僅見記有朝鮮末期大院君在德山縣的高麗古塔發現有四銙龍團勝雪,其中一銙傳入到了李尚迪的手中,其《恩誦堂續集》卷四有記録)。此外,喝茶的風俗似乎在朝鮮也没有形成,不過在僧侣的記録中有不少可查。阮堂受到芸臺的款待,在品茗之餘,其歡愉之情可想而知,後阮堂遂自號"勝雪",也是因不忘芸臺款待龍團勝雪茗茶之情而爲。在阮堂歸國的四十年之後,在給友人權彝齋的書信中,阮堂還有如下緬懷之語:

> 茶品,果是勝雪之餘馥賸香。曾於雙碑館中見如此者,東來四十年,再未見之。
>
> (金正喜《阮堂全集》卷三)

阮堂自號"勝雪學人",曾對北京玉泉山之水、熱河伊遜河之水、濟南珍珠泉、揚子金山泉做過品評,其原蹟藏於拙齋望漢廬中(係鲇貝房之進氏之贈物),可以想像阮堂在雙碑館中品嘗茗茶的情景。

泰華雙碑之館是芸臺在衍聖公邸内的個人居室,"泰"指泰山,"雙碑"指石刻殘篆(對面有碧霞宫),在乾隆五年(1740)因火燬失(參看《復初齋詩集》卷六十八《岱頂秦篆存十字殘本詩》),芸臺從曲阜顔運生(崇椝)處得到了古拓本。此外,芸臺還有漢代延熹華山廟碑傳本三種中的四明本,是嘉慶十二年(1807)從時任浙江巡撫的錢東壁(錢大昕之子)處以二百金購得。除以上二碑外,在嘉慶十四年(1809)又托付吴門吴國寶摹刻了三國時代吴國的天發神讖碑。爲寶藏以上三碑,芸臺置之北湖祠塾中,專門摹有《北湖摹碑圖》并作詩記之,之後又著有《華山廟碑考》四卷(據阮亨《瀛舟筆談》卷十二記載)。此次芸臺北上之後,把携帶的﨔山廟碑的元本和泰華雙碑的新拓本一起懸掛在衍聖公邸的壁間,并命室名爲泰華雙碑之館。

阮堂在雙碑之館一邊品嘗勝雪,一邊欣賞鴻寶四明元本,其驚心動魄和嘆異之情可以想見。在此,對華山廟碑三種的遞傳情況標示如下:

一、長垣本(商丘本) 王文蓀(名鵬沖,明季長垣人)—宋漫堂(名犖,字牧仲,又號西陂,清商丘人)—陳伯恭(名崇本,清商丘人)—成親王(乾隆第十一子,號詒晉齋)—劉燕庭(名喜海,石庵孫,清諸城人)—宗湘文(名源瀚,清上元人)—宗舜年(字子戴,清上元人)—端方—中村不折(日本現在人)。

二、四明本 豐原學(名熙,明四明人)—全謝山(名祖望,清鄞人)—范氏天一閣—錢東壁(清嘉定人,大昕子)—阮芸臺—崇樸山(姓完顔氏,名實,滿洲鑲黄旗人,官盛京將軍,卒謚文勤,收藏最富)—端方。

三、關中本 東雲駒(名肇商,明關中人)—郭允伯(名宗昌,號沚園,明武平人)—王山史(名宏撰,字無異,清華陰人)—張力臣(名弨,清淮安人)—淩如焕(清上海人)—黄星槎(名文蓮,清上海人)—朱竹君(名筠,清大興人)—梁茝鄰(名章鉅,清長樂人)—端方。

以上三種傳本都有各家題跋,在清末時都傳入端方(字匋齋,號午橋、又號寶華盦,滿洲正白旗人,官至直隸總督,卒謚忠愍,精金石學,收藏甚富,著有《匋齋吉金録》、《藏石記》)之手,收藏在其書齋寶華盦中,不過在其去世後都散出。長垣本在昭和四年(1929)傳入日本中村不折氏手中,在昭和八年(1933)附釋文和遞藏考由西東書房影印出版,其精善程度和原品近似。此外,上海有正書局影印有芸臺舊藏《宋拓﨔山廟碑三種合璧》,可以詳細欣賞到四明本的原貌。

三、《七經孟子考文補遺》

山井鼎、物觀合著的《七經孟子考文補遺》二百卷在乾隆年間由日本

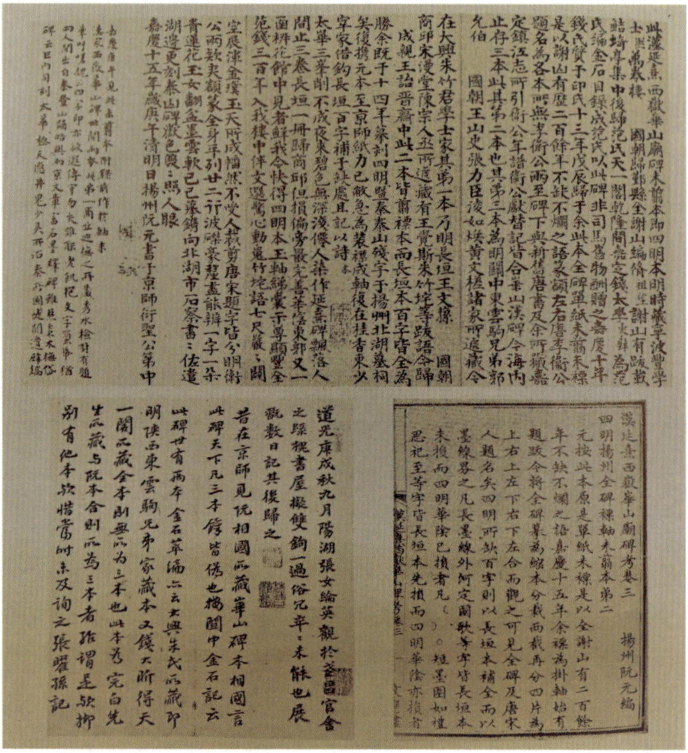

阮元和張曜孫（字仲遠，湖北武昌縣知縣，癡迷阮堂書法）的漢延熹西嶽華山廟碑傳本三種（長垣本、四明本、闗中本）遞傳記。嘉慶十五年（1810）阮堂在阮元寓居的北京太僕寺街衍聖公邸受到龍團勝雪茗茶款待，當時賞玩了阮元新購四明本。

傳入清朝并收録進《四庫全書》，爲清朝經學的研究做出了巨大的貢獻，這一事實在狩野直喜博士的著述《山井鼎與七經孟子考文補遺》（載《支那學文藪》）有詳細考述，可供參考。

芸臺從揚州江氏隨月讀書樓借到日本原版，并於嘉慶二年（1797）在杭州的小瑯嬛僊館翻刻刊行。此部巾箱本三十二册由江鏐、趙魏、陳文杰（後改名爲文述）三人校正，有關詳細顛末在芸臺所題序文中有詳細描述。此書出版後五年，即在嘉慶五年（1800）洪頤煊題寫了跋文（《筠軒文鈔》卷一）。這部經書的刊行在日清文化交流史上可謂值得記録的重要事件，也是值得學界高興的事情，其對於清朝經學的研究也有重大的影響。

阮堂在北京時得以見到這部名著。芸臺對這部翻印本的精詣極爲讚嘆,阮堂對其也非常讚賞,之後阮堂曾題詩曰:

七經與孟子,考文析縷細。
昔見阮夫子,嘖嘖嘆精詣。
隨月樓中本,翻雕行之世。

詩文下有小注曰:"余入中國,謁阮芸臺先生,盛稱《七經孟子考文》,以揚州隨月讀書樓本板刻通行。"

這首詩的原蹟現爲孫在馨氏所藏。對於朝鮮學人來説,得以親睹《七經孟子考文補遺》翻刻本并認識到其價值的人,阮堂應該是第一個。可以想像,這部書對於他的古學研究應該起到了很大的作用。此外,阮堂歸國後也購買了日本的原版并寄給芸臺,對此後節中將作詳細論述。

四、《佚存叢書》與《四庫全書未收書》

林述齋收集了中國未見傳本而日本僅見古書十八種三十册,編爲《佚存叢書》,并附天瀑山人跋文後於寬政十一年(1798)以木活字印行。此叢書很快傳入清朝,浙江德清人許周生(名宗彦,其女嫁芸臺子阮福)亦有收藏。芸臺看後非常高興,在編輯《四庫全書未收書》時挑出此叢書中的十部并一一寫了提要。這十部書的目録如下:

《兩京新記》一卷　唐韋述(《揅經室外集》,卷一)
《五行大義》五卷　隋蕭吉(同上,卷二)
《文館詞林》四卷　唐許敬宗(同上)
《臣軌》二卷　唐武后(同上)
《樂書要録》三卷　唐武后(同上)
《泰軒易傳》六卷　宋李中正(同上)
《難經集注》五卷　周秦越人(同上,卷三)
《玉堂類藁》二十卷　宋崔敦詩(同上,卷四)

《西垣類藁》二卷　同上(同上)

《周易新講義》十卷　宋龔原(同上,卷五)

這些未收書最初時編輯了珍本六十種,在嘉慶十一年(1806)校寫提要之後於次年進呈,於嘉慶十三年和十四年又續寫了部分提要進呈(提要五卷中計175種,可見應是之後亦有進呈)。

上面提到的《五行大義》五卷曾被許周生校刻,有關自叙收録在其文集《鑑上水齋文集》卷十一中。阮堂看到芸臺給自己看的這部未收書提要,同時認識到《佚存叢書》之珍貴,因此也意識到了日本古籍中所藏的珍寶。對於此體會,阮堂的詩中有所描述:

隋唐殘本書,中國之所遺。

并收佚存中,片羽亦珍奇。

嗟哉孝經注,同歸梅頤僞。

詩下有小注曰:"《佚存叢書》,收輯隋唐殘本書,《孝經注》是僞書。"(此詩原蹟爲孫在馨氏所藏)

此處所言《孝經注》是指"古文孝經孔氏傳一卷,前漢孔安國傳",在《佚存叢書》的第一卷卷首有記。可是,即使不是《佚存叢書》所記,之前太宰春臺[1]的校刊單行本也已經傳入清朝并且收録進了《四庫全書》,《知不足齋叢書》第一集中亦有收録。清儒中也已經有人作出了質疑,述齋本人也認爲那是部僞書,只是因爲是古來傳本所以纔作收録。述齋在書後跋文中道:

孔傳之出於僞托,先儒既已論之,雖然舊籍之留遺於今日者無幾,既其出於僞托,要亦千年外物,寧可使之終歸淪廢乎。己未仲春初七日。天瀑識。

(林述齋《蕉窗文草》卷三)

---

① 太宰春臺(1680—1747),名純,字德夫,號紫芝園。日本德川時期的儒學思想家,青少年時跟隨荻生徂徠學習儒學,後加入蘐園社從事學術和教育活動。著有《經濟録》、《論語古訓》、《春臺先生紫芝園稿》等。

阮堂通過此部書的跋文知道其是僞書，是從芸臺處得知而開始留意此書的。

最後補充一點，《佚存叢書》除去《許魯齋先生心法》之外，曾在光緒八年(1882)重刊，此書流布甚廣，有尤炳奎題序，沈秉成署檢。

五、《算學啓蒙》

阮堂閱覽的《四庫全書未收書提要》中收録有元朝朱松庭（名世傑，字漢卿）的《四元玉鑑》三卷。此書在佚失很久之後被芸臺發現，而朱氏還有《算學啓蒙》一書，不過芸臺未能發現此書的蹤跡，曾發出“今《啓蒙》一書，不可復見矣”的嘆息。阮堂聽說後告訴芸臺此書在朝鮮有翻刻本，芸臺得知後甚是驚喜。阮堂回國後很快就寄給芸臺《算學啓蒙》翻刻本，而芸臺也贈送阮堂《四元玉鑑》作爲答禮。這是《算學啓蒙》在清朝出現的重要契機，有關細節將在下節中再做詳述。

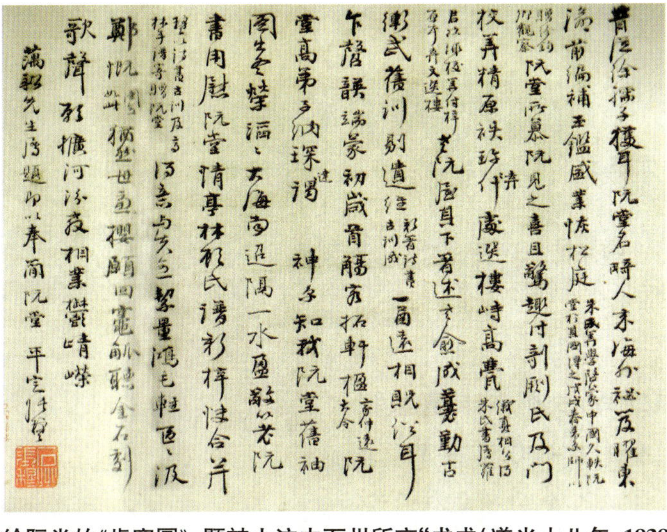

張石州寄給阮堂的《歲寒圖》，題詩小注中石州所言“戊戌（道光十八年，1838）春來京”應是誤記，當時阮堂未赴京。朱松庭的《算學啓蒙》此時寄給了芸臺。（望漢廬藏）

六、唐貞觀造像銅碑

芸臺除了給阮堂欣賞以上珍品之外,還給他看了這塊銅碑。唐貞觀造像銅碑以建初尺來測量可知長二寸,寬八分,厚二分,碑額的蟠螭中題有"阿彌陀佛"四字,碑石全面塗以黄金,刻有七十九字的銘文,落款題有"貞觀廿一年正月八日"。文辭以駢儷體書寫,有初唐風範,小楷極像褚遂良字法。芸臺在嘉慶十四年(1809)訪問蘇齋時曾給覃溪欣賞,當時有各人題詩:

《貞觀金塗造像銅碑歌集翁覃溪先生齋中作》　阮元(《揅經室四集》,卷八)

《唐貞觀造像金塗銅碑》　翁方綱(《復初齋詩集》,卷六十三)

張船山(《瀛舟筆談》卷十二)和朱椒堂(《蕉聲館詩集》卷八)、張秋水等也都爲之題有詩賦,阮堂看到這件珍品,題有詩句曰:

土革不蝕貞觀銅,腰間小碑千年古。

并有小注曰:"芸臺佩銅鑄貞觀小碑。"

七、南宋尤延之本《文選》

芸臺在嘉慶十三年(1808)收集到南宋尤延之(名袤,朱子的友人)的舊藏宋刻《文選》李善注本,并托付嚴厚民(名杰)校訂,芸臺題有卷首畫像銘:

南宋尤本《文選》卷首畫象銘

蕭選曹注,學傳揚州。
貞觀之後,是有選樓。
貴池宋本,栞板始尤。
海内罕覯,數帙僅留。
雷塘庵主,樓居邗溝。
錦緘展校,髹櫝儷收。

繪象卷首，一笠横秋。

（阮元《揅經室四集》卷二）

最後補加一點，胡果泉（名克家）也收有宋刻尤延之本，胡氏托付顧千里（名廣圻）在嘉慶十四年(1809)精校刊刻，與嚴厚民校訂的芸臺本有詳略之别(《瀛舟筆談》卷七)。

八、阮芸臺寄贈的諸著書

芸臺曾把自己的多種著述贈送給阮堂，現簡述如下：

(1)《經籍纂詁》

芸臺很久之前就有要編撰《經籍纂詁》的决心，在浙江視學時就擬好了“凡例”并安排了浙江數十名秀才分門編録，當時歸安的丁小雅（名杰）做督導，武進臧拜經（名庸，原名鏞堂）、和貴（名禮堂）兄弟作校勘之司。此書從嘉慶三年(1798)四月着手，至八月完成，凡百十六卷，有錢辛楣、王伯申、臧拜經題序。此書可稱爲經典之統宗，訓詁之淵藪。

(2)《十三經注疏校勘記》

芸臺爲了校勘《十三經注疏》，收集了漢唐的石經、宋元明的古版本、古鈔本，以及日本傳來的皇侃《論語義疏》、《七經孟子考文補遺》等文獻。托付李尚之等進行注疏和校勘，最後自行定稿完成編纂工作。此部二百四十五卷的著書分擔校勘者如下：

《周易》、《穀梁傳》、《孟子》　李鋭（字尚之，元和人）

《尚書》、《禮儀》　徐養原（字新田，德清人）

《毛詩》　顧廣圻（字千里，吴人）

《周禮》、《公羊傳》、《爾雅》　臧庸（字拜經，武進人）

《禮記》　洪震煊（字百里，臨海人）

《左氏傳》、《孝經》　嚴杰（字厚民，仁和人）

《論語》　孫同元（字與人，仁和人）

卷首有嘉慶十三年(1808)段茂堂的序、凡例、總目，各卷首有芸臺題序。此書可謂博大精深，是研經的一大寶庫。

(3)《揅經室集》

芸臺早年思慕錢辛楣的潛揅堂之名，把揚州文選樓中的別室定名爲揅經室，由劉文清公（名墉，字崇如，號石庵，劉統勳之子）題寫匾額懸掛室壁，個人詩文集也命名爲《揅經室集》。此書由一集十四卷、二集八卷、三集五卷、四集二卷、續集九卷、外集五卷構成編撰刊行。阮堂訪問雙碑之館時第一集還沒有校勘完，當時只抽出《論語論仁論》一册送給了阮堂，此自刻原本與現在的通行本在行數和字數上都有差異，其中芸臺親筆修改的文字有三處：

一集卷八，三頁，表，三行目，誤入聖域（誤字改作欲）

同，同，裏，一行目，誤入聖字（誤字改作欲）

同，同，同，十行目，段大令（大字改作縣）

阮堂親筆在此部文集題識曰：

此《揅經室文集》之第六卷。庚午春，謁芸臺先生於泰華雙碑之館，抽贈此卷，時原集未盡校勘矣。又贈《十三經校勘記》、《經籍籑詁》、泰華二碑拓本，又獲觀貞觀銅碑、宋尤延之舊刻《文選》，又《辨證考工記輈制》。卷内校譌皆屬芸臺原筆。

（本書今爲東京帝國大學教授高田真治氏收藏）

九、阮芸臺研經的態度

芸臺在編録《十三經經郛》時正兼任國史館總輯，打算編輯《儒林傳》，當時已擬好《擬儒林傳藁》凡例，并開始起草原稿。編纂《十三經經郛》，亦可窺見芸臺研究經學的迫切心情。至次年四月已經有一百餘卷完成，其採摘周詳縝密，爲印刻也預做了保留。在編纂《儒林傳》時，芸臺召集百餘人，收集各書并撰寫傳記，嘉慶十七年(1812)將近完成之時突然接受漕運總督之命，不得不離京赴任，《儒林傳》原稿即交付國史館。後來國史館以此底稿爲基礎，删掉數十篇，未有删除的也在篇名下進行了大量删削,對體裁、順序進行了大量修訂,最後以《國史儒林傳》爲名刊印。此書後來汪孟慈曾寄送給了阮堂。《揅經室續集》卷二收録的《集傳録存》是國史館諸公删除的部分,據此可把握芸臺編纂的《儒林傳》的體制。

芸臺在論聖人之道時曾云:"綜而論之,聖人之道,譬若宫牆,文字訓詁,其門徑也。門徑苟誤,跬步皆歧,安能升堂入室乎? 學人求道太高,卑視章句,譬猶天際之翔,出於豐屋之上,高則高矣,户奥之間未嘗窺也;或者但求名物,不論聖道,又若終年寢饋於門廡之間,無復知有堂室矣。是故正衣尊視,惡難從易,但立宗旨,即居大名,此一蔽也;精校博考,經義確然,雖不踰閑,德便出入,此又一蔽也。"(《擬儒林傳序》)以上是芸臺對那些空疎不學、徒講性命理談的現象進行的警戒,同時也是對那些只埋頭於名物度數而對聖道不加規明的學術態度的感慨。對於阮堂來説,也是芸臺對其攻學研經的指明方針和在學術上實事求是、平實精詳的懇請之情。非但在經義方面,芸臺在南北書派論、北碑南帖論等方面所總結的研學精詣,也都一一向阮堂精心傳授。在這次會面之後的第二十年(1830),芸臺編纂的《皇清經解》一千四百卷、百八十四種由芸臺之子常生寄送給了阮堂,對於其内容將在下節中詳細叙述。

十、阮氏略系圖

和芸臺建立交流關係的阮堂也與其子常生、阮福建立了親密的交流關係,他們之間經常魚雁往來,相互贈答并頻頻寄送禮物和書籍。現在就把阮氏家系以圖示如下:

- 阮巖—國祥—文廣—秉謙
  - 樞敬
  - 樞良
    - 時衡
      - 玉堂
        - 承德—兆麟
        - 承義—亨 養嗣子
        - 承仁
        - 承信—元
      - 锦堂
    - 藻衡
  - 樞忠—匡衡
  - 樞恭

- 元
  - 常生 養嗣子，夫人劉氏
    - 恩海
    - 恩洪—泰傅
    - 恩浩
    - 恩疇
    - 恩喜
    - 女 恩紳
  - 凱 孔夫人出、夭
  - 福 妾謝氏出，夫人許氏
    - 恩光—覲傅
    - 恩山
    - 女 恩朝
  - 祜 妾劉氏出，夫人錢氏
    - 恩亮
    - 恩延
  - 孔厚 孔夫人出，夫人彭氏
    - 恩來
    - 恩高
    - 恩勤
    - 恩壽
    - 女 恩桂
  - 女 荃 江夫人出，夭
  - 女 安 孔夫人出，適江都張氏
  - 女 正 妾劉氏出，適平湖吴氏

阮堂與芸臺父子的學緣，以及芸臺門下人士的關係相互交織。江南諸多名士慕海東金秋史之名，互相介紹來京的朝鮮使臣，成了他們結識的媒介。他們之間通過書札往來，進行經義的討論、文墨的評説，展開了清朝和朝鮮文化交流的燦然場面。

第六章　朱埜雲與阮堂

阮堂曾屢屢造訪覃溪門下的朱埜雲(時年五十一)所住粉坊街的擬陶詩屋。朱埜雲(1760—1844),名鶴年,江南泰州人。其書畫雙絶,畫理尤其精絶,在當時可謂名噪一時。埜雲人品高雅,外和内剛,喜歡成人之美。當時任子由、法梧門、吴穀人、馬秋藥、張船山、顧南雅、阮芸臺等諸人皆其素交。埜雲曾和覃溪探訪古蹟,到城南的萬柳堂補栽柳樹,畫有《訪柳圖》。後曾和芸臺同游此地,又畫有《補柳圖》。埜雲在除夕必舉行祭硯活動,故畫有《祭硯圖》(據芸臺作《埜雲山人傳》,見《碑傳集補》)。

今埜雲山人見到青年阮堂,感到心契殊深,把自己的諸多畫作贈送給阮堂作訂交之禮。其中有《毛西河、朱竹垞兩老立像圖》,這也是清和朝鮮學緣得以深入的重要契機,下面就這些内容做一些論述。

埜雲在嘉慶十二年(1808)五月下旬摹寫了蘇齋所藏羅兩峰所摹《毛西河、朱竹垞兩翁立像圖》,并題辭曰:

此西河、竹垞兩先生像也,康熙壬午西河年八十,竹垞年七十四。時竹垞寓杭之昭慶寺經房,西河招游湖心亭,竹垞携杖先行,其友人鄭芷畦繪此圖。兩峰山人爲覃溪先生摹,藏蘇齋,余仿而臨之。嘉慶丁卯五月下浣。泰州朱寉年并識。

原畫爲康熙四十一年(1702)鄭芷畦(1660—1730,名元慶,字芷畦,通史傳及金石文字,覃精著述,期有用於世,所著《行水金鑑》尤稱精博)所畫友人毛西河、朱竹垞的立像,之後爲羅兩峰摹寫,而埜雲又再摹寫的兩峰之摹本。越六月,覃溪在此摹本上題有一詩:

上巳湖濱策杖時,雨餘同訪水仙祠。

手書尚記前生覓,金鯽池邊叩導師。

庚子十二月,題毛朱二先生像。舊作丁卯六月爲野雲先生録正。方綱

(三首詩見録《復初齋集外詩》卷十五)

同年七月廿四日,致儼看到此畫,題辭如下:

野雲大兄與秦敦夫前輩、梁接山太守及余,皆庚辰生,相長不過一二十日,今夏同寓都門,三數日相見,見必縱譚半日而後散。初秋,敦夫前輩遽請暇去,野雲復决於九月南旋,接山不久亦赴官,唯余尚羈絆於此,不能去耳。前野雲以所摹西河、竹垞像見示,念二公生同里,同舉制科入史館,晚年同歸里。白頭携手,逍遥湖山,何其樂乎。接山固杭人,而予三人皆同郡人,他日既老,或淂如二公之樂,未可知也,因書以訂之。嘉慶丁卯七月廿四日,雨窗閲畢記。致儼。

其他諸名彦也署名如下:

嘉慶丁卯八月朔,無錫薛玉堂、武進李兆洛,觀于宣南坊留琴還硯之齋;

古杭梁寶繩、陳希濂同觀于宣南坊;

歷陽陳廷桂子犀甫觀,時嘉慶丁卯八月三日,新雨初霽,坐留琴室書;

嘉慶丁卯八月上浣,繡水汪如淵觀於嬾眠雲屋。嘉慶戊辰三月,錢唐裘春湛觀于吴門之藻花艭。嘉慶戊辰夏五,錢唐汪瑚觀於吴門節署之廉香室;

嘉慶己巳，同家弟雲颿，小酌於如意館，得遇姚子正表兄適自保陽初到，遂偕訪埜雲山人於粉坊街之擬陶詩屋，獲觀前輩毛、朱兩先生象，因記。海虞張鹿樵。

如上，此圖在埜雲交往的諸多名賢題讚之後更爲珍藏。埜雲遇到阮堂之後，出示與阮堂欣賞，兩人相談數度，意氣相投，埜雲把此畫作爲禮物送給阮堂。阮堂如獲珍寶，欣喜異常，在正月二十六日携帶此畫到李心庵的蠹蝕室，與當時在座的李心庵、徐夢竹(即星伯)、翁星原、朱子仁、劉三山等共同欣賞，劉三山當場揮毫題辭曰：

嘉慶十有五年正月廿六日，朱野雲出西河、竹垞二先生像，贈寶覃主人。時李心庵、徐夢竹、翁星原、朱子仁、劉三山，同觀于蠹蝕室。

寶覃主人當然是指阮堂。阮堂在徐夢竹的引介下訪問覃溪則是在四日之後的廿九日，前面已有交代。此畫得以鮎貝房之進氏割讓，現今藏于敝齋望漢廬。鄙人經常展開玩賞，每次欣賞，眼前宛若浮現出當年阮堂與清儒欣賞此畫的光景。

此外，對於毛、朱二人的立像，清末的李慈銘也持有關切之情，其對此圖的記録頗有價值，遂附録原文如下：

光緒十三年八月初四日下午，於毛、朱兩先生小像過録翁覃溪詩跋，及所寫鄭芷畦原跋。是圖本芷畦所繪，乾隆中羅兩峰橅之。嘉慶初，法梧門又屬朱野雲鶴年橅之詩龕，而覃溪爲之跋。今所傳皆詩龕本也，惟西河詩話帖云："康熙四十年三月，予與朱竹垞諸子過湖上，作三日游。"而芷畦跋言："在壬午三月，與竹垞先生同寓昭慶經房，西河先生來邀，與竹垞同游。"壬午是四十一年，覃溪謂，當從芷畦。余按《曝書亭集》卷二十西湖諸紀游之作，亦題重光大荒落上巳後，又卷六十八靈隱寺題名末云："康熙辛巳三月同游七人，期而不至者毛大可。"兩公自記詩文，皆不容有誤也。

(李慈銘《越縵堂荀學齋日記》七集上)

朱鶴年(號埜雲山人,江南泰州人)畫《毛西河、朱竹垞立像》。畫中有朱鶴年題記和翁覃溪等諸多名士題讚。朱鶴年和阮堂意氣相投,此畫是贈給阮堂的禮物。原爲鮎貝房之進氏藏,現爲望漢廬藏。

另,埜雲曾繪有《秋景山水圖》,阮堂曾有題詩:

題朱野雲畫

十載胸中丘壑情,野雲墨妙自天成。

一琴一鶴還多事,五馬惟須載畫行。[①]

此畫作現爲鮎貝房之進氏所藏。阮堂又寄野雲詩云:

古木寒鴉客到時,詩情借與畫情移。

煙雲供養知無盡,笏外秋光滿硯池。[②]

(金正喜《覃揅齋詩藁》卷六)

詩下又有小注云:“先生舊藏古牙笏,又有宋蘭亭硯,硯背刻蘇齋仿玉枕小字,較陳香泉本更佳。”

野雲也摹有東坡真像贈送阮堂。覃溪在像下題詩送阮堂以表惜别之情,詩云:

野雲摹坡公真像,以贈金進士,題此即以送别

磐石笻枝醉態真,誰從燈影見精神。

匡廬八萬四千偈,正要吾齋舉似人[(一)]。

原注:(一) 坡公云,吾嘗燈下顧見觀頰,使人就壁畫之,不作眉目,見者皆一笑,知爲余也。據此知外間所摹像皆非真耳。

(翁方綱《復初齋詩集》卷六十三)

阮堂東歸後,與埜雲交情益深,他們魚雁往來不絶。之後,申紫霞以書狀官身份入燕時,阮堂也介紹埜雲與之相識。申、朱的墨緣也自始不絶,紫霞的《警修堂全藁》中收録了大量往來詩文。與阮堂交往親密的金蘭畦父子去世時,埜雲通過紫霞傳遞手札給阮堂(參照後節)。埜雲在阮堂生日的六月三日,一定會爲阮堂舉酒慶祝,并把這種情景畫圖以寄。

---

① 此詩亦見録《阮堂先生全集》(1934 年鉛活字印本)卷十。

② 此詩亦見録《阮堂先生全集》(1934 年鉛活字印本)卷十。其中“硯池”,藤塚鄰原作“硯地”,應爲誤記。

埜雲在道光十四年(1834)六月以七十五歲高齡去世,巧合的是阮堂在自己生辰之日收到了埜雲寄來的生日祝酒圖。阮堂悲切至極,賦詩云:

朱野雲約於六月初三,瀝酒作余生朝,當此日,不禁黯然,率成一詩

天涯涕淚畫圖新,六月初三倍愴神。
政憶擬陶詩屋裏,遥飛一盞作生辰。①

(金正喜《覃揅齋詩藁》卷六)

對於埜雲的有關内容,後章阮小芸一節將再做論述。

① 此詩亦見録《阮堂先生全集》(1934年鉛活字印本)卷十。

第七章　李心葊、洪介亭與阮堂

阮堂經常帶着朱埜雲贈送的毛、朱二先生的立像圖在李心葊的蠒螆齋裏和諸多同道一起玩賞，對於此情景在前章中已經做了考述。蠒螆齋是心葊的書齋名稱，阮堂較早結識了心葊，并且通過心葊見到了覃溪和阮芸臺，当时都是心葊携往會見的。阮堂在給心葊的《梅花小幅詩》後題詩有：

走題李心葊梅花小幅詩後

看花要須作畫看，畫可能久花易殘。
况復梅花質輕薄，和風并雪飄闌珊。
此畫可壽五百歲，看到此梅應復仙。
君不見詩中香是畫中香，休道畫花畫香難。①

詩下有小注："此詩，李心葊、徐夢竹俱有和詩。"（金正喜《覃揅齋詩藁》卷二）

阮堂在蠒螆齋裏也看到了曾賓谷②的《邗上題襟集》。賓谷爲江西南

---

① 此詩亦見録《阮堂先生全集》（1934 年鉛活字本）卷九。

② 曾燠（1760—1831），字庶蕃，一字賓谷，江西南城縣人。乾隆四十六年（1781）進士，歷任户部主事、兩淮鹽運使、湖南按察使等職。著有《賞雨茅屋詩集》，編有《國朝駢體正宗》、《江西詩徵》等。

城人,乾隆進士及第,早在邗上開設題襟館,與諸多賓客賦詩爲樂。賓谷友人吴蘭雪[①]來後在邗上主講康山草堂,與祝賓士酒酌往來,詩文酬唱,這些酬唱詩文後來編輯成《邗上題襟集》。阮堂後來與吴蘭雪建立神交并爲蘭雪題詩《記游十六圖》,其中的"康山秋醼"即是指當時的詩會盛况。朴楚亭入燕時與曾賓谷相識,他們之間詩文往返,建立了深厚的友情,阮堂通過《邗上題襟集》也可知他們之間的深厚墨緣。

洪介亭名占銓,爲覃溪門下高足。介亭在嘉慶七年(1802)與李宗昉、朱士彦、朱玠、顧莼、董桂新、梁章鉅等爲同年進士及第,與徐星伯等一起軼掌全唐文館總纂官。介亭亦是覃溪至愛之人,在《復初齋詩集》卷六十二、六十三、六十四、六十五、《復初齋文集》卷四,都有兩者往來詩文資料。阮堂與介亭的相識,也可能是星伯的牽線引見,阮堂曾引用介亭的話道:

> 吾師手自著録之書爲二千餘種,前古無比,石墨書樓所收金石爲八萬卷。
>
> (據望漢廬所藏原蹟)

介亭的傳記在《續碑傳集》、《清史列傳》、《中國人名大辭典》等中都未有記載。因介亭交友甚廣,李宗昉的《聞妙香室詩集》卷三、文集卷十九,陳壽祺的《左海文集》卷六,陶澍的《印心石屋詩初集》卷三,張維屏的《花甲閒談》卷六等都有和介亭交往活動的記録。

---

① 吴嵩梁(1766—1834),字子山,號蘭雪,晚號澈翁,别號蓮花博士、石溪老漁。江西東鄉人。嘉慶五年(1800)舉人,授國子監博士,旋改内閣中書,曾任貴州黔西知州等。善書畫,有"詩佛"之譽。著有《香蘇山館全集》、《近體詩古體詩》等。吴蘭雪與阮堂金正喜一門交游廣泛,後節中有詳細論述。

第八章　李墨莊與阮堂

李墨莊(1750—1805),名鼎元,字和叔,號墨莊,另從白香山的詩句“竹解虛心是吾師”中取義“師竹齋”三字爲號,四川綿州人。墨莊是與朝鮮人有深厚緣分的李雨村(1734—1803,名調元,號杭塘)的從弟,在乾隆四十三年(1778)中進士三甲第一名。乾隆六十年(1795)墨莊曾登岱山,拜托黄小松(1744—1802,名易,號小松、秋庵)畫《登岱圖》。嘉慶五年(1800)墨莊與正使趙文楷一起,作爲副使出使琉球(時有阮芸臺的送别詩,趙、李的和詩),著有《奉使琉球圖》、《使琉球記》一卷、《琉球譯》一卷。嘉慶六年(1801)回京復命,正巧在琉璃廠五柳居遇到了出使北京的楚亭和惠風,之後與陳仲魚①、錢既勤②一起與這些燕士海客展開了文酒徵逐的親密交往。而墨莊與楚亭是乾隆十四年生的同庚,楚亭在《懷墨莊詩》中感慨曰:

---

① 陳鱣(1753—1817),字仲魚,號簡莊、河莊等。浙江海寧人。嘉慶三年舉人,專治訓詁之學,與錢大昕、翁方綱、段玉裁等皆有交往。藏書豐富,有向山閣、六十四硯齋、士鄉堂、孝廉居等藏書之所。著書有《簡莊文鈔》、《河莊詩鈔》等。

② 錢東垣,字既勤,號亦軒。錢大昭之子。嘉慶三年舉人,官浙江松陽縣、上虞縣知縣。潛心經史、金石,有《小爾雅校證》、《補經義考》、《勤有堂文集》等。

墨莊吾同庚，纔過强壯年。
自云世間事，漸學不如前。
不驕亦不媚，行藏隨自然。①

《題琉球圖詩》曰：

橫覽青州未了煙，飄然玉節上樓船。
歌成白帝皇娥外，家住青天蜀道邊。
偶問簪纓知漢姓，間尋款識辨倭年。
平生兀硉胸中氣，好借中山酒一眠。②

阮堂在法源寺訪問了墨莊，當時墨莊六十二歲。墨莊款待了楚亭的學生阮堂，并拿出黄小松的《登岱圖》等給阮堂欣賞。他與阮堂談及以往的嘉會韻事和已經故去的朝鮮友人，懷有深切的思念之情。楚亭家中掛有墨莊寄的《李墨莊獨行小照》，阮堂後來爲楚亭的季子小蕤（名長馣）在此小照上題詩曰：

題李墨莊獨行小照，即贈小蕤朴君者也二首③

獨行忽忽將何之，涉海登山無不宜（一）。
萬里蒼茫雲水際，鐘聲落月夢還時（二）。

墨莊師竹君師墨，墨是墨莊竹底事。
竹義從君無覓處，空諸所有是吾師（三）。

原注：（一）墨莊曾使琉球，又有登岱小照。
（二）與余相逢於法源寺，蒼茫雲水，王惕甫題語。
（三）墨莊號師竹齋，君又號師墨。

---

① 此诗收入朴齊家《貞蕤閣集·三集》（《韓國文集叢刊》261）《李墨莊鼎元》，原題名爲《懷人詩仿蔣心餘，余以不才，三入燕京，中朝人士不鄙而與之傾倒焉。倦游既罷，棖觸于中，追述舊事，得知名五十人，漁洋爲七絶，蔣清容爲五言》。

② 此诗收入朴齊家《貞蕤閣集·四集》（《韓國文集叢刊》261），詩題爲《題李墨莊中翰琉球奉使圖》。原詩中"青州"，《貞蕤閣集》本作"齊州"。

③ 此詩亦見録《阮堂先生全集》（1934 年鉛活字印本）卷十。

又,阮堂友人權彝齋從伊墨卿(名秉綬)處收到所贈題隸體“岱覽”二字時,阮堂追憶此圖曰:

題岱覽卷面

登岱圖餘又此書,碧霞殘石當車渠。

墨卿隸古西京法,借勢秦松漢柏於。①

下有小注曰:

李墨莊登岱圖,曾於法源寺中看過。碧霞廟秦碑殘字,爲余所藏。伊墨卿岱覽二隸字甚奇古。

阮堂在法源寺看到成親王所書“剎那門”三大字,評曰“有金翅劈海,香象渡河之勢”②,也應是在拜訪墨莊的時候吧。

---

① 此詩亦見録《阮堂先生全集》(1934 年鉛活字印本)卷十,題名爲《題岱覽卷面二首》。

② 此句引自《阮堂先生全集》(1934 年鉛活字印本)卷八《雜識》,原文輯録如下:嘗於法源寺,見成邸所書剎那門三大字,有金翅劈海,香象渡河之勢。在東國,十石峰不可當。若復石庵、覃溪之雄强,又作何觀!不覺惘然。

第九章　金宜園、近園兄弟與阮堂

阮堂最後尋訪的是刑部尚書金蘭畦，蘭畦的兩個兒子宜園、近園兄弟與阮堂一見如故，交誼深厚。蘭畦名光悌，字汝恭，蘭畦是其號，乾隆進士及第。宜園的名字未能考出。近園名勇，舉人。宜園之弟載園(名宗部，内閣中書)因赴官外地未能謀面。其住宅在宣武門外米市胡同，宅邸園池風景雅緻，是文士觴詠聚會的名所。園内有攬輝亭、蓮池南舫、嫏嬛洞、紫雲山房、葆春軒、寶儉齋、清玉山堂、誦芬書屋等。對於近園的全景，楊立人(名道生，字立人、一字仁甫，號幹村，德清人)在《近園詩序》①中有詳細描寫，現只看第一段描寫：

> 若夫白雲乍飛，深緑交暎。一鳥幽啼，鳴泉細響。皎月東出，徐升林端。微風始摇，凉影忽墮。彌望竹石，鬱然深沈。儼坐絶壑，奥衍無極。至乃驟雨颯沓，山溜四下。疎簾隔煙，凉飔乍爽。朝旭微暎，蒼翠自滋。山光林容，各發歡笑。
>
> (楊道生《有不爲齋詩鈔》卷一)

阮堂受清玉山堂之邀參加了當時的盛會，得以和主賓酬唱應對，其情景如斐然在目。

---

① 此序見録楊道生《有不爲齋詩鈔》(同治四年，貢璜刊本)卷一，原題爲《附録近園詩序》。

阮堂歸國後,嘉慶十七年(1812)申紫霞[①]入燕時也參加了近園兄弟的宴會,蘭畦尚書在班次處遥望紫霞,歸後對朱埜雲説:"朝鮮書狀官,吾望見其眉目,必是文士,恨未接話。"[②]當場讓埜雲介紹引見,并且命其子近園先送去了名帖。蘭畦父子是通過阮堂聽説紫霞的,他們之間交流的情景在紫霞的《警修堂全藁》有詳細描述。不過,在同年的十一月廿八日宜園離世,而在十二月十二日其父蘭畦也去世。他們的訃告通過近園和埜雲傳給紫霞,此後紫霞又報給阮堂。近園的訃告有如下内容:

家兄於仲冬廿八日長逝,越日而家嚴病作,勇侍奉無狀,至臘月十二日見背。天降酷厲,至於此極!十餘日間,父兄繼喪!勇復何心苟活人世,徒以先人靈櫬當還故山,老母年高,須人侍養,遂乃强延視息,支離苫凷。云云。

秋史、顆山、雲卿諸先生不及别啓,奉訃三通,希時分致。又拜。

朱埜雲手札内容云:

金尚書喬梓之變,實出意外。詳自具近園覆信,聞之亦爲惋嘆。

(原蹟望漢廬藏)

阮堂驚聞噩耗,非常哀傷,與紫霞等一起用之前宜園所贈之墨題寫了靈牌,在白嶽山進行祭奠,并寄吊書與近園。其辭旨勤懇,陳義深雅。此外,阮堂亦寄古玉杯一具,以在靈牀前酹酒祭奠;又寄篆碣一通,以刻碑石。近園謂曰:"嗚呼!一面之識,曠然異域,而情義之厚,乃至如此。"與其友人共作詩賦并彙爲一册以贈。[③] 楊立人題詩曰:

---

① 申緯(1769—1845),字漢叟,號紫霞。籍貫平山。正祖二十三年(1799)文科及第,爲抄啓文臣。著有《紫霞詩集》、《警修堂集》等。

② 此爲申緯所題《館中即席走筆,謝朱野雲鶴年見訪,兼致鄙懷金蘭畦尚書光悌》詩後小注内容,此詩見録申緯《警修堂全藁》(《韓國文集叢刊》291册)《奏請行卷》。

③ 此詩見録楊道生《有不爲齋詩鈔》(同治四年,貢璜刊本)卷一,原詩題爲《寄贈朝鮮金進士正喜》。此段文字爲藤塚鄰日文翻譯原詩小序内容。詩前小序原文輯録如下:"嘉慶十五年正月,進士隨其尊甫尚書朝貢京師,因得與中朝士大夫相接,最後識金宜園、近園兄弟。詩文贈答,斐然可觀。其年九月,宜園病卒。越二年,進士寓書近園,辭旨勤懇,陳義深雅,又感念逝者,不能自已。既以所贈墨祭之白嶽山中,復寄古玉杯一具酹之靈牀;篆碣一(轉下頁)

昔君觀上國，我行滯江鄉。往歲來燕京，言登清玉堂。
主人重情款，思君不能忘。示我酬贈言，慨然東路長。
扶桑出海日，九都莽茫茫。一晤不可再，聞之摧人腸。
今年尺書至，知君重慘傷。傷心故人歿，萬里情難將。
乃從白岳山，凄惻陳椒漿。紫瓊展清罫，黄絹留名章。
我時那忍讀，卒讀心悢悢。感此援筆書，短歌聲不揚。

立人又代近園之兄載園作賦曰：

緘情度滄海，萬里寄所思。生别既惻惻，重以死别悲。
他人不可讀，而我焉能持。潛焉一尊酒，遂告幽靈知。
道遠未謍卜，銘碣須俟時。但令篋笥藏，魂魄終依依。
顧我感往昔，聞君來京師。寗弗希令顔，負痾適不支。
及今重君誼，難更相追隨。眷言托銘石，貞情永來兹。[①]

（楊道生《有不爲齋詩鈔》卷一）

其情誼如是懇惻，讓人想起洪湛軒和嚴鐵橋之間的深情厚誼，他們之間的交流也是值得流傳後世的一段佳話。

（接上頁）通俾勒之墓。嗚呼！一面之識，曠然異域，而情義之厚，乃至如此。於是，近園之友各誌以詩，彙爲一册贈之。"

① 此詩見録楊道生《有不爲齋詩鈔》（同治四年，貢璜刊本）卷一，詩題爲《又代金三載園作》。

第十章　法梧門與阮堂

阮堂作爲訪客，在京期間訪問過的清人除以上幾位之外，還有不少，玆不一一詳述。而没有見面的清人學者中，令阮堂深感遺憾未能謀面的就數覃溪最爲親近的友人法梧門了。當時法梧門因病卧榻，最終阮堂也没有得到面晤的機會。法梧門(1752—1813)，名式善，原名運昌，字開文，號時帆、西涯，蒙古爾濟氏，隸屬内務府正黄旗。乾隆四十五年(1780)進士，官至侍讀學士。梧門以研索文獻，獎掖風流爲己任。梧門書齋“詩龕”、“梧門書屋”裏收集了大量的法帖、書畫，其中積水潭的雅會風聞一時，可稱爲詩壇的重鎮，當代的名家。其著述《陶廬雜録》、《清秘述聞》、《槐廳載筆》是研究清朝掌故等方面不可或缺的良書，而其詩文集《存素堂文集》則是值得研讀的重要文獻。

法梧門曾爲覃溪女婿梁左田的《西涯詩卷》手書題詞，書法亦有覃溪風致。阮堂曾有長詩題有此詩卷：

題梁左田鉞書法詩帆西涯詩卷後，左田是翁覃溪先生婿也，書法大有覃溪風致

左田西涯卷，優入覃溪室。爲其甥館故，頗能學法律。
濃麗則具足，但少蒼而遒。覃溪真天人，坡公生今日。
平生所爲事，一與坡公匹。運會反復過，瘦銅解匪溢(一)。

以至相貌末，蓋瘿衣領闊(二)。筆硯發瑞光，千燈影集一。
時帆外國人，敬爲瓣香爇。蘇門稱弟子，知伊是後佛。
潭上茶陵宅，文彩就未沫(三)。風荷一萬柄，青林映翠樾(四)。
十友圖中像，筍脯詩龕設。考辨甚宏博，溪橋剖舊失(五)。
選日招勝流，儼然竹溪逸(六)。作爲西涯圖，翁公主文筆。
昔登文殊會，妙旨參纖悉。惆悵半畝園，雪窗憐卧疾(七)。
萬里照青眼，夢想長交鬱。異苔今同岑，緣業知有結。①

（金正喜《覃揅齋詩藁》卷一）

原注：（一）用張瘦銅覃溪像讚語。
（二）坡公詩：闊領新裁蓋瘿衣。覃溪左項亦有瘿。
（三）西涯舊宅，爲今積水潭，時帆詩龕今在此。
（四）青林翠樾，姚孟長語。
（五）橋名爲李廣橋，時帆定爲李公橋，考訂甚博。
（六）時帆、兩峰、稚存、立之、定軒、野雲。
（七）余入燕時，值時帆有疲未見。半畝園，時帆號，又有雪窗課讀圖。

詩中亦有阮堂對梧門的安慰之情。

---

① 此詩亦見録《阮堂先生全集》(1934 年鉛活字印本)卷九。

第十一章　阮堂的離燕

阮堂在燕京滯留有三四旬之久，在此期間其活躍於與清代學者的交流，不僅見到了翁、阮二位經師，也結交了諸多當世的碩學名士。阮堂向他們叩問經義、暢談翰墨、窺探清秘法帖、賞玩瑯嬛奇籍，真可謂是滿足了自己多年的夙願。因此，對於諸多清人碩學的殊遇之恩心存感激，對他們的眷愛之情亦常懷喜悦。直到歸國之期將至，阮堂纔深感離别之情難叙，慨然寫下如下詩句以表惜别之情：

我入京與諸[①]公相交，未曾以詩訂契，臨歸不禁悵觸，漫筆口號

我生九夷真可鄙，多媿結交中原士。樓前紅日夢裏明，蘇齋門下瓣香呈。後五百年唯是日，閲千萬人見先生。芸臺宛是畫中睹，經籍之海金石府。土華不蝕貞觀銅，腰間小碑千年古。化度始自鹽蟓齋，攀覃緣阮并作梯。君是碧海掣鯨手，我有靈心通點犀。埜雲墨妙天下聞，句竹圖曾海外見。况復古人如明月，卻從先生指端現。翁家兄弟聯雙璧，一生難遣愛錢癖。靈芝有本醴有源，爾雅迭宕高一格。最憐劉伶作酒頌三山，徐邈聊復時一中夢竹。名家子弟曹玉水，

① “諸”原著誤作“請”。

秋水爲神玉爲髓[①]。覃門高足劇清真,落筆長歌句有神介亭。卻憶當初相逢日,但知有逢不有别。我今旋踵即萬里,地角天涯在一室。生憎化兒弄狡獪,人每喜圓輒示缺。煙雲過眼雪留爪,中有一段不磨滅。龍腦須引孔雀尾,琵琶相應蕤賓鐵。黯然銷魂别而已,鴨綠江水盃中渴。[②]

(金正喜《覃揅齋詩藁》卷二)

對於阮堂入燕的傳言,值得注意的有兩點:一是有傳言曰阮堂於嘉慶初年(1796)曾入燕,二是阮堂於道光十八年再次入燕。現先對第一種傳言進行解析。

憲宗五年(1839)十月,李醇谿[③](名正履)以書狀官一職和其弟念齋(名正觀)一起入燕,次年春訪問了彝山的張虎頭[④](名丙煐),在醇谿歸國之際,虎頭曾賦詩一首,其中提及酉堂秋史父子:

我從家幼軒,納交金内相。
秋史時齠齡,意氣正倜儻。
倏忽廿載餘,憶之每神往。

詩下有小注:

金魯敬携其子正喜,以嘉慶初年入京,余于宗叔幼軒先生家見之,正喜字秋史。

(張丙煐《觀兩齋詩鈔》卷上)

由注中"嘉慶初年"和"時齠齡"可知阮堂當時幼年,可是酉堂入燕的有關記録未能發現。而七八歲的兒童也不可能有同行的道理,可能是張虎頭

① "髓"原著誤作"隨"。
② 此詩見録《阮堂先生全集》(1934 年鉛活字本)卷九,詩後添有小注。
③ 李正履(1783—1843),字審夫,號醇谿。朝鮮純祖七年(1807)進士及第,曾任春秋館記注官等職。著有《飲禮考証》等。
④ 張丙煐(1794—1848),字雲艎,號虎頭。清代詩人、書畫家。著有《晚翠軒筆記》、《觀兩齋詩鈔》等。

的記憶有誤。因阮堂入燕時雖然二十五歲,但如果身材弱小,可能在詩賦中也可記爲“時齠齡”。而詩中的“倐忽廿載餘”,如果從嘉慶十五年(1810)計算的話,至道光二十年(1840)則三十年有餘;如果認爲是“嘉慶初年”,則有四十年的時間。所以,時間上也不對。以上可能是虎頭的記憶有誤。再則,阮堂在李醇谿入燕時曾贈扇子兩柄請其轉交給虎頭。

關於道光十八年(1838)阮堂入燕之説,張石州(名穆)在道光二十五年(1845)受李藕船(名尚迪)之托,在阮堂所畫《歲寒圖》題詩中有如下記録:

> 朱氏《算學啓蒙》,中國久軼,阮堂於其國得之,戊戌春來京,以贈徐鈞卿觀察。
>
> (據筆者望漢廬所藏原蹟)

此處所言戊戌春(道光十八年,1838),好像是明確記録了阮堂入燕的事實,但實際上并不是阮堂入燕,而是阮堂通過燕行使轉交給了徐鈞卿(名有壬)《算學啓蒙》。此處也是石州的誤記。

第二　歸東篇

第一章　日本儒生對阮堂的思慕

阮堂的此次燕行,可謂是收穫到了比預期更多的成果,最後阮堂懷着興奮的心情滿載而歸。此時,山河自有生色,學壇也似乎因之活氣生輝。阮堂歸后正是朝鮮純祖十年(1810,嘉慶十五年)春三月,此月十七日,阮堂父親酉堂金魯敬和正使朴宗來受純祖召見,答問出使事宜(純宗實録卷十三)。當時,阮堂之弟山泉、琴眉二人,友人權彝齋、申紫霞等,也圍繞阮堂劇談佳話,對阮堂的燕行見聞展開了熱烈的談論。

而朝鮮的通信使金竹里一行在阮堂出使北京的次年,即朝鮮純祖十一年在對馬島受得了隆重接見,李太華携帶過去的《酉堂詩册》[①]尤其受林述齋的讚賞,對此情況,筆者曾在序言中有所陳述。另外,通過這次通信使行,日本儒生的作品也傳入到朝鮮,引起了歸國不久的阮堂的注意和欣賞,從而使日本的文化通過阮堂而得到朝鮮學壇的理解和評價,這種契機不得不説是一大奇異因緣。此後,燕行的學人經常携帶回日本的書籍,也許正是出於其中之緣由。

---

① 《酉堂詩册》爲阮堂生父金魯敬的個人詩文集。

一、古賀精里和阮堂

接見朝鮮通信使一行的古賀精里①是寬政三博士中的一人,是程朱學的大家,在當時的學壇中具有首屈一指的地位。而且,其對書法造詣深厚,在此不必一一贅言。

在此之前,承繼三宅尚齋學統的村士玉水(1729—1776,名宗,字幸藏,江户時期淡齋之子)對朝鮮李退溪的學德嘆服不已,遂抄録《退溪集》中的切實部分,編輯爲《李退溪書抄》(全十卷)欲刊行,不過最後未能梓行。玉水的弟子岡田寒泉對此深感遺憾,在文化三年(1806)請精里題寫了序文,在文化六年(1809)由個人出資刊刻了此書。這是在對馬島接見之前二年的事情。精里携同門人草場佩川、高津淄川一起參加了此次行列,當時精里行篋中即有這部《李退溪書抄》。佩川的著述《對禮餘藻》雖是朝鮮使臣之間談論酬唱的筆録,但其中也記録了精里把《李退溪書抄》贈送給正使金竹里的内容。竹里把這部書携帶歸國,退溪的後孫李泰淳見到後倍感興奮,立即命當時的名筆抄録一部藏在了陶山書院。此書現在還一直保存着。

退溪的著書在日本刊刻的頗多。《天命圖説》在慶安四年(1651)、《朱子書節要》在明曆二年(1656)、《啓蒙傳疑》在明曆三年(1657)、《自省録》《朱子行狀》在寬文五年(1665)、《西銘講義》在寬文八年(1668)、《聖學十圖》等在寬文年間都有翻刻。其中,《朱子書節要》是日本儒生最爲看重的刊本,也作爲贈禮送給了朝鮮使節。阮堂通過出使日本的通信使携帶回來的書籍,開始瞭解到精里的學問,對其極其敬佩。阮堂在自己的書齋懸掛有一幅精里所書對聯,并賦詩一首曰:

> 精里儘老學,遠溯洛閩餘(一)。
> 因之及我邦,節要退溪書。

---

① 古賀精里(1750—1817),名樸,字淳風、彌助,别號穀堂。與柴野栗山、尾藤二洲合稱寬政三博士。著有《大學章句纂譯》、《近思録集説》等。

筆法亦淳古，想必其人如(二)。①

原注：(一) 古賀樸。

(二) 余齋有精里對聯。

(原蹟孫在馨氏藏)

朝鮮使節尤其感嘆於精里的書法，争相拿出携帶的朝鮮紙請精里揮毫。後來對書法通達古今，在朝鮮獲得獨步名聲的阮堂也對精里的對聯愛玩不已，這副對聯亦是朝鮮使節携帶回的贈品之一。精里的對聯及横幅現爲鮎貝房之進氏所藏，筆者亦藏有精里的對聯五幅，俱是當時朝鮮使節携帶回朝鮮的作品。

二、三宅橘園和阮堂

三宅橘園(1767—1819)，名邦，字元興，别號威如齋。加賀人。三宅橘園是川淇園的門人。當年在接待了對馬島的朝鮮使節一行之後就去了長崎。有《薄遊漫載》五卷行世，是當時的紀行詩文，有金清山的跋文。此外，三宅橘園還把和李太華、金清山、李泊翁筆談唱酬的詩文編輯成《鷄林情盟》，并贈李太華題序，在序文中辯解宋、明學弊，直言古學講明的必要性，希望在朝鮮學壇也引起注意。阮堂讀到此文，對其學識非常敬佩，抄録此文珍藏。其原文内容如下：

奉送太華李學士歸鷄林序

今兹鷄林太華李公，佐信使至對州，余乃西遊，寓以酊菴，得一執謁焉。目擊神交，眷眷如故，以筆代舌，縷縷相賡，不覺晷之移也。然悤悤分乖，不能盡言，况至於論聖學譚德義，則亦非一朝一夕之可詳，是以嗛於口而止耳。窃顧、李公命世之器，億夫之特，誠不易得之才也，余恨不一爲之不論討斯道之樞奥也。遂忘僭慢，復一二言之，蓋濂洛之學，非不善也。然其與古乖者亦不少，大凡窮理之説，

① 此詩見録《阮堂先生全集》(1934年鉛活字本)卷九，原題爲《仿懷人詩體，歷叙舊聞，轉寄和舶，大板朗華間諸名勝，當有知之者十首》。

陽孔子而陰莊禪，言天言命，皆以爲理已，非孔子之舊。然元明以來，未有易之者，原坐於學之失其方，與思之之不精也。後儒類舉讀書粗鹵，又貴枝葉而忘楨幹，賴支流而輕本源。唯主張《論》、《孟》，而孔子所手定《詩》、《書》、《易》，委之鹵莽，故其説《論》、《孟》，亦失其真，然後視《易》徒爲卜筮書，視《詩》如童謡兒諺，視《書》如紀年傳譜，殊不知事可以爲典，言可以爲謨，然後載之書也。《詩》亦賦物喻義，莫非教也。君子正心修身之術，皆存其中矣。《易》則君子終身之業，經綸之道，莫不備乎是矣。孔門之教，以《詩》爲先，以《易》爲奥，義不明於此，則無適而不鹵莽焉。吾先師有觀乎是，棄支流而泝淵源，繹故本古，接踵杏壇，深得孔孟之衷，明其教法，還之三代之故，又講鄉射投壺等禮，復鄒魯之故，受業者僅三千，而入室者至少。侯國黌序，遵其學者，僅數四，未得廣布海内，亦時機之未稔耳。余意者，天之所定，可能勝人，百年之後，必有天牖斯民，以廣布之，可晝而知也。則庸詎知無，吾學之復傳於西乎？然夫世之齷齪者，何足與言，唯李公命世之才，然後可以言焉。以足下之才，直企趾羑里，褰裳洙泗，闡明古學，專美鷄林，不亦大勳乎？足下無意於斯耶。然泝宋明數世之上，開巨眼於二千載之前，誠不易也。唯足下之才，然後爲可矣。然余非敢毁他而張我也，唯陳區區之誠，采擇在足下之心耳。是言也唐突慢陋，何足以贈，然其歸鷄林，爲語諸君子，曰："桑域有一人癡士，贈以此言，言雖陋，情則厚也。"則可矣。是爲叙。辛未夏六月。威如齋三宅邦拜撰。

（三宅橘園《鷄林情盟》）

阮堂賦詩讚曰：

俊逸三宅邦，超拔出等夷。

<u>觥觥説古義</u>，<u>下士大笑之</u>。

聲聞遂不及,海雲渺遠思。[①]

(原蹟孫在馨氏藏)

“下士大笑之”一句,可以説是阮堂對朝鮮人士頑固地堅持宋明理學之嘲笑態度的最確切表達。而且,對經學奥堂一探而隨即歸國的阮堂,對日本古學隆興的驚異跡象也已有所察覺。橘園送給李太華的手札有兩通,阮堂抄寫後予以珍藏。

---

① 此詩亦見録《阮堂先生全集》(1934年鉛活字本)卷九,原題爲《仿懷人詩體,歷叙舊聞,轉寄和舶,大板朗華間諸名勝,當有知之者十首》。

第二章　阮堂的日本文化觀

通信使一行出使日本後帶回的日本儒士的著述很多,而對此已有所瞭解的阮堂不僅能通過這些書籍獲得閱讀知識的快樂,更可以通過這些書籍得到更多的啓發。阮堂在蘇齋時聽説日本僧人奝然曾携帶《鄭注孝經》入宋,雙碑之館刊行的《佚存叢書》中亦收録了日本所藏中國珍書奇籍,從而得知日本亦是中國古籍珍本之寶庫。而阮堂通過精里、橘園的作品,對日本文化更生敬重之心,同時也對從長崎出發的船舶能往來於清朝産生了畏懼之心,進而對國内士大夫的守舊態度心生慨嘆,遂大聲疾呼,希望這些執迷不悟者能從迷夢中醒來。

一、篠本廉的文筆和對日本文化的驚嘆

阮堂讀篠本廉的文字後感嘆道:

> 日本文字之起,自百濟王仁始,而其國書,其國所稱黄備氏所製也。其時不通中國,凡係中國書籍皆資於我,今足利學所存古經,即唐以前舊蹟也。嘗得見尚書翻雕者,與齊梁金石字體相同,又似新羅真興王碑字,是必於王仁時所得去者,至今千有餘年,藏弆無恙,此寔天下之所無也。<u>且如皇侃《論語義疏》、蕭吉《五行大義》等書,皆中國之已佚,尚存於彼,何其異也</u>。晁監、奝然,今不可攷。西京

東都之間，其所爲文者，弇陋僻謬，隋其語言直行，文勢無仰俯轉折、上下吐納之義，如武林傳，至不可句讀者也。百餘年來，藤樹、物部之學大盛，詩文專尚滄溟，稍變俗體，然舊染已痼，猝難革新矣。今見東都人篠本廉文字三篇，一洗弇陋僻謬之習，詞采焕發，又不用滄溟文格，雖中國作手，無以加之。噫！長崎之舶，日與中國呼吸相注，絲銅貿遷，尚屬第二。天下書籍，無不海輸山連，昔之所以資於我者，乃或有先我見之者，篠雖欲不文，不可得也。然，此可以覘一事，而知天下之勢也。彼之於絲銅書籍之外，又安知不有得之於中國者也。噫！古嵎山人漫書。

（原蹟總督府博物館藏）

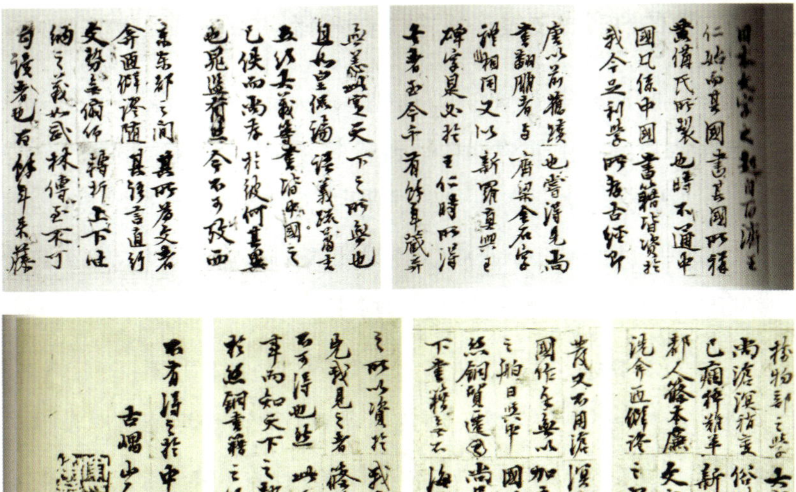

阮堂所題日本文化論《今見東都人篠本廉文字三篇》

文中所言篠本廉，字子温，號新齋、又號竹堂。江户人。井上金峨[①]晚

---

① 井上金峨(1732—1784)，名立元，字純卿，通稱文平，號金峨、考槃翁、柳塘閑人，折中學派學人。出生于常陸笠間藩醫之家，後辭去醫官定居江户，刻苦研習堀川、徂徠兩學派，爲折中學派的發展做出了貢獻。

年的門人,詩文造詣頗深。安永五年(1776)篠本廉校對金峨的著述《匡正録》刊行,并題有序文。阮堂讀後題詩曰：

> 邇來和人文,頗愛篠本廉。
>
> 解脱文字陋,瓣香八家拈。
>
> 紙鳶收放妙,古董義理嚴(一)。①

原注:(一)和人文體,大變舊習;紙鳶、古董二文皆傑作,大有典則。

(原蹟孫在馨氏藏)

可見,篠本廉其人在日本未能揚名顯世,卻在朝鮮受到阮堂的青睞,亦是在朝鮮獲得一知己也。

二、大槻玄澤的《蔫録》及與清朝、朝鮮的學緣

草場佩川贈送給李太華的《晉唐總録》以及大槻玄澤②的《蔫録》,在道光年間由李周經在出使清朝時帶到燕京,并出示給葉東卿和李月汀欣賞。葉、李二人看後非常高興,又通過手札拜托阮堂代爲購買(參見後章)。阮堂的弟子李藕船亦通過《蔫録》開始關注日本文化,也不得不説是阮堂的感化之功。李藕船在《讀蔫録》中曰：

> 日本人著述,余素嘗閲眼者亦不少,然上下百年,文風之丕變,莫盛於近代,何哉?今讀大槻茂質所輯《蔫録》,其證引明清諸家雜著多至三十餘種。雍正以前,猶屬陳編,乃若翁氏之《廣新聞》、袁氏之《隨園詩話》、阮氏之《茶餘客話》、趙氏之《陔餘叢考》等書,皆後先刊行於乾隆之末,而此録成於伊國之寬政丙辰。所謂寬政丙辰,即嘉慶元年也,何其郵傳之速而先睹之快也。蓋近來中國書籍,一脱梓手,雲輸商舶,東都西京之間,人文蔚然,愈往而愈興者,賴有此一

① 此詩見録《阮堂先生全集》(1934年鉛活字本)卷九,爲《仿懷人詩體,歷叙舊聞,轉寄和舶,大板朗華間諸名勝,當有知之者十首》之一首。

② 大槻玄澤(1757—1827),名茂質,字子焕,號盤水。曾在江户開設芝蘭堂,傳授蘭醫,成爲蘭學研究中心。曾編《日蘭辭典》、《蘭學階梯》等。

路耳。嗟夫！山井鼎《七經孟子考文》及物觀《補遺》，已爲揚州阮文達所鏤板①，此彼書而流入中國者。皇侃《論語義疏》、蕭吉《五行大義》，佚於中國而存於彼者。然則彼中經學有用之書何限，而未易周覽，良可嘅也。憶余少時見彼古書中開列十三經名目，有黜《孟子》而補《莊子》者，譏其悖妄弇陋之習矣。由今視之，見聞日新，發皇心目，自有以改觀，余於《蔫録》一書覘之。

（李尚迪《恩誦堂續集》卷二）

以上論旨和阮堂如出一轍。尤其是所言《七經孟子考文補遺》、《論語義疏》、《五行大義》書籍尤其值得關注。《蔫録》是關於煙草的文獻，引徵東洋書、西洋書七十三部，分爲十門進行考録，其中有幾十種煙草插圖，由上中下三卷構成。此書在寬政八年(1796)編輯而成，在文化六年(1809)刊刻行世(與《李退溪書抄》同年刊行)。

三、阮堂的日本文事雜詠

阮堂對日本文物之傾倒隨處可見。如他收集到《七經孟子考文補遺》日本原刻本後寄送給了阮芸臺；得到日本刻《嶧山碑帖》後贈送給了翁覃溪，又把自己得到的日本製古鏡分贈給清代諸名士。他尤其喜歡伊藤仁齋、物徂徠的經説和谷文晁的畫、足利學校的古書，以及讚賞古梅園墨譜。下面看阮堂對諸篇的吟詠：

說經何奇特，曾見伊物書。
後出加邃密，仁齋未是疎。
且須平心看，一切門户除。②

文晁妙畫諦，恰似董思伯。

---

① 鏤板，原著作"縷板"，當是誤字。
② 金正喜上揭書，收録《仿懷人詩體，歷叙舊聞，轉寄和舶，大板朗華間諸名勝，當有知之者十首》。

淋漓善用墨，烟翠濃欲滴。
流觀名山圖，富士在几席(一)。①

唐以前舊文，尚今在足利。
拙古破體書，恰是齊梁字。
誰知百濟時，還復我之自。(二)②

篆刻有漢法，精雅蒹葭堂。
古梅御油畑，直欲抗程方。
借問長崎船，西梅翰墨光(三)。③

人見和泉字，賴以金索傳(四)。
蘇米齋中老，斤斤説奝然(五)。
海天理舊夢，回首三十年。④

原注：(一) 余藏文晁畫一幀，又有《名山圖》。
(二) 足利學校所藏古書，似齊梁金石，百濟時購去者。
(三) 顧西梅浴曾從商舶船入長崎，畫法大爲和人貴重。
(四) 余嘗以製鏡分贈中國諸名士，馮晏海并收刻《金索》古刻中。
(五) 余謁蘇米齋，以奝然(日本僧名，宋時入中國)爲問。

(原蹟孫在馨氏藏)

馮晏海的著書《金索》附録了日本國鏡九面圖，并附有簡略説明，記有“皆葉東卿所得以拓本見貽者”，由前面原注(四)所記可知此爲阮堂贈送給葉東卿之物。晏海因對於鏡背所題鑄字不解而倍感鬱悶。日本鏡六的左邊題有“人見和泉守重次”，“人見”二字貼在一起，好像鑄造的一個字，

① 爲上揭“十首”詩之五。
② 爲上揭“十首”詩之六。
③ 爲上揭“十首”詩之九。
④ 爲上揭“十首”詩之十。

曰如古字“俔”,遂不能確認此字。阮堂亦不知“人見”是姓氏。不管如何,日本古鏡類也通過阮堂之手傳入清朝,并且附録在了《金索》中,這些都是通過阮堂所展開的日、朝、清三國之間的文化交流。

如前所述,述齋與慊堂熱切嚮往卻未能如願的朝鮮朝的清朝文化之東漸,通過酉堂之子阮堂的燕行歸國,正如驚濤駭浪,顯示出了滔天之勢。同時,阮堂對精里的欽佩以及橘園的思慕也通過對州會見寄到了諸公之處,因而日本文化的精華也得以重現。這些學人之間即使没能有機會直接會面,不能目視對面交流,但他們之間卻能血脈相搏、呼吸相通,他們之間一定有什麽潛流相通的地方纔得以如此。所以,對州一角擲出的一塊石子,激起了一波一波乃至千波萬波的浪花,正如過去到現在百有餘年澎湃着的大海,在眼前展現開來!懷古撫今,怎能不讓人感慨無量!

第三章　金清山對日、清間學術交流的作用

在此不能不略作討論的是金清山對日、清間學術交流所起的作用。金清山作爲通信使金竹里的書記出使日本，在與日本儒生進行筆談的過程中曾詳細記述了日本慊堂的《接鮮瘖語》、橘園的《鷄林情盟》、佩川的《對禮餘藻》。此外，还和李太華一起在日本儒生之間得到"逸才"好評，橘園甚至以個人著述《薄遊漫載》向其請序。

金清山，名善臣，字季良(《接鮮瘖語》中誤記爲李良)，崇陽人(現慶尚南道晉州)。清山天資英發，才學絶群，篤信程朱，不取古學。林述齋在問及"行中諸公有從燕臺觀風者，如得其要領，請不吝賜教"時，清山回答曰："我國有從清使行往來者，可此行中無有是役者，難以强説要領。而文士之間有往來者，亦僅爲游戲翫賞而返。"敷衍而過。清山在十一年之後的純祖二十二年(1822)跟随冬至正使金酉堂，與酉堂仲子山泉一起出使燕京。爲此，之前出使對馬島時同行的副使書記李泊翁[①]在給酉堂、山泉、清山的出使送别詩中曰：

---

① 李明五(1750—1836)，字士緯，號泊翁。全州人。著有《泊翁詩鈔》九卷，有 1860 年活字印本(本文中據此本確認)。

奉贐酉堂金尚書以正使赴燕(三首中録一)

逐季伊軋使車行,直限鴨江桑樹生。
髭髮誰憐君子老,文章定使漢人驚。
每携子弟美無度,復見山川喜有情。
彳亍扶筇行不得,欲將雙眼遠懸旌。

贈山泉陪其大人入燕(山泉名命喜)(二首中録一)

彷徨不已掩柴關,我老君行作別難。
直向幽州風雪去,但令中國畫圖看。
如今魏屈遺民盡,畢竟金元古蹟寒。
縱有文虹横碧落,長城驅馬踏冰殘。

送金季良入燕

軍官裝束舊書記,最是君才三絶饒。
彩筆寧爲大方笑,畫樓嘗許上賓邀。
東游鯨浪同舟濟,北望燕雲獨酌謡。
惆悵寸心延萬里,季當西夕氣非朝。

泊翁亦序之曰:"金酉堂尚充上价入燕,副行人即金侍郎啓温也,灣上與上价子弟金山泉命喜、幕府金善臣迭相唱酬,殆近千餘篇云。而見寄一軸詩,見甚宏麗,遂以七古走筆和寄。"序有七百四十二字,其中有"相逢唱酬難復作,慧解曉嵐富瞻綱"(紀昀號曉嵐,翁覃溪名方綱)之句。(以上見《泊翁詩鈔》卷七)

清山入燕時由阮堂介紹認識了葉東卿、李月汀、汪孟慈等人,在與清人交流的過程中有對經史的討論,其博辯和宏辭以及觀點之鋒利深得諸公的讚賞,都感嘆并稱之爲異才。以清山爲中心的阮堂和清儒交流的主題在後章中將再作展開。值得補充的一點是清山有大著《頭流全誌》行世。

要之,對馬島朝鮮通信使一行和阮堂有着特殊的關係,通過他們對日本文化的關注,纔使朝鮮對日本的思慕和敬畏之心得以產生。而阮堂則對朝鮮學壇的守舊之態依然持有極大的憤慨,於是昂然舉起了革新的大旗。

第四章　翁覃溪與阮堂

一、寶覃齋

阮堂在歸國之後經常懷想在燕山的友人,尤其是對覃溪、芸臺二位經師的景仰之情馳想聯翩,難以自禁。阮堂或以詩文,或以書札,相寄覃、阮,又取覃溪之“覃”,自號“寶覃齋”,取阮芸臺之“阮”,自號“阮堂”;更以覃溪之“覃”,芸臺揅經室之“揅”合之,號爲“覃揅齋”。阮堂取以上字號,似如兩經師常伴在側,以受二經師感化之意也。

阮堂把覃溪的書籍藏于北面書齋,在書齋上懸掛匾額“寶覃”二字,并題有次覃溪的“寶蘇齋”韻。

覃溪書藏之北簃,扁其齋曰寶覃,仍次覃溪寶蘇齋韻

寶覃何如稱寶蘇,嗜棗與芰同饞夫。世事因因百堪笑,杜十姨配伍髭鬚。我欲祭覃能無似,流派海外思沾濡。一世勝它七百年,明月萬里鑑區區。復有異事曠前輩,先甲後甲巧相俱。詩龕他日擬共拜,一席筍脯追歡娛。晝思耿耿夜仍夢,想入鬚眉幾作圖。凡係公蹟輒收拾,并珍周盤兼商盂。一洗胸中五斗棘,心眼恍然當通衢。龜顧鶴視神暗凑,地角天涯知也無。樝梨橘柚各酸醎,當時群論驚爲迂。回頭自顧亦足怪,頓覺行事與世殊。縱然吾身譬黄鳥,遷于喬木止丘隅。嬾鳩痴燕終何識，嘔啞啁啾盡庸奴。①

（金正喜《覃揅齋詩藁》卷二）

阮堂把自己的書齋命名爲“寶覃”的緣由告知覃溪後，覃溪非常高興地題詩回曰：

朝鮮金進士以寶覃名其齋，索題，因賦此，兼示介亭、椒石和之

蘇覃二鶴肯盟寒，松扇清風韻未闌。
敢詡文章傳海島，每懷風雨夢江干。
雞林紙價争真否，蠻布琴囊愧借看。
他日蘇門添故事，謝家草茁碧琅玕。

（翁方綱《復初齋詩集》卷六十三）

洪介亭（占銓）、謝椒石（藴山之子）的和詩今已不可考。洪介亭的《小容齋詩鈔》中未收録與阮堂的交流詩作，亦未收録此首和詩。阮堂曾收到覃溪很久之前的作品《拜坡公生日詩艸》，并把這些詩裝幀成册，他將坡公的小像置於前，又畫了覃溪的小像置於坡公像後，再向覃溪求題詩。覃溪作七絶一首曰：

朝鮮金進士得予舊作拜坡公生日詩艸裝册，
名其齋曰寶覃，并寫坡像於册屬題

便作龍眠小軸觀，藤枝磐石氣蒼寒。
蘇齋一榻烏雲夢，星斗光芒大海瀾。

又寫予小像於册後屬題

篛笠焉能效寫真，瓣香未敢許知津。
只應月照松窗影，蘇像筵前執役人（一）。

原注：（一）或欲作仿坡戴笠像，予謝不敢。

（翁方綱《復初齋詩集》卷六十五）

---

① 此詩亦見録《阮堂先生全集》（1934 年鉛活字本）卷九。

覃溪又請朱野雲寫《秋山小幀》一幅，題詩曰：

野雲寫秋山小幀，寄贈金秋史進士

遥青濕翠澹重林，不寫山居幾曲深。

一般横雲來隔岸，有人相對話秋心。

（翁方綱《復初齋詩集》卷六十四）

覃溪曾請朱野雲畫有《趙子固硯背東坡像》，介亭對此像題有詩并寄給了阮堂：

題蘇齋屬朱野雲，繪趙子固硯背東坡像，寄朝鮮金秋史進士

昨年有客來海東，蘇齋侍坐尊酒同。壁間仰觀笠屐像，鐫印又一彝齋翁(一)。寶覃原借寶蘇義，心香一縷追宗風。謂公鬚眉入夙夢(二)，丈室今喜陪吟筇。蘇像未圖圖公像，衹緣奉使歸匆匆。白嶽仙人煉月處，秋宵鶴笛衡寥空(三)。一刹那頃春復至，相思字寄雲間鴻。堂前載酒事如昨，燈下摹影今誰工。朱八山人舊識面，落筆絹素生長虹。星幢鶴馭恍來下，海風萬谷酣笙鐘。昨圖今圖兩會合，千載定化雲與龍。仙耶佛耶無二諦，知君學道求所宗。茫茫雲海隔萬里，問津何日還相從。對圖作詩聊寄興，夜窗回憶春燈紅。

原注：（一）蘇齋得彝齋印，即以爲號。

（二）秋史曾夢到蘇齋，鬚眉儼若。

（三）秋史在國時，每逢師生日，遥望拜祝，如師祝坡公也。

（洪占銓《小容齋詩鈔》卷十）

阮堂對蘇齋的思慕之情，隨着交流的增加也愈來愈深了。

二、覃溪與阮堂的友人申紫霞、柳貞碧、李六橋

純祖十二年（嘉慶十七年）七月十八日，奏請王世子册封的正使李時秀，副使金銑，書狀官申緯出使燕京。（據《李朝實録》）

申緯（1769—1845），字漢叟，號紫霞，黄海道平山人。申緯爲參判申大升之子，英祖四十五年（1767）出生，後娶知事昌寧的曹允亨之女。正

祖己未文科及第,善書畫、詩文,被稱爲朝鮮第一人。申緯所著《警修堂全藁》、《警修堂焚餘録》不僅是朝鮮詩壇的煌煌大著,亦是清朝和朝鮮文化交流的寶庫。申緯是阮堂的前輩(比阮堂大十四歲),亦是阮堂的友人。

阮堂在紫霞燕行之前(當時紫霞四十四歲),首先勸紫霞拜見覃溪父子,阮堂贈送紫霞的送别詩和詩中小注亦從各個角度讚美了覃溪的學行。詩序中曰:

> 紫霞前輩,涉萬里入中國,瑰景偉觀,君不知其千萬億,而不如見一覃溪老人也。古有説偈者曰:"世界所有吾盡見,一切無有如佛者。"余於此行亦云。遂次蘇齋題《天際烏雲帖絶句韻》以奉贐,了無一語相涉,惟是蘇齋實事,舉一詩可徵一事,而成筆話一段。對榻風雨之辰,飛觴劈箋之際,以此作知道老馬觀可耳。①
>
> (金正喜《覃揅齋詩藁》卷六)

阮堂的友人柳貞碧也是此次燕行同行,當時二十五歲。貞碧名最寬,字公栗(後改爲舜教),貞碧爲其號。正祖十二年(1788)出生,比阮堂小二歲。其學術和履歷可參看李東樊(名晚用)爲其所撰祭文。

紫霞和貞碧是阮堂鄭重介紹給覃溪、星原父子的友人,在拜謁覃溪時自然受到了不一般的款待,亦和覃溪門下的諸多名士進行了交流,展開了興趣盎然的交流場面。覃溪把《天際烏雲帖》、《宋槧東坡集施顧注》等秘本出示給二人欣賞,并且請紫霞爲書册題辭。紫霞不勝感激,揮毫題寫了跋文。紫霞的《警修堂全藁》中《蘇齋拾草》、《蘇齋續筆》、《戊寅録》等部分都詳細描寫了與覃溪父子的學緣,其内容極爲廣泛,在本文中不能一一展開,擬另撰稿發表。

李六橋在入燕時亦通過阮堂的介紹得以訪問覃溪的蘇齋。六橋名祖默(1792—1840),字絳茶,六橋爲其號,全州人,判書秉鼎之子,正祖十六年五月六日生。正如其自吟"退筆如山字或傳,石經考證雪輝邊"(李

---

① 此詩序亦見録《阮堂先生全集》(1934年鉛活字本)卷九《送紫霞入燕十首并序》。

祖默《六橋藁畧》)中所言,尤其喜好書法,又精通金石和解經。其詩宗玉溪,筆法山陰,書學大癡,造詣頗爲深厚。覃溪見到六橋,非常高興,讚其曰“足下有此三絶,他日蘇齋傳燈衣缽,實在於六橋一人而已”(李祖默《六橋藁畧》)。覃溪手橅《天際烏雲帖》真蹟贈送六橋,自此六橋與蘇齋結下了墨緣。六橋在歸國後也爲個人書齋題名“寶蘇”,又自號“蘇齋”。後又模仿阮堂的“寶覃齋”,自號“寶翁齋”。覃溪得到消息後,喜作詩以賦之曰:

高麗李六橋,以寶翁名齋,復以天際烏雲四字
自題齋扁,書來求摹此帖,寄答三首

萬里邀青眼,嵩陽夢海東。
知君齋壁意,笑我蔡蘇同。
墨妙孫莘老,緘題玉局翁。
君謨小閣帖,夜夜貫晴虹。

金君寶覃扁,君復寶翁名。
慚愧英光篋,低回海岳情。
烏雲紅日影,含雨照山明。
石硯屏相對,憑誰畫得成。

(翁方綱《復初齋詩集》卷六十九,録二首)

當時覃溪之子星原贈李六橋真品大紅豆一枚,李六橋贈星原金生[①]金書《首楞》、崔孤雲[②]金書《般若經》、《真鑑禪師碑》拓本數種,兩人又各題了致謝詩文。李六橋所藏的書畫和古玩在當時的半島堪稱第一,自己亦構有“小石墨書樓”。李六橋著有《羅麗琳瑯考》,并不是偶然之作。其詩文

---

① 金生(711—?),字知瑞,名玖。新羅時期書藝大家,高麗文人李奎報稱之書法爲“神品第一”。《三國史記》卷四十八第八條《金生》有其簡歷。

② 崔致遠(857—?),字孤雲、又字海雲,新羅時期文人。崔致遠在868年留學唐朝,當時十二歲。十八歲時賓貢科及第,曾做過宣州漂水縣尉,在淮南節度使高駢幕中任館譯巡官等職。著有《桂苑筆耕》等。

著作《六橋藁畧》(道光三年刊)有覃溪門下生葉東卿(名志詵)的序文。嘉慶二十二年(1817)李六橋入燕時正巧東卿回到故里,未能和李六橋見面。東卿在記文中讚其曰:“六橋以峻上之才,清剛之氣,攬筆所就,模軌三唐。案轡文雅之場,環絡藻繪之府,所蘊者厚,所抒者宏。”

三、覃溪八十壽之頌與賀阮堂生辰

嘉慶十七年(1812)八月十六日是覃溪八十歲生辰。覃溪回顧自己八十年的生涯,爲了紀念最有意義的生活事蹟,屬友人各作十二圖作爲紀念,另外亦在各圖上自行題詩。十二圖的題目爲:

一、滕王閣

二、黄鶴樓

三、閱江樓

四、藥洲

五、棲霞

六、澄海樓

七、五老峰

八、蠡勺亭

九、曝書

十、閱文

十一、校經

十二、考金石

覃溪又對每幅畫做了説明,在此一併省略。

覃溪在生辰日又宴請知友、門生、賓客,這些來賓亦都有壽詩相呈。覃溪也作詩二首以酬謝,這些詩作都收録在了覃溪的《復初齋詩集》卷六十五中,題目爲《八十初度奉答諸友祝嘏之作二首》。

覃溪的外家表弟楊立山(名庭柱)及友人吴槎客(名騫)爲同歲,亦遠道寄來賀詞。楊立山爲乾隆癸未(1763)進士,曾任廣東連州直隸州知州、湖南嶽州府通判等職。楊立山晚年歸里，居住涿州，每年清明節（三月）會上京祭拜祖墓，每次都要訪問蘇齋。這年春天，楊立山照舊上京，順路訪問了覃溪，二位八十翁見面後執手聚話，爲了紀念相聚場景，又屬友人畫了《二老話舊圖》，覃溪亦爲圖題記（《復初齋文集》卷五）。覃溪賦有詩五首，題下注爲："二月二十九日楊立山表弟來，作此圖。"（《復初齋詩集》卷六十四）但覃溪的生辰當日楊立山未贈賀詞。洪介亭賦有《題蘇齋二老話舊圖》。（《小容齋詩鈔》卷八）

阮堂在覃溪八十壽辰之前，爲表達賀喜之情，已經净寫佛經一部。《翁氏家事略記》的嘉慶十七年條下，門人英和按語附有以下記録：

> 先生八十壽，朝鮮進士金秋史寫佛經寄祝。秋史名其室曰寶覃齋，於是日作祝嘏詩課，見王尚書祝壽詩注。

所謂王尚書，指覃溪的女婿王蓮府（名宗誠），有關王蓮府的内容在《復初齋詩集》各卷都有記載，《復初齋文集》卷四中亦收有《樹蘭齋時文序》。當時洪介亭賦有《壽覃溪先生八十》詩五首，第五首其實是對阮堂祝壽詩的描寫：

壽覃溪先生八十

蘇門弟子大司農，六首詩成祝古松。
我亦金霞洞天到，喜看南極壽星逢。
文章有焰如工部，書籍能傳勝蔡邕。
白嶽仙人煉月處(一)，遥知鶴笛奏春容。

原注：(一) 朝鮮地名，金秋史進士所居。秋史入使時，曾摹蘇像及先生像東歸，此正其祝壽之日也。

（洪占銓《小容齋詩鈔》卷十）

覃溪對阮堂的虔誠之情一定感動得老淚縱横，其門下生也對他們相互間的高誼分外感嘆。

覃溪在收到阮堂的祝經之後，在阮堂的生日即次年六月三日之前，也爲阮堂準備了賀禮。覃溪從歷代聖賢文人中生辰在六月的選出一位，認爲歐陽修最爲合適，在同年十二月于蘇齋摹寫了歐陽修的畫像（依據廬陵祠堂本），并在像上題辭，又命兒子星原在小像下詳細記録了畫作緣由，後寄送給了阮堂。覃溪的題記曰：

嘉慶十七年冬十二月，以蘇齋所摹廬陵祠堂本爲秋史進士摹此，北平翁方綱敬題。

星原的識語如下：

星秋霞碧之齋

秋史生辰在六月三日，因取古先賢同生於六月者，均屬代摹遺像，以爲寶覃齋中膽禮清供，嘗考歐陽文忠公於六月二十一日寅時生，黄文節公於十二日辰時生，而觀蓮節恰在廿四日，天緣妙合，良非偶然，因摹此軸，奉家大人手題，以證辦香所在。宋以前諸賢不與，所以尊東坡也，他日更擬摹山谷像并荷花一幀寄去，補此墨緣，亦先河後海之義耳。

樹崐識

翁樹崐印　星原

又曰：

去歲臘月十九日，蘇齋作東坡生日，即懸此軸并山谷觀瀑布，及文衡山、董香光、沈南启、唐六如、王漁洋、朱竹垞、毛西河諸像，列於詩境軒中。文酒文流，盡日雅集，賤降恰在坡公前一日，因取號曰壽坡。第學識淺陋，一寶蘇室中掃地焚香之奚童而已。

樹崐又識

隔千里兮共明月

由上可知阮堂的景慕之情,亦可知覃溪對阮堂的眷愛之深。正因有覃溪而有阮堂,有阮堂而有覃溪也。(此像爲全鎣弼氏藏)

星原所約定的黄山谷畫像隨後也與覃溪的肖像一起寄來。黄山谷畫像不知畫者爲誰,但可知是一名作,像上有星原的山谷自讚和謹書:

似曾有髮,似俗無塵。作夢中夢,見身外身。先生自讚

後學翁樹崐書

崑翁 印樹	原星

覃溪的肖像爲"揚州朱鶴年寫",有張塤的讚和汪守和書:

玉堂早直,嶺海曾過。太平運會,過於東坡。吴郡張塤爲覃溪先生像讚

門下士樂平汪守和書

張塤,字商言,號庋銅,吴縣人。乾隆進士,官至内閣中書。對金石書畫的題跋考證極爲詳實。

汪守和(1764—1836),字巽泉,江西樂平人。嘉慶進士,官至禮部尚書、左都御史。根柢實學,卒後追諡太子太保。朱鶴年在守和之前。他們都是覃溪門下的錚錚學士,詩書畫三絶的傑出人才。

黄山谷(1045—1105),名庭堅,是東坡的得意弟子。山谷擅長詩文,與東坡號稱"蘇黄"。覃溪私塾東坡,自然也對山谷非常中意。星原和東坡一樣都是十二月出生,而阮堂則和山谷一樣爲六月生人。阮堂之前收到了歐陽公的畫像,現在又收到黄山谷和翁覃溪的畫像,其對覃溪父子的温情,唯可用感激涕零纔可描述。(兩畫像現爲全鎣弼藏)

四、阮堂贈給覃溪父子的禮物——日本刻《繹山碑》拓本等

阮堂贈送給覃溪的禮物有書籍、古碑拓本、器物、人參等,從萬里之遥源源不斷,這其中就有一部日本刻《秦嶧山碑》拓本。嶧山的碑在秦始皇的刻石六箇中爲第一(《史記·始皇本紀》中未收録此文),不過原石拓

本之前已經佚失,只傳下來了摹刻本。其翻刻的次序如下:

一、長安許鉉摹本,鄭文寶刻石,在西安府學

二、紹興

三、浦江鄭氏

四、應天府學李處巽刻,在江寧縣學尊經閣下

五、青社金阜昌甲寅河南,李仲坦刻

六、蜀中

七、鄞縣 1)宋元祐八年張問仲刻嶧山陰堂;2)元至元二十九年重刻

日本在之前就有韓天壽①所刻嶧山碑(與嶧山碑同),朝鮮成大中(1732—1809,字士執)在英祖四十年(1775)出使日本時曾入手一本鳥居丹波守舊藏的該碑帖并携帶歸國,後來阮堂在某人處看到此帖并題辭曰:

此爲宋元祐八年嶧陰堂翻摹,尚遲於鄭樵淳化,爲百年之後,又非舊矣。

禮堂學人恭題 東國儒生

(此帖現爲崔南善藏)

阮堂亦購入與上帖相同的日本刻本一部,贈呈給覃溪。覃溪看到此帖大喜,亦題有《跋嶧山碑》一文并對此帖做了考證(《復初齋文集》卷二十),題有"秦嶧山碑舊本"并賦有長詩(《復初齋詩集》卷六十八)。此詩首句云:

嶧山秦碑日本刻,謂出棗木肥本前。

棗木之刻誰所作,杜公初擬孤嶂巔。

末句爲:

---

① 韓天壽(1727—1795),日本書法家,本姓青木氏,號敬杜齋、醉晉齋。曾澔巨資做集帖三十七卷。

海東金君惠緘致，墨暈玉筋中鋒圓。
置諸嶧陰堂本上，已壓甲秀匡盧編。

下有小注云：“適爲葉生校定廬山甲秀堂秦篆譜。”

日本刻嶧山碑虔本經由阮堂之手傳入蘇齋，這不僅是翁、金之間的墨緣，也可以説是朝、清、日三國文化交流的一部分。阮堂亦贈覃溪日本製鏡，覃溪亦賦詩歌：

日本鎏金鏡歌

東洋極東島東又東，鎏金上選精洋銅。鑄出團團聚寶魄，雞林進士來詩筒。匣開光可一室照，不與幽湅三商同。背文四出鏤珍異，詑西王母東王公。邊題植田吉正字，中央二篆圓且豐。諦觀題字頗疎虔，奈此篆勢訛非工。百篇書果載徐福，古文豈止卑蝌蟲。昔聞奝然鄭注獻，曾未别本咸平通。邇惟七經孟子校，足利本雜明天崇。採到毛家汲古刻，那問孔壁金絲宫。摩挲精巧器翫耳，且莫鶩遠驚愚蒙。百金刀肯鏽澀否，一笑請質六一翁。

（翁方綱《復初齋詩集》卷六十五）

植田吉正所鑄日本鎏金鏡對於覃溪來説可謂是異地之珍寶，也被覃溪認爲是日本古文籍之寶藏，這也進一步誘發了覃溪對日本文物的好古之心。覃溪又從阮堂處得到了日本金花箋，并賦有《日本金花箋歌》（《復初齋集外詩》卷八），此外還題有《日本煙雨圖》：

東海誰教西域師，空濛幻出氣淋漓。
何嘗弭棹瀟湘渚，卻識房山學虎兒。

（翁方綱《復初齋詩集》卷六十五）

可能此幅圖畫也是阮堂的贈禮。

如上所述，阮堂贈送給覃溪的朝鮮古名畫、古拓本數量甚多，對覃溪這些贈品的題詩也不能一一盡述。下面僅看此《題朝鮮畫鴈》一首：

價倍淮南邊壽民,嘴藏半翅更傳神。

水光不借叢蘆荻,意對詩龕得句人(一)。

原注:(一) 詩龕,金進士號。

以上是覃溪收到金阮堂贈朝鮮畫幅後所題詩,此外,如《朝鮮畫南極壽星軸》一首(《復初齋詩集》卷六十五)也是覃溪收到阮堂贈禮的題詩之一。以上都是阮堂和覃溪互傳消息的故事。

第五章　翁星原與金阮堂

星原與阮堂是同庚摯友，自燕京别後，通過魚雁往來以及書籍、拓本等的相互贈送，彼此間的交情愈來愈深厚。阮堂的周圍知友在出使燕京時也經阮堂介紹給了星原。如申紫霞、柳貞碧、洪約軒、李景博、李六橋等人，都是通過阮堂的介紹得以去石墨書樓訪問星原，星原也給這些朝鮮友人出示了所藏的珍寶奇籍。他們以阮堂爲話題，使清、朝鮮間的墨緣愈加深厚。

星原之兄宜泉在阮堂歸後的次年，即嘉慶十六年(1811)九月八日去世(翁氏家事略記)，有關其訃告或吊辭、吊詩等資料都未能發現。

一、紅豆山莊的匾額及日本夾花扇賦

星原在嘉慶十七年(1812)正月題“紅豆山莊”匾額四大字并署名後寄給了阮堂，又題“嘉慶壬申春正月廿四日爲秋史庚兄書，庚弟星原翁樹崐”。其書風端嚴，墨痕淋漓。星原和阮堂的圖章幾經鈐印。

阮堂寄給星原日本夾花扇，星原賦詩以表謝意：

秋史庚兄惠寄日本夾花扇賦此寄謝

花花葉葉爲誰開，緘渡重洋大海來。

玉楮夾層成摺扇，金泥小字襯香苔。

松柎句遜穿藤巧，月露光非取樣裁。

得借蘇齋窗日影，春風萬里一根荄。

黄山谷高麗松扇詩

星原弟翁樹崐未能稿 [樹翁崑印] [原星]

星原所題此詩也贈給了柳貞碧，時爲壬申年(1812)九月二十五日。紅豆山莊的匾額和二葉詩箋都藏在筆者的望漢廬。

二、《天冠山題詠重橅本》的贈來

翌年，即嘉慶十八年二月三日，星原寄贈阮堂《元四賢天冠山題詠蘇齋重橅本》，題署“秋史庚兄鑒入”。天冠山在江西省貴溪縣南三里，元延祐二年，趙松雪升任集賢學士(當時松雪六十二歲)，與袁清容、虞道園、王繼學(所謂元四賢)同邸京師，偶遇道士祝丹陽出示天冠山圖畫，此四賢各自賦詩二十八首，全寫爲一卷。覃溪於乾隆五十三年(1788)六月十二日在臨江時，通守徐氏作爲贈禮呈示此卷，覃溪得到後題記曰：

江山名勝，文字精靈，一旦大白於世，四百七十餘年真氣，如對几席。

覃溪十分高興地做了石刻并自題其上。在《復初齋文集》卷三十收録的《跋天冠山題詠卷後》、《自題重勒天冠山詩石本後》即是得到此本後所作。(阮堂收到的重橅本現爲稻葉岩吉氏藏)

三、星原之子引達的誕生

嘉慶十九年十一月十四日，星原的妾室劉氏生一子，取名引達。覃溪有七男六女，可謂多子多福，不過子女大都先覃溪一步離世，覃溪八十歲之後，只有星原一子在世，所以覃溪晚年的寂寞之情可想而知。這時，覃溪得到孫子，其喜悦之情無以言表，可謂是瑞氣滿堂。在孫子滿月時，覃溪的友人携帶來古泉、古墨、漢畫、祥瑞石刻、宋織魁星輔諸品以祝賀，并賦詩慶賀，覃溪後來把這些詩文編輯成册，題有《書引達彌月諸册》(《復初齋文集》卷三十五)。

此册所收詩文内容從日常小事到講學立身等之大端，無不叮嚀訓誡，是對愛孫的誕生至真至誠的祝願之詞。文中後半部有如下内容：

> 即如講經術，勿畔程朱；講考訂，勿嗜歧異；講詩文，才華勿涉浮艷之類，期於時刻兢兢畏懼，檢點心田。勿奢侈，勿放逸；養厚福，留有餘；克己省身，防微慎始，庶其可長守乎。

覃溪用至誠之心所祝願的唯一愛孫引達的命運如何？之後，像被下了咒語一般的覃溪命運，石墨書樓在經歷了悲風凄雨之後變成了一堆廢墟，這樣的結局誰又能預料呢！

四、《麟角寺碑》拓本的求贈

嘉慶二十年正月十九日，星原贈阮堂《麟角寺普覺國尊靜照塔碑》拓本寫册一部。碑的前面有閔漬、後面有僧山立的撰文，沙門竹虛又收集了王右軍的字，係元成宗元貞元年(1295)，即高麗忠烈王二十一年清玢所立的被認爲是最貴重的羲之集字(在慶尚北道軍威郡古老面華水洞麟角寺境内)。星原之前收到洪約軒所寄此碑的拓本後作了釋文，并請人精寫一部，在本文前後都寫有自筆的質問要領，在缺字處作了補録。爲了對此本再做些補充，他希望阮堂能贈送所藏的精拓本。星原在寄給阮堂的此拓本前面題曰：

> 乙亥春正寄呈
>
> 秋史庚兄審正
>
> 此寺原委，東史未載，乞詳考録示全文，則冬便專企耳。
>
> 麟角寺碑星原釋文此碑文似是前面閔漬所撰，即前寄上碑目所謂缺前十二頁者，乃約軒所贈舊裝本。弟按其次序考之，録爲一册，專呈。
>
> 兄鑒，其前缺處，乞代爲補録，或與約軒尋原以訂證之。

册後記曰：

兄處有舊拓兩面全分，更乞惠寄一部，或用整張帋，接連拓前後面，亦足資攷鏡也。文内云，報齡八十四，實生於開禧二年丙寅，示寂於元至元二十六年己丑七月八日乙酉，此碑立於元成宗元貞元年乙未，在大師示寂後之七年也。匆匆未能詳審，姑存以俟考。

嘉慶乙亥正月十九日大興翁樹崐識 審定星原

由此可知，星原是如何熱心地收集和研究朝鮮古拓本的。（此拓本現爲僚友藤田亮作教授藏。）

第六章　翁星原和朝鮮學人間的媒介

阮堂不僅向星原介紹了紫霞、貞碧、六橋，還介紹了其他知友與之結識。下面就依次介紹。

一、李景博

李景博(1778—1838)，名光文，字景博，號小華。牛峰人氏。大提學李縡(字熙卿，號陶庵)曾孫，户曹判書采(號華泉，謚文敬)長子。純祖辛酉年進士及第，官至吏曹判書，謚號文簡。純祖十二年(嘉慶十七年，1812)十月隨正使沈象奎以書狀官身份入燕，南公轍的《金陵集》卷十一所收《送沈大學象奎李侍讀光文赴燕序》中有詳細記録，可供參考。李景博經由阮堂的介紹，自然受到蘇齋的款待，其歡遇場景不必贅言。李景博東歸後繼續與翁氏父子魚雁往還。翌年，即嘉慶十八年(1813)十月，李景博托付冬至正使韓用鐸一行在出使北京時帶給星原參尾茶一函、簡紙五十幅、色箋廿葉等禮物，并題《再疊扇頭原韻新詠》及手札寄予星原。這些禮物和信札在嘉慶十九年正月轉交到星原手中。星原收到信物後立即回復了景博(於正月廿一日)。星原在回信中首先告知父親覃溪的健康狀況，之後表達了對贈禮的感謝。尤其是對《再疊扇頭原韻新詠》表達了“沁我肺肝，快我心目，珍重收貯，當與前惠詩扇同裝成軸”的欣喜之情。對所贈東方碑刻拓本一册則强調道“惟兄知我愛我,必不負此萬里故人之托也”,更生動地表現了他對金石文的蒐集癖好。對詩扇的次韻則道“吾兩人心交至契,固非急就章所宜倉猝酬答也”,似乎較爲沉著。而星原也給景博準備了以下諸多謝禮:

> 家刻《七言詩鈔》[①]一部,十八卷,四册
>
> 《小石帆亭著》一部,六卷,一册
>
> 楹帖一聯:屋窄剛留邀月地,客來俱是著書人。

又追書曰:

> 此家大人爲紀文達公書句,曾鏤板以傳,弟爲兄手拓寄贈,將欲求吾兄爲我廣求金石,謹以此先施也。上品毛尖、雨前、珠蘭、香茶兩瓶,合貯一匣内,懸此汙呈。統希哂存。星原心印

最後所言,即星原個人所藏本《高麗史》中所缺七人的傳記,星原托付李景博補録。七人傳記所在卷數爲:卷三十一,趙浚;卷三十九,李仁任、林堅味、廉興邦、曹敏修、邊安禮、王安德。

星原對朝鮮文獻的收集之心切,由此可見一斑。

正如上札中星原對景博邀請詩文所言“固非急就章所宜倉猝酬答也”,在二周之後的二月三日,星原纔把寫好的和韻詩和托付代爲收集朝鮮拓本的請求一起交給了冬至使。其和韻詩如下:

> 故人懷我切,一曲鬱輪袍。縞紵情如昔,賡酬意自豪。
>
> 好風隨摺繭,新雨托征旄。尺素來魚腹,長歌富鼠毫。
>
> 龍灣千里外,雁字一行高。笑傲煙霞侶,編摩著述曹。
>
> 家聲推菟郡,奇氣壯鯨濤。茗液香如許,芝輝夢乍遭。
>
> 苔岑聯臭味,金石辨錐刀。再展何時旆,同傾隔歲醪。
>
> 梅痕斜料峭,竹韻響蕭騷。珍重留碑目,無忘搨寄勞。
>
> 三疊扇頭原韻奉答。小華仁兄大雅之教并乞斥正。甲戌仲春三

---

① 原著中爲“七言彼詩鈔”,應爲誤寫。

日。情弟星原翁樹崐拜稿。

以上書翰以及和韻詩原稿都爲筆者望漢廬所藏。

二、沈斗室

沈斗室(1766—1838),名象奎,字穉教,號斗室。青松人。參判念祖(乾隆四十三年以書狀官身份入燕,時李雅亭、朴楚亭隨行)之子。正祖己酉(1789)進士及第,歷任兵曹、吏曹判書,純祖辛酉(1801)大提學,丙戌(1826)拜右相,官至領議政。謚號文肅。

沈斗室在朝鮮純祖十二年(嘉慶十七年,1812)十月以冬至兼謝恩使身份入燕,在北京的蘇齋和星原相見。歸國後的翌年冬寄送星原信札,同時有參丸二函、詩字紅豆八十粒,以銅盒封禮相贈。星原收到這些贈禮時正在李墨莊的師竹齋會談,當時未能開封,直至夜二更回到保安寺街後纔打開贈禮,在燈下展讀信札,星原欣喜無比,直接執筆回復來函以表謝忱。時爲嘉慶十九年正月廿九日。星原尤其對詩字紅豆八十粒和匣口的三十八字題字感鳴甚深,在迴環詳審之後,口佔一絶題寫扇面寄呈。此外還贈送了家刻《七言律詩鈔》一部四册作爲惠禮。同時,又再三托付斗室代爲收集朝鮮碑帖書籍,懇請迫切。信中曰:

以斗室提學,望重一世,情同一體,所求何不遂,必能爲星原廣求東國碑帖書籍,原原惠寄。救兹饑渴,何幸如之,何快如之,惟兄信義過人,知我者有素,必不忍負此萬里故人之重托也。

星原又贈扇一柄,曰:

早倩左人寫筆談圖於便面,今此專呈耳。集手題緘匣及紅豆上泥金詩字,一銘一絶,深愧句法牽强,藉以表情也。

同時贈碑目一册,曰:

專望廣求拓本惠寄。書目附入,均求留意專寄。心祝千萬。

表達了星原的求書熱望。此信札現在爲筆者望漢廬收藏。

三、洪約軒

豐山洪氏歷代以貢使出使中國的人員較多,如洪耳溪就是比較著名的人物。洪氏與中國的學緣太過廣泛,僅通過本文不能一一闡述,本文中僅就阮堂作爲中介使星原和洪約軒得以交流的一面做一介紹。

洪約軒(1793—1865),字顯周,號海居。豐山人。仁謨(1755—1812,字而壽,號足睡堂)之子。其兄奭周(1774—1842,字成伯,號淵泉)、吉周(1786—1841,號沆瀣)都是博學之人。

約軒和正祖的女兒淑善翁主結婚後被封爲永明尉。長兄淵泉在純祖三年(嘉慶八年,1803)以書狀官身份同謝恩正使李晚秀、副使洪義浩一同出使清朝,又在純祖三十一年(1831)以謝恩正使入燕(據《朝鮮實録》)第二次出使清朝,到北京時與阮芸臺之子小芸見面,相互感情甚洽。約軒仰慕芸臺三十餘年,卻未能如願會面,心甚耿耿,遂向小芸請托《十三經校勘記》一部(洪奭周《與永平阮知府常生書》,《淵泉集》)。

駙馬洪約軒爲豐山名門之後,而作爲洪淵泉之弟,又通過阮堂的介紹得以和千里之外的星原相交。星原寄給約軒的手札有四通,現爲中村不折氏收藏,筆者曾對這些手札拍照擴大後收藏。這些書信依次是:

一、嘉慶十七年十月朔

二、同十九年正月十九日

三、同十九年十月廿五日

四、同廿年正月十四日

現對以上四通手札内容簡述如下:

第一札

嘉慶十七年(1812)七月申紫霞以書狀官身份入燕,約軒托付紫霞傳遞書札與星原。星原收到信後欣喜異常,當即寫了回信。信中内容簡約如下:

嘉慶壬申十月朔。大興星原翁樹崐頓首再拜。謹復啓約軒先

> 生，聞六月前接奉瑤函，呈徵雅愛，欣喜動色，莫可言狀，崐亦何幸而得與先生相結納也。
>
> 先生真我之知己也。僕與先生未獲識荆，即使青鳥可通，鰒魚可托，尺素修成，未獲早達。今兹轉荷先施矣，四海之内皆兄弟。

之後，星原又在信札中介紹了如下内容：曾自刻“貧孟嘗”小印，此次申紫霞來都訪問蘇齋以此印相贈；紫霞文詞翰繪爲海隅大名，與金秋史庚兄都爲東邦知名士人，與諸君相識可謂傾蓋如故；與東邦諸名彦面契，皆依秋史一人之功；嘗思五倫中應有良友，而良友中無秋史則不可；人生至樂至難之際，雖骨肉亦不能言者，只有與良友相對纔能自由披露肝肺，恰如銘刻金石者；秋史庚兄與先生於紫霞門下游，僕得以與紫霞交結，誠爲厚幸，而秋史與僕又與先生最密，此真三生石上之舊因緣；秋史中秋後爲家大人遥祝壽辰，此日先生枉駕捧香祝賀，感激無量；紫霞曰先生貌如冠玉，才如湧泉，僕聞此言，一度欲目睹芝宇，并一聽雅韻，惜未能相見，甚是遺憾；拙作一首謹呈，先生見此詩則如見僕也。

洪約軒的手札在嘉慶十七年(1812)七月通過申紫霞轉交給星原，星原隨即作了回復。洪約軒亦有兩次入燕。星原也爲約軒書寫了匾額大字。

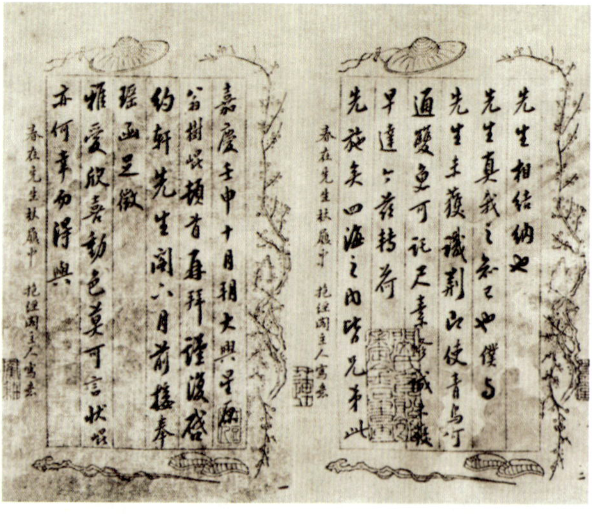
嘉慶壬申十月朔大興星原
翁樹培頓首再拜謹復啓
約軒先生閣六月前接奉
瑤函呈徵
雅愛欣喜動色莫可言狀崐
亦何幸而得與
先生相結納也
先生真我之知己也僕
先生未獲識荆即使青鳥可
通鰒魚可託尺素修成未獲
早達今茲轉荷
先施矣四海之內皆兄弟也

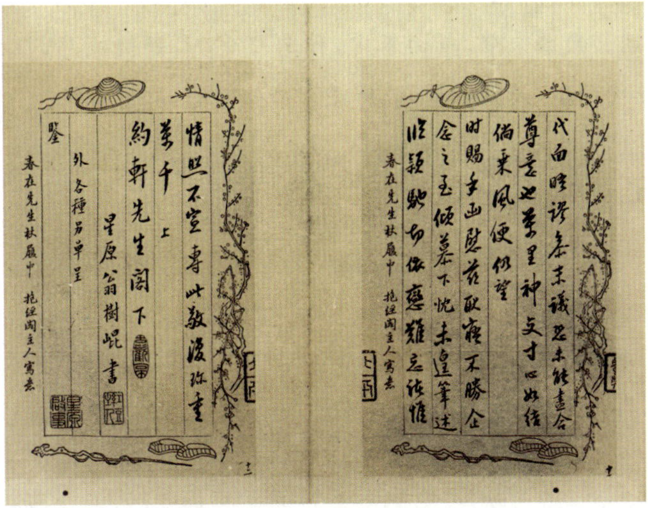
倘乘風便仍望
情照不宣專此敬復
約軒先生閣下
星原翁樹崐書
外各種另單呈
鑒

翁星原寄洪約軒手札。嘉慶十七年(1812)七月洪約軒托付書狀官申紫霞轉交書札與星原,星原作此復書。

第二札

嘉慶十九年正月廿九日,星原寄翰給沈斗室并贈碑目一册,同時托付斗室代爲收集朝鮮古碑帖,相關内容前面已有叙述。而在這封書翰中也提及約軒,從這封書翰題寫時間來看,應比給斗室的信早寫十天,即於正月十九日寫就。信中内容摘要如下:

(一) 朝鮮的許澹宕來訪時捎來約軒答疏一函、别札五紙、古碑二種、書帖二册、黑牡丹一幅、人參十支、古磁一具、貓圖一卷、竹筆二十枚、畫扇一柄、香草一色等贈物,星原對此表達了謝意。

(二) 淵泉、南星二先生(約軒之兄)對古學研究之深入,其實事求是的學風是儒者安心立命之本分。

(三) 金石積癖每日加深,對古人的著作乃至一銘一偈,都不可輕易讀過,而碑版的考訂則最爲緊要。

(四) 對相贈《白月碑》拓本、《麟角寺碑》拓本表達感謝。其辭曰:

> 《白月碑》一本,精妙絶倫,惜裝法不古,行間空處多,未能依原碑次序,弟嘗爲此碑作圖,詳見碑目内,觀其大略亦可以知弟之苦心

矣。麟角寺碑,視白月碑尤古雅,思之有年,未獲一見,今兹拜貺,何啻百朋。散本未裝,無由審定,積旬日之力,始辨次序,惟缺前十二頁,無從補綴,曷勝悵悵,此碑更求廣拓惠寄,心感心祝。

嘉慶廿年(1825)正月,阮堂寄來的前記麟角寺碑釋文實際上是依據約軒寄來的拓本撰寫的。

(五) 拜托收集東國的碑版書籍,多多益善,以便能資考鏡,又能補前賢未備,云云。

(六) 星原曰自束髮之後就開始對歐陽詢的皇甫府君碑進行了研究。

(七) 托付轉達給金肯園(名良驥,金檀園弘道子,畫員。阮元嘗題其繪,見阮堂集)謝禮。

星原曾贈約軒一枚仿漢建初銅尺(覃溪所製紫檀木尺),作爲金石考訂的工具。另又贈覃溪著書《銅尺考》一册和自作二律,曰:

此木尺仿作有年,恐常用則易磨,似視原尺稍弱半分許。秋史處向有寄去真尺拓本,可借一較,長知不爽矣。

另,二律在我處,在此略過不叙。

第三札

約軒在收到星原的第二封信之後,寄給了星原請求的古碑拓本三帖(嘉慶十八年,1813)。書信摘要如下:

(一) 文殊院重修碑拓本

此碑在江原道春川清平里清平寺,爲學士金富轍(富軾之弟)撰文,釋坦然(大鑑國師)書,在宋高宗建炎四年(庚戌,1130),即高麗仁宗八年立石。

(二) 篆書東海碑拓本

在江原道三陟,由許穆(眉叟)撰文并書。

(三) 清虚寺碑銘拓本

此書札爲此年十月二十四日傳遞到星原手中,星原欣喜非常,於次

日二十五日回復了信札,即第三封信。信中曰:

此二百餘日中,處處刻刻,皆思我約軒之日也。賤名肇錫,取崑崙山爲星宿海義,不意海居先生、敷原居士,涯角神交,苔岑契合,竟不知海居何以有契於星原,星原何以有合於海居者。古人云:"人之相知,貴相知心。"此中一段墨緣,實非尋比喻所能肖其萬一也。

星原不僅對二人因緣匪淺感慨萬千,還對寄贈的拓本表達了滿腔謝忱。此外又有以下幾點内容:(一) 托付代爲查找文殊院記中真樂公的小傳,拜托代爲搜求鄭麟趾的《高麗史》卷九十五《列傳》中的《追和百樂公樂道誌》一卷、《南游誌》一卷、《禪機語録》一卷、《布袋頌》一卷、《歌頌》一卷、《心要》一卷;(二) 東海碑的"跋後"所謂的舊本是否能得到;"先生來守是邦"中的"先生"是指何人;"楷跋"的作者是何人;請教立碑的顛末和釋文;(三)《清虚寺碑銘》是石墨書樓未收之品,遥望海東的石芝山房,感謝良友的投送。但因清虚寺碑是明末所立,距唐宋文筆相去久遠,尤其遺憾的是拓時用墨過濃,很多字畫辨識不清。

補充一點,《文殊院記》和《宋高麗祭真樂公文(釋慧素撰,坦然書)》一起都收録在了劉燕庭的《海東金石苑》卷五中。星原又曰:"近構小室,命名曰待帖軒,其實是爲了尊兄所設。今後,希望尊兄對每一碑的建立原委、州郡的遺址、古今沿革等都用楷書以别紙批示,因之前到現在爲止收的東方碑帖都無跋語,還得一一再做調查,甚爲繁瑣。《麻方統彙》、《三方圖繪》等已在家中保管。"云云。

以上是星原的謝辭和托付事項。下面是星原贈送的禮物,星原在這些物品下都一一作了注記:

(一) 漢熹寺平石經殘字,以資尊兄臨摹。此帖僅贈送過秋史一人而已,爲難得之珍品。

(二) 化度寺碑原石在很久之前已亡不存,但摹刻本很多。近來翻本、重翻本、再重翻本等都已把原帖的神采消失殆盡。惟有北宋初拓本爲家大人所藏,家大人又模寫後請人重鐫,此帖真是宇宙間化度傳燈第一真影,兹奉呈。可寶可寶。若尊兄以此帖習字,必如入山陰(王羲之)之室。此化度拓本迄今爲止還未曾傳入海東,如果秋史看到此帖,必來札要求此帖。今案頭僅存唯一一部,還未能裝訂,謹緘奉贈,還望尊兄永寶之。元人十三跋現藏家中,與化度真本合裝爲家大人枕篋中珍藏,慎秘不示人。還望以後能尋機爲兄全部寫取,來春必寄上。

(三) 摺扇數年前就收到請托,弟亦有此癖,已經收集數百柄,皆妙製。雅題、選詩、課畫無一片塵埃氣。來春必定奉贈。

(四) 尊照已經重寫裝訂。家大人亦如兄願手題,弟亦題有讚語。兹寄上,珍重查收。

星原寫完如上内容,下面題有如下目録題款:

大清嘉慶十有九年歲在庚戌冬十月二十有五日

星原弟翁樹崐百拜

外呈物品如下:

書函并二十二紙追啓,碑目三紙,又附合縫半張

《化度寺碑》一分

石經殘字一分

漢石經殘字一紙多附二紙乞分贈秋史、畽齋,後有諸友題款

近刻《心經》一紙亦多二紙,秋史、畽齋分留之

《家大人重赴瓊林宴紀》此亦多附三紙,秋史、畽齋均可分留也,又贈紫霞、至希

《恩詩》一紙

手拓《研銘》一分

摘録《緯略》七葉

星原在贈送以上物品的同時亦托付代爲收集朝鮮古碑拓本,并且囑托寄信時的事項:

古碑之託,專施星原,則物得其所,幸勿輕寄他友,奪星原之所好也。千萬千萬。此次兄有寄他友札函出館門外,聞有洪喬之嘆,

可虞之至。此後寄信須託信友,千萬穩送。尊照已同弟之回書送至館中,若來人不肯携去,只好俟明春專寄。十分聞之,即如此次憲使於九月廿八日申刻到館,後弟即時時訪問有東國友人寄信有石墨書樓字樣者,直至十月廿四日未刻,始得吾兄惠書。遲之又久,千難萬難。中間稽督嚴密,可畏之至。此後憲使之便,幸勿寄書,摠於冬便爲要妥。只要如金尚德之類,一二人穩送弟舍,并求遍告諸友,密訂爲好。此紙看過,必付丙丁寧寧,千萬妥協也。

由是觀之,東來的書信或丟失,或停滯,因各種緣故未能親啓的情況時有發生。星原對自己所要求的古碑拓本目録也附加了説明,其解説如下:

碑目

每碑均求連額拓寄。碑之四方,乞留餘紙,以便考定原碑尺寸。敬求惠寄要件,粘此紙於兄之座隅,時時提念,如星原在側也。

新羅靈鷲山周禪師碑銘:唐皮日休撰文,唐〇宗〇〇年庚辰歲十一月新羅宏惠上人與本國同書請日休爲靈鷲山周禪師碑銘收將還以詩送之,詩在皮集,此碑貴邦必有流傳者,雖碑甚殘缺,亦求惠拓一二紙。

慧因寺碑:軍器寺監承周佇撰。

金庚信碑

金方慶神道碑

大覺國師碑:尹瓘撰,金富軾又改撰之。

寶文清讌閣記:金緣撰,洪灌書。

昌林寺碑:金生書,見趙松雪題跋。

公嶮鎮分界碑:尹瓘,又有英州廳壁記林彦撰。

崔孤雲事蹟碑:在支離山中,李穡書。

北漢太古寺高麗古碑:慶尚道北三十里。

楓嶽百川橋古碑:在海金剛圓通寺。

埋香碑:在三日浦,浦内石刻甚多,均乞拓惠至荷。

洌上名筆石刻十四葉:石片在李韶軒先生處。

蔥秀山石刻:在黄海道。

關西妙香山普賢寺石刻:金富軾撰,文公裕書。

智異山雙谿寺真鑑禪師碑銘:崔致遠撰,并書篆額。

平百濟塔:賀遂亮撰,權懷素書。

新羅北巡碑:陳光大年立,當是漢隸之最古者。

跋吴穿貊道碑:在嘉平郡春川府界。

新羅麟角寺碑:此拓去年兄所寄者,缺前十八行,可惜之至,務求全拓爲妙。元貞元年沙門竹虚集,右軍書,秋拓全分并額。

唐文皇半折碑:一名興法寺碑,在原州靈鳳山。

海東神行禪碑:金獻貞撰,元和八年。

新羅鍪藏寺碑:守大南令金陸珍撰,雖殘缺,亦當在貞元十六年。惠求全拓。

石南山碑後記:敝藏有後記,無前碑,求拓兩面惠寄。

奉先宏慶寺碣記:太平六年崔冲撰。

劉仁願紀工碑:貞元十九年。求連額全拓。

斷俗寺大鑑國師碑:大定十二年李之茂撰。

白月碑:釋端目集,金生書。均求連額全拓。

元曉義相紀工碑:肅宗六年辛巳立。

興王寺碑:李靖恭撰。

嶺南梁山郡有通度寺,安東府清涼山寺,皆新羅古刹也,皆有金生手書石刻。

湖南靈巖郡月出山中有道詵碑,即崔孤雲所著,道詵即一行弟子,東方第一神僧也。

歸法寺崔冲題詠刻石古基,在峴門外。

山齋記刻石,命知誥鄭知常賜郭輿者郭尚之子。

以上各碑均求拓寄,多多益善耳。星原心禱。

星原拜托諸多朝鮮友人代爲搜求的碑目,恐怕和以上相差無幾。此外,星原不僅對朝鮮古碑拓本廣爲搜求,也對日本諸文獻廣爲搜集。星原所搜集的日本書籍的目録如下:

《名墨新詠》二册

《古梅園墨譜》一册(案:"譜"似"談"之誤字)

《墨圃瓊蕤》一册

《東庵詩稿》一册

《大墨鴻墨集》一册(案:後之"墨"字,似"壺"之誤字)

《古梅園墨譜》四册

《むかしの水》一册(此册當是彼國字體所書,得之亦足資博聞之功)

據星原所言,以上七種書目出自"《古梅園墨譜》内所載之書",爲《墨譜》後記"南京古梅園編録書目柳枝軒梓行"目録中所采書目。而星原對所需用的古梅園製墨托付道:"松井氏製古梅園所製法墨,倘得便中購得,亦求惠寄。墨宜別匣貯之,以免損壞,不可與古碑同卦,恐水污,則碑字不可辨矣。"而《墨譜》中記載的碑名説明如下:

佛足石碑,古梅園有此三種墨式,各求代覓一丸,天平勝寳四年云云。

江島碑,明和年間。

壺碑,和方式享保戊申。

其中尤其對三種特定法墨説明道:"'壺碑'墨型在'墨譜的和方式','佛足石碑'墨在'墨譜後編天','江島碑'墨在'墨譜後編地'"中有記載。《古梅園墨譜》前編四册、後編五册之前通過清代船舶已經傳入,其前編爲趙昱的"小山堂"所藏,曾在乾隆九年(1744)厲鶚等同人于集會時共同賞玩過(《樊山榭房續集》卷四)。而星原在友人書齋中看到前後編時,自然會心生羡慕之意,所以托付代購以上法墨。星原又托付代爲收集以下三種書:

《日本風俗記》，并《拾遺集》亦彼國人所輯者

《吾妻鏡》一書，五十二卷始安德天皇治承四年，訖龜山院，天皇文永三年，凡八十其年事

李言恭撰《日本紀國書》土俗頗詳

并附記曰：

倭產之物，敝藏頗有，所少者金石藝文耳。他如紙墨文翰中雅製小品可供文房之翫者，亦乞爲我留意，彼國所刻書板甚精非欲求書板也，要彼中刷印之書，即未裝者亦可。東國之書，亦如之小品，有關於學問者，希爲我購之。卷數不多，且易於寄耳。又啓。

據以上所述，可知星原對日本文獻的眷眷之情。

第四札

嘉慶二十年(1815)正月二十四日朝鮮使節到達燕京，星原以爲會收到約軒的消息，卻未能收到約軒的信札，星原作此札表達了遺憾之情。雖然如此，星原準備了諸多贈禮給約軒，以表自己的誠意。其中也提及了友人胡素亭和約軒的關係。星原的贈禮有：

《覃溪紀恩詩石刻》全分四紙

《有美堂紀》一分

《蘇米齋額搨本》一分

《琵琶拓本》一分

《醴泉銘摹刻》二分

《小字蘭亭》二分

其後附記曰：

紙短情長，我懷如結。冬便專望好音，千萬珍重，不盡欲言。

乙亥正月十四日三鼓。爆竹聲中走筆作書。星原弟翁樹崐頓首。

約軒曾藏有《煙雲供養帖》畫册,其上有諸多名士的題辭。阮堂和沈斗室欣賞後題有詩,阮堂的詩如下:

筏喻蘇齋裊篆絲,仰須我友問津時(一)。
此身怳若圖中在,濕翠濃青有夙期。

原注:(一) 篆煙香縷尚如結,仰須我友來問津,即蘇齋題余所奉笠澤圖句也。今見此卷,若有所感,仍題。

阮堂又有詩曰:

水木與雲霞,青蒼寫篆髓。
試拈八萬偈,舉似丹陵子(二)。

原注:(二) 余家有李丹陵先生畫一幀,今見此本,即其臨摹耳。

斗室的詩曰:

遠樹如雲雲似山,草堂幽寂樹雲間。
不應畫士有遺筆,定爲主人姑未還。①

約軒托付燕行的許澹宕捎帶此畫册給星原,拜托星原品題。星原看到此畫册後欣喜地題詩曰:

題洪海居都尉煙雲供養帖畫册多名士之作

小印迷尋錢與董,江南秀氣几牀間。
橫堤紫翠兼詩髓,指點橋邊著色山(一)。
碧葦紅蓼倚釣絲,好風吹送故遲遲。
披襟澹對微曛處,正是詩翁得意時。
百轉回廊巧斲成,雲山萬仞俯雕甍。
我東定許芸香貯,夜半燈明校讀聲。

原注:(一) 南唐趙幹畫山水一幅,下有董錢二氏印。

---

① 此詩見録沈象奎《斗室存稿》(《韓國文集叢刊》290)卷二,題名《爲約軒都尉洪世叔顯周題畫二首》,此詩爲其一。

星原又次阮堂韻曰：

次金秋史題畫韻

平鋪細皺穩如絲，欲寫放船未雨時。
穿破一灣雲樹影，有人相對話襟期。

和秋史題畫卷

蘇齋微妙處，畫裡兼詩髓。
真味與誰參，許我星秋子(二)。

原注：(二) 謂星原、秋史。

星原在斗室的詩題下寫道：

斗室落筆處，雖一絶一律，箇中皆有英氣逼人，心羨久之。紅豆主人題。

星原又在畫册末題曰：

此册約軒所藏，托許澹宕寄來，囑余品題。留於案頭二旬之久，每一展玩，心神俱暢。且多舊雨題識，珠玉在前，余固謝不□，因擇其畫髓精妙者，附題小詩六首。他日約軒以使者北上，當携此册入來，共几談心，盡出余所藏古今名畫互觀欣賞，又添一段墨緣矣。星原翁樹崐題于石墨書樓。

四、金景林

金景林是阮堂的前輩，與星原交流密切。景林名漢泰，字景林，據邵堯夫句“至微功業人難必，儘好雲山我自怡”中取“自怡”二字自號“自怡堂”；又取朱子“間中自怡悦，妙處絶幾微”中字，自號“自怡悦齋”。牛峰人。英祖三十八年(乾隆二十七年，1762)生人，官至知中樞府事。金景林在乾隆四十八年(1783)隨貢使出使北京，翌年春訪問了名門博西齋，當時西齋和親友覃溪正會談，故景林受到博、翁兩大家的知遇。景林請西齋爲個人書齋自怡堂題寫記文,并請覃溪題寫了“自怡堂”三字匾額。覃溪當時即題寫了匾額,景林携帶歸國;記文在翌年正月由西齋寄到朝鮮,記文如下:

金鴻臚漢泰自怡悦齋記

朝鮮金景林氏,築精室三楹,植花藥於庭,儲書百餘卷,暇則焚香哦誦其中,顔之曰自怡悦齋。其志佳矣。夫境與物,不能令人怡悦也。必境與物與其人心之趍嚮,相合而後,其天機暢焉。若勉强爲之,則不覺怡悦,而適增益其煩苦。故怡悦之事,惟一二素心友人,差可共之,雖妻孥有不能。喻怡悦而不自得者,非真怡悦也。惟筮仕之人,則不當自怡悦,而思與民共怡悦。蓋既已出而臨民,必以民之怡悦爲怡悦,不可徒自娱而已也。彼隱淪者知此,故甘心於山中白雲,而絶去華膴之場,所處之時至地有不同耳。景林年甚壯,且方入仕版,自好則誠善矣。其亦由自怡悦者,而思夫與人共怡悦之義乎哉。

乾隆乙巳上元前四日　西齋老人博明書

景林携帶此題記與多位知友欣賞,亦得到了友人的題詠。此後,在嘉慶十五年(1810)二月朔日景林收到了北京的曹玉水所題《自怡堂記》,這可能也是阮堂入燕時介紹的結果。玉水的題記如下:

金鴻臚漢泰自怡堂記

人生何處得自怡哉。男兒墮地,不啞啞咲咲,乃呱呱泣,似告我以不怡也。聖人知此意,故繼乾坤以屯蒙,示憂患之旨,猶龍氏悲之,謹守三寶。而不材之木,失馬之翁,莊列發明之,此蓋自全其天地者也。若聖人者,弗忍自全其區區之天者也。降至後世,徒以功名富貴,身家妻子之故,終日戚戚,摇精鑠神,夭其天年,乃亦藉口於憂患之義,是又老莊列氏所不屑悲者耳。太上不忍怡,其次自怡,最下不知怡。大雄氏喻以火炕,可深痛也。邵子之易源出於道家,自可不必諱其廣大深微,彌綸六合,自成一家。後之儒者必援先天之説,以注繫辭,則并邵子而失之。從來説經家,原有不能强爲合者,故余嘗謂邵氏真能自怡者也;由自怡可蘄進于不忍怡,而世之戚戚者無與焉。景林金先生掇康節句,顔其堂曰自怡,謹諉作記,余以世俗之不知自怡者,不之爲先生道,故以聖人之不忍自怡爲先生進一解,然曰樂天知命而不憂,聖人又未嘗不自怡也,則余説又贅矣。時嘉慶庚午二月朔日。玉水曹江記。

景林在嘉慶十八年(1813)暮春隨貢使再次入燕(時年五十二歲),别後三十載,景林再次造訪石墨書樓,與覃溪續闊别之情。此次,景林認識了星原。景林拿出携帶來的《自怡堂記》册子,拜托星原題跋,并再次拜托覃溪題寫“自怡堂”匾額,更請求星原托付相識的諸名流給册子題詠。景林歸國時把册子留在了蘇齋。覃溪首先在册子卷首以八分題寫了“自怡堂”,後又有陳石士(名用光)題寫記文,劉芙初(名嗣綰)、葉筠潭(名紹本)各題寫詩,星原亦在卷末題寫詩文記述了始末,又題寫了懷紫霞、阮堂、約軒詩,追憶往日雅會時的風流愜意。正巧當時李墨莊訪問蘇齋,星原當即托付墨莊老人題筆賜詞。墨莊爽快答應,題長歌以記墨緣。首先看陳石士題寫的記文:

金鴻臚自怡堂記

我國家德澤涵乎方外,奉正朔來朝賀者相屬乎梯航。而高麗居海東,尤爲知禮教,盛儒術之國。其奉國王之命來者,往往樂訪問中朝賢士大夫,與之揚摧古今,講求文藝;暇則就琉璃廠肆購索圖籍以歸,蓋彬彬然多好古之士矣。使班孟堅、范蔚宗生於今世,執筆而紀其風俗,當必裒采茂美,不僅述涉河而想望箕子之條約也。金鴻臚漢泰嘗兩至京師,而今年之來,則乞得翁覃溪先生爲分書其堂額,復珍重之甚,至潢爲册,而留于先生之子樹崐齋中,使轉乞能爲詩文者,係之以詩文。樹崐屬用光爲之記,余嘗見鴻臚于蘇齋矣。藹乎其容,睪乎其思,其無媿于知禮教盛儒術之士大夫也。其堂名曰自怡,其庶幾有自得者存,與樹崐繹其命名之意,不援陶宏景之言,而取證于邵子、朱子之兩詩。蓋先生嘗以宋學誨人,以此見樹峴之能守家法也。《易》曰:"説諸心,研諸慮。"以此爲説,其非爲辭章之藻繪矣。鴻臚喜就蘇齋,其於宋儒之學,庶幾能由繹之以誨其邦人也夫。時嘉慶十八年秋八月朔二日。江西陳用光爲之記。

陳石士曾在蘇齋與景林有過會面,所以知道景林的人品。而石士在蘇齋門下研習宋學,所以對景林也期許以宋學。對於石士和阮堂的交流,後章再詳細敘述。

劉芙初的詩文如下:

景林金鴻臚漢泰自海東來,相遇蘇齋,覃溪老人爲書自怡堂三字贈之,留此頁屬先生子星原轉乞贈言,書句以應,時已返海東數日矣。南蘭陵郡劉嗣綰并記

紫陽喜吟詠,間中娱澗阿。堯夫玩烟雲,自足安樂窩。
名教出几席,持贈不在多。散之縱六合,往往方寸羅。
金君海外賢,即事相摩挲。求書得至味,蘇齋百東坡。
我生適同庚(一),萬里眉睫過。一塵一須彌,一波一刹那。
往來□天暢,缣素夫如何。却笑陶隱居,怡悦乃觳歌。

原注:(一)壬午生。

劉芙初也是在蘇齋和景林相識,而且二人同歲。芙初名嗣綰(1762—1821),字簡之,芙初是其號。陽湖人。嘉慶進士,任編修,在翰林任職十餘年。工詩文,後主持東林書院。有《尚絅堂詩文集》存世。

葉筠潭的詩曰:

題金鴻臚自怡堂扁後嘉慶癸酉九月朔日吴興葉紹本

望族東瀛貴,聲名上國知。
言猶箕範演,學自考亭遺。
獨悟行生理,應個風詠詞。
蘇齋題字在,珍重揖冰斯。

星原的記文如下:

金景林鴻臚自怡堂記

朝鮮金景林鴻臚名漢泰，於癸酉暮春隨使來京師。四月既望，來訪蘇齋。蓋鴻臚嘗與家君相見於博西齋先生處，其時爲乾隆甲辰孟春也，今忽忽三十載矣。金君美丰儀，博學嗜古。世居三韓，家稱巨族。名其堂曰自怡，取"至微功業人難必，儘好雲山我自怡"，堯夫句也。又自榜其居曰自怡悦齋，取"閒中自怡悦，妙處絶幾微"，晦翁句也。甲辰年家君曾書自怡堂扁，金君攜歸，東人題詠殆遍。今夏將行前二日，重裝一册，留於蘇齋，欲再得家君書，而遍索中朝士大夫題詠以爲榮。家君既爲分書於册首，而陳石士用光、劉芙初嗣綰、葉筠潭紹本各系以詩，以此金君兩次觀光之願，且補三十年前翰墨因緣，庶幾其不虚此行乎？他日金君睹此册時，當與紫霞、秋史、約軒諸益友，晴窗净几，互相展翫，應知群賢雅集，佳什日增，迴憶詩境軒中主賓酬酢，依依風味，如在目前矣。時嘉慶十有八年歲次，癸酉重陽前一日。翁樹崐識。

星原的題詩如下：

題自怡堂册後詩

韻事重題愧未工，烏絲小楷托詩筒。
近從東海聯三甲(一)，遠溯西齋紀十同(二)。
石墨樓高懷舊雨(三)，冰壺閣對詠春風(四)。
嵩陽真蹟留青眼，一樣烏雲夢日紅(五)。

原注：(一) 秋史與崐皆丙午生，顆山丁未生，貞碧戊申生，是訂爲三雌甲。

(二) 家君寄懷博西齋詩，有"况我追陪是十同"之句，詳載《復初齋集》卷二之二。

(三) 金君每過必登石墨書樓，暢談竟日。

(四) 洪約軒有冰壺閣、春風亭，囑崐題額。

(五) 曩時，申紫霞、柳貞碧、袁蘅皋、陳植夫諸友詩境小集，即席聯句，極一時文酒風流之盛，同觀家藏《天際烏雲帖》并宋槧《蘇詩施顧注》。

星原又在詩後題辭曰：

重陽登法藏寺塔歸，風晴晝暖，盆菊含葩欲吐，滌涣花草堂研，試紫兔毫，録於星秋霞碧齋中，寄奉景林先生斤正。是日題此册甫畢，適余友李墨莊來訪，囑其作長詞以紀墨緣。星原又識。

李墨莊的長歌如下：

自怡齋長歌，題似金景林鴻臚漢泰

我生兩脚不自宰，踏破名山與江海。此身可勞心固逸，草木山川聽余買。朅來高卧師竹齋，塵緣欲斷佛緣來。門無俗客機常息，座有圖書醉偶開。蘇齋老人今邕也，碑板流傳照四野。遂令雞林好事人，問字日停果下馬。金君静者好自怡，我未識君名早知。留取齋顔待鴻雁，洛陽紙貴争題詩。人生識字憂患始蘇句，不堪持贈定何旨。魔障原從理障生，康節晦翁其至矣。忽憶東洋駐節時，日揮萬紙不嫌疲。即今腕弱目昏眊，結習難除笑我癡。

六十五歲老人墨莊李鼎元

與朴楚亭等朝鮮友人有過親密交往的墨莊老人的長詩，更給畫册增添了不少光彩。星原把畫册寄給了景林。現在此畫册原本不知爲何人所藏，慶幸的是筆者藏有此畫册的鈔本。

如上叙述，星原爲景林揮筆題詞的同時也想到以阮堂爲中心的朝鮮諸多友人，想起蘇齋與朝鮮友人的墨緣，星原對此經常會情不自禁地喜於言表。

最後，以阮堂爲星原的小影所題詩來作爲本章的小結：

題翁星原小影

端莊雜流麗，剛健含阿娜。坡公論書句，以之評君可。

此圖十之七，莊健則未果。弗妨百千光，都攝牟珠顆。

惟是致君來，共我一堂中。烏雲萬里夢，海濤迴天風。
覃室儼侍歡，蘇筵執役同。文字聚精靈，神理合圓通。
愧我慚雌甲，生辰又特別。以君家墨緣，宜君生臘雪。
如何我生日，而復在六月。依然蘇與黃，君我各分一。
飈輪轉大世，前夢悟夙因。笠屐存息壤，石帆叩梁津。
秋虹結丹篆，吐氣蟠嶙峋。回首石幢影(一)，息息與塵塵。
舉似匡廬偈，坡像涪翁拜。金石申舊約，銖縷窮海外。
石銚鳴松風，琅琴答天籟。一念逾新羅，竟有何人解。[①]

(金正喜《覃揅齋詩藁》卷一)

原注：(一) 與君相別於法源寺舍利石幢之下。

① 此詩亦見録《阮堂先生全集》(1934 年鉛活字本)卷九。

第七章　翁星原的訃告

星原經由阮堂的介紹結識了不少朝鮮友人，這些朝鮮友人也都能瞭解星原研究朝鮮碑帖的熱情，不斷地寄送朝鮮碑帖、拓本給星原。星原爲了答謝朝鮮友人的餽贈也常常把石墨書樓的文籍器物贈送給朝鮮友人。通過這些交流，星原所希望的朝鮮古碑資料漸漸充足，他的研究也漸漸有了頭緒。

阮堂在嘉慶二十年(1815)寄送千餘言的長信給覃溪，對諸經義進行具體相詢，列舉了鄭玄的諸注，仰望覃溪能對儀禮研究給予教示，同時贈送人蔘三枝、古硯一匣。此外，阮堂又有十餘紙的縷縷數千言手簡和古刀二柄、碑刻釋文、補鄭史等寄給星原。這些手札和禮物到達北京的時間應該是九月下旬或者十月初。可是，在八月廿八日覃溪就失去了最爲疼愛的兒子星原，而當收到和星原同庚的阮堂的書物後，其悲喜交集之情當不知該如何言表。覃溪在回復阮堂的信札中首先表達了對贈禮的感謝，又含淚執筆告知了星原的訃訊。這是覃溪給阮堂的所謂“第一封手札”，手札中言：

老夫不幸四兒於夏末秋初一病不起，至八月廿八日逝去。老夫當此衰年，慘遭此變，惟制淚不敢自傷，而此兒頻承大雅教愛，至誠且切，彌增銜感耳。此兒夙寡知交，惟有尊兄摯誼，夙所心盟。知我尊兄聞之,亦不勝悼惻也、老夫無他學問,此兒尚未得中式,一第正在劘切應舉之文,是以經學考訂之功,亦未嘗入手;詩止粗學近體,於古詩家數,亦未深造;惟有金石考證,則其性所夙嗜。數年來承吾兄遠寄古揭,往復辨析,頗有所得。渠又能模仿響搨鉤録氊蠟之法,皆能入細,其所撰金石考核諸件,竟有一二足資諸大雅之前者。

信中哀音惻惻,令人不忍卒讀。覃溪一面思念亡兒,一面感謝阮堂與星原生前的友誼。而對平日知交甚寡的星原和阮堂心契最深,作爲父親的覃溪想起陰陽兩隔之人的因緣,會更添悲涼之情吧。覃溪强忍淚水,亦告訴了阮堂蘇齋的近況。現僅把内容摘要記述如下:年來在蘇齋購買金石的如黄小松(名易)、張芑堂(名燕昌)等輩,現在再也不能得見了;尊札中所言葉東卿名詵,漢陽人,現在史館做校録,亦是蘇齋著録弟子,兒子樹崐在前札中亦有説明;東卿對金石考訂頗深;東卿今冬暫南歸,明歲或若有如前次所送金石或新片佳本,可道蘇齋面晤直接手交。東卿的名字一定銘記,其可作蘇齋金石之傳人。云云。

覃溪對葉東卿的介紹尤其值得注意,這也是東卿和阮堂建立神交的原因。覃溪因喪子之痛還未平息,没有勇氣再提及其它内容,僅言及此。兩日之後,覃溪重新題筆在别項中記録了三首哭兒詩:

哭崐兒

墨業多虧折,無端損爾年。何心追往事,拭淚對秋天。

爲父慚奚補,留兒弱可憐。翻思元日句,不合壽坡鐫(一)。

寫照長松倚,常傾坐客題。兩邀闈卷薦,并負晝荷荑。

敢諉文於命,誰争數不齊。二兄同硯久(二),櫳柩最悲凄。

學詩功未就,方葉共題襟(三)。北地師如滹,新城派忍尋(四)。

他年傳寺塔,遺墨愧高岑。或借微名字,青留具葉陰(五)。

原注:(一) 兒以十二月十八日生,自號壽坡。今年元旦,客爲鐫印以贈。

(二) 伯符、仲通。

（三）所同唱酬益友，方式亭、葉東卿尤善。

（四）八月廿八日，漁洋生日。

（五）城東法塔寺及宏善寺陳香泉書晝鶴賦壁，兒皆有手題存焉。

（翁方綱《復初齋詩集》卷六十八）

覃溪老人屢次遭受喪兒之痛，最後連最爲疼愛器重的星原也先他而去，懷抱着纔僅僅二歲的孫子引達的覃溪老人之心，該是多麼的寂寥和悲切呢！而意外得到訃告的阮堂，其惋惜之情又何以堪！阮堂用血淚綴爲哀辭來安慰覃溪老師。覃溪含着感激的熱淚，賦詩道：

寄金秋史

書來慰我寂寥間，寶室名覃正恧顔。
豈有津源窺大海，敢希楚望荅東山(一)。
鏡奩更顯形容老，禪楮多憐目力艱。
欲效葠歌朱集後，即憑島信附詩還(二)。

原注：（一）來書以趙汸春秋學爲况。

（二）竹垞高麗葠歌，爲友人作，而未嘗遠寄耳。

（翁方綱《復初齋詩集》卷六十八）

阮堂對星原的早逝悲痛不已，經常和紫霞等友人一起懷念星原。阮堂有如下詩文：

歸畫於紫霞，仍題

我雖不知畫，亦知此畫好。蘇齋精鑑賞，烏雲帖同寶。
持贈霞翁歸，其意諒密勿。嘆息老鐵畫，東來初第一。
星原筆鎔鐵，似若壽無量。如何須臾間①，曇花儵現亡。
萬里逐千古②，撫畫涕忽泫。匪傷星原死，吾輩墨緣淺。③

（金正喜《覃揅齋詩藁》卷一）

---

① “間”，原著寫作“門”，據金正喜《阮堂先生全集》（1934年鉛活字本）卷九收録同題詩改。
② “古”，原著寫作“里”，據金正喜上揭書收録同題詩改。
③ 此詩亦見録《阮堂先生全集》卷九。

紫霞亦題詩曰：

追和覃溪題紫霞學士墨竹

誰携墨竹過龍灣，忽見題詩到象山。
料得星原臨本日，萊衣無恙鯉庭間。
豈止相思限一灣，黄壚回首嘆河山。
無緣萬里觀嬴博，雙淚汪汪墮篋間(一)。①

原注：(一) 時星原已死。

(申緯《警修堂全藁》)

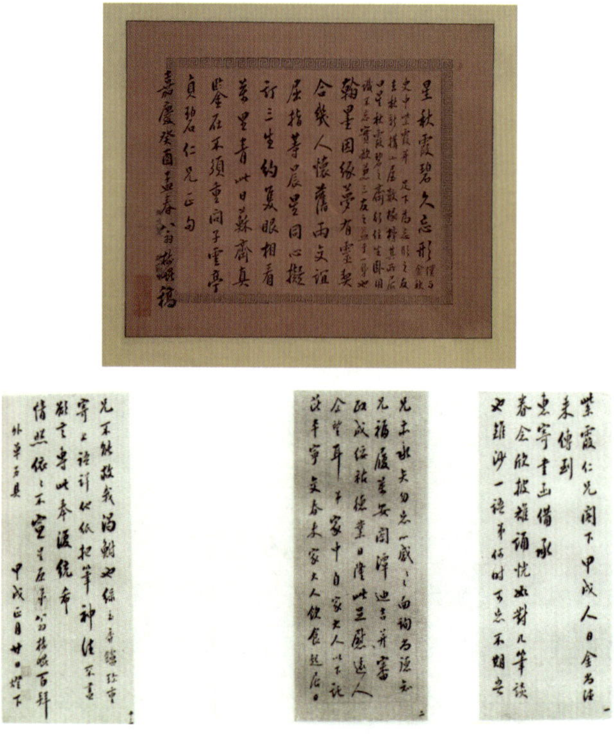

翁星原寄給紫霞的詩及手札

① 此詩見録申緯《警修堂全藁》(《韓國文集叢刊》291 册)册三，爲《追和覃溪題紫霞學士墨竹》四首中前二首。第一首後有小注曰："覃溪原詩題在畫幀，星原手臨一本。"此四首詩後録《附原韻覃溪》。

阮堂在星原歿後的第二年,即朝鮮純祖十四年(丁丑,1817)四月訪問慶州,探得鍪藏寺阿彌陀入來造斷碑。更爲慶幸的是在荒莽中發現了斷石的下一段,驚喜異常。可是,這個石碑再也不能夠給星原鑒賞了,阮堂不禁感嘆萬千,遂在斷石碑側題詞曰:

> 此碑舊只一段而已。余來此窮搜,又得斷石一段於荒莽中,不勝驚喜叫絶也。仍使兩石合璧珠聯,移置寺之後廊,俾免風雨。此石書品當在《白月碑》上,《蘭亭》之崇字三點,唯此石特全。翁覃溪先生以此碑爲證,東方文獻之見稱於中國,無如此碑。余摩挲三復,重有感於星原之無以見下段也。
>
> 丁丑四月二十九日金正喜題識

又有一石,阮堂記之曰:

> 此石當係左段,何由起星原於九泉,共此金石之緣。得石之日,正喜又題手拓而去。

阮堂探尋到的斷石二片和之外的一片,原藏於總督府博物館,現移至景福宫勤政殿回廊上陳列。此碑拓本(阮堂發現斷石以前的)之前就寄送給了覃溪,覃溪非常高興并作《新羅鍪藏寺碑殘本跋》,其中記録有"碑行書,雜用右軍蘭亭,及懷仁大雅所集字,蓋自咸亨開元以來唐人集右軍書。外國皆知服習,而所用蘭亭字,皆與定武本合,乃知定武本實是唐時所刻,因流播於當時耳"云(《復初齋文集》卷廿四)。《蘇米齋蘭亭考》卷三:

> 高麗所拓唐貞元十六年《新羅鍪藏寺碑》,兼有懷仁大雅所集右軍字,内崇字山下三點皆全。

亦記有以上文字。筆者所藏《蘭亭考》原是星原收藏很久的珍本,上記文字下面的頁白處以細筆親題有以下文字:

> 《新羅殘碑》,守大南令金陸珎撰并書。就殘缺處詳辨得存者十七行中間。最高處一行廿四字共計得二百八十三半字。甲戌人日。

樹崐識。

樹翁
崐印　　原星

但"守大南令"應爲誤讀,應讀爲"守大奈麻"(葛城末治氏著《朝鮮金石考》)。星原統計的二百八十三字斷面之外又發現了一百二十八字一片,所以阮堂不能不懷念星原。阮堂把發現的斷片拓本及識語一起寄給了劉燕庭,《海東金石苑》卷二收有斷面碑文、阮堂的識語以及覃溪的跋文。

覃溪在遭遇喪子之痛後,即使在八十三歲高齡之際亦振作起來繼續研究學術,而對阮堂學術的指導亦持續不斷。覃溪在經學上就阮堂的諸問題都做了懇切的指導,這些長文手札真蹟現存有五通,它們相互關聯,亦都是在星原歿後所寫。覃溪是如何對阮堂精心進行學術指導的,通過這些手札可以窺見一斑。同時,對清朝經術東漸的情況,如品一臠之味,亦可以瞭解其中的一些具體斷面。

第八章　翁覃溪的研經指導

一、第一封手札的探討

此手札原册中有嘉慶二十年(1815)十月十一日和同月十四日的兩通書信,此外還有連葉札一通同封,合爲“蘇齋寄第一封”,是當時八十三歲高齡的覃溪寄給三十歲的阮堂的書信。遺憾的一點是現今連葉札一通遺失,封簡的署名如下:

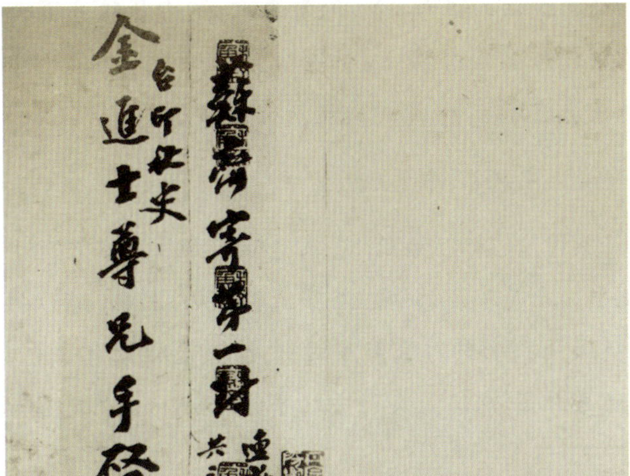

現存兩通書信中的十一日手札内容在前文已有記述,是有關星原訃告音訊内容。覃溪所寄嘉慶二十年十月十四日的書信是覃溪解答阮堂有關經義諸問題的相關内容。此通手札的内容亦見録覃溪《復初齋文集》卷二十一《答金秋史》,不過覃溪文集所收此通書信和寄給阮堂的原文書信在字句内容上有不少差異,尤其是寄給阮堂書信的後半部内容覃溪文集中全部省略,此原札可以補訂覃溪文集中刪除的内容。

覃溪對阮堂的好學篤實甚爲喜歡,以"鄙人夙愧雅契,屢深篤切之誼,何以當之"的謙遜口吻循循闡述了在研經上的心得。下面就其主要内容摘録如下[①]:

(一) 有關鄭注的吟味,覃溪曰:

頃讀來教,具叩諸經義,蓋意在欲治《儀禮》,甚善。所舉鄭注待剖析處,此須通徹詳證,漢時古籍尚有存者,如《王居明堂禮》諸條之類,鄭所見必有足資考者,顧必能詳載耳,如《大司樂》注,所祭天地皆名爲禘,而祭法泰折條下不言禘也,則何以取信?鄭君著《禘祫志》,散見於注疏,由此宜彙取抄輯一編,則可以通徹觀古人用心處矣。

(二) 可以纂言,不可纂禮:

抑又有説焉,治《禮》者,但當纂言,不當纂禮。項平甫[②]嘗謂以諸經言禮之條必欲合證之,如醫家温凉攻補雜投,此言深刻鑒也。所以愚意專在纂言者,訓詁訂證所宜精核也。

(三) 有關鄭注之非,覃溪曰:

如《燕禮》、《聘禮》皆云"賓爲茍敬",鄭注苟且之敬小敬也,此復成何説乎。此茍字是《説文》茍字上字从"从",音棘,自急敕也。苟且之苟是"艸"頭,與此不同,與苟且苟字迴别,言其急設此此敬也,與急同義。《詩》"無易由言,無曰苟矣",即此字也言不得藉口於太急而易其言。

① 原著中藤塚鄰是以日文翻譯書信内容,今據書信原文録入。
② 原著中注:項平甫,名安世。宋淳熙進士,著《周易玩辭》、《項氏家説》。

（四）鄭注之不齊：

鄭君"讀某爲某"者，有可有不可。如《小雅・斯干》篇"似續"，即《周頌》"似續"，而《斯干》篇鄭讀"辰巳"之"巳"，其可信乎？康成後漢大儒，其於禮堂寫定諸經，欸以整百家之不齊，而豈知鄭説先有不齊之須整者哉？

（五）張惠言《儀禮圖》之誤：

經義中宫室衣服有宜精核者，亦有其制難徵無經畫定者，且如明堂與路寢同制，此語渾而未析，其中某處相同，不可臆知也。而張惠言必謂"明堂即是路寢"，此能以意定之乎？楊信齋①《儀禮圖》②每條具載經文，可以有可參質，而張惠言之圖③不著經文，自繪爲圖，件件處處，若得諸親目驗者，有是理乎？

（六）杜注之非：

凡治經者，不可捨經泥傳。如《春秋傳》"趙盾弑其君"條下，《左氏》載"孔子曰，惜也，越境乃免"，此特《左氏》借聖言以繳足，太史氏語非謂"其越境即可不討賊也"。杜注誤會此義④，後人乃反議《左氏》原載，以爲非出孔子之言，此皆杜氏不知體會，有以歧之。

（七）起例聖經無：

如郤宛之殺⑤，杜注以稱名爲罪之⑥，然則晉世子申生之殺，何嘗不稱名，豈無罪之邪？諸名書書字以見褒貶，書日書月以寫筆削此等起例，皆非聖經所有⑦。

---

① 原著中注：楊信齋，名復，字志仁。受業朱子之門，勁特通敏，考索最精。
② 原著中注：《儀禮圖》，《通志堂經解》所收。
③ 原著中注：張惠言《儀禮圖》，單行本并續，《皇清經解》所收。可參考《復初齋文集》卷十六《跋張惠言儀禮圖二首》。
④ 原著中注：杜注，越境則君臣之義絶，可以不討賊也。
⑤ 原著中注：《春秋》昭公二十七年。
⑥ 原著中注：杜注，無極楚讒人，宛所明知而信近之，以取敗亡，故書名罪宛。
⑦ 原著中注：《公》、《穀》之説。

（八）古序和十翼：

六經惟《詩》、《書》原有古序宜遵，而後人反不信之。其出自聖筆，與經相益，立於萬古者，莫若《易》之《十翼》。而宋歐陽氏甚至疑《繫辭》非聖人作。

（九）博綜漢學，恪守程朱：

宋儒解經於義理益加精審，而訓詁所從出，則漢儒師承，有自不可忽也。然同在漢學，而鄭康成又有與《説文》不盡合者；許慎之學出於賈逵，而《説文》所引經又有未可盡執以爲據者。居今日仰窺前聖緒言，一言蔽之，究必恪守程朱爲正路。近日嗜博之士，往往藉口漢學，漸且自外於程朱者，此學者之大患也。要宜博綜漢學，而勿畔程朱，乃可問津洙泗耳。愚所附記諸經數千百條，大約不出此意。

信中此段内容，覃溪曾在《考訂論下之三》（《復初齋文集》卷七）有所闡述。現摘録如下：

愚謂，治《禮》經者，但當纂言，而不當纂禮。蓋纂言，則古説即有沿革同異，或不妨并存，以資考析耳。纂言，則諸經雖各爲指歸，而間或取彼以證此，亦未遽伸此以抑彼也。若竟居然斷定，某制當如何，某事是如何，非其目覯，誰則信之。自聖人仰述夏殷，已云無徵不信，今日之視周，與周之視夏殷，何如哉？况居今日而斷定古之典制名物，非妄則鑿也。

覃溪又自注曰“鄭箋鄭注訛相當”，另撰文闡述曰：

《燕禮》，揖讓升賓爲苟敬，鄭康成訓作苟且之苟，抑戒六章。無易由言，無曰茍矣。鄭箋亦訓苟且。竊謂，此茍字从竹，不从艸。《説文》已力反，自急敕也，乃與言不可逝矣。逝字叶入聲者爲韻，不獨字義當以急爲訓也。今日聽樂歌至此句，神韻悠揚，與下句正相呼吸，彌信方綱，此説之不誤。（《復初齋詩集》卷三十二）

(十) 注意《魯禮禘祫志》之筆録:

鄭康成所著《魯禮禘祫志》,凡若此類散在注路内者,有志者宜隨時抄撮之,所以注疏最有裨益也。如兄之能悟而又好學深思,何不即從諸經注疏用功起耶諸經注疏《毛詩》、三《禮》皆最有資考据,《左傳》注疏次之,《公》、《穀》則不及選矣,《易》、《書》注疏又次之耳。

以上十個條目是覃溪細緻地指導阮堂的注意事項。當時,阮堂正專研漢代的禮學,爲了使阮堂不至於陷入弊端,覃溪講述了鄭玄的例子,并强調即使如鄭氏這樣的大儒也不能盲從。覃溪對阮堂有更高的期待,進而激勵阮堂曰:

如兄之好學深思,而又有閑暇餘力,年富才敏,足以濟之,其臻大成可必也。

覃溪雖然在喪子悲痛之中,還對阮堂有如此淳淳訓言,阮堂的感激之情不知如何表述。

阮堂又向覃溪求其著書《諸經附記》,覃溪在信中回答曰:

鄙人之説,雖積成卷帙,但鈔出副稿者止此一本,其原底,則草草塗改過甚,須再謄一本,乃可全寄,然亦頗欲商諸知好,謀所以次第附梓者,未知果此願否。

《諸經附記》是覃溪傾注了大量心血的著述,因抄出副稿頗爲困難,不容易贈給阮堂。阮堂的請求愈來愈急切,覃溪遂讓葉東卿抄寫後寄給了阮堂。最後,阮堂的夙願終於得到滿足,有關具體内容,後章中再做詳細討論。

二、第二封手札的探討

第二封手札爲嘉慶二十一年(丙子,1816)正月廿五日,八十四歲的覃溪寫給三十一歲阮堂的手札。封筒和署名如下:

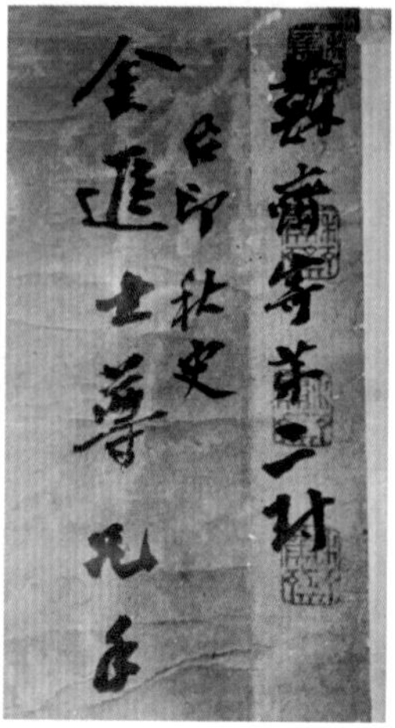

前年十一月十四日發出的書信未能盡意,本年正月廿五日的信中更對研經的心得進行了詳盡的整理。首先,因“進來拙書因目力愈昏,不能在有色之紙作字,是以用此竹紙”表示歉意。對前年來信再三表示:“承惠緘縷縷千百言,以感以企。敬惟,吾兄厚貺渴懷之雅,深愧深愧。”覃溪欣喜於阮堂的篤學,開始徐徐善誘:“切念,尊意詳求古籍富於才力,孜孜若不及。以鄙人之愚拙,無能稍圖稗益於研席者,遠道不盡曲陳,則惟撮其最要者,一言蔽之,此事惟在精專而已。”下面覃溪就諸項内容作了如下陳述:

(一) 恪守程朱:

有義理之學,有考訂之學。考訂之學,漢學也;義理之學,宋學也。其實適於大路,則一而已矣。千萬世仰瞻孔孟,心傳自必恪守程朱,爲指南之定程。士人束髮受讀,習程朱大儒之論,及其後博涉群籍,見聞日廣,遂有薄宋儒者,甚且有倍畔程朱者,士林之蠹弊也。

(二) 不拘泥於宋儒,不蔑視古訓:

義理至宋儒,日益精密矣,而宋時諸儒自恃見理之明,往往或蔑視古之訓詁,即如《爾雅》、《説文》,實經訓所必資,豈可忽略?且如《詩經》内訓釋出自古所師承者,豈可據後人習用之文義以改古訓乎？如《齊風》猗嗟名兮，此毛傳本於《爾雅》，目上謂之名，豈可作名稱之名解乎？（案：朱子曰名猶稱也）古人師承，自有來歷，不可用後人習見之文義以概之。

（三）元陳澔《禮記集説》之武斷：

如陳氏《澔雲莊禮記集説》所引石梁王氏之類，即如《文王世子》篇内一條，正文之下，“周公踐阼”四字，後人疑爲衍文，竟欲删去，不知古人文字，每段題目在本文之下，此即其每段之題目也。

覃溪引用的雖是《禮記・文王世子》篇的“文王爲世子也”句下集説中的“石梁王氏曰，‘文王之爲世子也’一句，衍文”，不過，納蘭成德在其《集説補正》中已經明確説明不是“石梁説”。覃溪又在其著書《禮記附記》卷二中有所明確分析曰：“陳氏集説，戴石梁王氏曰：文王之爲世子也，教世子，周公踐阼，皆衍文。鄭注則皆云題上事，鄭説是也。周公相成王，踐阼而治，後文更詳具之，此段先約舉之，而周公踐阼之系題，郤於後段題出之，此則當時記禮者，自爲節目云爾。”

（四）不可妄議《書序》、《詩序》、《十翼》：

《尚書》每篇之序，《毛詩》每篇之序，皆古師訓義，豈可輕議。甚至歐陽永叔，并《易繫》而疑之，《易》理難明，全恃聖人《十翼》，只因學者不能深思《彖傳》、《象傳》、《繫辭上下傳》、《説卦》、《文言傳》已，用之不盡矣。所以聖言云：‘知者觀其彖辭，則思過半矣。’此以下數節，即聖人手著讀《易》之凡例，後人自不善領會耳。

（五）蔡傳對《尚書・康誥》篇首節所犯錯誤：

《康誥》首節，周公咸勤，乃洪大誥治，此句大誥二字，實即《康誥》、《酒誥》、《梓材》三篇之摠序，明著其爲周公所作也。今蔡傳誤以爲《洛誥》所錯簡，則《康誥》治出於周公，無自而考矣。惟其此段摠挈於三誥之首，是史臣欲明著此三誥乃周所作也，後儒不知此義，第見王若曰孟侯朕其弟，不知此封爵是在武王廟中述武王口氣，所以王若曰三字，是周公特筆。所以《左傳》、《史記》皆明説，成王時封康叔，而宋儒竟自改爲武王封康叔，則是《左傳》、《史記》皆不足信矣。有此理乎？姑略舉一二處，以見古時師承之原委，必不可廢也。

（六）朱子的《儀禮經傳通解》：

古時經師相承，或又有各遵其師説，未盡能畫一之處，而三《禮》尤甚，朱子《儀禮經傳通解》一書，最爲有功。黄勉齋、楊信齋皆承朱門之緒，闡發補證。雖信齋之書，中間不無待後人之補證者。然而補證非可擅用一己之見，輕易斷定也。

（七）張惠言、沈彤對古禮制的武斷判定：

《大戴禮》虞注，言明堂與路寢同者，實亦未詳悉分疏明堂内之某制，與路寢内之某制相同也。今日江南張惠言撰《禮圖》，意謂明堂即路寢矣。即如今日偶見漢初銅尺，用以審定古器款識則可矣。江南沈彤意欲執此尺以斷定周時分田制祿之成算，竟若身到周庭，目覿其時事者，此必不能之事也。況聖人已言禮、度、文上焉者，無徵不信。以吾夫子生於周時，尚且慨杞、宋之無徵。而今考古者，必欲如身到古時，若目覿其事其制者，非愚則妄也。

（八）宜詳考古義，不泥於古禮制：

所以愚見惟是恪遵古義者，如《書序》、《詩序》，則必宜稽考。如《樂記》之分篇，如《玉藻》之闕脱，如《儀禮》之古今文《儀禮》古文、今文，宜可詳考；《尚書》之古文則不必論，鄭康成謂禘是祭天之説，斷不可從。而鄭氏作《魯禮禘祫志》，散見於注疏中，則不妨抄撮以資互證。古人制禮，原是爲資於一時之用，而非欲供後人之考今，讀者則只宜考其同異，而不當復泥其當日之所用。

（九）凌廷堪的《儀禮釋例》（即《禮經釋例》）：

如吾門人凌仲子，撰《儀禮釋例》，愚久笑其迂，此等撰述，意欲何爲，有此光陰，又不如考定同異矣。

如覃溪在前面所説,《儀禮釋例》是錯誤之舉,可是阮堂卻非常喜愛此書,在給清友人李月汀的信中曰:“如凌仲子之《禮經釋例》,覃翁之所不許,不佞寔喜讀之。”(《阮堂集》卷一《與李月汀書》),對此相關内容,在下節的“阮堂與李月汀的學緣”中再作詳述。

(十) 不可對義理之學空作議論:

> 惟義理之學,不可空作議論。處今日經學大備,六經如日中天之際,斷不可只管講性理道德之虚辭。況此皆前人所已講明者,不須今再講也。惟經傳中,有一説二説相岐出者,則必當剖析之。所以學問之事,惟有時刻,敬奉聖言,曰多聞、曰闕疑、曰慎言,三者盡之矣。

以上十條是覃溪就經學研究的注意事項對阮堂作的細密的分析總結,也是對上年寄給阮堂書信中未盡之意的補充。此外,對阮堂一再請求寄送的《諸經附記》,説明不予寄送此書不是由於自己太過珍惜,而是因爲自己已經八十四歲高齡,老眼昏花,不能盡快謄寫完畢。而對於學問的熱誠,覃溪好像比以前還要勤奮十倍,每天卯時起床後就整理舊草稿,相關情景覃溪也在信中有所叙述:

其一,《諸經附記》整理之勞苦:

> 承雅愛欲看拙著諸條,非敢吝秘也。愚今年衰齒八十有四,眼昏不能多看,而嗜學之心什倍於往昔,每日卯刻起床,即取舊草稿,輪流覆看,竟往往有自己脱誤字句處,又或引釋未詳審處,即於架上抽查,今又無人代查,每一條費幾許功夫。每日清晨,必有改增改删之一二處,此則焉能遽借出,與友共商乎。家中無識字相助之人,亦思欲就其略可自信者,先就近覓一人寫出,而其事尚未易就緒。

失去星原的蘇齋老人現在連幫助自己整理著述的人也没有,可以看出當時對《諸經附記》的整理,覃溪非常的焦慮。阮堂讀到此信,該是多么感慨無量呢!覃溪在整理《諸經附記》之外還計劃撰著《蘇齋筆記》,從前年開始就對諸經、諸史、詩文集、金石文字等有關問題進行記録并整理了十六卷。對此，覃溪也告知了阮堂。

其二，關於《蘇齋筆記》十六卷：

> 去冬以來，就所記憶諸經諸史，以及詩文集，以及金石文字，宜記出者，撮記爲《蘇齋筆記》十六卷如《損》卦朱注兩貝曰朋，俗刊作兩龜曰朋，築城伊淢，朱注成溝也，俗刊城溝也，之類甚多，此内無一閒談猥雜之俚語，若果寫有底本，當以副稿奉鑒也。

《蘇齋筆記》後來精寫一部寄送給了阮堂，對此將在後章中詳述。覃溪又説《説文》、《玉篇》是案頭必備；對於諸經首先要對《易》、《書》、《詩》三經作切宜之討論，對於治學也是最爲緊要之事。其最後對阮堂道：

> 所以先要奉勸，精專爲要務，古文不可空支韓歐架局。今日文教昌明大備之際，考證爲最要。考證即義理之學，不分二事，切勿空談，好學深思。如我大兄，乃足以語此耳。紙既麁，字更草率，祈鑒諒之。
>
> 丙子正月廿五日　方綱頓首

現今八十四歲的覃溪老人孤獨地在蘇齋裏不時地揉搓着昏花的老眼，特意爲阮堂書寫了此封有一千八百字的長篇書信，其對阮堂的摯愛致誠之情如此深厚。阮堂對此書信，再三誦讀，仍會感嘆無措。阮堂讀後，其感激之情何其深厚！阮堂把這封信裝裱，後恭敬地題讚四句十六字曰：

> 覈實在書
> 窮理在心
> 考古證今
> 山海崇深

這幅題讚和覃溪的漢隸真讚一起，都可稱最爲珍貴的名筆。此手札後來被阮堂的弟子田琦收藏，并鈐有"田琦私印"印文。

田琦(1825—1854)，字奇玉，號古藍、杜堂、二艸堂等。開城人。純祖二十五年(乙酉)生。田琦身材頎長俊秀，幽情古韻盎然，如晉唐畫中人。山水煙雲的畫作蕭寥簡澹，輒入元人妙境；其詩作奇奥，眼力和筆力不似鴨江以東之人。卒年三十歲。

此題讚現藏於吾書齋望漢廬。手札的内容在《復初齋文集》以及諸多文獻中都未見録,全然爲佚文。册後貼有星原贈品建初尺拓本,阮堂模造建初尺拓本二片:

建初尺

鄭君禮注贊人猜未得周遺矩樣來今日
手量銅尺式出班劉竹引爲重開
寶匣熊熊氣躍龍河豚米老膺何從今
不仗朋枚釋箱篋長收古鼎鐘　方綱

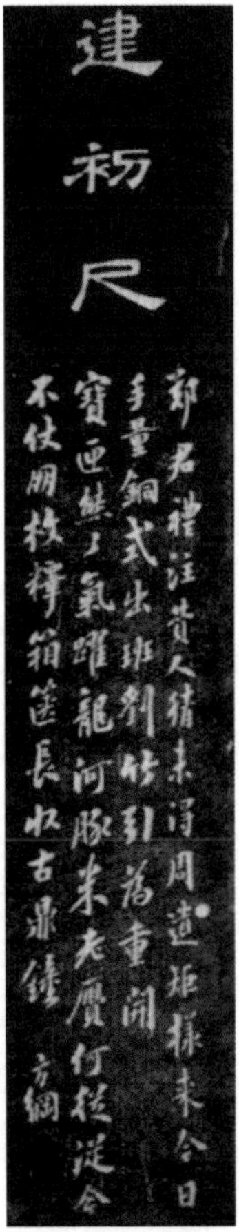

建初尺

漢建初銅尺爲江都閔義行所藏後歸孔東塘尚任今在
衍聖公府中與周尺漢志鎦歆銅尺後漢建武尺晉前尺並
同當床三司布帛尺七寸五分禮堂皓于銅尺詩屋

阮堂模造建初尺拓本(阮堂書)

縱八寸一分　横一寸六分强　　**縱七寸五分　横八分**

阮堂收到星原贈送的建初尺拓本後進行模造,又把其大致内容做了記録,對於"建初尺"還有必要做進一步的説明。

建初尺的原品中銘刻有篆隸間文字"慮傂銅尺建初六年八月十五日

造”,爲後漢章帝時的銅尺,是古代測定建築物和器物最爲確實的標準測量儀。曲阜孔東塘(名尚任)于康熙二十六年(1687)在江都的閔義行處購得此物,覃溪在乾隆三十七年(1772)獲得銅尺拓本。覃溪在羡慕無措之際,後赴任山東學政時得以訪問曲阜孔家,借出銅尺,依樣以紫檀木仿做了一枚。嘉慶十七年(1812)阮芸臺從曲阜借得原品携帶到北京的衍聖公邸,覃溪的弟子葉東卿借出後以日本銅仿鑄(芸臺詩中言:日本銅質鎔精堅)了三枚,其中一枚贈送給了芸臺,一枚送給了覃溪,自己留有一枚。這三枚仿鑄銅尺和原品比較來看没有絲毫差異,比起覃溪製作的紫檀木尺亦勝出一籌。星原給阮堂寄送了真尺拓本和木尺拓本兩種,前面帖中記録的是後者,對此建初銅尺在覃溪的如下詩文集和阮堂的文集中有詳細討論:

《建初銅尺考》(翁方綱《復初齋文集》卷十五)

《附記銅尺考後》(同上)

《仿鑄漢建初銅尺歌和翁覃溪先生》(金正喜《覃經齋室四集》卷九)

阮堂把自己模造的建初尺贈送給了申威堂①,并説:

> 漢天尺一介,是舊製而題款拙作也。以此考定金石長短,書厨之所必需者,兹以舉呈覽收如何。若使鐵鑄更好,鑄成,如得加鑄本以惠,亦佳耳。(金正喜《阮堂先生全集》卷二)

由此,建初尺作爲金石長短考定的必需品,通過阮堂傳入朝鮮,并得以在學界中廣泛傳用。

三、第三封手札的探討

第三封手札是嘉慶二十二年(1817)十月二十七日、二十八日,當時八十五歲的覃溪寫給三十二歲的阮堂的長篇書信。封筒及署名如下:

---

① 申櫶(1810—1884),初名觀浩,字國賓,號威堂、琴堂。平山人。武將出身,師從丁若鏞、金正喜,擅長隸書,亦對金石有所研究。

嘉慶二十二年(1817),阮堂屢屢以千百言長札寄送覃溪老人,一爲安慰逝子之痛,二是叩問有關經義《朱子易本義音訓》之疑惑。此外,也懇請續寄《諸經附記》、《蘇齋筆記》,又期望覃溪老師能揮毫題寫楹聯"博綜馬鄭,勿畔程朱"。阮堂又寄給覃溪人蓡二十七枝,希望對覃溪養老保健有所補益。覃溪在信中欣喜回復道:"接誦手教,縷縷千百言,備件遠念之勤,嗜學之篤,感切感切。"又特别囑托門人李蘭卿製作坡公雪浪箋紙以給阮堂回信,在信中覃溪對失去愛子星原説道:"愚自四兒逝後,日復衰耄,第自念宜設曠觀,不敢以此縈擾衷緒。"又曰:"惟是京師舊侣漸少,可與深談者,竟乏其人。"這也是對和昔日相較,已經變得較爲寂寞的蘇齋的嘆息。對於阮堂切望得到的《諸經附記》等相關事宜,覃溪在札中有如下詳述:

(一)《諸經附記》整理和净寫的困難:

自去年秋間已來,覆加檢核,大半於行間,自用小字删改塗竄,若再不付友求寫净本,誠恐久久自己亦有看不明白之處。年來老眼日加昏瞀,左脚又難以展舒,每檢取一草稿,皆奴輩不識字之人,上下次第,時時倒置,非小。

(二)門人梁茝鄰、李彦章、鄧傳安訪問蘇齋,《附記》、《筆記》的净寫:

齋中時來談藝,如梁生茝鄰、李生彦章、鄧生傳安,此三君於拙撰最所篤好。自《諸經附記》至《筆記》，皆此三君子分去借至其寓齋，雇人抄寫。有抽換屢次者，又有未校對者，去年寄上之《筆記》卷一卷二，即梁生覓人寫。今承札，及此几上有校出《筆記》第三卷，寄上閲之。餘即俟諸處所鈔校明白無訛者，於冬底春初之便，再續寄上也。

梁茝鄰(1775—1849)，名章鉅，茝鄰是其字，又字茝林。福建長樂人。嘉慶年間進士，道光年間任江蘇巡撫，兼署兩廣總督。其著書有《論語旁證》、《三國志旁證》、《文選旁證》、《稱謂録》、《退庵隨筆》、《浪跡叢談》、《歸田瑣記》、《師友集》、《楹聯叢話》等，共七十餘種。嘉慶二十年，梁章鉅在其四十一歲時和劉芙初、吴蘭雪、陳石士、李蘭卿一起拜謁了覃溪師(當時覃溪八十三歲)。茝鄰篤信師説，稱謂蘇齋詩弟子三年(退庵自訂年譜)。二十一年春，覃溪和茝鄰、石士、蘭卿相携游崇效寺，尋訪王漁洋、朱竹垞種植的丁香樹，并在樹側勒石紀念，都城裏一時傳爲佳話。覃溪非常喜愛茝鄰詩作，覃溪爲其《藤花吟館詩鈔》題序讚之曰："憶昔并几論詩，謝藴山之圓雋、馮魚山之縱横，皆不若茝鄰之得路。"(《師友集》卷一)覃溪贈送給阮堂的《蘇齋筆記》卷一、卷二其實都是茝鄰净寫，茝鄰所撰《楹聯叢話》也是阮堂所喜愛閲讀的著書之一。

李彦章(1794—1836)，字蘭卿。福建侯官人。嘉慶進士，官至山東鹽運使。工詩，善書畫，精於鑒藏。著有《榕園文集》等。蘭卿篤信師説，努力收集編訂覃溪遺稿，最後竟未能完稿而殁。其子以烜繼承父親遺命，與仁和的魏稼孫(名錫曾)一起繼續刻苦蒐集，終於在同治六年(1867)完成《復初齋文集》三十五卷的整理并得以刊行。文集卷末有光緒三年李以烜的跋文，其實是魏稼孫的代作。魏稼孫的著書《績語堂題跋》有《代侯官李太守以烜跋重校復初齋文集後》，可以得知具體原委。

鄧傳安，字鹿耕，號盱原。江西省浮梁人。嘉慶進士。官至建寧知府。著有《蠡測彙鈔》，此書收録在《豫章叢書》中。

以上所記三人都是對覃溪的《附記》、《筆記》草稿熱心净寫之人，覃溪在校寫完《蘇齋筆記》第三卷之後就寄給了阮堂。

（三）不可歧視訓詁、義理之學：

承札問朱子《易本義》、《音訓》，訓詁之學與義理之學本是一理，無所庸其歧視也。然此事原委，後人折而二之，宋史立道學傳之目，竟若漢唐注疏與宋儒分派者，此最於正學有害也。然亦實宋代學者知析義理，義理日漸精密矣。而《爾雅》、《説文》訓詁之詳，漸覺日疎，是以有將道學與考證訓詁歧視者，居今日幸際文教昌明，宋儒義理，學者皆知所適從之路，更宜詳究《爾雅》、《説文》、傳箋訓詁之實際，不可空言義理，蔑視訓詁也。

玆此，可以明白地看出覃溪堅持融會漢宋之學的態度。

（四）《易本義》訓詁的缺點——訓賾爲雜亂：

即以《易本義》言之，姑舉一二，如賾訓至也（案：《左傳·定公四年》嘖有煩言，杜注，嘖至也）。或引楊子以實之（案：惠棟《惠氏易辨證》），又訓情也（案：《經典釋文》）。此至字、情字皆非賾之本訓，而不可不詳其原委，若以今讀《本義》者，訓賾爲雜亂，則較至字、情字之訓，益偏於一邊矣。此無他，揔在先究其上下章節語義，則無戾聖人立言之指，即如《爾雅》釋詩詞，亦必合其本詩讀之，而後見指歸也。

覃溪認爲賾字（《繫辭上傳》"聖人有以見天下之賾"）之訓幽深，對此觀點其著述《易附記》中有詳細論述。

（五）《易·繫辭下傳》"噫亦要存亡吉凶"的"噫"之訓詁——王伯申之卓見：

如《繫辭傳》"噫亦要存亡吉凶"，噫嘆聲也。此處噫字，若作嘆聲，聖人此句，何爲以嘆聲發之。朱子亦嘗疑此噫字何爲作嘆聲也，今日高郵王伯申引之謂此噫字與《詩》"抑此皇父"句之抑字互證，此説最精。伯申精究《廣雅》者也，《詩》"抑此皇父"抑字乃是嘆聲之噫，此《繫辭傳》"噫亦要存亡吉凶"承上節言，即是抑字。此必博取諸書證之。

覃溪信中提及王伯申的“噫”字説最爲詳盡，玆向阮堂注重提示。王伯申著有《經義述聞》并贈送給覃溪，請求覃溪給予指正。覃溪看後非常讚賞，稱其爲“不易之論”。關於此事，伯申在文中亦有詳細叙述：

昔余隨家大人於京邸，下帷之餘，謹録所説《尚書》訓詁諸條，求教於蘇齋先生，先生覽而善之。及余受知於文遠皋夫子，夫子先生門人也，循例往謁先生，則相見甚歡。時同謁者甚夥，先生獨與余論學，亹亹不倦。後余視學山左而還，以所刻《經義述聞》就正先生，覽至“《周易》噫亦要存亡吉凶”一條，以讀噫爲抑，爲不易之論。又告以説經，當舉其大者。今讀鄧菽原太守所得先生手書遺跡一帙，書中尚存不以余爲不才，而稱道時及之，且欲採著鄙著數條，入先生《附記》中。自顧管蠡之見，殊不足存。而先生不棄葑菲若是，其可不研綜遺文，勤求古義，以副先生當日之期望乎？竊用是自愧且自勉也。（王引之《文簡公文集》卷三，《翁覃溪閣學手札跋》）

上信内容更可窺測覃溪的好賢之意，及伯申對覃溪的恭敬至誠。放在蘇齋案頭的《經義述聞》是在嘉慶二十二年於江西刊刻的十五卷本（有阮元的序文），爲當年伯申訪問覃溪時贈送，不久覃溪就轉贈給了阮堂。阮堂也對其説倍感嘆服，在給金東籬（名敬淵）的書札中有以下討論：

《詩》所云“抑此皇父”則覃詩已引之，而《韓詩》云抑意也，如《大戴禮》、《荀子》多作意用。不特與意字之相通，與噫字相通；不特與噫字相通，又與懿字相通。《詩·抑》篇、《韓詩外傳》又作懿，韋昭云懿讀曰抑。如此之類，不可以一一枚舉矣。（金正喜《阮堂集》卷一《答金東籬敬淵書》）

之後，阮堂對高郵王氏的學問更加繾綣不忘，又得到石臞的著書。而《經義述聞》傳入阮堂手中之後（《阮堂集》中散見），使其智見大開，之後，阮堂在訓詁方面的研究更爲明確深入。

（六）《經典釋文》的吟味及其善本：

《爾雅》、《説文》之字，正宜虚衷研核，非一言所能盡，即唐初陸元朗《釋文》，亦有一字兼載形聲，二説并存，而無所適從者。日以晅之，陸氏《釋文》，兼載況晚切、古鄧切二音，斷無此理。日以晅之晅字，即樂記煖之以日月煖字，此以況晚切，爲定説，必無古鄧切之理。陸氏《釋文》，最該博有原委，阮芸臺有新刊本，甚好。阮公今調任兩廣，其板蓋在揚州，刷印不易，容緩緩爲兄謀刷印一部，此則諸經音訓，可得其大局矣。

覃溪在《經典釋文》研究方面亦勸阮堂研習阮芸臺揚州新刻本，并約定以後會寄送一部，這些對阮堂的古音訓研究大有幫助。

（七）《諸經附記》的校寫困難：

拙撰《附記》，《易》十六卷，中間參差塗改，最難抄寫。友人處昨送來者，抄至中間，認識塗抹不清楚，竟有一連誤寫十餘頁處，已駁回令其换寫，所以《易經》且尚未能抄浄本也；《書經》梁生處寫手較明白，亦經抽换多頁；《詩經》、《春秋》、《禮記》皆鄧生雇人寫，恐鄧生明年選得補知縣之缺，一出京則更難矣。大約各經每抄數頁，即承暇連草底送來覆閲。每送來，必有抽换改寫，實是草底塗抹過甚，亦無怪其難寫耳。似乎看光景，今冬底，或來年新正，若得《書經》三册能寫校浄訖，則正月間之緘内，可將《書經附記》先寄上，求尊兄爲我詳看，實墨緣也。

因《易經附記》的抄寫最爲困難，所以擬後日寄送，一旦由梁茝鄰抄寫的《書經附記》完成，會先寄送給阮堂。因整理抄寫《詩經》、《春秋》、《禮記》附記的鄧傳安未能完工，之後覃溪只寄給了阮堂《易經附記》十六卷、《書經附記》十四卷、《詩經附記》十卷。覃溪寄送給阮堂的這些文獻現藏於平沼男爵的無窮會文庫中。

（八）《蘇齋筆記》的贈來：

《筆記》此第三册，有説經語，是以先寄上。其第四卷以下，隨所見，分别史子集詩文，法帖篆隸楷行草，以類相次，未知可要陸續抽换寄上否。

《蘇齋筆記》的第三册是經傳的解説内容，所以先寄送給了阮堂，第四卷以下在覃溪歿後也由其弟子葉東卿寄送給了阮堂。有關内容將在後章中詳述。最後，覃溪對阮堂寄贈的人参表達了感激之情：

承惠人蔘，銘感之至。衰老恃此以扶賤體，幸知我愛我者，每次惠緘，必須拜賜者也。前次所惠寄極薄之細紙，便於昏眸亦極妙，再有多惠數張[①]，更感更感。外扁二，并以小詩代跋。此上。

秋史進士尊兄，如面談也。

八十五叟方綱　頓首　十月廿七日

覃溪將阮堂拜托的匾額和小詩附添寄送給了阮堂，而楹聯因覃溪眼力極爲衰弱，説明未能題寫。覃溪在次日又以二十八字的信札寄阮堂，信中對贈送的人蔘效能極爲感謝。最後，覃溪説明此札是用李蘭卿製作的雪浪箋書寫，阮堂的吉祥室和覃溪的妙吉祥館墨緣相通，所産生的情味是如何之豐裕。覃溪在最後説：

再詳讀（尊札收藏時刻讀之）札内見詢件次，所以未具申析者，明日來人即取覆信，容再覆，非敢緩耳。扁二既寫就奉寄，而對聯未寄者，不能寫一直二字以外也如此者已十年。賤目之昏，迴非昔比，惟扁則每行只一字，高至尺許，尚可極力仰爲之。對聯至少有一行至五六字，只寫從下往上，到第二字，其再上則必歪斜矣。如欲寫對聯有二語博綜馬鄭勿畔程朱八字，用紙裁作方塊八幅，欲合成一聯則凑裝之，可否。

十月廿八日　又頓首

收到人蔘八枝，又十九枝，謝謝。賤體深受此蔘之益，京中所有，從貴國館中買者遠不及也。每届四立節氣，二分二至節候，前後數日皆服此，然後得以安眠，其效如此。京中之人蔘卻不及此，此醫

① 原著中"張"誤作"帳"。

者所説，每歲竟欲敬求遠寄以扶衰老，至懇至懇。

昔朱竹垞晚年作此葠七古，愚亦欲效作，下次小緘内録以奉寄。

蘇齋門人，李名彦章號蘭卿，今年卅四歲，内閣中書，辛未進士，博學工詩於蘇齋壁上，摹此坡公雪浪箋於其妙吉祥館，今日寫此，正至與尊齋吉祥室相應，亦墨緣也。

李蘭卿所造箋紙，附上數幅。蘇齋

坡公雪浪箋是蘇齋壁上所掛東坡的《雪浪齋銘》所刻雪浪盆型所製，書箋極爲清雅。其銘文如下：

盡水之變蜀兩孫，與不傳者歸九原。異哉駁石雪浪翻，石中乃有此理存。玉井芙蓉丈八盆，伏流飛空漱其根。東坡作銘豈多言，四月辛酉紹聖元。

《東坡全集》卷九十七《雪浪齋銘并引》中有録。覃溪把此紙箋寄給了阮堂數幅。在此書札之後，覃溪又題有小詩：

寄題金秋史禮堂

不其帶草積春深，手寫群經對榻心。

漢宋訓箋川滂海，異苕得味本同岑(一)。

原注：(一) 來書以宋儒音訓爲問，故就禮堂寫經意奉答。

寄題秋史吉祥室

虛白光中妙吉祥，心齋正復坐難忘。

篆迴蘇室盆銘字，秋史蘭卿合瓣香(二)。

原注：(二) 適爲蘭卿題所摹，妙吉祥館雪浪石盆銘箋即以此箋附寄。

此信箋原蹟現不知爲何人所藏，詩收録在了《復初齋詩集》卷七十中。同年十月廿七、廿八兩日所附手札應是覃溪寄給阮堂的最後書信。因三個月之後的次年，即嘉慶二十三年(1818)正月二十七日，覃溪極爲寂寞地離世，享年八十六歲。第三封信的原蹟現爲東京工藤壯平氏所藏。在大正十五年(1926)七月神田喜一郎在《支那學》第四卷第一號上發表了對《復初齋集》佚文的有關論文，對文中誤讀、誤字、脱字等不少問題做了探討。覃溪的詩文集刊行的有前文中所記《復初齋文集》三十五卷，又有《復初齋時文》、《帖經舉隅》以及近來劉承幹嘉業堂刊行的《復初齋集外文》四卷(《復初齋集外詩》二十四卷合册)。前面所論第二封、第三封覃溪手札均未收録在這些文獻中。第一封手札收録在了《復初齋文集》中，但也只是其中的一部分，對此前文已經論及。所以，以上三通手札，不僅作爲覃溪的佚文值得注意，就是在研究清、朝鮮文化交流方面也是極爲重要的文獻，具有極其貴重的文獻價值。

四、另外一封手札的探討

除覃溪明確在信封的封面題寫了第一封、第二封、第三封的書帖之外，還發現有覃溪寫的長文原札一封。現藏于東京的國分三亥氏處。此封原札只題寫了十月廿七日的日期，没有題寫年度，從内容來看，應是嘉慶二十一年(1816)所寫，所以按順序來看，應屬於"第二封"和"第三封"之間。和前三封同樣都是關於學問上的懇切指導，覃溪所洋溢的情愛充滿書信中。其具體内容分叙如下：

(一) 欣喜於阮堂來札，望再次會面，尤對《儀禮》質疑作如下回答：

接誦手緘，亹亹教言，快若握話。邇惟動定綏祜，著逑增新，以企以慰，未稔何時得值軺星惠來，申折前好，實所耿祝。承札來叩及《儀禮》數條，具見精心審訂之緒，鄙見《儀禮》十七篇最古，實較之《周官禮》更爲有據，惟是《喪服》一篇，竊意果出於卜子之手，前人亦有疑之者矣。

(二) 對《讀經附記》(即《諸經附記》)增删之苦心，對阮堂篤學志向之期許：

拙撰《讀經附記》，積有七十四卷，深承雅志索觀，而一時未能即以奉寄者。老年無他功課，每日晨起，借此以爲日課，從頭輪流覆看，然每覆看時，輒時時有增改删動之處，雖不敢課功加日進，而學問不厭,再回尋繹所以一時猝急,不敢即以質諸友朋者,非自謙吝,實亦不得已耳。

覃溪的每次回信中都會提及《諸經附記》,可以看出阮堂是如何熱切地想讀到此書。

(三) 贈阮堂《復初齋詩集》初印本:

拙詩已刻板者六十六卷,今以初印本寄(其後四卷新印出者)(現在有控補處,容再奉寄上),其中已有舊日所刻板,已滮蝕而未增脩之處,又亦尚有寫誤而未看出之處,即日屢次脩板矣即脩板之事,竟非一次可畢,愧愧。

覃溪寄送的《復初齋詩集》初印本爲六十二卷本,這是覃溪後來的記述。現在京城帝國大學附屬圖書館奎章閣所藏六十二卷本,覃溪親筆用朱墨在第四十卷至六十二卷細密地題寫了補充校正内容,亦鈐有葉東卿和金阮堂藏印,應該是覃溪所言贈送的六十二卷本。此外又印刷了四卷,合起來爲六十六卷本的《復初齋詩集》,也應該寄送給了阮堂,可惜現在未能發現此書。此前,星原曾寄送給阮堂此書三十二卷本,現在藏於孫在馨處。《復初齋詩集》的刊本有多種,傳到朝鮮的也有幾種,筆者現藏有阮堂的友人丁茶山(名若鏞)所藏本一部,爲七十卷本。此外,阮堂的友人紫霞也非常喜愛此書,曾裁删後選録了《復初齋詩集》上下二卷,并作了如下題記:

選詩當從割愛始,非具鐵石心腸不能也。此爲蘆舫(即申紫霞)選本,要余更加裁删。自蒲節輪流覆看,至荷花生日,重整墨圈,又另有選目一本。正喜題于蘭臺秘室(有"秋史珍藏"印爲家藏本)。

(四) 約定寄給阮堂《復初齋文集》:

拙著古文序記論説題跋,積有三十四卷,其草底更有待於審訂,必須再寫一通,亦須再刊誤字而後可再寫。

《復初齋文集》在覃溪去世之後纔得以刊行。所以是通過星原,以及之後的李蘭卿等人寄送的。覃溪門人又選定了覃溪的三十二篇文章編爲《復初齋文存》一册。

（五）接到第二封回信，説明《蘇齋筆記》相關事項并寄送第一、第二兩卷，約定以後再陸續寄出：

惟去年將所著經説之未加摠挈處，偶隨記憶，按《易》、《書》諸部以及諸史諸子諸集，以及金石碑刻之類彙爲十六卷，曰《蘇齋筆記》。今年夏秋以來，始煩一友寫出清本，此時纔寫出數卷，今先就自己校勘者，第一、第二兩卷奉鑒，以後再陸續奉寄也。

通過第二封手札中説明的《蘇齋筆記》著述事宜可知，此手札應是寫於嘉慶二十一年。

（六）趙松雪《天冠山詩》真蹟石本的贈來：

小齋所藏趙松雪《天冠山詩》真蹟，足辨正陝西石刻趙書《天冠山帖》之僞。因友人買石選工，始能勒石，今以奉鑒。

（七）對阮堂贈送古鏡、蟬翼紙、諸拓本等禮物深表感謝，尤其是對贈送的人葠非常高興，并效仿竹垞，題寫詩歌作爲謝禮：

承　惠寄古鏡、蟬翼紙，暨諸拓本，皆已領到。附以小詩奉鑒。承惠葠二枝，更爲精美。現在賤體深受此味之益，醫云此葠向來所未見之妙品。謝謝。更有懇者，貴處所産此葠，朱竹垞集中《高麗葠歌》久著名矣。然其詩是爲京師友人作，而未嘗遠寄也。鄙人則日日深受此藥之益每夕有不能成寢時服此，則能寢矣。然在京師所買者聞其多未必是真者，是以醫家見此承惠之數枝，皆讚嘆以爲不易購，欲求惠寄每次多惠數十枝，以便老年常常得以借以培養元氣，勝於京中買者百倍。欲效竹垞作歌以奉寄，遂其辭不及竹垞之工，然或更切實耳。專此敬懇。至切至切。

手札最後寫到葉東卿的手札和紙已經寄給阮堂，最後題款“十月廿七日方綱頓首”，并鈐有覃溪印。手札於此并没有結束，又有相關追信告知事項。

(八) 對阮堂贈送的《李退溪集》、《李栗谷集》、石刻諸件、日本舊刻泰嶧山本、壽藤大石硯等禮物表示感謝:

> 退溪、栗谷二種已領到;石刻諸件俱收訖内佛經十六紙,雖是殘本,然其楷書古雅。雖無年月可考,然必宋以前刻,已粘册矣;日本舊刻泰嶧山本有小詩奉酬;又,壽藤大石硯收到,又札尾云刀二,此未見。

嶧山碑吟詩,在阮堂的寄贈品條中已經提及。

(九) 對阮堂希望得到的芸臺著書的説明:

> 阮芸臺今擢任江西巡撫,其所刻諸書,容即致札托其刷印。近日阮公日日勤於吏治,不甚有暇矣。

芸臺在嘉慶十九年(1814)三月赴任江西巡撫,在嘉慶二十一年六月退任。

(十) 對張皋文、王白田、胡東樵、顧復初著書的介紹,將對阮堂疑問再作回復:

> 張惠言所刻諸書,不甚有益;白田王懋竑雜著,容細訪其刷印本,其雜著有益於朱子之遺書;胡東樵渭《易圖明辨》一書,在所撰《禹貢錐指》之正,但其板久多漫漶,今聞尚未補全,容即托人覓之;顧復初楝高《春秋大事表》,亦久無刷印本,容托人訪覓。

雖然覃溪對張皋文著書不稱道的原因是他個人不喜歡此書,不過阮堂後來通過著者的甥姪張曜孫得到《箋易注元室遺藁》并進行了探讀,可以説阮堂是朝鮮對虞氏《易》進行考覈的第一人。

對王白田著述的稱讚,也可以看出覃溪學風的另一側面,阮堂也對此書甚爲尊崇。阮堂收到胡東樵的《易圖明辨》之後甚爲驚嘆,此書現爲德富猪一郎氏藏。

(十一) 對柳貞碧所托汲古閣舊印本(何書不明)的説明:

柳君尊名最寬,托購汲古閣舊印之書。此甚難得,今坊間所有汲古閣書刷印甚粗,無精美者汲古閣舊印紙墨極精之本,愚在江西時只見一部,其書今在謝君階樹齋中,寶惜過甚,只可到其齋中一看,不肯借出。

(十二) 李綠茶①寄來自書石本二件收訖;洪氏托鐫篆印三枚,因篆刻者任官遠赴廣東,托付困難:

洪君札内有見惠蔆五枝洪君不記得從前已謀面否,是以未敢手覆,札托鐫篆印三枚,其三枚篆印,欲托人爲篆鐫岑城金君景林自怡堂印,石極佳,三印在一篋内。從前小兒是托陳植夫篆,陳植夫今遠宦廣東,久無信來,愚所不熟,然遠寄此印石,今豈可空寄還,容覓友商之。吴南薌亦工篆印,今亦久無消息若十分無可托之人,容再回覆,仍將原石寄還,是否如此。

此皆向來與崐兒熟通音問,愚不深知,當如何覆答,是以奉托他致,深愧不恭。

覃溪所言面晤過的洪氏不知是不是和星原交往密切的洪約軒(名顯周)。約軒托付篆刻印章,星原因和陳植夫親密而托篆。星原去世後,覃溪代替星原去請托甚爲不便,可是覃溪還是爲了亡子友人之義理盡力操持。作爲八十四歲的老人來説,不能不讓人感激涕零。"岑城金君景林自怡堂印"中的金景林即指金漢泰,曾於嘉慶十八年(1813)暮春在蘇齋和星原有過面晤。

(十三) 阮堂友人柳芝山的《拜經樓詩艸》一册,已面交雲石:

雲石是趙寅永的號,他也是阮堂的友人。趙寅永喜好金石,曾和阮堂相携登北漢山頂,找到新羅真興王巡狩碑,也爲清人所熟知。純祖十五年(嘉慶二十年)冬,雲石跟隨副使趙鍾永隨行入燕,翌春訪問蘇齋,和覃老面見。雲石和劉燕庭建立了交流,歸國後和阮堂一起收集了大量的朝鮮古碑和拓本寄送給燕庭。燕庭後來編纂有《海東金石存攷》、《海東

---

① 原著中誤寫爲"緯茶"。指朝鮮人李祖默(1792—1840),字綠茶,號六橋。善書畫、金石,與翁方綱有交流。

金石苑》,對於相關内容將在後章中詳細論述。

(十四) 新刻《石洲詩話》的贈來:

> 新刻板《石洲詩話》八卷凡二册,此板上月纔到,刷印未多,謹先寄上三部。

(十五)《原道》勒石本、盱江書院壁石一本、李北海書雲麾李秀碑殘本二紙的贈來:

> 愚昔在廣東試潮州時,集諸生於昌黎祠原道堂,講説《原道》一篇,手題於壁,勒石之本,檢篋中尚存二本,今奉寄一紙,又一紙,已面贈雲石。
>
> 又前在江西題盱江書院壁石一本今之建昌府也,盱从目,其有寫日旁訛也,宋李覯《盱江集》,即此北宋古文一作家也。又前歲宛平縣廨所摹刻李北海書《雲麾李秀碑》殘本二紙,此與外間通行之《雲麾碑》不同。
>
> 陝西碑李思訓,亦官雲麾,與此不同,亦李北海書。

(十六)《通志堂經解目録》的贈來:

> 又拙刻《通志堂經解目録》,似記得前已奉鑒,今贈雲石二本,通志堂所以不刻李資州《易解》者,蓋通志堂當日已命工繕寫,而未上板者,不止一種,愚尚及見其寫本,惜無有力者續刻。

《通志堂經解目録》原是何義門手勘,沈椒園鋟板。覃溪又與丁小疋(名杰)一起商榷,十年後於乾隆五十六年(1791)在濟南鋟板印行,此書是附有簡單解説的二十二葉的册子。

以上對另外一封覃溪寫給阮堂的手札做了探討。孤影蕭然的八十四歲老人覃溪如此親切細密地對阮堂進行學術指導,處處顯示出對阮堂的摯愛和提携深情,也可以從側面窺探出覃溪的高貴人格,時常讓人心生惻隱和感動之情。這封手札也是在諸多覃溪詩文的刊本中未被收録的佚文。

第九章　翁覃溪的逝世和石墨書樓的落寞

乾嘉間學壇的宿老，聲名顯赫、門流甚廣的覃溪先生，在晚年又得到海東金阮堂這樣天姿卓越的門生，對覃溪來説可謂天賜俊器、如獲至寶，其眷愛之深，可見一斑。覃溪和阮堂的交流，也使清朝文化傳入朝鮮半島，并在朝鮮文化的開發過程中留下了偉大的足跡。覃溪在嘉慶二十三年(1818)正月二十七日以八十六歲高齡魂歸道山，覃溪的離世，正如巨星墜落，使海東的風物變得慘淡無比。對於失去依靠的阮堂來説，其悲痛之情無以言表，阮堂的哀辭、悼詞也從朝鮮寄到了石墨書樓，只是現在不能確認其實物。現僅就申紫霞所題悼詩五首之一來揭其髣髴：

覃溪以今年正月廿七日亡，訃至，以詩悼之①

遽聞騎箕析木邊②，傍人恠我涕潸然③。

忽諸古北平鄉祀④，已失小蓬萊閣仙⑤。

---

① 此詩申緯《警修堂全藁》(《韓國文集叢刊》291)册四見録，爲同詩題五首中第一首。此部詩文集中收録詩句下有小注。

② 此詩句下有小注：天文志，燕爲析木津次。

③ 潸然，原著中誤寫爲“潛然”。

④ 此詩句下有小注：翁氏系出北平。

⑤ 此詩句下有小注：覃溪以惠州元妙觀白玉蟾書蓬萊字，鐫屋後石筍，又有匏樽所贈小蓬萊學人五字印。

佛滅三千大法界，蘇亡七百有餘年[①]。

問津從此漁郎遠，奈汝秦碑又漢箋。

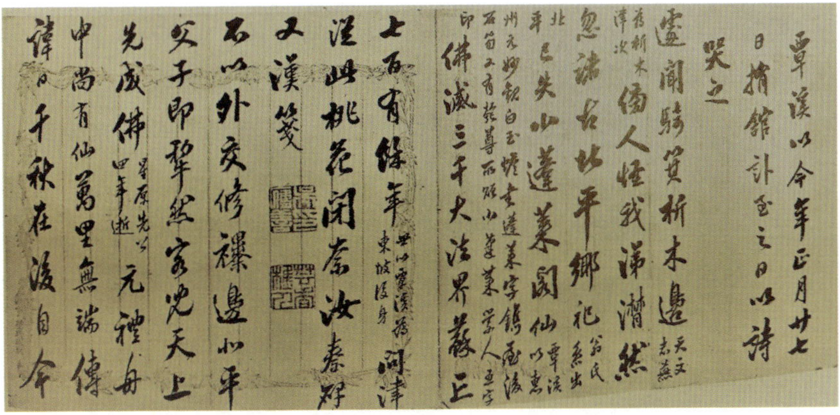

申紫霞的悼詩原札一首。文集收録詩句與原蹟有不同。

覃溪去世後，石墨書樓留下的男子，只有年僅五歲的覃溪愛孫引達一人。覃溪的門人葉東卿受星原臨歿遺托，親自照顧孤兒引達并代爲管理家事。關於覃溪離世後的情況，覃溪的門人蔣礪堂（1766—1830，名攸銛，字穎芳，號礪堂。遼陽人，隸漢軍旗籍。乾隆進士，道光間至文淵閣大學士、兩江總督，所至有聲績，卒謚號文勤。有《繩枻齋集》、《黔軺紀行集》）寄給覃溪的女婿某翰林的手札中有所描寫，其内容如下：

再啓者。覃谿師上元前尚寄手示，不意竟歸道山。以文望壽考而論，原無遺憾，惟門祚零丁，僅遺五齡幼孫，殊堪愴惻。弟聞信後，即具薄賻，并將此後每年如何佽助之處，屬敝親家吴巢松太史，面見如師母，詳悉致明。嗣京中知好，屢有書來述，知分訃之函，賴巽泉、秋農兩公繕寄，師櫬暫停萬柳堂，巽泉及諸同人力勸速葬。業已擇有吉壤，安窆定必非遥，惟其家務頗缺清釐，聞内政雖係如師母主裁，而外間俱係家人劉安經理，劉本院皁出身，難以倚任。從前師在

---

① 此詩句下有小注：世以覃溪爲東坡後身。

時，如傀儡戲、南詞瞽唱之類，一月有幾次，後雖喪次亦復不免。四世嫂光景甚苦，其實每月房租不少不知究有若干，而經理全未得宜，必須内務交四世嫂經管，而外邊换去劉安，方可爲悠久之計。據弟所聞若此，諒屬不虚，竊思師門寥落，絶無期功强近之親，門下雖多，罕肯與聞家事，戈姑爺，亦未必能不避嫌怨，今幸台旆入都，瀛眷諒亦同行北上，所有師家，支持門户，權衡出入，各要務應如何酌定章程，可以經久。俾小世兄將來讀書成立，接續書香，諸仗尊夫人，以女代子，一力支持，庶作中流砥柱，不致江河日下之虞。再吾師一生心血，全在書籍、金石，所藏卷軸、碑板不少，而生平著作，已刻及未刊皆有，聞此時琉璃店户，業經句串零售，殊可浩嘆。望爲分别檢點，妥貯造册二本，一存尊處，一交四世嫂收存，每年晾晒一次，以免損失。行述，想無從撰擬，不識生前本有自叙年譜之類否。弟因外宦遠羈，鞭長莫及，而心旌摇曳，魂夢難安，用特縷縷詳陳，伏希鑒察而妥籌之。微閣下，别無可恃也另有通候訊三幅，此係夾單。

（葉昌熾[①]《緣督廬日記鈔》卷五）

上文信中言"僅遺五齡幼孫"，可見信爲引達五歲時的嘉慶二十三年(1818)，覃溪去世後門人所寫信札。接收人没有明示，不過據信中内容"今幸臺旆入都，瀛眷諒亦同行北上"，可推測此信應是寫給覃溪的三女樹玉嫁的青陽王宗誠。"戈姑爺"是第五女樹齡所嫁獻縣戈寶樹。蔣礪堂痛抒覃溪離世後師門落寞、遺族悽慘的憂愁，并叮囑僕人劉安有害應逐出，僅依靠女婿戈寶樹不能全部托付，得知王宗誠一家入京纔得以安心，并把覃溪後事也一併托付。尤其是對年僅五歲的引達的成長以及石墨書樓珍貴的文物保存更是真切相托，殷殷叮囑。而個人"弟因外宦遠羈，鞭長莫及，而心旌摇曳，魂夢難安"，對自己將要離開的迫切之情也有所描述。當時礪堂任四川總督，要到離京幾千里之遥的成都赴任(據《繩

① 葉昌熾(1849—1917)，字蘭裳、鞠裳，號歇後翁、緣督廬主人。浙江紹興人。光緒進士，歷任翰林院庶吉士、國史館纂修等職。金石學家、文獻家、收藏家。著有《藏書紀事詩》、《緣督廬日記》等。

梱齋年譜》卷下)。自己對覃溪行狀的撰定不知如何施行,遂詢問"不識生前本有自叙年譜之類否",由此可以看出,礪堂對覃溪有自叙年譜一事好像本來不知。現有煦齋校刊《翁氏家事略記》,即覃溪的自叙年譜,煦齋因覃溪孫子引達年齡尚幼,遂自記後給了門人蔣相國(即礪堂),而自己在記中也説明是向礪堂之子借出後校刊的。可見,似乎礪堂所言不知覃溪有自叙年譜和煦齋向其子借出年譜校刊之事相矛盾,其實可以推測,應是覃溪開始把年譜給了女婿王宗誠,王宗誠接到蔣礪堂的這封信後得知蔣的意思,遂把年譜寄給礪堂後保存在其家。後來,煦齋又借出。應不是覃溪開始就把年譜給的礪堂。

這封礪堂手札是葉昌熾在光緒十五年(己丑)五月七日由古董商處購得,手札中的後記在末段中論述。

而阮堂在天遠地僻的朝鮮,空懷百端焦慮之情,對於石墨書樓的珍品保存以及引達的成長,只能偶向葉東卿等知人通過書札問詢。覃溪去世五年後的道光三年(1823)正月三十日,東卿給阮堂寄的書信中對引達讀書和王孺人的去世,以及石墨書樓保存完好等有所説明:

> 翁子引達,誦讀有進,氣質亦安和,惟是家運乖舛,其庶祖妣王孺人於臘月又復亡。故家事,詵又多一番摒擋,所幸石墨書樓中諸蹟一一完好,足抒遠注耳。

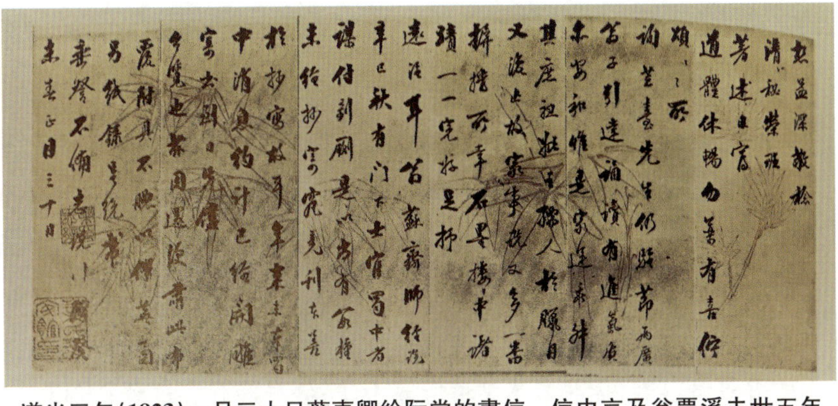

道光三年(1823)一月三十日葉東卿給阮堂的書信。信中言及翁覃溪去世五年後的情況(原蹟家藏)。

引達時年十歲,氣質安和,也受到阮堂的至愛。隨着成長,引達日益對阮堂産生思慕之情,自稱阮堂爲義父,以義男自居。引達把祖父覃溪的著書《經義考補正》一部、《粤東金石略》一部贈給阮堂,其書札中又曰:

義男翁引達,謹稟義父大人閣下。□引達,地角天涯,荷蒙眷注,仰望斗山,時深饑渴。邇惟義父大人,福祉綏和,起居迪吉,定符心期,曷勝額祝。引達零丁之餘,今幸成立,每年延師訓讀,未敢自隳,將來倘得小成,不負義父期望。致意,高麗小刀極佳,區區之心,是爲傾慕,倘其不棄,伏冀時加德訓,并惠一二善刀而藏,磨厲以須。竊欲效古人自奮之志,想義父亦不以爲玩物也。謹具《經義考補正》一部、《粤東金石略》一部,皆先祖所著,又家製荷包一對,略表寸忱。敬附蕪稟,恭請崇安,伏惟慈鑒。不宣。義男翁引達頓首。

如蒙覆書,交虎坊橋平安館最爲妥送。緣家下人更换不時,每每有匿藏信物之處故耳。(鈔本家藏)

虎坊橋平安館,即葉東卿的住宅。阮堂收到引達的手札,對引達的思慕之情自然欣慰,更是對引達激勵奮發之志有所期許。所以,阮堂也對翁氏家族懷有希望,希望通過引達能使翁家東山再起。不過,世事難料,道光十四年(1834)東卿給阮堂的書信中告知了令人震驚的消息。東卿在道光九年、十年不幸失去雙親,遂扶柩歸到漢陽故里,在這期間,引達被惡友誘惑染上惡習,放蕩不羈之餘借金負債,又受琉璃廠商人算計,使當時名聞天下的石墨書樓的珍什一夜之間四散出去。東卿在信札中曰:

志詵以己丑、庚寅兩遭大故,孤立煢煢,扶柩旋里,廬守墓側云云。癸巳夏,忽被徵召,敦迫出山,兼以長子謬膺鄉擧,例常入都會試,因仍携老妻,挈兒孫輩,重來都門,虎坊寓址,埽塵而居云云。蘇齋之孫引達,曩曾托孤於詵,延師教讀,且爲其授室生子,大可成立。豈料詵庚寅秋旋里之後,爲其親串匪徒所誘,日事游蕩,廠中不肖書畫賈設計盤剥,遂將石墨書樓所藏手澤,概行賤售。迨詵來都,只存空屋數楹,惟有仰天浩嘆而已。傷哉痛哉!

接到此悲報的阮堂,其悲凉嗟嘆之情如何? 回想嘉慶十五年(1810)自己在石墨書樓玩賞諸寶的情形還歷歷在目,夢寐以求的諸多珍物卻在不到二十年的時間裏煙消雲散! 難道是命運使然? 其無限悲哀之情無以言表。

此外,阮堂的友人曹雲卿(名龍振)在出使北京時,阮堂向其介紹覃溪并作餞別詩云:

走筆送曹雲卿入燕

松風石銚墨緣真,一縷香烟念念塵。
萬里相看青眼在,蘇齋又是問津人。①

由此,雲卿得以在蘇齋見到覃溪、星原父子,而現在覃溪和星原父子已經離世,蘇齋也已經不是以前的蘇齋了。朝鮮純祖二十三年(1823)雲卿以書狀官身份再次出使北京,其悲傷之情不堪言說。申紫霞給雲卿的詩和序中對此有所描述:

屬曹雲卿行臺二首并序(揭一首)

曹雲卿前以布衣入燕,與北平翁學承(星原一字學承)貰酒論劍,深結庚午之好。今銜命爲行臺,而學承之岱游十年于兹。城南訪孤,當作何懷。昔詩人張祜承吉死,未二十年,顔萱過丹陽故里,訪其遺孤,則求食汝墳,但有黄冠迎門,乃昔日愛姬崔氏也。其横塘故田,十年不耕,猶征税萬錢,求免無所,萱作詩吊之,同時皮、陸皆有和作,鹿門詩所謂姬遶荒田泣稗花者是也。學承之一姬劉氏,一孤引達,食貧城南,與張承吉身後一段凄凉光景約略相似。雲卿過訪,能無顔萱當日之感乎。余亦學承之舊雨也,正不禁皮、陸之懷,作是詩,以送雲卿。

燕南裘馬昔翩翩,此日行臺猶少年。
莫過丹陽承吉宅,愛姬泣迎稗花田。

(申緯《警修堂全藁》册十一)

---

① 此詩見録金正喜《阮堂先生全集》(1934 年鉛活字本)。

申紫霞對引達的落魄和蘇齋的凄凉,其愴然之懷不禁讓人淚下。葉昌熾在蔣礪堂的手札後題記曰:

> 此信所指五齡幼孫,名穎達(引達之誤),甚不肖。爲其夫婦蕩盡,其婦今尚存,(光緒十五年)年幾八旬,孤老無依,再問(黄再同)曾請之常熟翁尚書,與同人醵資助之,每月京錢百餘千文,猶不足給揮霍也。聞今尚嗜鴉片,無事則覓人爲葉子戲。覃溪先生一女孫,爲其所鬻,幸知其事者,爲贖歸之。

名門之後,最後竟得如此結局,實在令人痛心!

第十章　吴蘭雪與阮堂

一、吴蘭雪

吴蘭雪(1766—1834),名嵩梁,字蘭雪,又字澈翁。蘭雪的字是取自少年時節自己愛誦的李太白詩句“獨立天地間,清風灑蘭雪”(《再生小艸》卷二《蘭雪篇序》)。江西省東鄉人。乾隆三十一年(1766)丙戌三月二十五日生(與翁覃溪的門人楊雪帆、阮堂的父親西堂同庚),嘉慶五年(1800)舉人,屢入禮部應試未能及第,後得友人援助,貲國子博士,復用内閣中書。蘭雪懷有經世抱負,可惜未被大用,浮沉二十年。而其聲名卻在都下大振,與翁覃溪、王述庵、秦小峴、吴穀人、法梧門等相推重。其詩文集也遠播海外。蘭雪詩體沿襲六朝,規格似唐朝温、李,詩風清婉,又近長慶。其作品卓然傑出,與當代巨匠黄仲則(名景仁)并稱(蘭雪的《再生小艸》有《讀黄仲則詩書後》長篇)。之後,蘭雪曾出任貴州黔西州知州,兩度任鄉試考官。蘭雪之兄崑榕擅長詩文、精通篆隸;其妹素雲擅長繪畫;崑榕之子晁炌亦能詩,蘭雪一門皆以文字翰墨著稱。蘭雪的夫人琴香閣夫人(蔣錦秋)及侍姬岳録春皆深嗜丹青,時常烹茶研墨,歡然終日,人皆艷羡不已。蘭雪卒於道光十四年,名儒程春海(名恩澤)撰有《祭吴蘭雪先生文》(《程侍郎遺著》卷九)。蘭雪的著述有如下幾種:

《再生小艸》四卷
《香蘇山館古體詩鈔》十七卷
《香蘇山館近體詩鈔》十九卷
《香蘇山館文集》二卷
《石溪舫詩話》二卷
《聽香館叢録》六卷
《鵝湖書田志》四卷
《表忠録》一卷
《東鄉風土記》一卷
《粤游日記》一卷
《新田十憶圖詠》四卷
《香蘇草堂圖詠》一卷
《秦淮春泛圖詠》一卷
《拜梅圖詠》一卷
《廬山紀游圖詠》一卷
《武夷紀游圖詠》一卷
《蓮花博士圖詠》一卷
《聽詩圖詠》一卷

蘭雪詩初學蔣心餘(1725—1784)。心餘名士銓,字定甫,心餘是其號。江西省鉛山人。乾隆二十二年進士。著有《忠雅堂集》。蘭雪十九歲時,去藏園訪心餘,呈自作詩七百首請就正,心餘大加斧鉞,僅存六十首。蘭雪心中甚爲不平,求得心餘詩文全集閱讀,之後爲自己所作詩文倍感慚愧,曰:"先生諸作,有班、馬之才,韓、杜之法,沈鬱頓挫,變化錯綜,具有識見,聲光燦爛。蓋其至性奇氣,没有磨滅,故由詩而發。"於是蘭雪把自己的詩作盡作廢棄,專心師事心餘。後來蘭雪作《病鶴賦》(《蘭雪文集》卷二),爲翁覃溪賞識(《復初齋詩集》卷三十八《贈吴生嵩梁》)。乾隆五十八年,蘭雪二十八歲時從北京南下,當時覃溪在山東就任,蘭雪訪覃溪於泰安使院,留宿二旬。覃溪對蘭雪在詩學上造詣之深倍感嘆服，後同游東嶽，登上封禪臺，主客相得甚歡。蘭雪爲了紀念此行，請黄小松（名易）畫有《岱雲會合圖》，覃溪題有長詩（《復初齋詩集》卷四十四），蘭雪又有次韻詩（《香蘇山館古體詩鈔》卷二）。蘭雪遂成爲覃溪的詩弟子，回到北京後經常出入蘇齋，得到覃溪的愛眷和細心指導。蘭雪對覃溪亦仰慕敬事，終生不渝。

蘭雪曾道："覃溪師論詩，以杜韓蘇黄及虞道園、元遺川六家爲宗。全集多至五六千首，嘗命予校定卒業。予請分編爲内、外集：性情風格、氣味音節得詩人之正者曰内集，考據博雅、以文爲詩者曰外集，吾師亦以爲然。第云吾集已編年排録，賢友所論，須於身後選定，别爲鋟版。今年已八十，猶能作小楷，日疏經義，手不釋卷。每日黎明即起，辰巳時延見同志。午初即趺坐不出，朝貴罕見其面，真海内之魯靈光也。"①

蘭雪和覃溪之子星原關係也非常親密，在嘉慶十九年（1814）五月二十四日，蘭雪與覃溪、星原以及劉芙初、葉東卿一起游宏善寺，互相唱酬。蘭雪其間聽聞阮堂人物學問，非常欽慕。可是在嘉慶十四年（1809）阮堂入燕時蘭雪似乎不在京，未能與蘭雪謀面。蘭雪在道光四年（1824）給阮堂之弟山泉的手札中云：

> 哲兄秋史，神交久矣，每以未及同侍蘇齋杖履爲恨。

可知，蘭雪和阮堂没有見過面。所以，蘭雪和阮堂的親交究竟從何時開始，不能糾明。不過酉堂和山泉父子在道光二年（1822）冬入燕時與蘭雪面交之後，蘭雪和阮堂的交情似乎又深了一層。

二、酉堂、山泉的燕行

朝鮮純祖二十二年（道光二年，1822）十月，酉堂金魯敬作爲冬至兼謝恩正使，與副使金啓温、書狀官徐有素一起向燕京進發。酉堂的次子山泉（名命喜）與友人金清山、吴大山一起隨行入燕。

清山名善臣（1775—?），字季良，清山是其號。嵩陽人。純祖十一年

---

① 吴嵩梁《石溪舫詩話》（《香蘇山館全集》收録，道光二十三年刊本）卷一。

(文化八年,嘉慶十六年)作爲通信使書記與正使金履喬(1764—1832,字公世,號竹里)一起出使對馬島。當時副使爲李勉求(1757—1818,字子餘,號南霞),副使書記爲李明五(1750—1836,字士緯,號泊翁),製述官李顯相(字相之,號太華)等同行。在日本,朝鮮通信使一行與日本儒生林述齋、松崎慊堂、古賀精里、草場珮川、樋口淄川、三宅橘園等筆陣相見,馳名文場,獲得天才不群的美讚。慊堂的《接鮮瘖語》、珮川的《對禮餘藻》、橘園的《雞林情盟》都記録了當時這些人的詩文酬唱場景。而清山自己也有著述《島遊録》,文采揮灑縱横,其《博對馬島賦》更是六千言的文字,可以説氣焰萬丈,名揚東國。這次,清山再得拔擢,加擔燕行。

吴大山名昌烈,字敬言,號大山、梅道人。工詩,精通醫術,受到憲宗寵愛。卒年六十六。有詩文集《大山詩鈔》等。

朝鮮的諸友朋都爲此行餞詩送行,與清山同游對馬島的李泊翁爲其中之一。泊翁給西堂的詩有三首,現録一首如下:

奉贐西堂尚書以正使赴燕

逐季伊軋使車行,直限鴨江桑樹生。
髭髮誰憐君子老,文章定使漢人驚。
每携子弟美無度,復見山川喜有情。
彳亍扶笻行不得,欲將雙眼遠懸旌。

(李明五《泊翁詩鈔》卷之七)

又贈山泉詩二首,今録一首:

贈山泉陪其大人入燕山泉名命喜

幽燕半道曠懷偏,史料無多馬首前。
寥廓山河四萬里,紛紜事業二千年。
難腸已繞薊門樹,老眼難窮碣石天。
楊柳依依詩句好,壯觀留讀記行篇。

(李明五《泊翁詩鈔》卷之七)

又送清山詩曰：

送金季良入燕

軍官裝束舊書記，最是君才三絶饒。
彩筆寧爲大方笑，書樓嘗許上賓邀。
東遊鯨浪同舟濟，北望燕雲獨酌謡。
惆悵寸心延萬里，季當西夕氣非朝。

（李明五《泊翁詩鈔》卷之七）

老泊翁因昔年對馬島之行，追懷倍切。這一行燕行使臣途中迭相唱酬，長亭短亭，會之所興。在定州時，即有達八百章的酬唱詩文，席間官妓磨墨幾欲斷腕，書史鬬韻，揮汗如雨。山泉和清山寄呈泊翁所作詩軸一部，其詩作宏麗深遠，泊翁當即踴躍揮筆，寄和七古長篇①。其中詩句有：

聞道副价金侍郎，放膽爲文大鋪張。
撤珠綴玉色炫爛，行雲流水意迷茫。

又曰：

貂裘犀帶酉堂老，左圖右書處中央。
家中名士山泉在，幕下奇才金季良。

又曰：

前頭計程抵萬里，可載騾車而充廂。
文章欲攄無盡藏，吟漫中州餘大荒。

又曰：

徐李以後宿儒少（一），燕京文運恐不昌。
相逢唱酬難復作，慧解曉嵐富瞻綗（二）。

---

① 此詩見録《泊翁詩鈔》(1860 年，金屬活字本)卷七，題名爲《金酉堂尚書充上价赴燕，副行人即金侍郎啓温也。灣上與上价子弟金山泉命喜、幕府金善臣迭相唱酬，殆近千餘篇云。而見寄一軸詩，見甚宏麗，遂以七古走筆和寄》。

原注:(一) 徐乾學,李光地。

(二) 紀昀號曉嵐,翁覃溪名方綱。

(李明五《泊翁詩鈔》卷之七)

一行終於到達燕京。金西堂於嘉慶朝曾帶領長子金正喜阮堂入燕,此次是在十四年之後第二次帶領次子金命喜山泉入燕。當時作爲正使的金西堂,其幕下亦有在對馬島詩文揚名的金清山等人。而燕京學壇,當時覃溪已經離世五年,蘇齋已經非常蕭條。阮芸臺當時離都,雙碑之館亦難繼舊緣。不過,聽聞金西堂和山泉等人入燕消息的清朝友人,亦歡呼相迎,吴蘭雪、曹玉水、葉東卿、李月汀、劉燕庭、陳碩士、陳南叔、周菊人、張茶農、劉柏隣、秦玉笙等,相繼與西堂一行之間展開了燦爛的文化交流。

三、蘭雪和西堂、山泉的面契

道光三年(1823)春,西堂和山泉相攜去上斜街無罣礙軒訪問了蘭雪。清癯如鶴的蘭雪欣然迎接了海東的遠客。一行人登上清秘閣,文酒間暢談竟日。懷想覃溪在時的昔日情景,而現在石墨書樓已經蕩然無存。蘭雪引領山泉來到自己的寢室,把於覃溪生時所繪的《岱雲會合圖》、《廬山武夷紀游圖》給山泉欣賞。而如今已經亡故的覃溪與金、吴之間的墨緣也愈來愈深。三月中,蘭雪與西堂、副使金啓温(號寤軒)一起去國子監,并題有詩賦,也是對西堂一行歸國的餞行。

與朝鮮使臣金西堂中樞、寤軒簽判同入國學,即送東歸

天朝崇聖學,海國被恩華。法物求三代,微言證百家。

槐廳方載酒,蓬島又迴槎。惜未同觀禮,榮分賜講茶(一)。

職貢修東海,奎章捧北辰。歸帆鯨渚月,離席鳳城春。

萬里生同歲(二),千秋定及身。相看俱白髮,去住一沾巾。

原注:(一) 是年三月,臨雍侍講官,例得賜茶。

(二) 余與西堂皆丙戌生。

(吴嵩梁《香蘇山館今體詩鈔》卷十三)

西堂歸國後,阮堂代父親寄贈蘭雪次韻詩:

次寄吴蘭雪代家尊作

紅衫懷舊雨,白髮愧雌辰。
雙屐匡廬偈,千壺净業春。
金門梅大隱,鐵篴鶴前身。
知有天涯夢,東峰一角巾。

(金正喜《覃揅齋詩藁》卷三)

蘭雪看到阮堂詩句,不禁觸動舊懷,次韻答詩云:

次詩扇韻,寄答朝鮮金西堂判書

一别萬餘里,論詩記此辰。
月仍元夜漫,花已上林春。
晚節方聞道,清時各愛身。
壽觴同日舉,横笛有青巾(一)。

原注:(一) 余與西堂俱乾隆丙戌生。

(吴嵩梁《香蘇山館今體詩鈔》卷十五)

蘭雪愛山泉才學,對山泉期待甚高,希望他不要滿足於富貴,而能名垂青史:

示金山泉進士

東國佳公子,中華此壯遊。
高文摹石鼓,妙墨販銀鉤。
家學承應早,天才不易求。
期君在青史,富貴只浮漚。

(吴嵩梁《香蘇山館今體詩鈔》卷十三)

山泉向蘭雪問詩,尤其是對蘭雪的覃溪論頗爲尊崇。後來在山泉給兒輩的詩作中也有體現。其詩云:

喜兒子與再從孫台濟作詩，漫唫示之(中略)兼論近世妄學覃谿詩者，不願兒輩亦效此[1]

我昔遊燕都，聞詩吴蘭雪。蘭雪老於詩，壇坫峙江浙。
自言腰脊强，特爲覃谿折。當時袁與蔣，亦稱万夫傑。
問彼兩人者，於覃孰優劣。答云才力雄，鉛山或相埒。
隨園難併論，其詩亦超絶。覃老今蘇黄，餘子敢同列。
我知斯論難，學之豈易説。胸中萬卷書，石墨精華結。
真力涵元氣，充養到九耋。此事可襲取，一口海能竭。
如何妄庸人，容易登蘇室。神髓了無得，徒以皮相竊。
此輩學袁蔣，猶恐半途跌。覃老門徑深，敢爾窺棖臬。
總由所見小，得報亦蔑裂。群兒何太愚，爾曹名易滅。
不願然此態，吾寧守吾拙。

（金命喜《山泉古今體詩鈔》）

阮堂迎接歸國的父親和兄弟，聽到蘭雪的消息，心契愈來愈深，金、吴兩家的翰墨緣也更深了一層。

四、蘭雪《梅龕圖》與阮堂、山泉的韻事

山泉歸國之後不久就給蘭雪寄送了書札，山泉不但禮儀周到，還贈寄了《李益齋全集》。蘭雪看到書札和贈禮非常高興，尤其喜愛《益齋全集》，回謝道："尤爲藝苑奇珍，至感。"蘭雪在給山泉回信的同時，還贈送了自己的詩文集《香蘇山館詩鈔》三部，以分送西堂、阮堂、山泉父子，又贈有《西山唱和詩》一卷，此外還爲山泉題寫了楹聯，并告知托付出使歸國的朝鮮使臣趙芸園轉交。書札全文如下：

山泉先生閣下，即日曼福爲頌。昨冬請朔使歸，耑緘布復，并以《香蘇山館詩抄》各一部寄呈。賢喬梓、昆仲大雅之教，此時度已收

① 此詩題爲《喜兒子與再從孫台濟作詩，漫唫示之，先志余過台也，專以沈思妙悟爲主，恐至於穿鑿私智、掉弄精神，戒之。兼論近世妄學覃谿詩者，不願兒輩亦效此》。

到矣。今春上元後,重荷手書,注存良厚,所貺嘉儀,俱已領謝。《益齋全集》,尤爲藝苑奇珍,至感。來人李德秀者,即前歲附寄洪海居都尉書,使其書浮沈,至今未達海居,頗以爲恨,故不敢重有所託,承屬書楹帖,由趙芸園寄交,似更妥善。《西山唱和詩》一卷,以就正。餘詳別函,統希鑒亮。不宣。

蘭雪弟吴嵩梁頓。

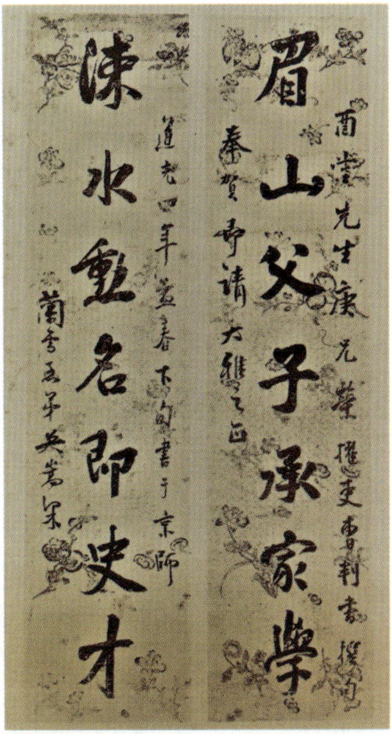

吴蘭雪所書楹聯:道光三年春金酉堂帶領次子山泉來到北京的上斜街訪問了吴蘭雪,金、吴兩家締結了墨緣。

《益齋全集》是高麗李齊賢(1287—1367,字仲思,號益齋)的詩文集,後以《益齋亂稿》爲名刊印。李齊賢爲高麗時期的名臣,少時即有文名,後跟隨忠宣王居住元大都。忠宣王設置萬卷樓,與當代名士趙子昂等一起研究經書、歷史,其事蹟遠近聞名。當時李齊賢三十三歲,當時的名手陳鑑如繪的肖像現在還在王室作爲寶物珍藏。《益齋全集》卷末附有櫟翁稗説、拾遺、年譜、墓誌等,有牧隱李穡的序文。高麗恭愍王十二年刊行,有李朝宣祖三十三年重刊本、肅宗十九年重刊本等。贈送給蘭雪的或許是重刊本。清儒蔣光煦(1813—1860,字日甫,號雅山、放庵居士)在其《東湖叢記》卷六也記有此書事項,可知當時在清人之間傳閱廣泛。書札中所言另有別函,現不知此別函所在,故不能述其内容。

蘭雪模仿陸放翁故事,在成爲國子博士時自稱"蓮花博士"。黄左田①、王子卿曾合寫《蓮花博士》一圖,後汪瀚雲、項濟南又各寫一圖,蘭雪遂賦有《蓮花博士歌》(《香蘇山館古體詩鈔》卷七)并向知友托付題詠,後

---

① 黄鉞(1750—1841),字左田、左君,號壹齋、左庶子。安徽蕪湖人。乾隆五十五年進士及第,歷任乾隆、嘉慶、道光三朝大臣,是著名的教育家、畫家。著有《壹齋集》、《二十四畫品》等。

裝幀成册爲《蓮花博士圖詠》。蘭雪自序曰：

> 《劍南詩集》原序云，九月十四夜雞初鳴，夢一故人相語曰："我爲蓮花博士，蓋鑑湖新置官也，我且去矣，君能暫爲之乎？月得酒千壺，亦不惡也。"既覺惘然。作絶句紀之曰："白首歸修汗簡書，每因囊粟戲侏儒。不知月給千壺酒，得似蓮花博士無。"餘既補官，用以自號。黄左田宫贊、王子卿編修爲合寫一圖，汪瀚雲侍御、項澥南孝廉又各寫一圖，余賦長歌紀之。

蘭雪甚愛梅花，年十九時就賦詩獻上行殿，又以七百本梅花窗下拜謁袁隨園，對主人之盛、賓客之盛、梅花之盛的感慨頗深。後來拜托友人萬輞岡①畫有《拜梅圖》，并請隨園等名士題詠，這就是《拜梅圖詠》。又囑托張茶農②畫有《九里梅花村舍圖》，題寫詩賦(《香蘇山館古體詩鈔》卷十二)後又請友人題詩，當時蘭雪正任内閣中書，所以也稱爲"梅隱中書"。

阮堂兄弟收到蘭雪的來札和贈品，知道事實意蘊，遂和同人一起造一龕，供養蘭雪詩，并種有梅花數株圍繞詩龕，表達對蘭雪的景慕和誠意。後在給蘭雪的書札中也告知此事，阮堂揮毫題有"蓮花博士"和"梅隱中書"楹聯，并爲《九里梅花村舍圖》題詩，拜托貢使寄呈，蘭雪倍感欣喜。蘭雪所題詩賦如下：

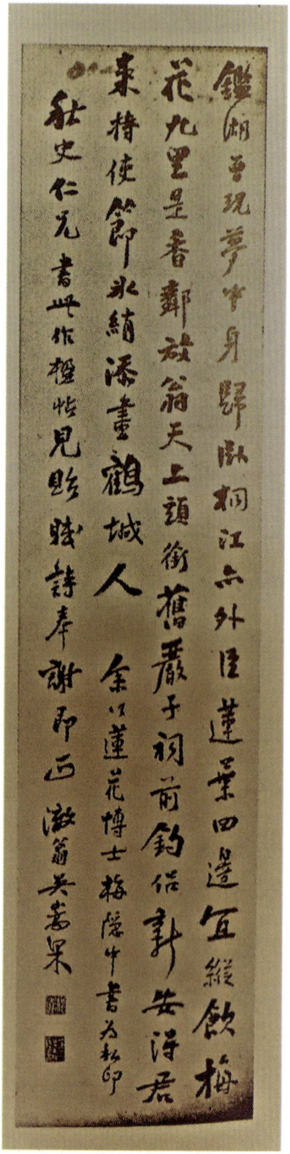

吴蘭雪給阮堂題詩
(工藤壯平氏藏)

① 萬上遴(1739—1813)，字殿卿，號輞岡。江西分宜拔貢生，畫家，曾任清宫畫院待詔，專事書畫。有《鏡吾圖》等，曾爲翁方綱繪《谷園書屋圖》。

② 張茶農，即張深，後十七章中有詳述。

朝鮮貢使至,金秋史殿撰以手書
蓮花博士、梅隱中書楹聯見寄。
未及報謝,今始爲補此詩

鑑湖曾現夢中身,歸卧桐江亦外臣。
蓮葉四邊宜縱飲,梅花九里是香鄰。
放翁天上官銜舊,嚴子祠前釣侶新。
安得君來持使節,冰綃添畫鶴城人(一)。

原注:(一) 余有蓮花博士及《九里梅花村舍圖》。

(吴嵩梁《再生小艸》卷一)

吴蘭雪贈阮堂題詩原蹟現爲東京的工藤壯平氏珍藏。道光四年(1824)正月蘭雪又有給山泉的題詩:

山泉進士來書謂以梅花一龕供吾新詩,因成絶句奉貽,即請正之

詩佛誰將瘦島參,海東迢遞接天南。
鶴城近日傳新句,吾與梅花共一龕。

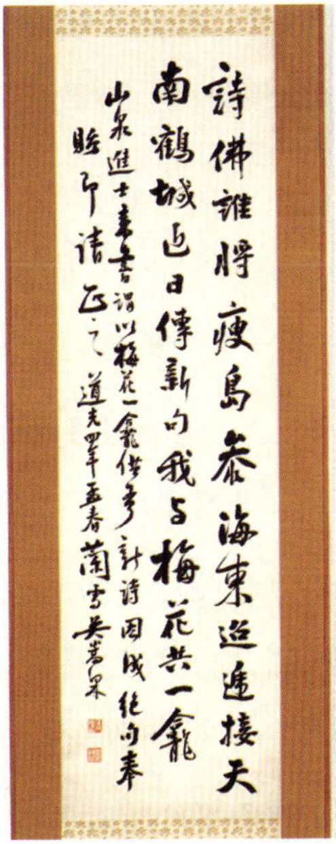

吴蘭雪寄金山泉絶句一首,道光四年(1824)(望漢廬藏)

蘭雪寫給山泉的詩句原蹟有半折爲吾望漢廬珍藏。蘭雪對山泉的《梅翁圖題詩》有如下和詩:

自題梅龕詩佛圖,寄答朝鮮諸君

瀛海詩人善琢磨,結龕新奉病頭陀。
十年面壁心同苦,一笑拈花悟已多。
金鑄居然推賈島,瓣香難得配東坡。
冰銜儂愧稱梅隱,合畫桐江舊釣蓑。

(吴嵩梁《香蘇山館今體詩鈔》卷十七)

蘭雪又修書翰一封,向山泉表達了謝意,又向阮堂請題楹聯。此信要點如下:

(一) 對山泉出身華胄、身負俊才又好學深思、虚懷集益,極爲稱讚,對山泉的將來給予厚望:

足下生於華胄，早負俊才，又能好學深思，虛懷集益，時時方以德業未成爲懼。其所樹立，殆不可量。高第顯爵，豈足爲吾輩重輕，然藉爲匡時濟物之資，俾得大抒所學，亦求其無負而已。

（二）稱頌酉堂的顯達：

尊大人使歸，晉領天官，總持國計，所以爲蒼生造福者無量，霖雨舟楫，企頌益虔。

（三）對阮堂集句之妙、書法入神的絶讚：

哲兄秋史，神交[①]久矣。每以未及同侍蘇齋杖履爲恨。今承惓惓如此，苔岑之義，永矢弗諼。楹帖三種，集句既妙，書法尤排奡入神，張之香蘇山館，從此蓮花博士、梅隱中書，遂因名筆以傳，幸甚。

（四）在李蘭卿（名彦章，覃溪的門人）處見到阮堂的畫蘭，蕭散可愛，希望阮堂給畫《蘭雪圖》：

向在李蘭卿侍讀處，見畫蘭一幅，蕭散可愛，他日能爲僕作《蘭雪圖》見寄乎？

（五）贈送的《朴蘭溪集》[②]收到，非常敬服其人物學問：

《蘭溪集》細讀一過，其論樂律之精，實由深於德性、明禮敷教，具有本源，不勝敬服。

朴蘭溪（1378—1458），名堧，字坦父，蘭溪是其號。李朝世宗時出入講幄，尤其精通音樂，整理了國樂文獻。蘭溪官至藝文館大提學，謚號文獻。詩文集中收有三十九篇上疏，大部分都是和樂律有關的詩文。收録有酉堂跋文。

---

① 神交，原著中誤寫爲“神父”。

② 此“朴蘭溪集”應是朝鮮純祖二十二年（1822）孟夏以金屬活字本所印朴蘭溪的詩文集《蘭溪先生遺稿》，此印本有壬午年金祖淳序文，金魯敬（酉堂）跋文。

（六）稱賞《海東樂府》：

《海東樂府》，句語奇麗，音節亦遒，何東賢之多傑出也。

（七）希望能寄送鄭、李三先生（蓋指鄭三峰、李退溪、李栗谷）圖書：

至於道學統緒，蓋有難言者，鄭、李三先生之書，惜未概見，果得洛閩正傳，功且在花潭之上，微言奥旨，願示其詳。

徐花潭[①]的《花潭集》收録在《四庫全書存目》中，爲清人熟知。

（八）《香蘇山館詩鈔》續刻後將寄贈：

拙集爲阮芸臺尚書刻於粤中者，已燬於火，續刻成，當即奉寄。

對上面所言《海東樂府》，蘭雪嘆服不已，題有一詩：

又題海東樂府後

伽倻遺曲感人多，一笛居然息萬波。

從此龍標傳樂府，大同江水即黄河。

（吴嵩梁《香蘇山館今體詩鈔》卷十七）

接到蘭雪手札的山泉和其兄阮堂共同欣誦後，爲其興致頻頻觸動，阮堂乘興提管繪《蘭雪圖》，并托送《蘇齋圖臨本》屬蘭雪題詩，蘭雪欣然題之云：

朝鮮金秋史閣學屬題蘇齋圖臨本

負笈蘇門久，賡酬四十年。誰知東海客，家奉北平編。

三島雲蒸合，千潭月印圓。清風餘笠屐，中外瓣香虔。

昨接蓬萊信，天涯德未孤。梅花吟入卷，蘭雪寫成圖[(一)]。

詩夢參禪夢，香蘇即寶蘇[(二)]。與君期得隨，一笑認衣珠。

原注：（一）君有詩寄題《九里梅花村舍》，且爲余《蘭雪圖》。

① 徐花潭，即徐敬德（1489—1546），字可久，號花潭、復齋，朝鮮中期的儒學者。

（二）用君集覃溪師見贈句。

（吴嵩梁《再生小艸》卷四）

以上揭示的數首蘭雪詩，均在道光四年(1824)五月二十四日所題《再生小艸》序中有提及，可知應是當日之前所題詩文。後年，蘭雪友人潘紱庭(1810—1883，名曾綬，阮堂神交友人)曾題《感舊詩》并得到諸多友人題詠，其中第一首《吴蘭雪刺史》中對蘭雪《再生小艸》極力稱讚，并對蘭雪和阮堂、山泉之間的墨緣極力關注。其詩爲：

吴蘭雪刺史

再生詩筆愈清華(一)，卅載騷壇自一家。

白傳聲名傳海外，一龕佳句伴梅花(二)。

原注：（一）著有《再生小艸》。

（二）朝鮮詩弟子聚先生詩供一龕中，環植梅花，作《梅龕詩佛圖》。

（潘曾綬《陔蘭書屋詩補遺》）

原注中所言詩弟子，是指阮堂、山泉。

阮堂和山泉等的韻事，不僅爲蘭雪所喜愛，藝苑諸公也都極爲羡慕。陳頤道(1771—1843，名文述)在下面詩中道：

聞東國使臣載余書集歸，貽洪海居、申紫霞兩君，喜賦一律

蠹粉蛛絲賸此編，報瓊心事託長箋。

正思遠道魚書寄，恰喜天涯雁使旋。

花月關山新驛路，海天翰墨舊因緣。

梅龕倘有收藏地，留伴香蘇五百年(一)。

朴齊家所繪《延平髫齡依母圖》。延平是福建省一地名，鄭成功爲明末鄭芝龍和日本妻子田川氏於延平所生。少時鄭成功所繪依著明代婦人服裝的母親畫像，此彩色繪圖爲阮元之子阮福所藏，阮元友人焦循題讚後合裝。

原注：(一) 東國諸賢建梅龕，以供吴蘭雪《香蘇山館詩》，故云。

(陳文述《春明新詠》)

陳頤道與朝鮮學人亦有交流。其著書《畫林新詠》中特别提到與阮堂的老師朴貞蕤(名齊家)的學緣，讚美貞蕤工書善畫，并稱之爲："東國聲詩詞逸才，屢承天語侍瀛臺。分明鴨緑江頭月，照見龍灣晚翠來。"陳頤道所云貞蕤善畫，是指貞蕤所繪《延平髫齡依母圖》，經阮芸臺後傳到其子阮賜卿之手，在藝林引起反響。該畫現藏鄙人望漢廬。阮堂曾得到《畫林新詠》初印本并抄録一部，筆者曾得一見，今不知此抄本落到何處。

五、蘭雪夫人的書扇、畫幅的贈來與山泉

蘭雪曾將夫人所畫桃李二枝折扇寄贈給山泉，并在折扇的背面題有一首次金清陰韻詩。山泉收到折扇乃和韻答禮曰：

吴蘭雪嵩梁以閨中所畫桃李二枝折扇見贈，
背題一詩次清陰先生韻，感賞之餘，依韻和寄

悵觸幽懷雨萬絲，洌江風急對寒漪。
恰當佳菊衰蘭日，遥憶深紅淺白時(一)。
海外争傳長慶集，燈前恍接紫芝眉。
梅花萬里春先到，一篋清供寄所思。

憶向都門折柳絲，玉河春水弄清漪。
十年虚擲讀書日，萬里欣逢傾蓋時。
愛士真能如骨肉，勝人不獨在鬚眉。
風流虞趙論先後，何必交游羡仲思(二)。

原注：(一) 佳菊衰蘭，即清陰詩句，采入《感舊集》者。
(二) 高麗李益齋字仲思，入燕，交虞伯生、趙子昂。

(金命喜《山泉古今體詩鈔》)

蘭雪又把夫人所畫《梅花圖》，題詩後寄給了阮堂、山泉伯仲，蘭雪所

題詩云：

題琴香閣畫梅，寄秋史、山泉各一幅

曾寫春風桃李姿，重將瘦影畫南枝。
梅龕深處花如海，想見禁寒覓句時。

益園當日記題襟，松雪風流照古今。
不識鷗波亭子上，可傳妙墨到雞林。

（吴嵩梁《再生小艸》卷二）

蘭雪又請張茶農（名深）爲山泉繪《梅龕圖》題詩寄答：

茶農爲山泉作梅龕圖，再用前韻寄答

横枝影裏妙香参，詩法從今得指南。
萬里一輪心月印，鏡天花海即同龕。

（吴嵩梁《再生小艸》卷二）

山泉收到蘭雪夫人的梅花幀和《梅龕圖》題詩，感其厚意，和韻答曰：

蘭雪又寄閨中所寫梅花一幀，題二詩寄懷，末言“他日得管夫人畫，當臨以相贈”，茶農梅龕圖前韻，屬意鄭重，依韻和之

玉妃綽約雪中姿，驛使東風又一枝。
爲問新田圖第八，鹿車添寫訪梅時(一)。

寫就疎枝月印襟，散花身現去來今。
寒梅可是如人否，癡殺西湖處士林。

記昔招提古佛参，九蓮香裡作和南。
天涯重覓羅浮夢，攝取千燈共一龕(二)。

原注：(一) 蘭雪曾有《新田十憶圖》。

（二）余曾於長春寺見管夫人所畫像，寺供九蓮菩薩。

（金命喜《山泉古今體詩鈔》）

對此，阮堂也應當有答書和題詩，不過目前還没有發現書札原蹟或鈔册傳世。

六、蘭雪、酉堂的周甲和《蘭雪紀游十六圖》

蘭雪生於丙戌三月二十五日，酉堂生於十二月十七日，二人同庚。道光六年，正是兩人的周甲。締結奇緣的吴、金兩家，雖然相隔千山萬水，也都互相寄遞壽詩道賀。阮堂題寫祝詩，此外還作有長律，另又寄送日本福壽鏡、東蔘三兩作爲賀禮。福壽鏡可能是馮晏海《金索》[1]中所載：

日本竟五

鏡畫龜鶴及雜寶，有不可盡職者，中央篆書福壽二字，款題植田山城守吉正七字，乃官守者地名人名也。

阮堂長律如下：

次韻答吴蘭雪稿[2]

迦葉拈花詩髓求，舊從放翁夢境遊。真影五色梅花樹(一)，石溪烟隴知何處(二)。料量羅朱澹濃中(三)，蒼茫畫理参茶農。袖裏東海接一氣，鼻觀天涯情所鍾。東海人家一花圻，遥溯三十萬樹白。香蘇寶蘇卽此義，百千燈影收息息。問否九里洲與山，那由此身置其間。徑欲投筆劍峰去(四)，擬追盟柏岱雲還(五)。舉似石帆舊偈子，攝到笠影圓鏡裏。東書堂硯潑奇光(六)，元氣淋漓而已矣。宛見紅衫日拜花(七)，匡君之屐桐君家。青眼同岑詩境月，紫瀾問津浄業槎。爲補十六年前失，卻於萬里墨緣覓。蓬萊佇見文字祥，天際烏雲樓前

---

① 《金索》爲清人馮雲鵬(字晏海)、馮雲鵷(字集軒)所輯金石學著作《金石索》上部。《金石索》分《金索》和《石索》，在道光三年印行，共十二卷，收録了商周到漢和宋元時的鐘鼎、兵器、權量雜器，以及歷代錢幣、璽印、銅鏡等銘文拓本。

② 此詩見録金正喜《阮堂先生全集》(1934 年鉛印本)卷九。

日。金石蘭盟詎可更，蓮燈梅卷仍合併。病鶴如今復何似，石銚乳滴松風生。

原注：(一) 六人合作《五色梅花圖》，爲蘭雪所藏。

(二) 石溪、烟隴，皆蘭雪探梅處，即《新田十憶》之二。

(三) 蘭雪於孤山訪梅，倩兩峰、野雲作澹墨、濃墨二本。

(四) 蘭雪《黄巖觀瀑詩》云"投筆仍爲雙劒峰"。

(五)《岱雲會和圖》，覃溪老人詩云"蒼然七株柏，質我盟日星"。

(六) 東書堂硯，爲周藩蘭雪軒舊物，爲覃溪所藏，蘭雪作詩乞之。

(七) 紅衫拜花，爲蘭雪詩話。

(金正喜《覃揅齋詩藁》卷二)

蘭雪收到阮堂書辭，在回復信札中表達了滿腔謝意，并作了《紀游圖册小序十六首》寄送給阮堂，請求題詩。蘭雪書信的要旨如下：

(一) 對阮堂的長律，蘭雪稱讚其"字字渾脱，不可多覯"：

僕與尊家喬梓棣蕚，倡和之歡，海天不隔，益知道義文章，永於金石，其慶幸何可言耶。

(二) 爲酉堂周甲祝賀題詞，贈山水畫幅：

十二月十七日爲太翁壽辰，以展頌私，未審能勝李進士鶴南飛一曲否。附以山水畫幅，并侑華觴。僕忝同年周甲，一無可稱。

(三) 寄贈《紀游圖册小序十六首》：

海東諸名宿能以詩畫寵貺者，吾兄彙齊見寄，明年三月二十五日，當於海棠花下釃酒天東，一酬仙翁，幸甚幸甚。

(四) 女婿陳硯孫(名世慶)贈近刻本《集杜》，并請爲硯孫九十九草堂(其家即在廬山之麓故名)匾額揮毫。

(五) 對李鳳岡、顧南雅兩人的贈物傳達感謝之情，希望阮堂贈書畫。

(六) 蘭雪贈阮堂詩，并請疊韻。蘭雪詩曰：

千秋著述一官輕，香爇蘇齋倍有情。

東海才多推二妙，西湖緣重感三生。

國華早珥金門筆，家法争傳玉局評。

見説弓衣今繡徧，都官前後愧齊名。

札末附有贈物目録：

寄　金秋史

書一封

詩畫二幅

扇二柄

對一聯

又附寄李蒼皋

畫一軸

扇一柄

書一封

并求轉交　正月二十八日　交鄭才弘手收

前面所述顧南雅（1765—1832）爲吴縣人，名莼，字希翰，南雅爲其號。嘉慶五年舉人（蘭雪同年），二年後進士及第。顧南雅學術深邃，精通政教根源，官至通政司副使。因屢屢上疏直言國事，聲名大震天下。工詩文，兼善書畫，卒於道光十二年，享年六十八。著述有《滇南采風録》、《思無邪堂文集》。阮堂夙愛顧南雅文章風裁，憬慕不已，遂自記題寫楹聯一副贈顧南雅，以資禮聘。楹聯題詞：

直聲留闕下

秀句滿天東

又在一傍書曰：

顧南雅先生，文章風裁，天下皆知之，向爲湘浦一言，尤爲東人所傳誦而盛道之。萬里海外，無緣梯接，近閱《復初齋集》，多有南雅唱酬之什，因是而敢托墨緣之末，集句寄呈，以伸夙昔憬慕之微私。

海東秋史金正喜具草。

上文題記中所言“湘浦”指松筠[①]，松筠爲瑪拉特氏，蒙古正藍旗人。歷官軍機大臣、國史館總裁、吉林將軍、駐藏辦事大臣、伊犁將軍等職，其後又屢屢中外敭歷。道光十五年，以八十二歲高齡離世，謚號文清。其練達老成，清勤正直，爲人嫉惡謹嚴。阮堂的題辭中有“顧南雅爲湘浦一言”，這是指嘉慶二十五年(1820)十一月，宣宗任命湘浦爲熱河都統，南雅上疏直言“宜倡置左右諫臣”，這是反對皇命，意味着有降官之險。《清史列傳》卷三十二《松筠傳》中記有此事：

十一月(嘉慶二十五年)授熱河都統，翰林院侍講學士顧蒓疏稱“宜置左右以爲諫臣之倡”。諭曰：“朕擢松筠於降調之餘，先用爲左都御史，又任以熱河都統，量能授職，自有權衡，何分内外。乃顧蒓以爲，擢用左都御史，群臣慶於朝，萬民忭於野，松筠何足以致此。若簡放熱河都統，乃使之爲國宣力。顧蒓以爲，雖與重大之任，若有疏遠之心，尤爲信口亂言矣。至稱或疑其意氣之戇，致拂聖聰；或疑其攻擊之嚴，致遭衆忌。無論朕虚懷納諫，從不以直言爲忤。且松筠近來亦實無犯顔極諫之事，其於内外臣工，更無私毁私譽。若以此致疑，豈舉朝大臣，除松筠而外，均爲讒諂容悦之人乎。

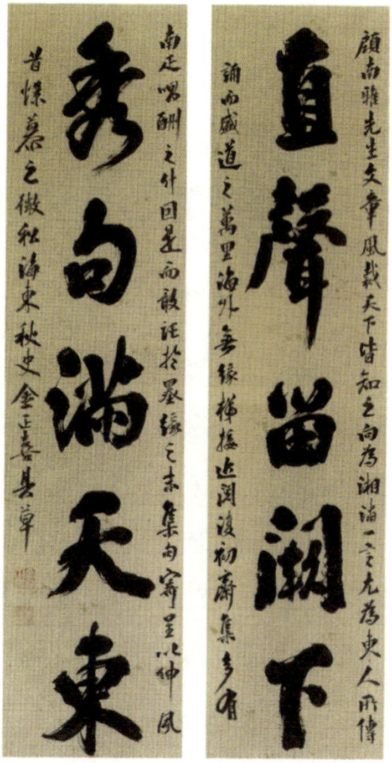

阮堂的楹聯(朴錫胤藏)：嘉慶二十五年，阮堂三十五歲時的作品。稱嘆顧南雅的直諫，題書給南雅。

① 穆麟德(1752—1835)，號湘浦，晚號百二老人。歷乾、嘉、道三朝名臣，學術造詣深厚，著有《西招紀行詩》、《新疆識略》、《古品節録》等。

顧蒓,著嚴議……”

當時此事很快傳入朝鮮,阮堂等人都極爲稱讚南雅的直諫,所以阮堂題有“直聲留闕下”。嘉慶二十五年,當時阮堂年齡三十五歲,可以推想當爲此楹聯的製作年代。此楹聯筆意風致,既有覃溪的氣概,也漸有阮堂獨特的一面,端雅雄渾,可以説是阮堂壯年期的代表逸品。這副楹聯由蘭雪轉交給南雅,南雅應非常喜愛,或許由蘭雪介紹也贈送給了阮堂答禮,可是有關南雅的贈物現今未能發現藏處。阮堂的楹聯今年由朴錫胤在北平某藏家處獲得,筆者多幸在崔南善的介紹下得以借觀,留玩月餘,對他們之間的墨緣欣喜不已。

另,在(三)中所言《紀游十六圖》是蘭雪在六十大壽之際爲了紀念周甲,拜托友人所繪,又題寫了自序,主要是追憶往事,後寄此圖給阮堂,希望得到朝鮮友人的題詩。原蹟現不知何處,《香蘇山館文集》卷一中録有此圖序和詩文。內容如下:

紀游圖序

道光五年三月廿五日,爲余六十初度。自念平生無可稱述,惟以憂患之餘,縱游山水,笻屐所至,名勝頗多。因屬友人紀於圖畫,澄懷觀道,卧以游之,藉娱吾老而已。澈翁吴嵩梁。

第一圖

嵇山題竹

山在河南修武縣治,中有竹林七賢遺跡。少隨先大夫,宦游於此,每拈新句,自刻粉筠,隔歲視之,字如拓本舊碑,斑斕可愛。

第二圖

棲霞獻賦

乾隆甲辰三月,翠華南幸,獻賦攝山,年甫十九;嘉慶丙子冬,宿千佛岩,夜起踏月紅梅花下,舊游卅載,疑話前生。

第三圖

漢江旅泊

乙巳南歸，奉母道出武昌，雨中登黄鶴樓，徙倚竟日。江天混茫，雲嵐出没，曠觀身世，渺若浮萍。

第四圖

岱嶽觀雲

癸丑五月，謁翁覃溪先生於泰安使院。同游東嶽，秦松漢柏，黛色參霄。由南天門，登奉禪臺，俯視雲影千峰，散落平地，如春江之浮斷冰，絶頂夜半，即見初日從海中騰湧而出，惜未能信宿寺中耳。

第五圖

康山秋讌

揚州江氏園，近在城郭，杳若山林，曾公賓谷爲余張讌山中，倣康對山故事，命客彈琵琶，以銀槎杯行酒，於是名流踵至，唱和日多，遂刊所作，爲邗上題襟集。

第六圖

虎阜嬉春

虎丘後山，玉蘭一株，相傳爲南宋時物，花時其白照天。余與劉松嵐，携女郎，著紅衫，坐樹間吹笛，觀者艷之。

第七圖

靈巖踏雨

春晚，自桐橋放舟，經天平、白雲諸寺，直抵靈岩。烟雲空濛，湖山清麗，正如美人新浴，百媚俱生。

第八圖

瓜廬尋碑

焦山，雄麗不及金山，深秀過之。王公夢樓書余京口三山聯句詩碑，猶在山麓。王公搨以見貺，且邀看自然庵老梅。幹若青虬，俯臨江岸，落花紛飛，迸入春潮。

第九圖

韜光望海

靈隱寺至韜光庵,竹色連天,泉聲夾路,一閣跨空而出,湖山江海之勝,畢在眉睫間。余偕馬秋药翁,徧游理安寺、烟霞、水樂諸洞,至是乃爲嘆絶。

第十圖

泖湖話别

王述庵先生,予告歸三泖漁莊,扁舟造訪,繫纜在門,湖水平階,烟嵐入檻。日與先生餐粥相對,曳杖出游濱行,爲作香蘇山館詩集叙一篇,泫然而别。

第十一圖

惠山啜茗

惠山泉爲天下第二,有亭覆之,其清澈底。每至陽湖,輒與秦公小峴、洪君稚存,携佳茗,煮泉細啜,雪芽雲液,香透心脾。

第十二圖

武夷泛月

舟行九曲,日在明漪積翠中,夜宿天游觀。三十六峰,月華如水,洞蕭一奏,響答賓雲。

第十三圖

黄巖觀瀑

匡廬九十九峰,峰峰有瀑,以黄巖爲第一鉅觀。萬丈銀濤,直從脚底飛出,照以霞綺松黛,五色變現,妙不可窮。開先、棲賢,皆以仰觀得之,遜其雄快。太白、東坡皆未探尋至,此亦一恨事也。

第十四圖

蒲澗聽泉

戊寅客廣州,凡七閱月。嘗登粤秀山,借道士羽衣,乘輿踏月,至白雲寺,觀九龍潭,歸宿鄭仙祠下,蒲澗流泉,淙潺徹夕;露蛩風篠,萬籟俱秋。惟羅浮以有約未到,夢騎仙蝶,翅如車輪,恣游花首臺及黄龍洞諸勝，仙乎仙乎。

第十五圖

净業蓮因

余與法時帆定交，自積水潭觀荷始。乙丑下榻詩龕，净業湖花事尤盛。每著緑蓑，冒雨而出；晚凉踏月，通曉甫歸，遂用放翁語，以蓮花博士自署。鑑湖仙夢，豈有宿因耶。

第十六圖

富春梅隱

九里洲在富春山水佳處，計畝種梅，可得三十萬樹。花田茅屋，寢食俱香。余欲投老於此，因刻梅隱中書私印，題所居曰九里梅花村舍。朝鮮學士金秋史，與其弟山泉，屬張茶農爲繪此圖，自以一龕供養吾詩，龕外皆種梅花，寄詩乞和，重譯流傳，而買山未就，良可嘅已。

阮堂收到蘭雪寄來的書札和賀詩，看後欣喜異常，尤其是看到《紀游十六圖》的序文和詩作，對富春梅隱的感興無法抑制，當即對十六圖各自題寫了詩和序，連同蘭雪原文、自注和答書一起寄回給蘭雪。下面是阮堂的序詩：

題吴蘭雪嵩梁紀游十六圖并序

乙酉三月二十又五日，爲吴蘭雪六十初度，以其平生笻屐山水屬友人，作《紀游十六圖》，并係小序，要作詩以壽其傳。第十六圖序云，秋史、山泉爲繪此圖，自以一龕供養吾詩，龕外皆種梅花。寄詩云云，蓋紀實也。余於十六圖詩，亦及此意，萬里墨緣也。

嵇山題竹

六十年墨緣，依依竹林自。試拈�上詩，天然金石字。

棲霞獻賦

卓犖凌雲志，乃在英妙歲。梅花卅載夢，明月千佛偈。

漢江旅泊

華院無疆壽，又於黄鶴樓。問他拔宅者，何似武昌舟(一)。

岱岳觀雲

秦松漢柏間，初謁覃溪老。紅日與烏雲，知君瓣香早。

康山秋醼

曾於蠶皾齋，一讀題襟集(二)。朱碧銀槎杯，萬里餘香浥。

虎阜嬉春

千人石上樹，猶作宋時香(三)。更溯王珣宇，流傳古宅芳(四)。

靈巖踏雨

天機清妙處，山色向人青。仙館知何在，應煩雨屐停(五)。

瓜廬尋碑

夢樓製鯨手，詩筆遍久米(六)。豈料焦山墨，亦能過鴨水。

韜光望海

夙想弢光庵，圖中暫寓目。□□秋葯詩，亦從芸臺讀(七)。

泖湖話別

三泖五湖間，漁莊聞天下。借問鄭學堂，誰復入室者(八)。

惠山啜茗

天下第二泉，又重之秦洪。飲泉猶可得，二妙真難同。

武夷泛月

來謁武夷君，白雲圓夙因(九)。且看峰峰月，三十六化身。

黄巖看瀑

八萬四千偈，九十九峰瀑。前賢畏後生，仰觀輸俯矚。

蒲磵聽泉

鄭祠聽月時，栩栩漆園夢。羅浮五色繭，海外竚仙種(十)。

净業蓮因

吟詩何處好，詩境夢無邊。天上真腴官，税詩兼税蓮。

富春梅隱

圖之第十六，萬里傳稿那。桐水君之因，梅龕我即果。

原注:(一) 蘭雪《新田十憶圖》有華院奉觴。

(二) 余於李心莽鑒蠍齋始見《邗上題襟集》。

(三) 有南宋時玉蘭。

(四) 虎阜寺爲晉王珣古宅,王珣遺墨尚有真蹟之流傳,近入内府,與《快雪》真本同收。

(五) 靈巖仙館爲畢秋帆所居。

(六) 久米,琉球山名,王夢樓嘗見琉球。

(七) 秋药詩爲一代碩匠,余之入燕,從阮芸臺得見秋药詩。

(八) 王述庵有《三泖漁莊圖》,題詠幾遍天下,述庵專尚鄭學,遂自扁鄭學。

(九) 白雲洞有白玉蟾小像,蘭雪怳若自悟前身。

(十) 羅浮仙蝶尚在燕京太常,爲明代舊物,呼爲老道人,題詠者甚多,羅浮繭或有傳種。

(金正喜《覃揅齋詩藁》卷五)

山泉也爲了蘭雪題寫了祝壽詩文,詩序曰:

壽蘭雪周甲

三月廿五歲丙戌,遠爲蘭雪作生日。酒挹鴨綠江之波,糕綴楊花渡口之花。羹以樂浪藩國之魚,僑以方丈雨前之茶。上座高揭梅龕圖,龕中之人其姓吴。供養梅花香沁肺,不用栴檀雕像黄金軀,是時客傳書一封。神光恍有靈犀通(一),夢騎仙蝶大如帆,能否飛過東海東(二)。憶余初登清閟閣,先生癯骨癯於鶴。有氣昂然横碧霄,岱雲廬瀑都向筆前落(三)。其筆五色重千斤,白也贈之不敢索。主持風雅代有人,弓衣傳唱窮蠻貊。謬許鯫生期青史,富貴浮漚而已矣(四)。前崔後李論交道(五),五百年有一知己。一别天涯限參商,年年此日遥飛觴。

今年三百六十六甲子,先生年壽方未央。蘇齋故事瓣香在,此義無問海内外。横笛天風萬里吹,證以千燈一光之妙偈。不願先生居瀛洲與蓬萊，但願先生早歸來。手種梅花三十萬萬樹，日日一樹花前傾一盃[六]。

原注：(一) 前數日，得蘭雪所寄書及《紀行十六圖序》。

(二)《紀行序》有"羅浮留約，夢騎仙蝶"語。

(三) 癸未春，見蘭雪於城西寓舍，引余入寢室，觀《岱雲會和圖》及廬山諸詠。

(四) 蘭雪贈余曰："期君在青史，富貴只浮漚。"

(五) 崔孤雲、李益齋。

(六)《紀行十六圖》第十六即《富春梅隱》，而九里洲梅花最盛，計畝種花可三十萬樹，將携家歸老於此云。

(金命喜《山泉古今體詩鈔》)

蘭雪收到阮堂的題詠不禁擊節稱嘆，爲表達謝意，把個人的詩集新刻三十卷本和夫人所畫花卉一幅連同答書一起寄給了阮堂。當時是道光八年(1828)正月二十六日。手札的原蹟收藏在筆者的書齋望漢廬。書札内容如下：

秋史先生閣下。使至奉到復緘，及紀游圖佳詠十六首，簡妙可愛，懸之壁間，誦者無不擊節。感甚感甚。僕近以充玉牒館纂修，復留京邸。九里梅花之約，尚未克踐，悵不可言。拙集刻成三十卷，有未安處，願教削之。寒閨初涉繪事，過承過譽，適以增媿，兹復以花卉一幅寄呈，尊閫或答以詩則尤妙也。

春和統希，葆衛千萬。不宣。吴嵩梁頓首。

尊甫大人及令弟均此布意。戊子孟春二十六日

蘭雪亦題寫詩句酬謝：

朝鮮金西堂判書及其子秋史、山泉置
酒梅龕，爲余遥祝六十初度，寄此奉酬

金剛雲氣接匡廬，奇句飛來夢亦符。天下幾人宗老杜，海東今日又三蘇。紫裘腰笛能高唱，白髮簪花願補圖。重譯同斟周甲酒，

生長佳話古曾無。弓衣繡字壁龍紗，中外虛名享太奢。三島門生持使節(一)，一龕詩佛供梅花(二)。濟時願切酬無地，學道年深望有涯。茅屋香田堪送老，扁舟歸去定移家。

原注：（一）琉球使臣向邦正，舊以入監肄業，出余門下。

（二）申紫霞侍郎以詩佛見推。

（吴嵩梁《香蘇山館今體詩鈔》卷十六）

原注中所言向邦正是和梁文翼、楊德昌、毛邦俊一起在嘉慶十年以琉球國奏請的身份來國子監入學者，都直接受到蘭雪的指導。蘭雪的詩云：

來琛館示琉球肄業諸生

日月重洋一照臨，東南教譯海同深。
道尊中國知來學，詩誦淮夷解獻琛。
經術我慚虛馬帳，才名誰説重雞林。
圜橋聽講多英彦，石鼓遺文許共尋。

（吴嵩梁《香蘇山館今體詩鈔》卷五）

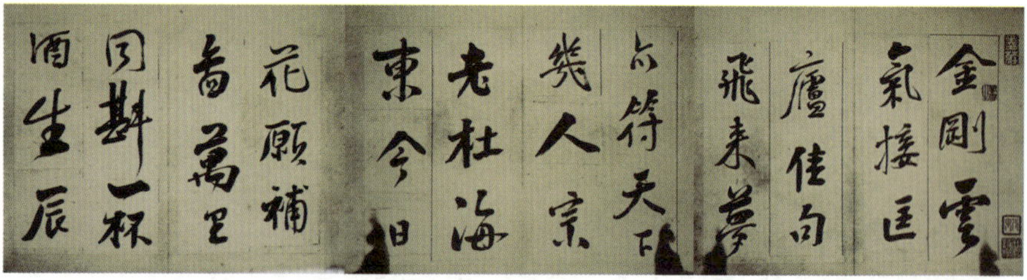

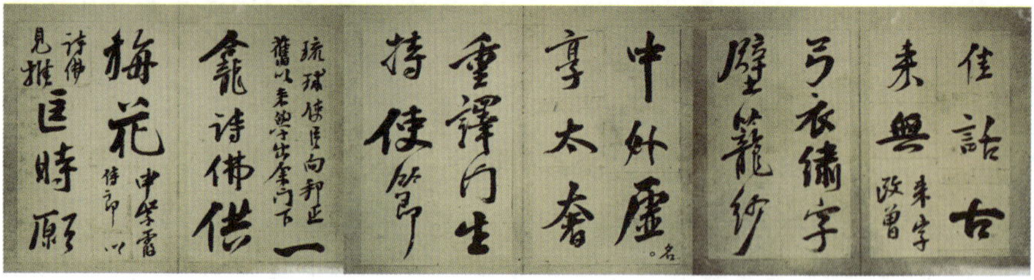

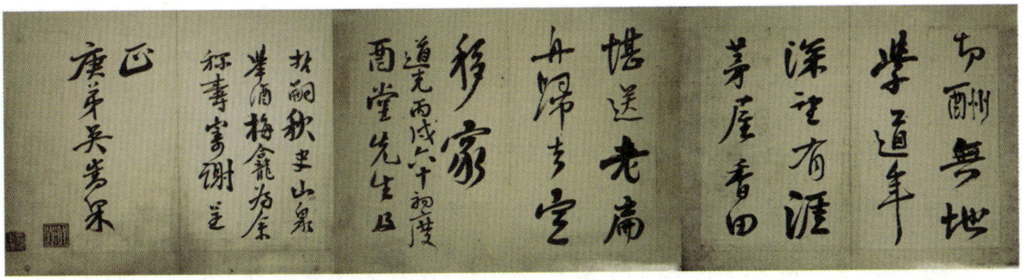

道光八年吴蘭雪寄給阮堂父子的手札原蹟。與《香蘇山館今體詩鈔》卷十六收録字句有異同。①

作爲監生的向邦正肄業歸國，這次是作爲貢使身份來京。蘭雪與之相見後格外高興，題寫了如下詩句：

琉球陪臣向邦正，嘉慶十年由其國奏請入監肄業，出余門下，今充貢使來朝，賦此爲贈

賀表春隨貢使槎，覲光同日被恩華。

詩名老借雞林重，制草慙將鳳沼誇。

萬里傳經來海國，兩朝賜宴出天家。

圜橋桃李知多少，喜見東瀛手種花。

（吴嵩梁《香蘇山館今體詩鈔》卷十三）

蘭雪的詩名遠揚朝鮮、琉球，宗其詩者衆多，這都源於蘭雪詩文學的卓越成就，如此也可窺見蘭雪四顧滿志的氣概非同一般。

七、《富春山圖》題詩

曾爲山泉繪畫《梅龕圖》的張茶農在山泉入京時曾與其面晤。茶農名深，字叔淵，茶農是其號。丹徒人。嘉慶十五年（1810）解元。善畫山水花卉，尤得衡山、石谷兩家精髓。曾受山泉的請托，又根據蘭雪的詩句意境，爲山泉畫了《梅龕圖》以寄送，相關内容在道光六年正月十七日張茶農給山泉的手札中有記録。山泉也曾拜托茶農爲自己摹寫元末四大家之一的黄大癡（名公望，居富春山）的《富春山居圖》，茶農也爽快應承，

① 原版墨蹟中有部分詩句佚失。

相關内容在茶農於道光七年(1827)正月二十六日寫給山泉的手札中有交代。茶農在同年年底繪成《富春山圖》,於圖下題跋云:

黄子久《富春山卷》,乾隆朝已歸内府,人間不可復觀。石田、南田當時猶及見於宜興吴氏,二公俱有臨本。予家舊藏一卷,乃石田鉤勒子久《富春》底稿,用筆簡古,超然塵表,董香光所謂平澹天真,從巨然風韻中來者,猶可想見。

山泉先生走書京師索余圖此,余於王、惲無能比擬,矧大癡老人也耶。重違所請,謝客兼旬,追摹王稾,用塞來意,雖大癡面目未能彷彿毫釐,而桐君嚴陵,固可晤對于茶熟香温際也。即求教鑒。叔淵張深識。

張深摹畫的《富春山圖》,卷首爲朱爲弼以篆體書寫四大字。張深又托諸大家題詩,在道光八年把此畫軸寄給了山泉(朴昌薰氏藏)。

蘭雪收到茶農的畫作,讚賞其得元人神髓。蘭雪歸寓後移神久之,夜夢得句,茶農因又題識曰:

蘭雪見余此畫,謂爲得元人神髓,移神久之歸寓,夢中得句云:"富春山畔願携家,添個柴門傍水涯。沽酒偶然移櫂去,一江明月動梅花。”因畫得夢，因夢得詩，附題於此，以證墨緣，茶農又記。

茶農又請蘭雪題詩，蘭雪當即題詩云：

仙句吟成夢亦閒，卧游重認此柴關。
一天明月隨摇艇，九里梅花導入山。
縑素遥傳滄海外，結茅終在翠微間。
罏峰雲瀑桐江水，圖畫何妨互往還。

金剛山亦有香罏峰、九龍瀑布，秋史曾作圖以寄陳壻硯孫，嘗别畫一卷見贈，異日屬茶農寫廬山勝處奉報，何如。

山泉居士屬茶農作《富春山圖》，圖成，茶農既録余夢中絶句于後，復索余題詞，即以寄懷山泉，且邀哲兄秋史壎篪同和也。

道光七年季冬月望日，書于京師
澈翁吴嵩梁

此詩和《香蘇山館今體詩鈔》卷十七所載詩的字句有異同之處，現把此詩鈔中所收詩摘録如下：

茶農爲朝鮮金山泉儀部作富春山圖，且録余夢中近作于後，屬題其卷

仙句拈來夢未閒，卧游重認舊柴關。
一竿明月隨摇艇，九里梅花導入山。
飛札遥傳滄海外，移家終在翠微間。
釣臺烟雨龍潭水，詩畫何妨互往還。

另，受到茶農的請托題寫詩文的人如下：吴清鵬、陳嵩慶、張祥河題有詩；周仲墀於道光八年試燈日題有詩，顧元愷於同人日後五日題有詩，另録有高祖嗣立的富春山歌；熊昂碧於同年正月十八日題詩，茶農同正月下浣自題詩。裝訂成卷軸後朱爲弼(號茶堂)用篆體在卷首横書“富春山居”四大字。諸家的題詩在此省略，此卷軸不久就寄到了山泉手中，山泉和阮堂欣喜無比，這幅書畫也在朝鮮藝林增加了生動的光輝。此逸品在朝鮮時期流傳下來，現在藏在醫學博士朴昌薰處。

結　論

阮堂和翁覃溪、阮芸臺以及葉東卿、李月汀、劉燕庭、汪孟慈、徐鈞卿等人的交流主要集中在經術、道義、天算、金石等方面，而和蘭雪的交流則主要集中在藝林韻事。阮堂和蘭雪的唱酬詩文現在流傳下來的也不在少數，通過阮堂的這些詩文，可知在巨匠蘭雪面前的阮堂也是一位活躍的詩人。阮堂雖然和蘭雪没有面交，可是兩人同作爲蘇門弟子，正可謂神脈相通、琴線相觸。況且，阮堂的父親西堂和弟弟山泉都和蘭雪有過面契，其間兩家情誼歡洽，隨着聯繫的增多，感情也愈加深厚。金、吴兩家的墨緣在朝鮮半島學人間影響廣泛，波及衆多，景慕蘭雪的人品詩學的士人也次第增多，其中就有申紫霞、洪海居、朴心田、李藕船等人。蘭雪曾爲紫霞繪"紫霞山莊"、"碧蘆吟舫"二圖，爲了紫霞之子小霞題寫畫梅詩題；另，洪海居兄弟對蘭雪贈送的十代祖吴叔瞻的《表忠録》也以詩文酬謝；而朴心田在北京期間的翰墨感懷文字更多，可以保留作爲另外的問題再做探討；入燕的金清山和蘭雪之間的墨緣，因現今資料不傳，不能詳作論述，不過清山和清人李月汀、葉東卿、汪孟慈等諸儒在經義問題上展開了痛論博辯，給人以極大的衝擊，在清、朝、日三國文化交流中金清山所起的作用，可作爲阮堂研究的附帶問題，這也是值得重視的一個重要課題。

【辯誤】

阮堂和蘭雪之家僅爲神交、没有面晤的問題，筆者在前文中已有論述。然而，阮堂歿後，其門人南秉吉整理彙編了阮堂的詩文集《覃揅齋詩藁》[1]，在此集卷四中收録了以下二首七言律詩[2]：

---

① 《覃揅齋詩藁》爲金正喜門人南秉吉(1820—1869)編輯，於朝鮮高宗四年(1867)以金屬活字(全史字)印行。有申錫禧序。

② 此二詩亦見録《阮堂先生全集》(1934 年鉛活字印本)卷九，詩題爲《失題二首》。

蘭雪文章老更奇，今春寄我自題詩。
黄鐘大吕中和律，碧樹珊瑚錯落枝。
小别桑田如昨日，重逢飯顆定何時。
故人衰謝年年甚，面皺雞皮鬢鷺絲。①

萬里論交事亦奇，廿年離緒數行詩。
書從落鴈天邊寄，夢繞扶桑海外枝。
文字古來通遠域，身名老去負清時。
弓衣傳唱知多少，肯爲都官理繡絲。

以上詩文中，第一首中有“小别桑田如昨日，重逢飯顆定何時”，第二首中有“廿年離緒數行詩”的句子，不得不讓人理解爲阮堂和蘭雪有過直接會晤。可是，第二首中的“夢繞扶桑海外枝”，應理解爲清人遥思朝鮮友人而寄贈的詩句，不能理解爲朝鮮人所作詩句。由此看來，此二首詩一定有什麽破綻。如果率直一點下結論的話，可認爲此二首詩爲編纂阮堂詩文集的人所誤收的作品，此二首詩并不是阮堂的作品。即，第一首詩爲趙經畹寄給蘭雪的詩，第二首詩是蘭雪答趙經畹的次韻答詩。而這兩首詩也收録在了蘭雪的詩文集《香蘇山館詩鈔》卷十三中，詩題爲《次韻答趙經畹進士》。趙經畹(1762—1849)，名秀三，字芝園，號秋齋，一名景游，一字子翼，又號經畹。經畹風姿俊美，有煙霞之氣，文詞宏博，最擅長詩，是阮堂的老前輩。經畹曾六次出使中原，與清人吴蘭雪、丁卯橋、劉燕庭、朱伯泉、姚雪逸、馬研珊、葉東卿等諸名士有交契。卒年八十八。經畹的詩文若干卷，趙雲石曾想爲之出版，最後未能實現。余藏有《秋齋詩鈔》一部。可以想見，阮堂看到經畹和蘭雪的贈答詩，甚是愜意，遂自録珍藏。然而編輯阮堂詩文的南秉吉發現有這兩首詩，誤認爲是阮堂自作，遂以“失題”記之，收入阮堂詩文集中。這兩首詩如果仔細看的話，也可以看出不是一人所作，而是二人之間的唱和詩。而編輯阮堂詩文集的

① 此詩見録趙秀三《秋齋集》(1939 年鉛活字本)卷之四，詩題爲《寄吴蘭雪》。

南秉吉和閔奎鎬雖然親受阮堂的教導，可是對清儒的作品所知甚是淺薄，在編輯阮堂集時甚至把清朝的名儒紀曉嵐、阮芸臺、凌次仲、汪孟慈等人的論文七篇誤認爲是阮堂的作品，悉數編入阮堂的詩文集中，竟然犯了如此多的謬誤。

如上所述，如果把阮堂的詩文集《覃揅齋詩藁》中收入的前面所言二首詩删掉的話，對阮堂和蘭雪是否有過面晤的疑慮自然也會消解了。

第十一章　曹玉水、周吉人、陳石士與阮堂

曹玉水和阮堂的交契在前章燕行篇中已有記述，而阮堂在歸國後也和玉水書札往復，情誼愈加深厚。因玉水的友人陳石士、周吉人也和阮堂結爲神交，玆對這三位清儒與阮堂的交往在本節中一起合叙，尤其是對周吉人和阮堂的學緣將作詳細論述。

一、曹玉水和阮堂的修舊

阮堂在歸國之後屢屢寄信給曹玉水，舊交一直持續不斷，可惜其稿不得確認，只是在道光六年(1826)十月申翠微作爲冬至使燕行時和李憲瑋、趙寅永、洪稚圭、趙萬永、金逌根、權敦仁等和韻送别詩中有如下詩句：

喫酒東方王蓑友添雅謔，雄襟披拂曹玉水四筵驚。

如此片麟短紙，可知阮堂給玉水的消息一直留存。在筆者書齋望漢廬，藏有數通玉水寄阮堂的手札原蹟。

第一信，抬頭寫有"秋史仁兄，别來八年云云"，可知是嘉慶二十一年寄出的書信。書信簡要如下：

(一) 六年前謫戍遠都，今年還都。

（二）六年前寄來的書信中囑托介紹錢擇石的蘭花，因倉皇赴謫所，未果。

（三）還都後未得職務，生活貧乏。

（四）先年郵寄的錢擇石繪畫，如果臨摹終了，請返還。

第二信，爲道光元年正月廿八日的手札，其要點如下：

（一）嘉慶二十五年十二月廿四日，從周吉人處取得足下寄札，懷想當時在五柳居、法源寺相敘情景。

（二）足下重新進入史館值得慶幸，望三四年内能進京。

（三）余再蒙天恩，命重入闕，不勝感激。

（四）足下舊知李心庵歸隱山林，竟不出；陳石士、周吉人時有敘晤。

（五）前寄擇石畫爲擇石所得先姊紀念，催促再三，如臨摹終了，請返還。會寄送擇石另外畫作。

（六）囑咐郵便物寄給周吉人，屆時會領取。

（七）望寄朝鮮清心丸，贈"長樂春雲"、"翰林風月"二墨。

（八）玉章五方，是城外所得，作爲贈禮。

第三信，道光元年夏秋間所寄，要點如下：

（一）國使任君（未知其人）由中表劉燕庭介紹來求書，贈詩文。

（二）擇石的畫幅和書信數行不知是否收訖。

（三）足下的新交周吉人以其師翁覃溪先生五言楹帖一聯相贈，以通同硯之誼，足下可向周氏一言。現住所在官菜園上街南頭路西。

第四信，道光三年春手札。恰巧此時阮堂父親酉堂以冬至兼謝恩正使携阮堂之弟山泉一起入燕，玉水是和酉堂分别十四年之後的再會，也是與山泉的初會。玉水欣喜無比，款待了酉堂父子二人。玉水在宫廷寄給酉堂的手札如下：

披雲對月，忽辱手書。三復臨風，如親珠唾。弟比日直中，正思東海人當有至者，不意又此得御李也。何快如之，何幸如之。廿一日晚當下直，望車音于廿二日晨臨，早譚午飲而散，向午後則不耐暑耳。此番公等來，必有匝月俄延，正好暢叙也。雅貺拜嘉，容再圖

報。官쯤作畲,草草不恭。即詢起居。玉水弟江書于披雲仙掖十七二更。

（原蹟望漢廬藏）

玉水給西堂餞别時贈送的禮物品目如下：

唐碑一

《船山詩》一

手製筆二

書箋百番

玉水給阮堂的第四信即是接到西堂所托的答書,内容大致如下：

（一）寒暑别來十四載,周吉人宅中接到貴札甚慰馳慕之念。

（二）元正在宣武門旁拜晤西堂大人,欣喜何堪。

（三）在陳石士（名用光）的書齋再會西堂先生、山泉,恰如見到足下。

（四）新任命爲制誥中書,依然貧苦簡居。

（五）贈書帖、茶、藥。望能贈白蔘。

（六）希寄回獐石畫作。

（七）陳石士、周吉人都平安,李心庵依然隱居不出。

以上書札中所見李心庵是阮堂入燕時的舊知,而陳石士、周吉人則是蘇齋門人,陳石士又是周吉人的房師,因爲這些關係,玉水告知阮堂三人消息,令阮堂欣喜不已。

二、周吉人和阮堂

周達字吉人,號菊人。江蘇雲間人。宋大儒周濂溪遠裔。嘉慶十六年(1811)會試應試入都,嘉慶二十一年冬開始游走於蘇齋門下,爲覃溪老師的弟子。覃溪當時年八十四,正值寄給阮堂第二封信的那年。在嘉慶二十二年夏,吉人從順德的何瑞熊處收到所繪蓮花圖,遂請覃溪題讚。覃溪當即題寫了周吉人遠祖濂溪的《愛蓮説》全文,下面題署曰：

嘉慶丁丑夏四月廿有三日

元公裔孫達大興翁方綱敬書

兩年之後，覃溪的門生張南山(1780—1859，名維屏)題寫了如下詩句：

濂溪夫子有聞孫，才力深時道味存。

霽月光風無盡意，要從花葉問根源。

己卯端陽前三日　番禺張維屏

張維屏題詩爲嘉慶二十四年，也是覃溪去世一年之後。此幅圖畫很早就傳入朝鮮(似爲周吉人贈送給阮堂的禮物)，現爲李漢福氏收藏。

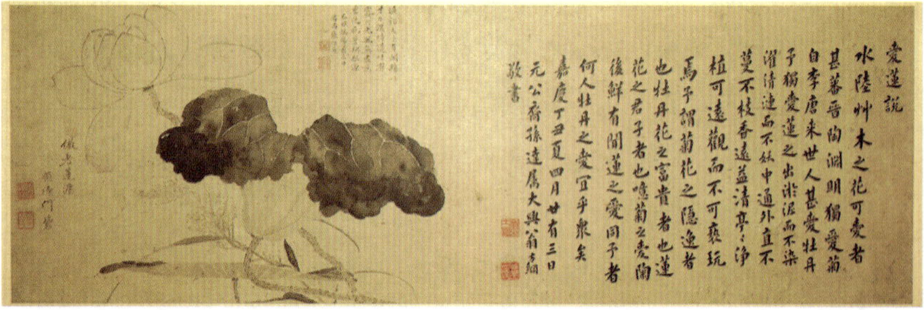

何瑞熊所繪蓮花，圖上爲張維屏的題詩。圖下端爲翁覃溪所書周濂溪的《愛蓮説》全文。(李漢福氏藏)

吉人從蘇齋處聽聞阮堂名聲，對其學問和人品思慕已久，二人通過書札往還，建立了親交。現在通過吉人的數通書札，可知二人學緣之深厚。

阮堂在嘉慶二十五年冬至後二日，寄給吉人長札一通，并贈送了菊卷、古鏡、紙筆等禮物。翌年，即道光元年，收到此書札的吉人在二月二日給阮堂題寫答書，詳細陳述了自己的經歷和近況，對贈送珍什表達感激之餘又寄送了答禮。此書翰内容要領如下：

(一) 對贈品的謝意：

蒙菊卷、古鏡、紙筆之賜，雖未見秋史之面，已如照秋史之心矣。遠人情重，敢不拜嘉。承賜古銅鏡，乃吾兄自用之物，兩人未面，千里見心，不啻時晤秋史矣。至於秋華卷、絹畫既佳，又重之以吾兄題墨,筆法逼肖蘇齋,謹當珍守不失,以作家寶。紙筆亦復揮灑如意,舒卷從心,江令彩毫,張公陟里,不得專美於前矣。以此數珍,郵筒遠寄,秋史何愛我之甚耶。

(二) 燕都生活的家眷情況:

不佞自辛未會試入都,始館桂司農家。三年繼主曹光祿處,又四載,相如賣賦,王粲依人,淹滯此間,備嘗辛苦。至丁丑,始歸娶婦,奈家貧無儋石之儲,不能侍養,不得已,又於戊寅重到長安,携婦在此。即于是年得一子,小字雙桃,今已四歲,平平學語矣。同託肅邸廡下,每月白金五兩,以筆墨作生活計,然支左絀右,貧如故也。至於功名,則更可發笑一戰,舉乎鄉似乎易矣。乃闈五試三薦而不售,以此久寄人籬,欲投筆而未能,吾兄聞之,其亦慨然耶。

(三) 爲阮堂的榮達感到欣慰:

伏聞吾兄以宏博之才,居神仙之職,花甎入直,迥絕凡塵。即日星使來都,快聊今雨,亦未始非天作之合,使我兩人早結墨緣也。樂可言乎,樂可言乎。

(四) 追憶覃溪老師,對石墨書樓、詩境軒落寞的嘆息:

丙子冬杪,曾游蘇齋之門,是年先生八十有四,然猶對几論詩,濡毫題帖,誨人不倦,博我以文,是以不佞於金石之學,略記萬分之一,然未能步趨先生也。今得吾兄時頒手誨,則先生雖歸道山,不啻又見先生矣。惜乎詩境無人,墨樓長閉,風流雲散,轉瞬皆空。吾兄雖欲展笠屐之象,讀烏雲之卷,其可得也耶。

阮堂讀到此處,想必定會欷歔流涕。

(五) 贈《杭州石屋洞蘇題》一軸:

《杭州石屋洞蘇題》一軸,是蘇齋舊藏之物,流落在外,不佞拾之寄兄,守之則物得其所,他日藏之名山,傳之其人,吾師亦當含笑九泉矣。

以上爲手札要點，書札内容外又添附有贈品目録：

奉呈各物共裝一木箱即照原來裝法

《杭州石屋洞蘇題》一軸

覃溪夫子字一横幅

《瘞鶴銘》一大幅附考一本，此帖須依原石五段分開裝之，亦蘇齋教也。

《秘書廿一種》兩函李錫汝云，兄欲買此書，故就家藏者奉寄。

外

玉水書一

玉印五方

他日尚思寄復初齋詩集耳，未知兄已有否。

吉人以“再啓”轉達陳石士的情況、東友會晤内容等：

再，陳石士先生係弟之會試薦卷房師也，已代達尊意。弟於昨歲二月朔，由城外移寓御河橋箭桿胡同路西肅親王府後身，與館只隔半里，得以常至館中，與韓薁山、李平泉、徐華谷、李紫閣諸大人屢談，兄一問，亦可略知弟之近狀與爲人矣。

最後附録有吉人請托阮堂寄送的品目：

好版書一二部

佩刀一柄

好蔘幾兩

上細白布幾匹

海蔘幾觔

好墨須極高者一二笏

簡數十番

其他東産之奇妙者

阮堂屢屢向吉人寫信，希望吉人能寄送覃溪書册，而吉人也寄語阮堂“覃谿夫子法書當爲廣搜如何”。

吉人在東使入都時一定要去詢問是否有阮堂的書札,在收到阮堂的書札後會當即題筆答書,傾述自己胸中鬱悶:

每欲作長歌以叙兩人心曲,而寄籬之苦,竟無一日之閒,兼致衣食奔走,俗事纏身,即欲彈琴詠風,天懷自適,而天不如人之願。奈何。久滯京邸,日日忍饑,而友朋無有過而問焉者。獨立一身,雖亦有瘦妻弱子,然不能分憂,以此鬱鬱耳。與吾兄千里神交,彼此心跡,知之已深,亦猶昔日之管鮑也。

以上爲吉人自慰之語。吉人又屢屢向阮堂囑托寄送《東醫寶鑑》,後來酉堂寄給了吉人。吉人謝曰:"頃承遠寄《東醫寶鑑》,是寤寐希一見者,拜領之下,感與愧并。"

吉人又寄給阮堂以下物品:

趙文敏書《前後赤壁賦》帖二册

蘇州印花素聯三副

《焦山鼎銘考》一册

《志言録》一本

吉人書聯一副

《聽松廬詩》二册

大筆一枝

《淵雅堂全集》一函

蘇齋楹帖

吉人在道光二年正月廿三日寄給阮堂的書札中,因得知阮堂患病而憂心曰:

吾兩人千里神交,只仗鴻鯉以傳心曲,已覺無聊之甚。今半載未見心畫,更增悶悶。緣慳一面,淚下數行,彼此自有同情也。

又曰:

僕在都下已十二年矣。而同志寥寥,所夢寐難忘,願見而未能即見者,惟閣下一人,倘亦爲造物所妬,必遲久而後合。金石之交,當如是耶,然而恨其晚矣。

吉人把阮堂作爲自己真正的知己,而因不能見面深感難過。在次日的二十三日又題筆述懷,有以下幾點:

(一)關於阮堂所托《板橋集》和篆刻事宜:

《板橋集》原版燕京絶少,其蘭竹亦皆贋蹟,故一時未能奉寄,容徐圖之。河間有陳少室,工篆刻,已囑其爲吾兄鐫名號矣,俟寄來時奉覽,何如。

(二)吉人前寄給阮堂的《覃溪詩册》囑托題讚,求盡快寄還。

(三)朝鮮的笠屐甚好,求寄精巧者。

(四)求寄《朝鮮國史》。

(五)望得到所繪阮堂小像,希望能朝夕坐對。

(六)寄贈《劉端臨先生遺書》二本,并曰:

去歲所要各書,尚未覓得。惟《劉端臨先生遺書》二本,從陳石士夫子處索來轉贈,望先察入,其餘當續寄也。

由是觀之,阮堂當在前年托付吉人寄贈清儒諸書,而吉人在陳石士宅中索要了劉端臨遺書二本寄給了阮堂。此書到阮堂手中,對其經書研究提供了很好的文獻資料,值得注目。此書也見於阮堂自筆的藏書目録。

(七)注意之前贈送的《瘞鶴銘》:

《瘞鶴銘》分作五段,似失本來面目,不如照此裝成巨幅,况在焦山下卧游也,然否。

(八)覃溪孫引達的情况:

覃溪夫子文孫漸長,體中無恙。僕常見之,特無人培養,未能多讀經傳。石墨書樓所藏書畫,將來必致散失,皆可慨也。知關遥憶,偶言及此,想吾兄聞之而心傷矣。

吉人在此處對石墨書樓所藏書畫必將散失,已經有所預感和感慨,阮堂讀到此處,不知當如何感想。不幸的是正被吉人言中,石墨書樓書籍散盡,終成廢墟,在前章中已經詳細叙述。

吉人又贈阮堂品目如下:

覃溪夫子對聯一副

覃溪《重燕詩册》一本

湘妃竹骨摺扇一柄

白竹刻花骨扇一柄

舊墨十六塊

羊毫兼毫五支

砑花詩箋一百番①

貴州皮茶臺二枚

松江手巾二條

寶珍膏紅緞紅布各二貼

以上品目在吉人給阮堂的道光二年正月二十三日的手札要點中,其贈品最先列出"覃溪夫子對聯一副",吉人爲了完成阮堂的願望,百番搜求方得,今寄給阮堂,遵守約定的吉人,終於完成了阮堂的夙願,二人交往中的喜悦之情可知可述。這幅覃溪楹聯二句如下:

煙雲觀所養

竹柏得其真

又有吉人所題内容:

吾師覃溪先生,晚歲不作楹聯,故海内流傳絶少,每以不得一聯爲恨。迨先生歸道山後,忽得此十字於故簏中,尚未題款,乃先生七衷以後書。用筆雄秀,不減唐人,真可寶也。秋史酷好先生法書,以此遠寄,俾懸之坐右,朝夕臨摹,可見我兩人千里心交,緣深翰墨,而

① 一百番,原著誤寫作"乙百番"。

於先生之寸縑片紙,珍重若此。

辛巳立秋前十日聽雨印月舫中因識數語

雲間周達菊人奉呈

這副楹聯是道光元年秋發現後,在秋天題記,次年即道光二年正月,通過朝鮮使臣寄給阮堂的。而將此五言楹聯割愛給阮堂的其實是曹玉水,有關内容曾在上編第十一章玉水和阮堂的交往部分做過陳述。此副楹聯後來先被張澤相氏入手,余曾屢屢展玩,今歸某氏所藏云。

三、周吉人和西堂、山泉父子

周吉人在道光二年(1822)年底款待了到京的西堂、山泉父子,像見到阮堂一樣,期間屢屢見面傾談。當時吉人寄給西堂的手札有道光二年除日,道光三年正月十三日、十五日、廿八日等共八通得以保存下來。除日,吉人、山泉在石琴唫館裏文酒徵逐,吉人、阮堂的人日題詩,元宵踏月、太學觀鼓、石士談心等,都描繪了他們的交情之篤。此間,他們之間有數次的贈答物品目録,内容如下:

西堂贈品:

白木

海物

木綿表紬

銀匙　外諸品

吉人答品:

蕉葉白端石硯一塊

湘妃竹多陳盤一具

《袖珍西湖志》三十二册

建茶一箱

龍井真品一瓶

雍正年舊墨一笏

簡套五十箇

畫箑一柄吴中閨秀之筆,設色頗工

寶藍水注一件

湖穎四支

陳眉公詩帖

墨一笏近製中絶妙品

柱聯

西堂歸國後也和吉人魚雁往還,書札不斷,吉人寄給西堂的手札筆者現藏有五通。其中有如下内容:

異地締交,竟同膠漆。雖古之雷陳,何以過此。第人生如寄,萍合蓬飄,只在頃刻。驪歌未唱,鴻爪已横。静言思之,泣涕如雨。

又如:

拜别以來,忽逾三載,暮雲之感,白露之思,想彼此同之。燕臺登眺,鴨水迢遥,即使書疏往來,何足解其勞結回憶。

如此,吉人常寄繾綣之情。又,道光五年的手札中吉人云:

閣下位高冢宰,德望益崇。賢嗣秋史、山泉日侍膝下,馨膳并進,又能文章,紹承家學。義獻父子,機雲兄弟,瑞氣萃於一堂,天倫之樂何如,人爵之榮備矣。

在祝賀西堂之後,吉人又介紹了自己的近况:

達眠食無恙,可慰遠懷。去秋忽有不如意事,次子阿同染痾早逝,人事何常,痛心實甚,知閣下聞之,亦難乎爲懷也。内子今幸又有孕矣,庭草皆是宜男,未知今復何如。一笑。雙桃始讀《論語》,日下數行,嬉戲膝前,極無聊中,以此自慰耳。

又感謝寄贈《東醫寶鑑》。吉人的贈品如下:

檀香舊刻梅花筆筒一具

武英殿袖珍書廿九册

吴門玉愓甫楹帖一對

歙石合璧行篋硯一盒

仿古詩箋一百番

摺疊扇一握

吉人和山泉之間交往的深情厚誼在吉人寄山泉的手札中有詳細描繪,其中傳下來的手札有數通,其中有如下内容:

吾兩人一點靈犀,千里共照,道義通之,死生以之,此外庸庸,何足以論。

云云。吉人又介紹陳石士曰:

石士夫子,乃江西巨族,爲人頗有古道,學問文章,亦足以震世。而於貴邦人文,尤拳拳不置。百海虚舟諸公,曾在伊太乙舟觴詠竟日也。當爲兄介紹,可知弟無虚語耳。

如此,山泉和陳石士纔有了初次見面。陳石士早與阮堂有神交,今得與山泉握手投契,正如見到阮堂一樣欣喜異常。

山泉歸國后也收到了吉人的手札,吉人手札中對山泉所言"故人萬里,相思一般,申紙發函,略解饑渴"倍感心喜,追憶昔日"連輿訪友,合榻唫詩",希望再會後能"金臺玉館,樽酒話舊",又屢屢抒發衷曲。吉人又介紹自己近況云:

一貧如水,圖書以外,更無長物,猶是卧雪東城,作書乞米,此況想亦足下所記憶也。所幸親候安康,妻孥和樂,僕亦體中無恙。去秋八月又得一子,小字大椿,見人輒笑,東使晚圃諸公,嘗以笑山呼之。雙桃正在課讀,而茫然無知,陶令所謂不識六七但覓梨栗而已,聞之當亦一笑。

吉人又對山泉遠寄珍奇物品表示感謝,又贈送給山泉數件文房器具作爲答禮。

四、陳石士父子與阮堂、山泉

陳用光(1768—1835),字石士、碩士,陳道(字紹洙,號凝齋,乾隆進士)之孫,江西新城人。嘉慶六年進士及第,歷任編修官、禮部左侍郎等職。嘗督學福建、浙江學政,對諸生教育遵守古儒警戒,注重學行合一。有蘭滋、蘭第、蘭豫三子。卒於道光十五年八月,享年六十八。著書有《太乙舟詩集》、《太乙舟文集》等。石士曾言:"力宗漢儒,不背程朱,覃溪師之家法也;研精考訂,澤以文章,姬傳師之家法也。吾與二師之説,無偏執焉。"(祁寯藻《太乙舟文集序》)可窺知石士的學風。陳石士與蘇齋門下的曹玉水、朱埜雲、吴蘭雪、李蘭卿等人往來密切,又與翁星原親密,所以自然地就和朝鮮文人交流增多,尤其對朝鮮文物有眷眷愛意,而對阮堂的學問和人品尤其持有敬意。道光三年(1823)春,周吉人介紹入燕的酉堂、山泉父子與陳石士會面,石士的長子蘭滋亦侍奉在側,與往日在蘇齋見面時一樣,陳氏父子和金氏父子展開了歡快的談論。當時,蘭滋寄給山泉的手札中有一節云:

> 山泉進士足下。昨晚歸寓,接誦手書,并惠我多珍。謝謝。邇惟侍奉曼福,文祉增綏,爲頌。滋前奉教言,并叩侍尊大人雅範,實深慰企。而兩世一堂,尤爲翰墨緣中之奇遇,他年東人北上談草中,當添一段佳話矣。
>
> (原蹟望漢廬藏)

酉堂、山泉歸國後收到的陳石士手札二通、蘭滋手札一通現都爲筆者望漢廬收藏。其中一通似陳石士寄給阮堂的書信,其中對寄贈朝鮮朴蘭溪的《蘭溪遺稿》及石刻拓本、箋墨數種表示謝意,又云:

> 唐人詩人,惟劉方平最貴顯老壽,足下昆季,紹迹於尊甫,父子兄弟之賢聲,方諸劉氏之鼎盛,奚多讓焉。而又勤學好問,遠慕我中國之文學,而謬采虚聲,以及於僕,媿僕非姚牧庵、虞伯生其人,恐未足以當諮訪之意也。云云。

石士叙述了自己的仰慕之情。此外又附寄了二種書：

翁覃溪《丁香樹記》拓本

姚姬傳《古文辭類纂》

第二封手札是陳石士寄給山泉的書信，是山泉拜托李汾西[①]轉達給石士書信和物品的答書。對山泉的推許，陳石士回復道：

僕於學問一途，雖夙嘗有志，顧於文字之外，未有所能。其於文字，亦第守其師傅，未能自成一家也。敬輿、永叔偉人盛業，何可幾及，祇贈愧悚。

陳石士表達了山泉對其過讚的羞愧之感，又對阮堂寄贈的手書楹聯表達了欣喜之情：

承惠金石各文拓本，及令兄手書楹聯。古香新色，照耀於牙籤湘帙間。拜嘉之餘，曷勝欣忭。

又附添了贈品目録：

《姚先生尺牘》一本

《姚先生行狀》一本

黄山谷殘字二幅

翁書《丁香樹記》一幅

第三封書信是陳石士之子蘭滋寄給山泉的書信，是道光十年(1830)人日書寫，主要是代替父親表達對來札和贈品的感謝之意。書信中曰："惟此時家君視學入閩已閲一載，謹當附便郵呈，再圖札謝。"又曰："蘭滋今即出牧粤西，俶裝有日，匆匆部署，未暇如來示所索各書寄呈。"并約定他日寄呈，僅寄《呻吟語》一部，希望"公餘繙閲，略助高深"。札後又附記曰：

① 李鳳寧，字周經，號汾西，羽溪人。朝鮮純祖十九年(1819)式年試二等及第，曾做過高陽縣監。其父李顯相，都曾出使過清朝。

家君侍讀惜抱先生多年,聞緒論最確,此信到後,必有詳覆。蘭滋識見檮昧,未敢妄對一二也。又及。

此外,又有陳石士寄給入燕的李汾西的書札原蹟。當時陳石士正卧病在床,李汾西行期緊迫,也未能會面爽叙,深感遺憾,餞别時陳石士送書二種:

《古文辭類纂目録》一本

《姚先生行狀》一本

陳石士的手札三通都收録在了《雪浪盆銘太乙舟仿臨本》雅箋中。此外,通過陳石士傳入朝鮮的桐城派文學,其流傳經緯和影響都值得注目。

陳石士所題《爲翁星源題其高麗人申某詩册》(申某應指申紫霞)詩,其中對阮堂歌頌有加:

樂天聲價雞林重,詩到髯翁似樂天。
洌上圖吟秋史句,蘇齋名亦海東傳。
瓣香宗派知尊宿,返息神游自大千。
此日題襟佳話在,他年成集有斜川。

(陳用光《太乙舟詩集》卷九)

陳石士又受貢使朴荳溪[①]的托付,爲申紫霞之子小霞的《倪黄合便面》題詩曰:

荳溪樞判屬題申小霞倪黄合法便面,小霞年十五,紫霞學士公子

清山紅葉望中深,古法能于合處尋。
畫有倪黄詩李杜,試憑悟鏡證文心。
一篇序贈張童子,媿我才非韓退之。

① 朴宗薰(1773—1841),字舜可,號荳溪,謚號文貞。潘南人。朝鮮純祖二年(1802)文科丙科及第,歷任藝文館侍教、弘文館副校理、通政大夫等職。朝鮮純祖二十三年(1823)以進賀正使身份赴清,純祖三十四年(1834)以告訃正使兼奏請使身份赴清。著述有《四禮纂要》等。

記取海東名下士，鄭謙乴後此佳兒[一]。

（陳用光《太乙舟詩集》卷十二）

原注：（一）覃溪先生有題謙乴《孤山亭圖》詩。

陳石士交往的東國友人頗多，如與趙秀三（卷一、十二）、二徐君、二李君、李蒼臯、李晚林、任纘之（卷六）、李晚菴、李無適翁、徐鍾園進士、南園進士（卷九）等人唱和的作品都收録在了《太乙舟詩集》中。

第十二章　葉東卿父子與阮堂

一、東卿的家系和閱歷

葉東卿是前述各章中散見的蘇齋門下士中與阮堂交往情誼最爲深厚的人物之一。

葉志詵(1779—1863),字東卿。湖北漢陽人。乾隆四十四年生,家系略述如下:

廷芳—繼雯—志詵—┬名琛
　　　　　　　　　└名澧—恩頤　嗣名琛後

葉繼雯(1755—1824),字雲素,號西樵。著書有《硇林館詩集》。雲素七十壽辰之際,葉東卿給阮堂撰寫了家父和家母的履狀,内容如下:

> 家父湖北漢陽籍。
>
> 誥授中憲大夫,號雲素,名硇林館。乾隆庚戌科進士,由内閣中書舍人擢宗人府,主政户部員外郎郎中,山東道監察御史刑科。
>
> 給事中,致仕官内閣。

時掌制誥十餘年，嘉慶辛酉科充山東典試官。

特旨充會典館總纂官，手輯大清會典一千二百餘卷。家藏圖書八萬卷，本年六月六日七十壽辰。

家母。

誥封恭人鄔姓，乾隆乙巳歲曾刲股療家父疾，鄉里以孝行聞。明年九月十四日七十壽辰。有子一人，志詵現官國子監丞，女一人。

夫亡，守貞二十年。身故。

特旨旌表貞女，孫二人充算學生。

根據以上内容可大致得知雲素的履歷，尤其是雲素參與編輯《大清會典》一千二百餘卷，家藏圖書達八萬卷，阮堂也應該對此非常驚嘆。葉東卿很早就入蘇齋門下學習，得到覃溪的眷愛。而東卿與星原友情篤厚。其在金石學方面的造詣可謂覃溪門下第一人，對金石文字剖析毫芒，所藏彝器甚多，馮晏海的《金石索》，吴荷屋（名榮光）的《筠清館金石録》多有采録。其住所在虎坊橋紀曉嵐舊宅，邸内有子午泉，是曉嵐留下的名蹟，朝鮮使臣多有題詩。葉東卿著書有《御覽集》，道光元年正月家刻本，附録了《周遂啓諆鼎題詠》，最爲著聞，也收録了東卿收集的周鼎圖文和籀文。東卿自作有：

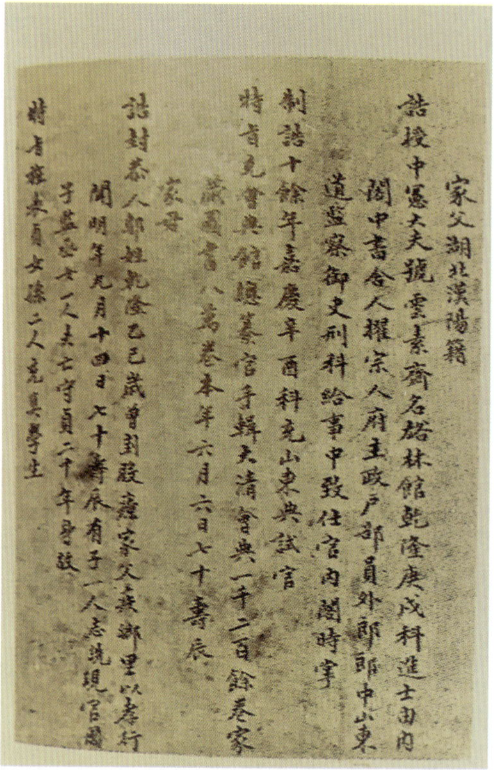
家父湖北漢陽籍
誥授中憲大夫號雲素齋名嵇林館乾隆庚戌科進士由內
閣中書舍人擢宗人府主事户部員外郎郎中山東
道監察御史刑科給事中致仕官內閣時掌
制誥十餘年嘉慶辛酉科充山東典試官
特旨充會典館總纂官手輯大清會典一千二百餘卷家
藏圖書八萬卷本年六月六日七十壽辰
家母
誥封恭人鄔姓乾隆乙巳歲曾刲股療家父疾鄉里以孝行
聞明年九月十四日七十壽辰有子一人志詵現官國
子監丞女一人夫亡守貞二十年身故
特旨旌表貞女孫二人充算學生

葉東卿自筆“家父湖北漢陽籍”，東卿的家系（望漢廬藏）。

道光甲辰夏五月,得遂啓諆大鼎,周宣王時物也,因置之金山以垂久遠,作歌紀事,用新城王西樵《焦山古鼎歌》元韻。

又有師友四十三名的題詠,這四十三人名氏如下:

陳慶鏞、徐渭仁、王筠、王柏心、韓韻海、黎吉雲、宋翔鳳、焦友麟、潘世恩、張廷濟、陶樑、程懷璟、張維屏、黄培芳、楊文蓀、馬沅、蘇廷魁、彭蘊章、錢步文、宗稷辰、許瀚、陳其錕、甘熙、厲同勳、汪元方、翁同書、潘曾綬、徐志導、蔣德馨、黄釗、韓榮光、張祥河、方廷瑚、姚晏、鄭復光、羅士琳、張穆、陳澧、曾釗、李光彦、王楚材、梅曾亮、譚瑩。

以上人名中用黑線標出的,都是和朝鮮學人有交流關係的人物。

葉東卿的長子葉名琛(1809—1859),字崑臣。道光十五年進士,咸豐初任廣東巡撫、兩廣總督,授大學士。當時因水師强上英艇抓逃匪,降掉了英軍旗,英軍以被羞辱作藉口進攻廣州,崑臣因無軍事防備,導致廣州陷落。英人俘虜了崑臣帶到香港,後移到印度。崑臣在途中絶食去世,當時爲咸豐八年三月二十三日。崑臣生性忠厚,有祖父遺風,友愛出自天性,與弟潤臣的詩文一起争鳴一時。崑臣繼配爲汪瑟庵(1757—1827,名廷珍)的女兒,胡鳳丹所撰《前太子少保體仁閣大學士兩廣總督葉公家傳》對相關内容記録甚詳。

葉東卿的次子名澧(1811—1859),字潤臣,一字翰源。道光十七年舉人。曾任内閣侍讀。雖然葉氏家門鼎貴,潤臣卻依然過着寒素的生活。其又積極獎掖人才,從無私心,又唯恐己所不及。潤臣居都門時,翁覃溪的曾孫女没落後流落市井,潤臣視如己出,撫養成人後擇名門之子出嫁,爲世人所稱頌。潤臣性好吟詠,著有《敦夙好齋詩初編》十二卷、《續編》十一卷,其中收有大量師友之間的交流詩文,如與朱琦、湯鵬、王柏心、陳文述、宗稷辰、戴絅孫、姚燮、張際亮、符葆森、孔憲彝、許宗衡、劉存仁等師友的交流詩文。潤臣師事山陽潘四農(1785—1839,名德輿),奉師恭敬,潤臣把與師問學詩文等相關手札十餘通裝幀成册,朱琦題言其上。而四農去世後潤臣的種種沉痛哀思,亦屢屢見諸詩文。後來,潤臣在去浙江的途中突然接到長兄崑臣去世的噩耗,因悲傷哀痛過度,患病不治,在咸豐九年(1859)八月朔日而卒,享年四十九。朱琦撰有《葉中憲君傳》,詳記其事。

以上爲葉氏父子三人的略歷,他們與阮堂的學緣又是如何呢?

二、東卿與阮堂

葉東卿和阮堂的神交在阮堂歸國不久之後就開始了,因東卿和蘇齋最爲親炙,得到覃溪的眷愛關係。而東卿又對金石極爲關注,與阮堂趣味相投,二人的交往可謂極爲值得注目。尤其是對阮堂個人和學問方面的幫助,東卿都極爲盡心盡力,是阮堂所交往的爲數衆多的清人知友中極爲重要的一位。前後十餘年間,東卿贈送阮堂的文籍、拓本、器物等就達數百種之多,對阮堂在清朝文化的吸收研習上做出了甚大的貢獻。

東卿寄與阮堂以及他人的手札原蹟鄙人收藏的有二十餘通,鈔册也有十多通,現就其中一些重要的部分摘録整理如下,以證東卿和阮堂的學緣。

家藏東卿寄阮堂手札中,最早的是嘉慶二十三年正月二十二日和同月二十九日所寫,當時正是覃溪老師病歿的同年同月,前一通爲覃溪歿前五日,後通爲覃溪歿後二日。

首先,對前一通手札做一論述。阮堂之前希望能得到阮芸臺的説經著書,東卿對于此事宜的回復:

> 芸臺制府曩日所刊經説之文,鄙家原有,前歲入都時曾以尊意告知渠云。從前所刊各稿,後來覆審,多有未當處,邇年來按部奔馳,無暇收拾,亦未便印行以欺後來,且以未經刊刻覆之,俟他年訂證後,再當檢寄。云云。是以據此情奉布耳。

據此可以得知阮堂對芸臺著書的眷眷之心,也可窺探出芸臺提携後進的積極態度,不過因芸臺職事繁忙,其刊印書籍多假于門人之手。信中又曰：

> 芸臺先生，曩昔官翰林時，得以殫心著述；嗣歷任封疆十數載，以政事爲重，其叙録各籍，大抵成於門人之手，其間不無醇疵分判，如《經籍纂詁》，臧鏞堂兄弟董成之，頗稱完全。至《積古齋鐘鼎款識》一書，朱椒堂一手經理，踵習薛氏之陋，强釋文字，曲從臆解，其器亦真僞互淆，由於不肯虚心闕疑之教，足下方崇實學，用敢詳陳也。

《經籍纂詁》爲阮堂入燕時芸臺親自贈送給阮堂的禮物，而《積古齋鐘鼎款識》十卷，爲芸臺自藏自拓的鐘鼎彝器款識，以及和同好江德量、朱爲弼、孫星衍、趙秉沖、翁樹培、秦恩復、宋葆醇、錢坫、趙魏、何元錫、江藩、張廷濟等人的藏器搨本匯集而就，由朱爲弼（1770—1840，字右甫，號椒堂）釋文，在嘉慶九年印行，有芸臺的自序。然而，由東卿的書信内容可知，此書事實上全由朱爲弼一手經理，其中器物的真贋混淆、釋文的曲從臆解等錯訛甚多。東卿的平安館收藏金石豐富，而東卿的鑒識水平之高以及對此書的批判，都爲阮堂提供了借鑒，阮堂應該是傾聽了東卿的意見的。而《積古齋鐘鼎款識》一書一直以芸臺的著述被學界熟知，近年其草本得以影印，可以窺見，正如東卿所言，此書全爲朱爲弼一人所成。筆者爲阮堂在百數十年前就知道這個學界的内幕之福，只能深表羨慕。

東卿指出阮芸臺的《積古齋鐘鼎款識》錯訛之處後，又對覃溪師的經説進行了禮讚：

> 若蘇齋師，自登第以後，職業不出於文學校閲，是以究心群籍，融會貫通，兼之心勤手敏，無間寒暄。《經説》八十卷，已數易稿本，年來謀屢以及時録副，以待刊刻陳請，緣每日尚在檢點，日有增削，不得不再需歲月，慎之又慎，以詔後來，蘇齋師所以獨推一代文章軌範也。

東卿對覃溪學問的傾倒之心可知，而阮堂也當首肯。

對於畢沅（1730—1797，字纕蘅、一字秋帆）的藏書有八十一萬卷之妄説，東卿也進行了解釋：

秋帆制府書籍亦不過七八萬卷，八十一萬之説，不知何處舛傳，緣海内之書，《四庫》檢存者七萬餘卷，罄存目之書，亦纔十數萬卷耳。中國藏書最久且富者，推浙江鄞縣范氏天一閣，自明迄今，收藏完好，當年四庫館初開時，曾借抄補。此外，則杭城鮑氏知不足齋藏書亦富，近日子孫貧乏，亦多散失，若秋帆家書籍，因貧欠官項籍，没入内府矣。

這些對於阮堂來説都稱得上是異聞。書札最後簽署有“戊寅正月二十二日葉志詵又啓”。添附贈品目録如下：

《孔子見老子象》石刻一紙

《孔謙碑》一紙

《熹平碑》一紙

《孔廟殘碑》一紙

《禮器碑》一紙　碑陰一紙　碑側二紙

《孔宙碑》一紙　碑陰一紙

《乙瑛碑》一紙

《饗廟碑》一紙

《後碑》一紙

《孔褒碑》一紙

《孔霑碑》一紙

石鼓文精拓本十紙

《音訓》二紙

《秦篆譜》一紙

重摹石經殘字石一方

《山海經注》一部郝蘭臯先生著

平安館上

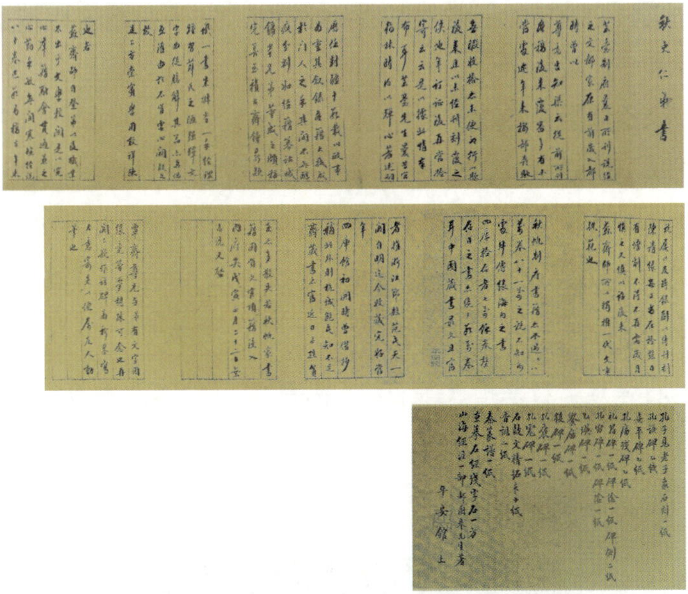

葉東卿寄給阮堂的嘉慶二十三年(1818)正月二十二日的手札，《積古齋鐘鼎款識》一書由朱爲弼一手經理(望漢廬藏)。

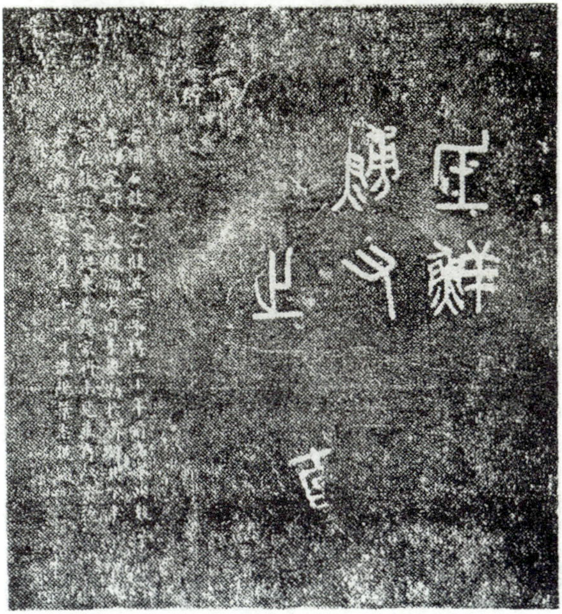

石鼓文乙拓本中葉東卿的題識

前記石鼓文精拓本一紙和重摹石經殘字一方現爲筆者望漢廬收藏，對此再添加一些説明。

石鼓文乙鼓精拓本後有東卿的題記：

右補石鼓文乙鼓五字，予得三十年前拓本。此數字尚完好，今又復泐失，曰手摹勒於齋壁，其下半字，在鼓近底處，從來著録家所未見，并存以資考。嘉慶丙子夏六月二十二日漢陽葉志詵識

丙子即嘉慶二十一年的入石。

重摹石經殘字石是指熹平石經《論語·學而》篇殘本五行的重橅入石，即東卿在後所題：

漢熹平石經《論語·學而》篇殘本五行。葉志詵橅。

石鼓文拓本(望漢廬藏)

東卿用隸體書刻。此刻石東卿又追啓，添加了覃溪題詩，一起贈送阮堂，并請阮堂題跋曰：

閣下研經功鋭，特以所刻石經學而殘字石，奉寄寶覃齋。於前

函封上矣。尚有翁師詩跋,此石未經奉寄,兹專拓呈。亦望閣下將寄石端倪,作一跋于刻石,於來冬寄惠,以證千里墨緣也。專此再布,伏希鑒納。秋史仁兄。詵再啓。

（原蹟張澤相氏藏）

覃溪的題詩二首如下：

硯石退谷摹三段,武子牆東剩五行此五行徐武子樹丕手橅。日下城南翁葉拓,蓬萊宿諾接翁黄昔與秋盦同摹般庚《論語》三段,題其卷曰"蓬萊宿約"。

意抑吾嘗取伯申高郵王廷尉引之説,易詩合共傳箋論《易·繫辭傳》"噫,亦要存亡吉凶"是抑字,《詩·小雅》"抑此皇父"是噫字。石經方是研經事,不假南原辨隸人顧南原云:撰隸辨欲以解經業。

題東卿橅勒熹平石經《論語》殘字二詩

嘉慶丙子秋九月二日八十四叟方綱

此詩收録在了《復初齋詩集》卷六十八中。覃溪的詩中對王伯申的"噫"和"抑"同音同義説極爲稱讚,有關内容亦在覃溪第三封手札的探討中做過解説。郝蘭臯(1757—1825,字恂九,名懿行)的《山海經注》即《箋注》十八卷、《圖譜》一卷爲阮氏瑯嬛僊館開雕本,有阮元於嘉慶十四年所題序文。

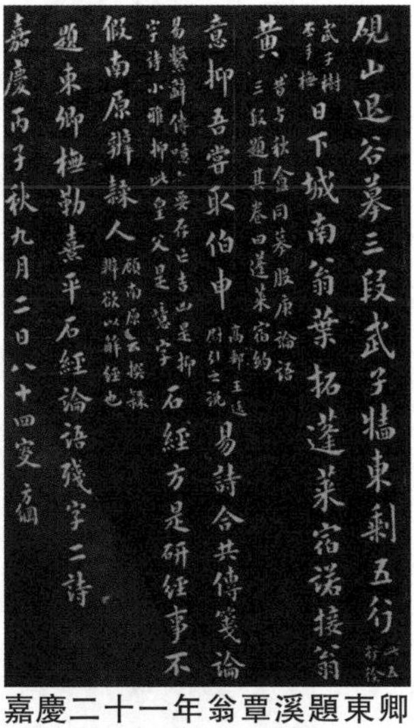

嘉慶二十一年翁覃溪題東卿橅勒熹平石經《論語》殘字二詩,覃溪的詩中對王引之的"噫"和"抑"同音同義説極爲稱讚。此詩收録在《復初齋詩集》卷六十八(張澤相氏藏)。

葉東卿寄給阮堂的下一通手札是於同年正月二十九日所書,因前札中意猶未盡,又在此札中披露衷緒、詳談個人抱負、對未獲晤面的悔恨、思念之切的傾述,縷縷綿綿,最後整理思緒曰：

南魚北雁,尺幅常通,萬里神交,儼同一室,推之星原弟,九泉冥契,知亦相印心心矣。

東卿又對自己的生活起居做了介紹：最近在文館分校供職，兼任定親王府，爲其世子授經。春夏間，多寓居海淀園，每十日一入城定省，并去問安蘇齋夫子起居。冬天則在城内常住，授經之餘研習舊業。寓中兩親安健，兩兒子（名琛、名澧）延請師父課讀，有望他日能成立功業。并請阮堂多多指教。最後題署“戊寅春正月二十九日”。二十九日正是覃溪殁後二日，東卿札中没有提及，是因爲當時訃音未至的緣故。可想而知，石墨書樓中恩師覃溪先生去世的消息，東卿在未知的情況下寄出了此札。不久之後，這兩通手札和訃告一起寄到了阮堂手中。現在，覃溪去世前後的這兩通手札，儼然擺放在筆者面前，對翁、葉、金三家的結緣，不禁令人思緒萬千，感慨不已。

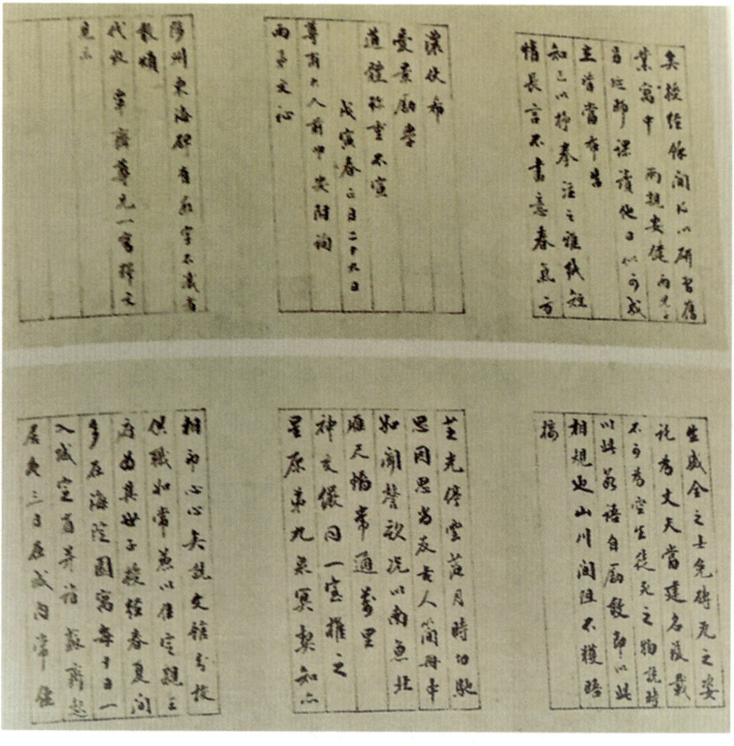

葉東卿寄給阮堂的嘉慶二十三年（1818）正月二十九日的手札（望漢廬藏）

手札中又提及阮堂寄贈的《陟州東海碑》(許眉叟篆書)中有數字不識,請阮堂釋文後寄給覃溪老人。此外,乾隆四十二年(1777)在直隸豐潤縣地中發掘出了歐陽詢書《九歌》刻石,後歸東卿收藏。東卿在嘉慶二十二年(1817)把有覃溪題辭的勒石《九歌》拓本寄贈給了阮堂。覃溪的題辭内容如下:

> 右《九歌》二石,原是三石,闕中一石。前題《九歌》末,有率更銜名,今闕湘夫人後半,大司命、少司命、暨東君前半,惟存東皇太一、雲中君、湘君、河伯、山鬼,暨湘夫人前半、東君後半耳。雖非必率更原蹟入石,然在《江夏緣果道場舍利記》、《姚恭公墓志》之上,尚足證陰符千文真影。乾隆丁酉豐潤縣掘地得之,初拓尚存題一行二字,首章前二行六字今又泐失矣。此石今歸於漢陽葉氏平安館。葉子東卿屬,爲記於石後。嘉慶丁丑秋八月二十日。八十五叟北平翁方綱。

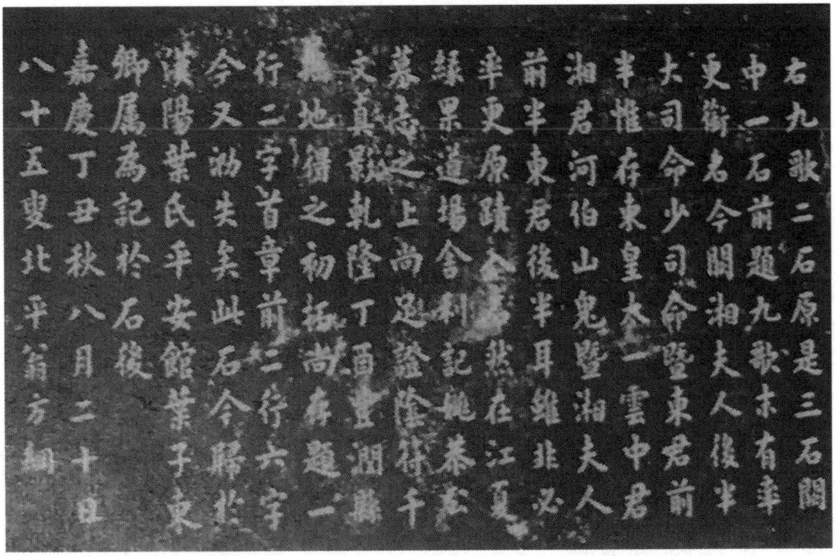

歐陽詢書《九歌》刻石所附翁覃溪的題辭(望漢廬藏)

覃溪在爲此拓本題辭之後,即兩個月後的十月二十七日,東卿給阮堂寄去了第三封長札。東卿的贈品也藏于筆者的望漢廬中。

三、葉東卿嘉慶己卯手札的探討

葉東卿也應寄給過阮堂覃溪的訃告,不過現在没有發現相關資料。這年冬天,阮堂托付貢使一行轉交兩次手札給葉東卿,東卿在收到阮堂的手札後各做了答復。兩年之後的嘉慶二十四年(1819)正月十一日,東卿到玉河館和朝鮮使臣李西園會面,正巧李西園出門,而在使臣鄭氏手中接到了阮堂的郵函。東卿在歸家的車中直接開封誦讀了此信,其中光景東卿在信中有描述。

(一) 對阮堂所懇望的《諸經附記》和《蘇齋筆記》的經過有縷述,將在今年内全部寄贈:

> 委寫蘇齋夫子遺書,此時其家中,經詵苦口譬説,頗不吝秘,但須次第抽换,不能全數付交。詵每書録副二分,手自校勘,一寄尊儲,一藏敝笥。邇來家延書手二人,《易附記》尚未寫全,《筆記》十六卷,先經寫就,曾憶此書三年前吾師手對一二三卷奉寄,此番從第四卷補録至末,以成完璧。至《經説》全帙,趁今歲秋冬三次使便,儘寫儘寄,斷不虚閣下肫懇之願也。

東卿向覃溪的遺族苦口譬説之後纔得以借鈔覃溪遺稿,東卿自己也有整理覃溪遺族的慾望和責任之心,對於阮堂的心情也能體諒,自己僱用了兩名抄書人,各抄寫兩部,“斷不虚閣下肫懇之願也”一句,想必阮堂會感激涕零。

(二) 對於阮堂要求的匾額石印:

> 匾額十四紙,并前交四紙,則仍以古隸書之。又石印三枚,晶印一枚,俱已鐫成。另單詳寫,統祈檢收。

(三) 對於阮堂的贈品:

> 疊叨珍貺,拜惠良多。日南各妙品,尤極文房異采,友朋無不羡詫,且有分銘高誼者。

最後又説：

《東國史鑑》刊本、《桂苑筆耕》刊本、《箕田攷》刊本，并代爲覓寄，石刻亦求廣搜再惠。至禱至禱。

以上書籍、石刻，東卿又托付阮堂寄贈。

四、葉東卿嘉慶庚辰手札的探討，以及《論語附記》、《易附記》的寄贈

嘉慶二十五年(1820，庚辰)正月二十八日，東卿在寄給阮堂的書信中説："春律暄和，椿庭大人頤養康寧，吾弟娱侍多綏，承歡養志，金昆玉季，一室怡順。日事如意，名列翰筵。企祝。"祝願之情不已，有關經籍所見，寄贈《蘇齋經説》之外，又寄贈阮堂諸多珍品。此書信内容要旨如下：

(一) 權彝齋、吴大山入燕，顧欣喜非常。

(二) 對阮堂前後兩回寄札和贈品的感謝。

(三) 對阮堂送《彙集説經》之盛意深表感謝，并論述曰：

海内自乾隆以來，講學之士，靡不搜輯古人説經之文，單辭剩句，裒寫無遺。惟是各自分門别類，未曾萃聚耳。從前《傳是樓經解》，多鈔宋元經説者，亦只因上溯以前幾無存者，且其體例，所刊者皆世傳寫本；未曾經板行者，或間有板行復毁失者，若《李氏易解》，疊見板行，因未刊列耳。惟是此書，意在以多爲勝，不及詳審，是其失處。

阮堂所編的《説經彙集》是什麽著述？寄給東卿的此書稿本現在是否在朝鮮流傳？都值得進一步考察。而東卿對《傳是樓經解》和《通志堂經解》的批判應是妥當的。

前面所説《通志堂經解》傳入朝鮮後，李雅亭等人看後驚嘆不已，可是隨着時代的進展，學術的進步，這種經解已經不能滿足學者的需求，不久之後阮芸臺編纂的《學海堂經解》的出現，就是對學界的一種警示。

（四）寄贈阮堂孫淵如[1]著《周易集解》：

此番寄上孫觀察所刊《集解》一書，説《易》餘續，碎璧零璣，誠可珍秘。

東卿對此書稱賞有加。阮堂收到此書後，可能會勸權彝齋玩讀。彝齋倩人精寫一部後自題簽珍藏。此寫本現藏筆者書齋望漢廬。

（五）關於《經説彙鈔》，東卿對能和阮堂意見一致而感到欣喜：

詵曩時瀏覽諸籍，於雜説家凡有説經之條，論義正大，有裨經之文者，輒手自録存，心備遺忘，大抵多是宋元以後之著述，以前罕見耳。此時吾弟若有此舉，鄙意謂，難限以時代，惟折衷一是可也。拙著全古文，非但因精華澌落，正欲上究通經之源，下別軌趨之正，其在疑似不合文體者，仍加刊落，想吾弟亦首肯此意也。

依據東卿信中所言，東卿似有著書《全古文》，如果真是如此，則可稱得上是朱蘭坡[2]所著《國朝詁經文鈔》的先驅。可惜，東卿的此書現不見傳本。

（六）贈王白田(1668—1741，名懋竑)的雜著寫本。

（七）繼續詳述覃溪的《經説》：

翁覃谿夫子《經説》，檢取得四經抄畢矣。昨冬初，芸臺督府自粤入朝，意欲領袖刊刻，堅囑分寫一部。寄去已抄之四經，其原本已歸師篋中，且原本塗改多糢糊，書手辨認太難，只得就净本照謄，重寫出《論語附記》二册、《易附記》七册，先此寄上。俟四經雙分寫畢再取他經原本謄净，不拘遲速，總以全璧寄鎮海外也。

兹芸臺囑托分寫《蘇齋經説》，蓋可臆測此書準備刊刻，可是卻全是逸聞，并未發現有文獻記載此事。最後是否刊行，而道光九年刊刻的《學

① 孫星衍(1753—1818)，字淵如，號伯淵、芳茂山人等。陽湖人。清代著名經學家、目録學家、藏書家。著有《周易集解》、《寰宇訪碑録》、《孫氏家藏書目録》等。

② 朱珔(1769—1850)，字玉存、一字蘭坡。嘉慶七年進士，選翰林院庶吉士。喜藏書，著有《小萬卷齋集》、《説文假借義證》等。

海堂經解》是否編入此書，亦是需要研究的重要問題，對此，筆者在此保留，擬之後再做考察。

東卿首先寄贈阮堂《論語附記》二册和《易附記》七册，非常值得注目。其中：

(1) 和權彝齋數番會晤，談論此書：

彝齋數番晤叙，果與覃齋不二。情好甚篤，知吾弟交游皆端人矣。敬佩敬佩。

(2) 委寫畫各件：

委寫畫各件，一一如教。日來彝齋同行中，轉索寫畫者甚夥，幾於手腕欲脱，亦不敢辭也。

(3) 黄山、覃溪、芝山贈阮堂的禮物，也代爲轉交。

東卿在寄給阮堂《蘇齋經説》中的《論語附記》、《易附記》時，亦寄去了孫淵如的《周易集解》等諸多珍品。其目録如下：

元人花卉山水直屏合錦

汪文端、沈石田字畫合錦

董文恪《秋林晚照》直屏

董文恪書楹帖

成邸楹帖

文待詔蘭竹横幅

錢文敏花卉横幅

《蘇齋經説》：《論語》二卷、《易》七卷

《孫氏易解》六册

《列女傳補注》四册

《大戴禮注》四册

蘇齋仿本十副

團扇一握

明磁筆閣一具座隨

明宫詞香碟一具
紀文達公銘端硯一方
紅蕉山館精造墨一匣
蜜蠟舊印一枚
詩境玉印一枚
晶小印一枚
竹根印一枚　共二十一事
黄山兄：扇一握；牙印三枚
覃齋兄：扇一握；石印一枚；書一册；雜寫一卷
芝山兄：扇一枚；書一部另交彝齋
外，委寫扁四紙；蘭花一卷。

此年八月，燕行使臣一行入都，隨行的金覃齋（1778—1820，名敬淵，又號東籬）亦是東卿夢想十年之久的友人，東卿熱情款待了覃齋。東卿接讀了阮堂寄來的手札，在十月十四日覆書，且贈送了以下諸品：

《武梁祠畫象》全分
《東方象讚》二紙
《敦煌太守碑》一軸
《衡方碑》一紙
吴梅村先生山水
王蓬心先生山水
張晴嵐學士花卉
張司冠楹帖
高且園指畫
《雋修羅碑》

又有請代爲轉交的物品如下：

黄山先生封二件
雲石先生封五件　信一件

五、道光三年葉、金兩家的面契

道光三年(1823)酉堂和山泉父子出使燕京，東卿在平安館款待了父子二人，恰如會見阮堂其人，傾蓋如故，竭盡所誠。東卿在給酉堂的手札中有如下內容：

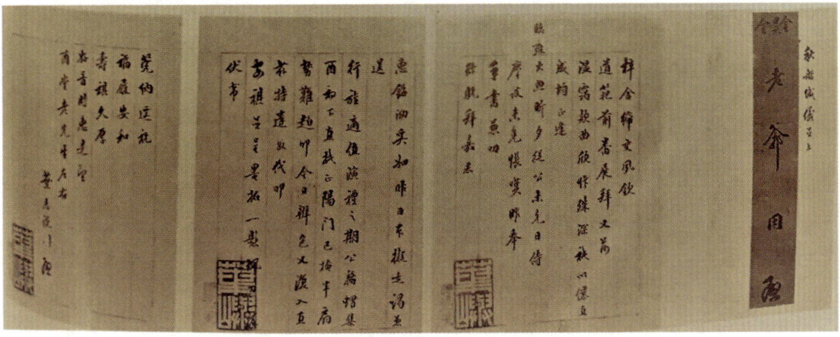

葉東卿與金酉堂手札(原蹟望漢廬藏)

酉堂先生左右

梓舍締交，夙欽道範，前番展拜，又荷温靄，款曲欣忭殊深，祇以儤直成均，正逢臨雍大典，昕夕從公，未克日侍麈談，未免悵歎。昨奉手書，兼叨珍貺，拜嘉志惠，銘泐奚如。昨日本擬走謁，兼送行旌，適值演禮之期，公務蝟集，酉初下直，抵正陽門，已掩半扇，勢難趨叩。今日辨色又復入直，兹特遣奴代叩安祺。并呈墨拓一懸，佩刀一握，伏希菀納。遥祝福履安和，壽祺久厚，好音時惠。是望。葉志詵再拜啓。

東卿的父親雲素也曾與酉堂父子會晤交談，傾盡縞紵之情。雲素的來翰內容如下：

夙仰光儀，榮問休暢。名宗茂閥，世紹英聲。昨聞傔從東來，渴企積於寤想，乃荷推誠惠顧，敷袵論心，晤德宇之温醇，聆仁言之亹摯，方寸渫溉，欣忭奚如。兹奉芝緘，彌深繾綣，重以嘉貺，珍逾百朋，渥誼崇情，拜受祇悚。即日歌驪就道，志往神留，積素累故之忱，曷能已已。然海内存知己，天涯若比隣，悠悠我思，心路咫尺，鱗鴻時便，亦不啻挹音塵而親謦欬也。日内俗冗坌集，未暇撰贈燕言，薄具不腆之儀，藉申悃款。深恧瓊報，伏冀鑒存。肅抒謝忱，統惟靄照。此上。酉堂先生侍史。葉繼雯再拜。

令嗣統此致候：

楹聯一副

内造筆四尖

佳烟四笏

宫香一封

橘紅四元

《黄山谷墨刻》一卷

當時東卿的二子名琛、名澧也在席旁侍候，葉、金二家的交款愈加深厚。後來，二子中尤其是名澧與李朝學人的翰墨交流更是絢爛多彩，而其原因也由於此次的兩家結緣。

東卿亦有贈給阮堂的二十八件物品目録，因未記年月，恐怕也是道光三年前後所寄。爲了便利起見，今羅列如下：

《開通褒斜道碑》

《郭君碑跋》

《石門跋字》

《潘宗伯造橋題字》

《玉女盆題字》

《楊君表紀》

《黽池王瑞碑》

《李翕西狭頌》

《仙人唐公房碣》

《尹宙碑》

《郭有道碑》摹本

《潑墨齋帖》一册

元拓《米南宫帖》一匣

弄璋硯一具端溪下巖天然石子精品也

佳烟四笏一匣

團扇一握

摺扇一握

摹《倉頡書》石刻一幅

合錦扇面方幅一軸

元王若水《大吉圖》

董香光牧山書畫合錦一軸

梁文莊行書一軸

孔谷園《詩品册》一本

平安館銅尺拓本一軸

《阿文成公年譜》一部

蘇齋《孟子附記》二卷《詩附記》,附權彝齋之便全呈矣,不知如何遺失末卷,此刻原本在蘇齋,因王孺人之喪,一切扃鑰尚不能取出。記得《孟子附記》二卷,未曾奉上,兹補呈,希檢入。

黄竹鞢囊一枚

二十八件,伏希莞納。志詵再拜。

藥方十餘紙,代爲分贈友朋,以治時疾。是望。

收到東卿所寄蘇齋《孟子附記》二卷的阮堂,想必又會欣喜異常,感激涕零。

六、道光六、七年間葉東卿和阮堂的交流

道光五年(1825)秋,東卿的長子名琛中鄉舉副車,時人稱之"詞筆奇奥",東卿大喜過望。翌年,即道光六年正月,東卿接讀阮堂手札,欣喜無比,給阮堂的回信中亦欣喜雀躍曰:"如晤芝采,循環雒誦,紉緝五中。"又感嘆欽佩曰:"儤直餘間,研求經史,蘄志第一流人。"對阮堂托付搜求説

經圖書事宜回復曰:“擇其立論正大無少偏畸者,方可奉贈。”又云近來購得段氏《説文》[①]全部新刊本,實是許氏之功。今寄贈閣下,定能飽眼福。今後新出説經圖書,定會陸續奉寄,不必煩囑。而桂未谷[②]的《説文義證》[③]五十卷二百餘萬言,現藏其家,未能刊刻,因精寫一部亦需百金,現托友人轉借,還未送到。云云。

最後曰:

> 詵供職成均,昕夕碌碌,然公事之餘,惟以金石書籍自娱耳。兩親安健,足抒遠注,大兒名琛昨秋鄉擧,獲副乙科試卷。云云。

題款:“正月二十二日葉志詵拜啓。”贈品目録如下:

> 《段氏説文》一部
>
> 速香一餅
>
> 天保屏四張
>
> 張宋書畫屏一張
>
> 尤貢甫《荷花》一張
>
> 朱竹垞對一副
>
> 莞存是幸

前面所言段氏《説文》即三十卷十五册本,有段氏弟子陳焕(後改名奂)跋,文中“陳焕拜手敬書連”,有衍文“連”字,爲最初印本。

此書現爲崔南善氏藏本。鈐有“金正喜印”、“秋史”、“東卿持贈”、“葉氏藏書副本”等印文。

---

① 此處“説文”應是指段玉裁(1735—1815)、陳奂(1786—1863)兩人所編《説文注》三十卷。此部書是段玉裁在個人所纂《説文解字讀》(五百四十卷)的基礎上隱括而成,編纂始於乾隆四十一年(1776),告成於嘉慶十二年(1807),書後有陳奂跋文。

② 桂馥(1736—1805),字未谷、東卉,號雩門等。乾隆五十五年進士,官雲南永平縣知縣。精於書法、文字訓詁、碑版考證等。著有《晚學集》、《説文解字義證》等。

③ 《説文解字義證》爲桂馥用了四十餘年寫成的文字學巨著。因桂馥生前無力刊刻,學者之間僅靠傳抄流傳,道光年間李璋煜獲得桂氏原稿,由楊尚文出資,許瀚校勘,刻入《連筠簃叢書》。此版因捻軍兵禍而毁,流傳甚少。同治九年,崇文書局據連筠簃本重刻,但因底本缺葉,又另增誤字,故不及連筠簃本精良。

道光七年正月,東卿收到阮堂的手書和寄贈書籍、古碑等,於二十八日回復書信表達謝意,對桂未谷《説文義證》又做了解釋:

> 桂氏之書,其子孫轉質於人,昨年輾轉向友人借看數册,欲售百五十金,不肯借鈔。然其書博而不精,從前存阮芸臺督府處,大半采入《經籍纂詁》中矣。

東卿申請借鈔的桂氏《説文義證》,承諾百五十金售出,這是值得關注的逸聞。對此書,李月汀最爲推賞,屢屢向阮堂報告此書的内容,希望阮堂能接讀此書。桂氏所著《説文義證》在清代學者間受到了諸多批判,經歷了各種曲折之後,由楊尚文主持刊印,日照許瀚擔任校字,在道光卅年二月啓工,咸豐二年五月訖工。全部三十六本,即所謂的《連筠簃叢書》本。此書精刻良印,傳本極罕。阮堂晚年是否入手此書,還不能確認。余曾購得朝鮮洪淳馨藏本。

東卿給阮堂的答禮有如下四件:

> 趙書《千文》册
>
> 明人《岳陽樓圖》
>
> 朱文公石刻聯
>
> 竹佩韘套

此外,東卿又托付阮堂代購如下物品:

> 《晉唐総叙》日本草場韡著
>
> 《薦録》日本人著
>
> 《桂苑筆耕》刻本
>
> 新式佩刀并有著者

《晉唐総叙》和《薦録》爲李顯相出使日本在對馬島時日本儒士贈送的禮物,李顯相之子周經在入燕時曾携帶此書出示給東卿和李月汀,二人讚嘆不已,遂拜托阮堂代爲尋覓。《薦録》在前章中已有概述。

七、《阮芸臺全集》、《蘇齋附記》、《汗簡》、《汪氏篆尚書今注》，外諸珍本的寄贈

道光九年(1829)春葉東卿的手書和《阮氏文筆考》一册寄給了阮堂。芸臺在道光五年出任廣東，時與學海堂諸生一起發文筆策問，其子阮福也擬對，之後劉天惠、梁國珍、侯康、劉光釗四人也有續答。此四篇亦刻入《學海堂集》。阮福把個人的作品和前記四篇合録，又從父親芸臺的《揅經室集》中將論述文筆文韻的四篇録出放在卷首，以《文筆考》爲名印行。此書亦是《小瑯嬛叢記》本之一，另外又有《滇南古金石録》。對於文筆的差别論是芸臺的得意之作，學友凌次仲(名廷堪)亦有共鳴。阮堂亦大受啓發，此書在阮堂的自筆藏書目録中有收入。

道光九年秋，問安使李相璜一行入燕，東卿未能收到所期待的阮堂書札，卻從朱椒堂、李月汀兩友處獲悉書信，僅慰積懷。東卿揮毫給阮堂寫信，將芸臺在滇南萬里之外預寄贈阮堂圖書全集的事情相告，并寄贈了蘇齋《易附記》、《書附記》、《詩附記》、翁錢校正《汗簡》等珍什，滿足了阮堂多年的夙願。東卿在信札中云：

> 阮芸臺總督自滇南萬里之外寄到全集，囑致閣下，并欲得收到之札以爲信，只得破例撥冗奉達。今冬務望百忙中一札，與阮制府所切祝者。云云。(日附，中秋前五日)

阮堂自筆藏書目録中有《揅經室集》十二册，即是指阮芸臺所寄全集。東卿的贈品目録如下：

> 蘇齋《易附記》九本
> 《書附記》十一本
> 《詩附記》六本
> 翁錢校正《汗簡》一本
> 謙篆碑一分
> 翁《華山碑》一册
> 羅兩峰畫一册

席史畫一册

《石鼓文釋存》一本

祥瑞《武班碑釋文》二本

江氏篆《尚書今注》十二本

《□氏叢書》四本此中亦有裨於經史者

晶珠帽勒一串

古銅筆床一座

仿茶臺一個此則日在平安館几上者也

選毫自造書八分筆一握此可用十年,愈禿愈妙耳

伏希莞納

外有敞親致權兄信,祈代交去。又及。

收到《易附記》九本、《書附記》十一本、《詩附記》六本的阮堂,其滿足之感可以想像。阮堂所珍藏的這些書籍,現歸平沼男爵無窮會神習文庫收藏,其中《易附記》十六卷九本完好,《書附記》十四卷五本完好,《詩附記》六卷三本(缺後四卷)。各册都鈐有"葉志詵印"、"葉氏藏書副本"、"平安館"圖印。《易附記》、《書附記》未收入《畿輔叢書》,不知是否有刊本;《詩附記》收録進了《畿輔叢書》,不過誤字脱句不少,可知是東卿寄贈本。此書是蘇齋《經説》傳入東方的貴重文獻,即使對《經説》的研究者來説,也是不可多得的珍貴資料。東卿的手札中也言及此書是芸臺所渴望的《經説》資料,而這部《經説》不知在《皇清經解》編纂時是如何利用的,對此亦需探一究竟。

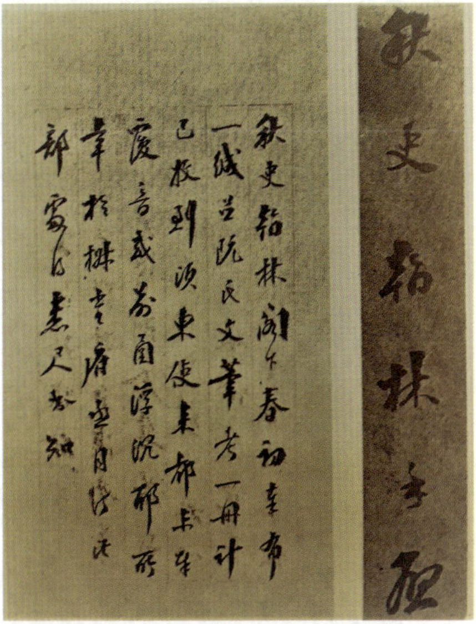

葉東卿寄阮堂手札,信中言及寄阮元著《文筆考》。

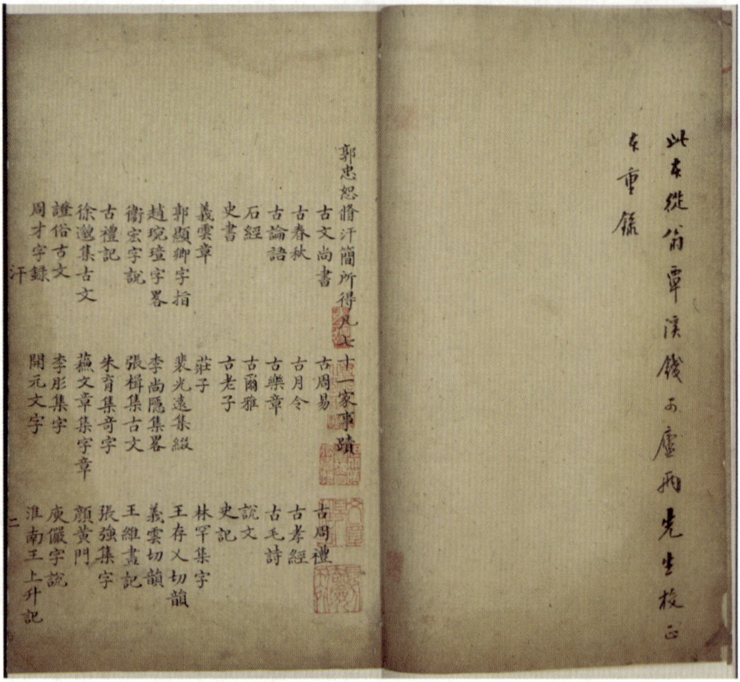

道光九年葉東卿寄贈阮堂的翁錢校正《汗簡》，有東卿自筆題記和鈐印。阮堂自筆藏書目録亦有記録。（望漢廬藏）

翁錢校正《汗簡》一册是東卿的精鈔本,有東卿自筆"此本從翁覃溪、錢可廬兩先生校正本重録",鈐有"葉志詵印"、"葉氏藏書副本"、"東卿持贈"、"東卿秋史同鑒記"、"東海書生"等印和圖記。此書現爲筆者望漢廬收藏。

八、汪孟慈寄阮堂書册,東卿托阮堂索購古碑

東卿在道光九年(1829)秋遭母喪,閉門讀禮,翌年正月收到了阮堂的手札和贈禮,伴有悼辭,東卿非常驚訝。東卿遂回復阮堂信札并答禮,又寄贈從汪孟慈處收到的阮堂所托付書籍。在手札中東卿曰:

> 昨秋詵遭失恃之痛,哀具訃函定叨矜鑑。邇來解職閒居,閉門讀禮,頃由貢差之便,付來白蕿一匣、白綢一端、殘碑一紙,未得手書,向來人求索,交到追白一紙,但言汪孟慈寄信一事,頃孟慈尚在都,其太宜人思歸甚切,不定何時即須南還。孟慈又以不得於上官,亦有去志,果爾此後有音信,由鄙處轉交,不致洪喬也。來札即交付孟慈,頃亦來宅,交到手札一卷、《段墓志》一册、《廣雅》一封、《公羊》一封,《通典》、《述學》二封,又《通典》一封、宋本《公羊》一册、《賞雨集》一册、《婁光堂稿》一册。希即檢入,籍候台安。正月廿日,在制葉志詵手啓。
>
> 遠道無以將意附上

東卿寄:

黄山元墨一合

九合香四炷一合

竹根合一枚

銅筆格一件

信一封

附孟慈寄:

《廣雅》一封

《公羊家言》一封

《廣陵通典》、《述學》二封

又《廣陵通典》一封

《賞雨茆屋集》一部

仿宋本《公羊》一部

《婁光堂稿》一部

《段墓志》一册

書信一卷

《廣陵通典》和《述學》都是汪孟慈的父親汪容甫的著書,仿宋本《公羊》是孟慈所藏宋紹熙本的影刻本,《賞雨茆屋集》爲曾賓谷(名煥)的著書,《婁光堂稿》爲張亭父(名際亮)的著述。對此,將在後章"汪孟慈和阮堂"部分再作詳述。

前記手札是正月廿日所寫,在廿四日東卿又補書一封。另有覃溪的孫子引達(當時十七歲)的書信一通同封,第九章中所引用的引達書信正是這時所寫。同時東卿又附贈諸物品:

九合香四炷

黄山頂烟一元

古銅筆格一具

竹根烟合一具

同時又托付阮堂代爲購置以下諸物品:

《法泉寺元妙塔碑銘》遼咸雍年

《全州府真應塔碑》天慶元年

《薛仁貴祠壇碑》

《白蓮社大字額》

《講堂寺碑》

《崔致遠自書碑》

《高達院圓宗大師碑》

《普願寺法印大師碑》

《玉龍寺道詵國師碑》

《智國寺真觀禪師碑》

《北龍寺碑》

《般若寺元景和尚碑》

《智光國師碑》

《沙林寺弘覺大師碑》

以上古碑拓本阮堂一定都寄給了東卿,這些文獻資料也是後來劉燕庭編纂《海東金石苑》的引用材料。

九、葉東卿道光十四年寄札的探討

東卿在道光九年(1829)八月十日遭母喪,翌年又遭父喪,哀慟異常。在此年扶柩旋里,服喪三年,道光十三年回到都城。而此時光景激變,石墨書樓也已經成爲廢墟,其感慨之情無以抑制。翌十四年二月三十日,東卿題寫了長文手札寄給阮堂,敘述了過去數年間的消息。信札中云:

> 詵以己丑、庚寅兩遭大故,孤立熒熒,扶柩旋里,廬守墓側,名心淡忘,已分甘老山林。壬辰冬服闋,後即大别山下舊墅,補築數楹,聊以自娱。癸巳夏,忽被徵召,敦迫出山,兼以長子謬膺鄉舉,例當入都會試,因仍携老妻,挈兒孫輩,重來都門虎方寓址,埽塵而居。所有舊藏,不過略爲携帶,緣此後官海沈浮,或内或外,總未可定,且擬少住數載,仍當告歸也。

而當時引達因受惡友引誘,生活放蕩,石墨書樓的珍奇也雲散霧消了,東卿嘆息曰:

> 詵來都,只存空屋數楹,惟有仰天浩嘆而已,傷哉痛哉!

而唯有《經説附記》因爲未能刊行,有零種殘存在東卿處,也是萬幸之事,對此東卿云:

所幸，吾師《經説附記》，及未刊零種久存詵處，其他概不可問矣。從前所鈔寄《經説附記》，似尚未鈔全，望將已鈔者寫一目録來，并每紙字數行數盡一格紙來，以便補鈔。庶海外得存全書，亦吾師之幸也。

東卿對亡師的敬重和對舊友的思念躍然紙上，而東卿也希望覃溪的《經説全書》能經阮堂之手完存在海外，其真摯之情感惻他人。

東卿又對阮堂報告了舊友如下消息：

阮芸臺先生已入閣，仍任雲貴總督，大約今年(道光十四年)旋京；曹玉水任安慶府同知，出都已五載；汪孟慈因母憂去官，服喪中；李月汀仍任刑部，一二年間要出都；劉燕庭於道光十二年秋擢任福建汀州知府，相離八千里外；吴蘭雪遠任貴州，昨冬已作故，四子中僅存一子，幼子少妾流入烟瘴，未得歸期；周菊人(即吉人)久無消息；許玉年(名乃穀，道光舉人，善畫山水墨梅，阮堂之舊雨)今春亦歸道山矣；顧南雅(名莼)已拱墓木，僅存一弱嗣，晨星寥落，浩嘆不堪；朱椒堂一歲三遷，昨冬倉埸侍郎，今擢升漕運總督，張詩舲[①]從户部郎擢升山東督糧道，此兩人極爲得意時。

東卿向阮堂報告了以上知友的近況，對阮堂寄贈的《多胡碑》表達了謝意：

《多胡碑》，曾見李游荷以雙鉤本寄劉燕庭，今得此册，甚愜願也。

又對寄贈的《繹山碑》表達了惋惜之情：

前寄蘇齋重摹《繹山碑》，曾經入目，今不知何往矣。

東卿希望阮堂能代覓日本的《和漢三才圖會》：

---

① 張詩舲，原著誤寫爲“張詩船”。張祥河(1785—1862)，字詩舲、元卿，號鶴在、法蕭山人等。清嘉慶二十五年進士，曾任内閣中書、户部主事、山東督糧道等職。著有《小重山房全集》、《詩舲詩録》等。

聞日本有《和漢三才圖會》一書,能代覓否?尚有别種新書否?能惠寄以增眼福,幸甚幸甚。

東卿向阮堂約定將陸續寄贈金石書畫,因此次急迫,遂先寄贈如下數種:

陳古白畫蘭石卷即几硯間物

《先府君行述》一册

《孝行録》一册

篆書扁額

内造筆二矢

佳烟二笏

茶膏一封

黄竹韘囊

摺扇一握

杏花墨刻

龍尾歙硯

治癧神方

以上第九節中對東卿和阮堂的親交,以及如何寄贈諸多珍品進行了叙述。而東卿和阮堂的學緣和親交并不止於以上幾點,尚有許多收集到的資料未能進行梳理,期待他日能整理出來發表。

十、東卿和山泉

東卿寄給山泉的手札也有十數通,兹取其中一二件略作叙述,以證葉、金兩家的因緣,并以此作爲本章的小結。

東卿和山泉有在京面契的經歷,所以更常懷思念之情,稱讚山泉"東來諸君子,學業人品,以吾弟爲首最也",尤其是對其兄阮堂稱嘆曰:

仰承喆兄之雅,推布心腹,崇論閎議,抒所藴蓄,經籍之華,益於楮墨。此間同社諸友,至今嘖嘖稱嘆。

一邊推崇阮堂，一邊也拜托山泉請阮堂爲自己揮毫：

> 望令兄大小楹帖十副，行書單款，此皆同硯席諸友人所轉索者，分贈流傳，亦藝林快事也。

由此可知，阮堂的筆墨傳入清國的應該頗夥，而流傳也應該很廣泛。

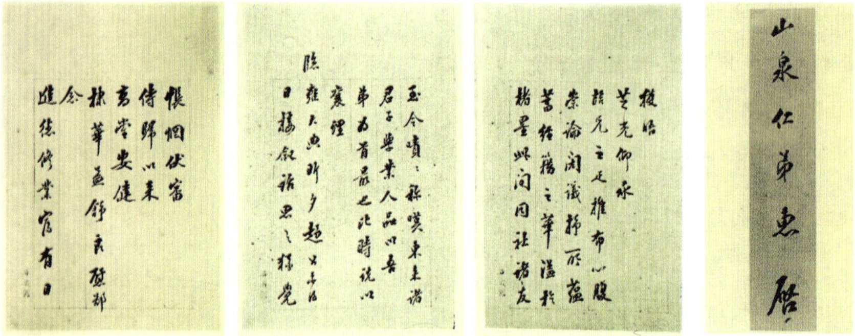

葉東卿寄金山泉手簡

覃溪歿後，阮堂和申紫霞等朝鮮學人的追仰之情難以抑止，遂私自追謚覃溪爲“文達”，又擬托付爲亡師撰寫碑文墓誌銘，最後没有托付到滿意的人，山泉遂向東卿問詢，東卿答曰：

> 所詢蘇齋師狀傳碑誌，曹儷笙中堂、王蓮府尚書俱云欲加撰述，迄今未示稿本。吾師有《家事襍記》一册，仿年譜之意，逐條標記，此書曾經鄙人鈔録數册分送諸公。連日悤促，胥鈔不及，俟年便再行補呈，何如。

由是可知，是由曹儷笙（1755—1835，名振鏞，乾隆進士，官體仁閣大學士，覃溪門人）或王蓮府（名宗誠，乾隆進士，官至兵部尚書，覃溪女婿）來撰述碑傳，不過當時還未收到稿本。《家事襍記》係覃溪自傳年譜，此襍記依據年譜形式逐條標記，後經覃溪的門人英和校訂，以《翁氏家事略記》爲題印行，以“嘉慶二十三年戊寅正月十二日爲小孫引達定聘過帖”爲止，後有英和識語。余藏有汪孟慈於道光十七年正月贈李藕船本，此本裱紙有孟慈題語曰：

熹孫久擬爲覃溪老人作傳□
生晚不得其生平事實且□□
散失不得見,無徵不信,
一代文獻,略具于兹,
寄藕船先生　丁酉正月□□

卷首鈐有“李尚迪印”。此書在朝鮮傳播較廣,阮堂、山泉、紫霞、藕船、貞碧應該已爛讀於心了。

東卿贈山泉段玉裁《周禮漢讀考》一部,并曰:“令兄前托搜段氏著述之一種也。”也是值得思考的一個問題。

實際上覃溪生前門户廣大,其門下生蔣礪堂、曹儷笙等都正居大官,而王蓮府尚書亦是覃溪的女婿,可是大都流落或遠赴地方就任,在覃溪殁後能負責後事的人除東卿之外再無他人。而東卿始終一貫以滿腔誠意爲覃溪的遺著操持,其實也因爲有阮堂其人的緣故。覃溪在暮年和殁後運勢不濟的情况下,還有東卿和阮堂兩位知心人,覃溪在九泉之下也能瞑目了。

最後,東卿的長子名琛向山泉贈送《墨法集要》(明沈繼孫著)一部,可證兩者的墨緣。名琛的信札内容如下:

再啓者,寄上《墨法集要》一册,製造之法,此爲大備。然中華十八省造墨者,惟徽州歙縣,其地有易水,必此合膠,方爲最良。又,山有桐木,必此薰烟,方能最細,所以墨上之花樣,細如毫毛者,皆烟細之故。且蓄膠以二十年外者方佳,然遷地弗能爲良,故他省亦無造墨者,家大人所造用墨,皆托友人赴歙製造。每墨一兩,以白銀一兩易之,兹寄上十笏,皆精品也。歙於楚地相去千里而遥,是以託製亦較易。墨固欲陳,然太陳則膠性解散,墨光亦復黯淡,方今所存明時方陳諸家之墨,皆宜合藥,不宜研墨爾。又及。

(原蹟望漢廬藏)

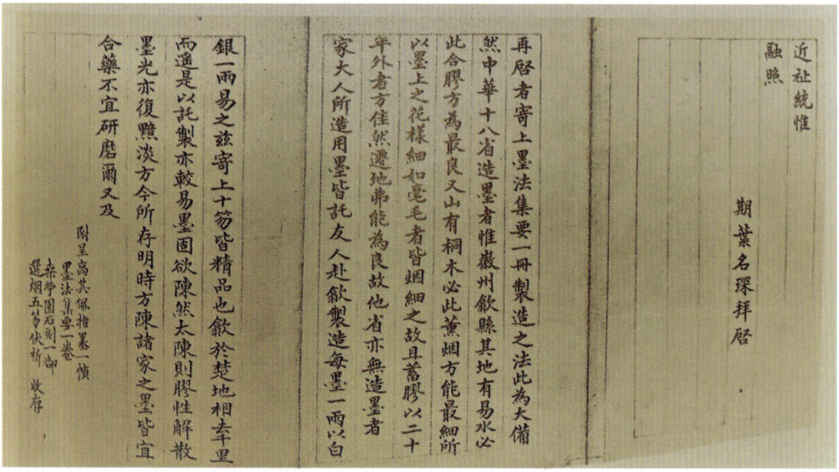
近祉統惟
融照
期葉名琛拜啓

再啓者寄上墨法集要一冊製造之法此為大備
然中華十八省造墨者惟徽州歙縣其地有易水必
此合膠方為最良又山有桐木必此黃烟方能最細所
以墨上之花樣細如毫毛者皆烟細之故且蓄膠以二十
年外者方佳然遷地弗能為良故他省亦無造墨者
家大人所造用墨皆託友人赴歙製造每墨一兩以白
銀一兩易之茲寄上十笏皆精品也歙於楚地相去里
而遙是以託製亦較易墨固欲陳然太陳則膠性解散
墨光亦復黯淡方今所存明時方陳諸家之墨皆宜
合藥不宜研磨爾又及

附呈高其佩指墨一幀
墨法集要一卷
桑學園石刻一部
暹烟五箇伏祈 收存

葉名琛寄贈金山泉《墨法集要》(明沈繼孫著)時所添附的手簡(望漢廬藏)

附記:

東卿著有《高麗碑全文》四册,收録在繆荃孫的《藝風藏書記》卷五。荃孫曰:

> 亦志詵手稾,自唐至明,得五十八種,與《海東金石苑》互有詳略。

東卿著有此書,實際上也得益于阮堂等朝鮮友人寄贈的朝鮮古碑拓本。劉燕庭的《海東金石苑》流傳廣泛,而東卿的此書當時卻未能刊行,實在可惜。

第十三章　李月汀、鄧守之與阮堂

葉東卿的友人李月汀也是和阮堂有着深入交流的清儒之一。李月汀將清朝經師的諸多著書、學界的消息等不時地地向阮堂詳細匯報，亦寄贈阮堂諸多珍什，可以説月汀是和葉東卿、汪孟慈比肩的親密友人。那麽，李月汀是何許人也？《續碑傳集》、《碑傳集補》、《文獻徵存録》、《清史列傳》、《中國人名大辭典》、《清代樸學大師列傳》等文獻中并没有收入李月汀相關傳記資料。不過，李月汀因清風高節、學問政績等事蹟卻在道光年間聞名一時，而在傳記資料中未收入其人其事，不得不説是個值得疑惑的問題。

一、李月汀的家系和閲歷

李璋煜(1784—1857)，字方赤，又禮南，號月汀、蒻汀。月汀家族爲山東諸城的名族，其家族略系如下：

李宜芳(1701—1773)，字梅村，號在湄。雍正八年進士。先世從平度州遷徙到了諸城。曾任河南臨漳知縣，治積顯赫。以慈惠爲政，在刑

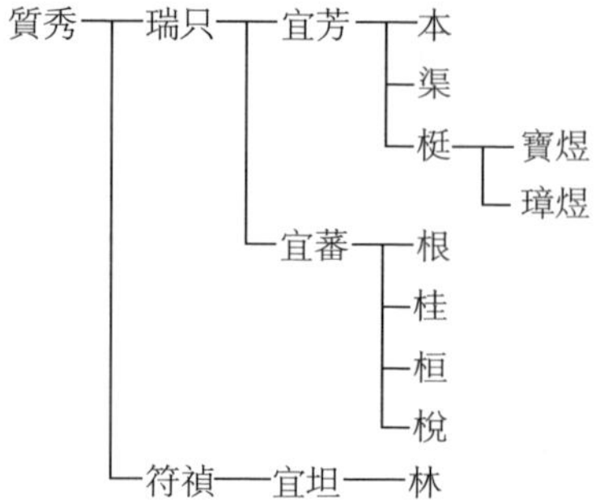

獄上尤爲謹慎。巡撫尹會一[①],布政使徐士林[②]都對李宜芳的儒術吏治讚賞有加,把其比作漢代的循良。其在京的起居坐卧處都題有“誠敬”二字,其闇然潛修,不侈聲氣,在待人接物上終日無惰容。從子李林在湯陰任縣令時,李宜芳看到李林寄友人書中字蹟草率,遂修書責問,李林知過。李宜芳著書有《敦復堂詩古文集》、《懲毖日記》、《説書偶存》、《見聞筆記》等。(張履《積石文藁》卷十六《李君梅村傳》)

李宜蕃(1712—1761),字蔭軒,一字雪圃。有儁才,受學於其兄宜芳,爲文好精思,不肯蹈襲前人一字。乾隆六年鄉試中舉,二十九年以明通授茌平教諭,越四年進士及第,又三年在茌平卒。事親爲孝,爲人廉静,好將携諸生,爲貧者施捨飲食。問字論經者常滿座。卒年五十。(同上《李君雪圃傳》)

李本爲縣學增生。

李渠,字漪園。乾隆二十六年進士。曾任陝西扶風知縣。卒年五十九。

李梃,字松谿,一字雨樵。八歲喪父,從學於從兄李渠。乾隆五十八年進士。曾任直隸衡水縣知縣。以經術爲治政之本,不拘泥於法律,在政績上成就顯著。提倡先儒孔穎達的學問,但建樹不多。常以文教振興爲己任,注重諸生經訓,鼓舞激勵了當時的諸多學子。嘉慶二十一年卒,

① 尹會一(1691—1748),字元孚,號健余。直隸博野人。雍正進士。歷任吏部主事、河南巡撫等職。

② 徐士林(1684—1741),字式儒,號雨峰。山東文登人。康熙五十二年進士。歷任内閣中書、江蘇巡撫等。

享年五十二。鄉人以其“躬行孝弟,出爲循吏”,私定其謚號“文惠”。其次子璋煜曾定有私謚,但未見有令典記録。著述有詩四卷、文二卷。子二人,長子寶煜,諸生鹽課大使;次子璋煜。(同上《李君雨樵傳》)

李林,字西園,號野亭。符禎之孫,宣坦之子。少負奇氣,從學於宜芳。乾隆二十一年進士及第,因才能卓異,擢升爲開封府鹽捕同知,歷任陝州、許州、知州、衛輝、開封、汝寧知府等職,所到之處皆有政聲。而在其去世後,大河南北的百姓無不爲之流涕,柳車所過,皆焚香泣奠,其竟如此得人心。其文宗八家,詩法少陵,亦出入蘇、黄間;善小楷,筆法酷似黄庭堅。著述有《知稼堂詩文集》(同上《李君西園傳》),當時詩集已經刊行,阮堂從月汀處得到此集。

如上所述,李月汀出身望族,其在嘉慶十八年以第五十五名舉人中第,同二十四年會試以第一百十二名中試,同二十五年殿試以第二甲二十七名登第龍門。其歷任刑部主事、四川司郎中、揚州太守、廣東布政使等職,敭歷中外,勳階日隆,有古名臣之風。其學宗漢唐,亦重宋儒名節,其交往亦一時賢哲。月汀又喜奬掖後進,顯彰先人,在祀典殉節諸臣、翻刻古善本、勸懲士習、維持風教等方面成就卓越,世人稱讚爲百年來未有之名賢。月汀與葉東卿、劉燕庭、阮小芸、汪孟慈等素有親交,而其心中又對朝鮮懷有諸多憧憬,與阮堂一朝通款,深爲其人物學問傾倒,遂結爲道義之交。其實月汀寄阮堂和山泉的書札有十數通,其原蹟也現存於鄙齋,每當觀其筆蹟,宛如目睹當時情景。下面就按順序對這些手札内容做一介紹,來一邊瞭解李、金兩家的學緣,一邊探尋清朝文化流入朝鮮的蹤跡。

二、李月汀與阮堂

月汀與葉東卿、鄧守之等人一樣,道光三年春在酉堂和山泉入燕時一起款待了這對父子,相互有了交契。翌年即道光四年正月六日,酉堂接到月汀手札,當即覆書曰:

> 知尊履與時俱瑟,玉樹森立,皆爲碩學通人,同登仕籍,一門之盛,孰逾於斯。

山泉與月汀的訂交也在此時：

得與仲嗣山泉，訂縞紵之交，往復札商，以道義問學，遥遥切劘，尚非厘尋常翰墨緣也。

月汀向山泉説明自己最近忙於分薄期會，正究心於部務。接着轉達了鄧守之的消息：

鄧守之兄竟爲飢驅赴吾東，求食於其友。瀕行時留札璋處，屬爲轉達。來書收，俟守之回即代達也。

對西堂所贈朝鮮版《三經正文》（《詩》、《書》、《易》），月汀謝曰："剞劂甚精，媿無以答盛意。"并贈西堂如下謝禮：

壽詩二幅

扇一柄

玳瑁梳一柄

無棣仙棗一卷

自藏隋造象石

廉泉刻印章

《懷舊録》一梱

冬華先生書

廉泉《印譜》一册作序後望帶還

寄懷詩扇一柄

《南雷文約》一函

《白羊山人詩集》一册

廉泉詩翰墨刻

虚白齋紙

隴東王感孝頌

此外，汪員外（孟慈）贈秋史先生物品有：

《述學》一部

《公羊傳注》一部

《雙鈎碑》一本

另外,又有鄧守之信札及對聯書畫。

月汀在後三日即廿八日,再寄書給山泉,追憶去春兩度晤談以及和山泉訂交的情景,并告知已讀到酉堂寄鄧守之的手札,感嘆酉堂人倫篤厚,尤其稱讚山泉的學問和人品:

山泉豈弟樂易,淹雅貫通,爲有體有用之學,又豈第以區區詩篇見重于人耶。以此知先生培植之深,而福之無量也。

又對昨春隨行入燕的金清山評價曰:

清山之才之學,高出流輩間,已爲召邨驛丞。他日年逾邵而養逾邃,其詩之傳播,又當如何也。

對清山的非凡才學給予了褒揚,又對其將來的成就給予了很高的期待。又對贈送的朴蘭溪的《蘭溪遺稿》表達了感謝:

讀所刊《蘭溪遺稿》,得稔朴先生居官持身之大節,又見先生搜羅散亡之素心矣。

以上可知,自從東卿、燕庭與阮堂的文字墨緣開始,月汀與阮堂、山泉之間的交流就連續不斷。月汀又拜托搜集朝鮮詩文碑版,并附對酉堂先生的問候和對山泉之前承諾的期待,又贈以下物品:

舊藏《徧覺法師塔銘》一册

《寶際寺碑》拓本一張

上品妙墨一合四丸

落霞書牋二合二百番

三、鄧守之和酉堂

前面手札中屢屢出現的鄧守之(1795—1870),名尚璽,又名傳密(又作傳蜜)。守之是清朝篆隸第一大家鄧頑伯[①]之子,因守之在幼年喪父,後在父親好友李申耆[②]的教導下成長,與張皋文、張琦兄弟關係親密。在道光三年,守之與東卿、月汀一起會見了酉堂一行,甚爲敬服酉堂的道義風範,認爲父親的墓志銘應拜托酉堂撰寫,遂撰文懇請酉堂,酉堂也給予了承諾。

守之於同年歲秋,在進賀使朴宗薰(號荳溪)入燕之際,即十月十二日起草手札,對和酉堂作别之後的近況以及父親墓誌銘撰文等内容進行了托付叮囑,朴荳溪在東歸之時携帶回這些手札轉交給了酉堂。手札要旨如下:

(一) 朴荳溪面晤後得知酉堂起居萬福、燮里嘉祥,深爲欣慰。

(二) 對自己落拓京華、放浪山水的描述:

> 璽落拓京華,依然故我,悵美人之不見,思奮飛以何時,展轉迍邅,日復一日,不見知己,所幸賤體無恙,志氣增豪。時或有所不遂,則放浪山水,留戀遺蹤,四顧無人,對天長嘯,意有所會,樂在其中矣。

(三) 被陳石士(名用光)延爲家庭教師,生活索然:

> 九月間,爲中允陳石士先生延之課讀,終朝與蠢頑相對,意興索然。所不能脱然去者,徒以此腹不能果耳。嗟乎! 大丈夫處世行動,不能自如,歲歲吹簫,朝朝吴市,可笑,亦復可慘。

(四) 懇願爲亡父題寫傳文:

> 前乞爲先君子傳文,蒙許歸後附年貢之便寄來。此信到時,想年使已就道,璽惟有敬俟開緘,頂禮加額,東望拜謝,鐫之墓側,傳之

---

① 鄧石如(1743—1805),字石如,後避嘉慶諱更字頑伯,號笈游道人、完白山人等。善篆刻,有《完白山人篆刻偶存》等。

② 李兆洛(1769—1841),字申耆,號養一老人。陽湖人。嘉慶十年進士,選庶吉士,充武英殿協修,改鳳台知縣,後主講江陰暨陽書院二十年。著有《養一齋集》、《舊言集》,輯有《皇朝文典》、《歷代地理韻編》等。

無窮,使世世子孫感德於不朽也。

作爲人子,急切請托爲亡父撰寫墓志銘,并托付朝鮮人來撰寫的,在明清以來情况幾乎不多,因此,守之的懇切之情應打動了西堂吧。

(五) 聽聞朝鮮多有六朝唐宋時代古碑,乞求遠惠拓本。

(六) 因主人陳石士亦與西堂有交契,今後寄札到"宣武門外,爛麵胡同中間路西,濟南會館間壁陳宅交",不管自己身在何處,都會接到拜讀:

> 先生東國博雅君子,身居輔宰,勳銘太常,甚疇不欲拜下風而接光采者。(中略)幸而一爲皇華之使,觀上國之風,童子何知,萍水識他鄉之客;小子有造,片言叩叔向之知。此豈非前世之因緣,今時之奇遇也。惜一别紙後,遂如兩絶,關山迢遞,空瞻東海之雲。(中略)孰知久要之約,君子不忘雙鯉之遺,尺書難没,令人感之溢肺,涕淚交加。

又對個人碌碌不得志慨喟道:

> 荒山道上,十年饑走靡涯;燕市城中,三載吹簫如故。(中略)此身役役無聞,其何以爲人,何以爲子,終夜以思,淚如雨下,先生其何以教之。

更對阮堂企慕已久,陳情道:

> 令子秋史學士,已久欽仰,既無緣以奉面,妄意欲得其手書一詩一文以惠寄,不知可能否。惶恐惶恐。

此一節,尤其值得注意。守之最後曰:

> 先君子傳文,既蒙惠諾,感德無極。今冬拜讀,幸何如也。

希望寄示傳文。又在月汀處看到《朴蘭溪集》、柳泠齋《渤海考》、《二十一都懷古詩》、《井田記蹟碑》、《弘慶院碑》拓本,希望亦惠寄:

> 璽不勝熱中之至,而無厭之求,終悖于禮,奈何奈何。

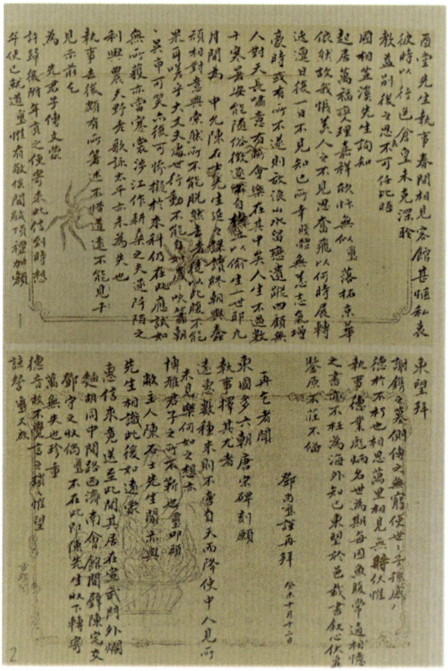

鄧守之於道光三年秋通過進賀使朴荳溪轉達給金酉堂的手札

以上書翰，由當時入燕的冬至正使洪義浩[①]（號澹園）轉交。鄧守之與洪使節相識後，對其人物非常敬重，特以個人寶藏的《頑伯遺照》（京江周序培畫）向其題讚，洪義浩當即揮毫，題讚内容如下：

> 勵操則終日介石，審象也一團和春。瀟灑五嶽之游，向平其尚友；奇崛八法之畫，陽冰爲下塵。曩余讀寄白鶴之什，乃今知古松流水間仙真。見守之如覯夫子，宜爾詒翼于後人。古皖。鄧完白先生遺照讚四句
>
> 朝鮮賀正使澹園洪義浩謹書

洪氏義浩　　小香綠亭主人

---

① 洪義浩，原著誤寫爲“洪羲浩”。洪義浩（1758—1826），字養仲，一號澹寧，謚號正憲。朝鮮正祖八年（1784）廷試文科及第，歷任户曹、禮曹參判等職。曾於朝鮮純祖十五年（1815）、純祖二十三年（1823）兩次以冬至正使身份赴清。著有《澹寧集》、《青丘詩誌》等。

以上書翰原件，余曾於昭和八年(1933)之夏，在北平時到完白五代孫鄧叔存君寓所親眼閱讀了此原本。守之在洪使回國之際，托付轉呈酉堂第二封手札，而酉堂的答書也在鄧叔存君處。余展誦此書，并拍照後家藏。今兹録其全文，來證鄧、金兩家的學緣。書札内容如下：

天東金魯敬拜書

鄧守之足下。昨冬朴荳溪之還，獲奉綺緘，此故人先施之惠也。頌慰無量。繼又年貢回便，荐承復書，奬詡之隆，輸寫之殷，殆有鄙人所不能當者。又惠尊大人手書對聯，寵踰百朋。且感且荷。

就審動履佳安，勤功學業，又得碩士中允爲主，碩士僕亦嘗獲交，篤厚豈弟，有君子長者之風。傳所云，因不失其親；韓子所云，知其客可以信其主，誠不虛設矣。第三復來教，抑塞悱惻，昂藏磊呵，想見吾人胸中，有不可磨滅之氣，發諸言辭者。又能渺渺臨雲，懔懔懷霜，舉人世一切所好，宜無足當其意，然猶不能釋然於功名升沈之際，何其言之類激也。古來富貴利達者，非不赫然動人，非有才德可稱，則身死而名隨泯，如空花陽燄，蹔時起滅，固不足恃。雖一藝一文，蓋有賴此而傳後，古人所以以文章爲性命，眷眷於千秋之業，況又有進於文章者乎。以僕海外踈遠，不足以相天下士，然於足下，竊有所深知，不第以來教所云文章詞賦相期詡。而足下所以自待者又如此，足下春年方富，負聰明之資，抱淵博之識，挾邁往之氣，如朝日方升天，所以奉足下者，如此其厚。又有如石士、月汀輩麗澤相質，講求古人實德實事，撫駒隙而及時，策驥途而高驤，其進殆不可量，立揚顯親，亦在於此，足下豈長處人廡下者哉。勿過爲戚嗟之言，徒令聞者傷憐也。猥託知心，敢此無隱，抑亦足下所樂聞，不當揮斥之也。僕衰病侵尋，志氣日耗，職務依舊繁氄，日逐逐於簿書，間近城一舍地，新營小築，頗具園林之勝；臨池架數椽，扁曰瓜地草堂，或春秋休沐，選日儻徉，得少佳趣，差可謂故人道也。

尊大人書法蒼健古疋，横空排奡，如對正人高士。僕所見近日中朝名書多矣，若其邁古拔俗，一洗姿媚之習，無有如尊公書者。觀心畫，亦可以仿像，平素不勝欽聳，謹已揭之堂中，頓令溪山增輝、殘膏賸馥，照映海外，受賜誠大矣。所托文字，緣公私煩冗，未克遽就，寧以遲鈍見責，亦不敢潦率應命，容俟稍間構成，倘見恕否。《蘭溪集》、《井田碑》，謹此仰副。《渤海攷》、《懷古詩》，家兒曾所借鈔一本送與月汀，再無他本，未得如教，而此兩種，紀載頗多失實，不足爲徵信之資，苟欲以海外異文而存之，當又追寄。《宏慶碑》亦無搨藏者，擬隨時奉去耳。外此古碑數本，乞照單收納，惟祝努力自愛，兼候近祉。不宣。天東金魯敬酉堂拜具。甲申十一月二十日。

外呈：

《蘭溪先生遺稿》一卷

《東箋》四十卷

火畫扇二把

《獜角寺碑殘拓本》一本高麗閔漬文集右軍字

《寶鏡寺碑》一本高麗李弘老文

《鍪藏寺碑》一本新羅古碑，東方金石無出此右者，守大南令金陸珍書

《井田碑》一本

共計七件

鄧守之足下收酉堂追具

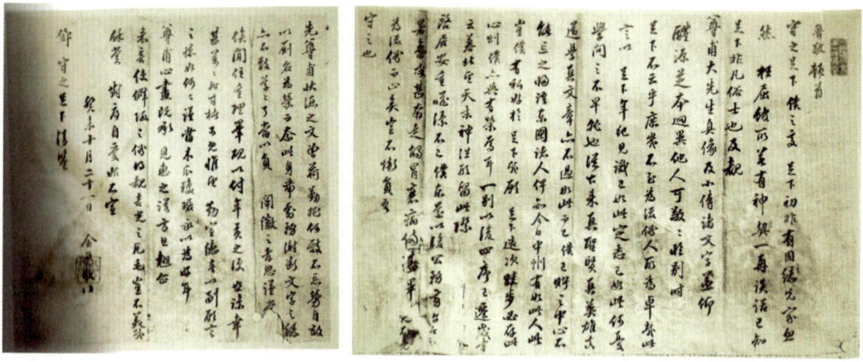

金酉堂親筆寄鄧守之書翰（鄧守之的五代孫鄧叔存藏）

西堂對年少鄧守之的抑鬱悱惻之心進行了勸戒和鼓勵,并要求鄧守之能時常自省,以備日後立身揚名,彰顯父母,其訓誡正如慈父對愛兒一般。對鄧守之懇請的其父頑伯墓誌傳文,因爲自己衰老和諸多繁務,還未能執筆,寧可讓守之責其遲鈍,也不敢潦率應事,可見西堂對執筆之事極爲慎重的態度。其後,西堂是否爲守之父親撰寫了傳文還不能確定,因鄧叔存君處亦未見有家藏。現在所能見到的《頑伯墓誌銘》爲李兆洛撰,何紹基書,曾國藩篆首,於同治四年刻石。

西堂對頑伯書聯的絶讚值得肯定,而頑伯的書藝亦傳入朝鮮,爲沈滯的朝鮮書壇投入了一線光明,其功績亦不可否認。阮堂能優先看到頑伯的真蹟,在慶幸自己幸運的同時亦深入研究了頑伯的篆法。後來阮堂在給汪孟慈的手札中道:

> 鄧頑伯先生篆隸,天下奉以爲圭臬,殆無異辭。東方亦或有墨搨,至於真跡不易得,不獨篆隸,其楷草,又甚奇崛。

阮堂又自書"好古有時搜斷碣,研經婁日罷吟詩"楹聯贈竹畹,又自題"近日隸瀍,皆宗鄧完白,然其長在篆,篆固直溯泰山、瑯邪,有變現不測,隸尚屬第二"云云,其所書由來亦在此矣。

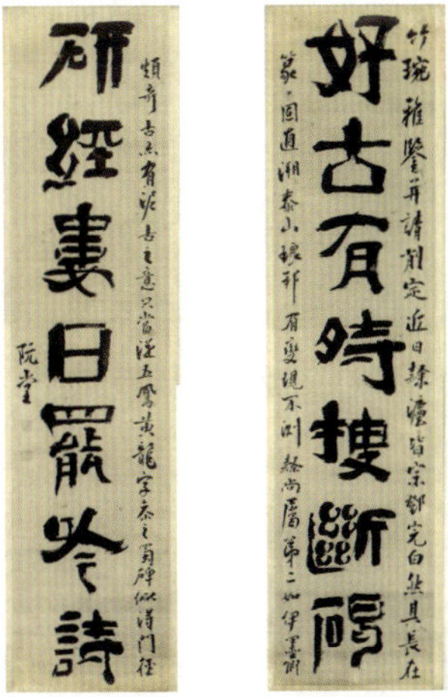

阮堂寄竹畹楹聯:好古有時搜斷碣,研經婁日罷吟詩。(韓國澗松美術館藏)

四、李月汀與阮堂的初交

李月汀和西堂、山泉父子面契之後的五年之間，屢屢詩翰往還，而月汀唯獨對未能與阮堂把臂談歡而感到失望，只有心懷戀慕之情，空嘆未能謀面之情緣。在道光七年(1827)春正月，朝鮮冬至副使申在植①一行抵京，捎帶去了西堂、山泉的書信和阮堂手書"博綜馬鄭，勿畔程朱"楹帖。月汀看到此帖，喜出望外，於正月廿六日夜裁書，陳述感銘之情，也報告了覃溪、芸臺等近來儒林的消息。且贈送諸書籍，以表縞紵之情。月汀、阮堂的學緣，其實濫觴於此手札。現把李月汀寄給阮堂的這通手札要旨整理如下：

(一) 覃溪先生終未能接其言論風采，曾校正其遺集，讀其著述。云云。

(二) 與覃溪同時的經學者有錢辛楣大昕、劉端臨台拱、任幼植大椿、孫淵如星衍、朱竹君筠、汪容甫中其嗣孟慈員外以述學奉贈矣、段若膺玉裁、戚在東鏞、郝蘭臯懿行數人，而今在世的僅有王懷祖念孫及其子引之伯申、畢恬溪亨初名以田、阮芸臺四人。不知諸先生的著書遍讀否。

(三) 海東的金石亦從足下始作蒐集，手許若干種裒爲一門，仿覃溪《兩漢金石記》、阮芸臺《山左金石志》、孫淵如《寰宇訪碑録》諸書體例，編爲《海東金石文字跋尾》，如何。此著述全依賴於足下昆季之力。聞日本多有文學之士，不知其國碑碣類是否多有流入貴國者。

(四) 汪孟慈員外郎，贈其父親(容甫)的著述《述學》、影刻宋余仁仲本《公羊傳》單注本一部，望寶藏。此書比毛氏汲古閣本所勝甚多。

(五) 山東學者孔巽軒廣森對公羊學造詣精深，不知可否見其著述。

(六) 寄懷七截句扇面寄贈，論學之詩無風韻。

以上爲手札要旨，可謂是談論學問之書信，最後結尾内容爲：

---

① 申在植(1770—?)，字仲立，號翠微。平山人。朝鮮純祖五年(1805)別試文科及第，曾任江原道觀察使、吏曹參議等。朝鮮純祖二十六年(1826)以冬至副使赴清，朝鮮憲宗二年(1836)以冬至正使出使清朝。著書有《翠微集》。

與翠翁爲長春寺之約,飽飫東味而歸。翦燭爲此,餘酒未醒也。

結尾處亦頗有餘韻。月汀的贈品如下:

單芥舟先生《白羊山房詩集》其仲子爲𤻮求一詩序

廉泉手書楹帖

張冬華手書

以上三位學者,月汀在後札中有詳細介紹。

月汀對王懷祖父子、阮芸臺,以及畢恬溪等學者的匯報值得注目。

五、李月汀的清儒媒介及山泉

李月汀在給阮堂寫書札的前日,即道光七年正月廿五日,先起草了給山泉的書翰,在書翰中試圖對清朝經學者進行批判,并評價其報告中的經學者皆在覃溪先生之上。書札的内容要旨如下:

(一) 道光六年十二月廿七日,申翠微使者伻山泉寄札,開函往復,此心已在鳳凰城東矣。

(二) 酉堂先生周甲,寄壽詩曰:

酉堂先生年逾周甲,矍鑠如三四十人,天倫樂事,積善餘慶。不得駕言稱觥,追陪末座,爲七律二、七古一,及經義一,以爲壽,聊志翰墨緣耳。

(三) 對任大椿的《深衣釋例》,湯文正的《十三經注疏論》,陸稼書的《經典釋文後跋》極爲推賞,曰:

任大椿字幼植,興化人春宫所著《深衣釋例》三卷,甚精核,曾見其書否。湯文正《十三經注疏論》、陸稼書《經典釋文後跋》,皆以理學大儒,俱推尊漢唐以來諸儒相傳之緒言,此二文不可不讀也。此并非璋之私言,乃經術世教之所係。

(四) 訓詁義理,斷無岐道,對山泉深有期待:

吾兄天資學力,於貴國人士中,璋所結者,當首屈一指。詞章清醇高雅，較之漁洋先生所稱許者，高出其上。尤望爲實事求是之學，勿爲蹈虚禪悦之學，訓詁義理，斷無兩岐之道。

月汀稱讚山泉，指出王漁洋所稱讚的朝鮮學人即是金清陰[1]，并勸山泉致力於實事求是之學。

（五）推舉戴東原、顧亭林、閻百詩、王懷祖、段茂堂、劉端臨等人著述，認爲皆在覃溪先生之上，月汀曰：

戴東原震《孟子字義疏證》，及《原善》數篇，不可不熟讀深思，如無其書，當爲百計求之。顧亭林先生文集、閻百詩先生諸書，俱有否。高郵王念孫懷祖先生著書精博，當代無其匹，與段茂堂玉裁先生《説文注》、劉端臨台拱先生《逸書》，所當置之案頭，以爲讀書識字之律梁，諸書學識，皆在覃溪先生上也。

（六）介紹王菉友在説文學方面的成就，囑托轉交菉友寄金清山數千言書札：

安丘王筠，號菉友，深於《説文》之學，見清山前書，重之而復惜之，爲書數千言，幸轉寄。

（七）月汀贈單芥舟著《白羊山房詩》，其子廉泉所寄懷詩長幅并楹帖，并求西堂、阮堂、山泉等東人序跋。曰：

芥舟先生《白羊山房詩》寄來，廉泉書至，求酉堂先生及賢昆仲叙跋，以志海外有知音也。明年貢使務帶來，廉泉寄懷詩長幅并楹帖，伊有印譜一部，是數年前所作，前有空紙，祈君家昆仲作序，并覓博雅之士序之，伊祇有一本，明春貢使帶還，至囑至囑。

月汀曾收到單廉泉所贈“偶然欲書”印章一枚，轉贈山泉曰：“吾兄明窗揮翰時用之，見璋，亦見廉泉矣。”

---

① 金尚憲(1570—1652)，字叔度，號清陰。朝鮮中期大臣，以在丙子胡亂中主張斥和而聞名。天啓六年金尚憲出使明朝，路過山東濟南，張延登曾接見并爲其刊刻《朝天録》一卷，後王士禛編《感舊集》亦收録有金尚憲詩。

(八) 寄張冬華迺輯書數幅。

(九) 稱讚王菉友的人品,勸通過書札建立學交:

> 新識安丘王孝廉筠,號菉友,直諒多聞,今世罕見,與清山書,落落千言,亦可想見其人,足下欲證未謀面而之交,何不以書相往還乎。

安丘王筠(1784—1854),字貫山,號菉友,與月汀同爲山東的新進學人。菉友道光年舉人,博涉經史,尤其在《説文》上造詣精深。著述有《説文句讀》(三十卷),對段玉裁、桂馥的學説在折衷的同時也開闢了新的門徑。此外還有《説文釋例》(二十卷)、《説文繫傳校録》、《禹貢正字》(一卷)、《周禮讀》、《儀禮讀》、《禮記讀》、《儀禮鄭注句讀刊誤》、《四書説略》(四卷,附教童子法一卷)、《史記校》(一卷)、《菉友肊説》(一卷)、《菉友蛾術編》(二卷)、《王菉友先生文集》(四卷)等。菉友寄給金清山的所謂落落千言長札,近落於何處不得而知。菉友與朝鮮洪三斯、申翠微等有神交,其原札的影片現藏於鄙齋。

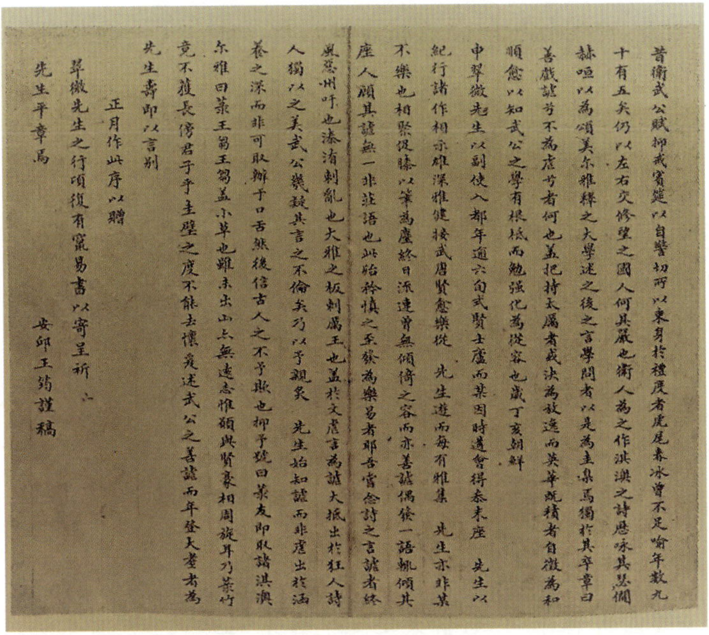
昔衛武公賦抑戒賓筵以自警切所以束身於禮度者虎尾春冰曾不足喻年數九
十有五矣仍以左右交修望之國人何其嚴也衛人為之作淇澳之詩歷咏其瑟僩
赫咺以為頌美爾雅釋之大學述之後之言學問者以是為圭臬焉獨於其卒章曰
善戲謔兮不為虐兮者何也蓋把持太嚴者或決為放逸而英華既積者自微為和
順愈以知武公之學有根柢而勉強化為從容也歲丁亥朝鮮
申翠微先生以副使入都年逾六旬武賢士廬而某因時遇會得忝末座　先生以
紀行諸作相示雄深雅健接武唐賢愈樂從　先生遊而每有雅集　先生亦非某
不樂也相緊促膝以筆為慶終日流連曾無傾倚之容而亦善謔偶發一語輒傾其
座人顧其謔無一非莊語也此殆矜慎之至發為樂易者耶吾嘗念詩之言謔者終
風慈州吁也溱洧刺亂也大雅之板刺厲王也蓋於文虐字為謔大抵出於狂人詩
人獨以之美武公幾疑其言之不倫矣乃以予親炙　先生始知謔而非虐出於涵
養之深而非可取辦于口舌然後信古人之不予欺也抑予號曰菉友即取諸淇澳
爾雅曰菉王芻王芻蓋小草也雖未出山亦無遠志惟願與賢豪相周旋耳乃菉竹
竟不獲長傍君子爭圭璧之度不能去懷爰述武公之善謔而年登大耋者為
先生壽即以言別
正月作此序以贈
翠微先生之行頃復有寃易書以寄呈祈
先生平章焉
安邱王筠謹稿

王筠寄申翠微書札

（十）對於汪孟慈托付寄呈的贈本，月汀曰：

汪甘泉致書，并贈宋《公羊傳》，其先人《述學》一對，經術文章，兼而有之，慧眼人自能辨之也。

（十一）請求山泉寄贈所作詩文，因昔日李雨村刊《函海》收録朝鮮李雅亭的《清脾録》，希望韻事再續。最後，月汀説到從李周經處聽聞山泉藏有日本人注《孝經》（深得經義）、《薦録》、《杏花園抄詩集》等三種圖書，托付各抄録一部寄贈。所謂日人注《孝經》，因没有寫明著者，不詳具體是何書；另外兩種圖書，在李周經入燕時曾携帶至燕京給葉東卿觀賞，是清儒都熱切希望入手的書籍。月汀在給周經的長詩首句曰：

百篇佚書日本留，談經尚有西條侯。
君之先世充此使，足利秘笈裝輕舟。

又有小注曰："周經尊甫太華先生，曾爲日本使，與草場韡等唱酬，并得其《晉唐總録》、《薦録》等書以歸。"云云（《國朝山左詩鈔》後集卷二彙十）。從此處，亦可浮現出月汀和同僚諸友對日本文化持有很大關注的光景。

六、新興學人，尤其是山東諸儒與山泉

此後，月汀又寫有長札寄給山泉，介紹了新興學人和山東諸多儒士的消息，并贈送山泉、秋史（阮堂）兄弟諸多珍品。其内容要旨如下：

（一）對司法官所負重責的痛感：

璋掌刑名，比來更繁劇，幾無片暇之得以從事筆硯。歐陽文忠公求生弗得之言，時時以之自儆，無枉無縱，方能稱職，不得作一經生，而有斷獄引經之識，亦可無愧平生，惜未能企及耳。

（二）叙述家庭和樂，曰：

萱堂六十有二，眠食康健。今春家兄來此，聊床之樂，不減君家，差堪自慰。

(三) 金清山宋學萬能論的是非：

清山來書，争之益堅，辨之愈力，誠見膠於一偏。誠如秋史先生所言，然果能身體力行，學宋人之學，行宋人之行，亦近世所難得者，奚必博聞强識之足貴乎。祈語清山，不必更勞詞費也。

(四) 山泉托付購買書籍，因現京中頗不易購，已屬汪孟慈在南方求之，得之即寄呈。《深衣考》一書，因孟慈只有一册，不能贈送。云云。

(五) 收到《高麗史提綱》，甚妙。尚未得《全史》，甚遺憾。受贈碑版甚佳，唯百濟碑尚無舊拓本。

(六) 進來相識的諸學人，介紹如下：

經學

陳碩甫　奂　秀才

許印林　瀚　明經

馬友泉　星壁　明經

袁冶池　錬　學正

胡竹村　培翬　農部

理學

朱敦夫　曾喆　廣文

單伯平　爲鎴　廣文

詩人

蘇賓嵎　庭春　内翰

陳子郭　述經　内翰

以上，惜吾兄賞奇析疑，此等名流不能盡得識。云云。

(七) 告知舊知的消息：

廉泉負米鄰邑，至割畝以養親，尚不足自給；方泉亦托鉢四方；宫生、春齋、張翁冬華皆歸里矣；堇生補四川開縣，大邑也；少白主講膠西；東卿援例得爲郎中五品官。故人消息，故縷述之。

（八）又介紹山東諸儒治學情況：

經學

曲阜孔顨軒廣森翰林，深於公羊及聲韻之學；

益都楊書巖峒孝廉，深於訓詁聲音之學，有《詩古音》、《周易古本》諸書；

棲霞郝蘭皋懿行農部主事，有《爾雅義疏》、《山海經箋注》、《荀子補注》諸書；

曲阜桂未谷馥，《説文義證》四十册；

文登畢恬溪以田明府，有《洪範正義》，最精；

魚臺馬岱陽邦舉，廣文即星壁之尊甫也，有《尚書説略》、《毛詩説略》、《説文説略》諸書；

理學

韓公汶夢周明府，文集新刊成；

閻懷庭循觀銓部；

韓、閻二先生，於楊書巖先生，永爲漢宋之學，而情如膠漆，并無争執，足見此道果得其性之所近，不必强同也。

（九）對金清山的偏執感慨道：

月汀未嘗感斥宋儒，而清山則敢斥漢儒矣。清山學問才力，不患不爲傳人，然此番諸書，斷不可信今而傳後也。有激而言，不免恣肆耳。

叙述完以上内容，月汀做結論曰：

酉堂先生，前不及作書，去年壽詩尚承齒及，何足道也。單芥舟先生詩序，幸今冬早寄也。新正初六日，雪晴風號，月小人静，挑燈爲此，不盡欲言。

諸城禮南弟李璋煜頓首

月汀今次贈品頗多，其目録如下：

呈：

《戴東原先生文集》璃肆徧搜無其書，將舊存一部奉贈，架上遂無此書矣。果能播之海外，克有傳人，尚勝於私有之也，此書非細讀，不能盡其奧妙也。

《儀禮釋官》二册其孫培肇，余之同年友，深於三禮之學。

《孔子編年》一册

《讀詩偶録》二册

《荀子補注》一册

《家知稼堂集》一册

曹寅谷《孟子年譜》二册

湯文正公《十三經注疏論》一册

鐘鼎款識拓本數頁

詩扇一柄

廉泉對一付

精選湖筆一匣，芥舟先生未刻詩稿求序

外呈　秋史先生：

《經義雜記》一函

扇一柄書陸清獻《經典釋文》跋

魚臺馬明經星壁贈漢碑三頁，考據跋尾一本。禮南寄

日本人蒹録及詩集等，聞在兄處，乞假我一抄，貢使回即帶回也。

《平百濟碑》，尚有舊拓，乞購之。貴邦古幣，乞購之。

於少華處，見隋城崔公憲秀詩，甚佳，而困于韋布，當有以汲引之也。

兄來信有烏絲帋甚佳，可賜數十頁否。

以上手札及目録原蹟，現都藏於鄙齋望漢廬。

七、阮堂書札中所體現的經學論和李月汀

阮堂把月汀寄山泉的手札借閱，一讀再讀，對李月汀稍微鄙薄覃溪

之處甚爲慨嘆，遂開始陳述個人清朝經學論點，要求月汀再考。阮堂竪説横説，鮮明地窺探出月汀的疏漏，又闡發了個人對覃溪論的真知灼見，亦并不是只追從他人的觀點。通過阮堂寄月汀的此通手札①，阮堂的面貌躍然紙上，亦是不可多見的文筆。下面就逐條叙述如下：

（一）阮堂首先對月汀書信、贈物致以謝意：

> 月汀足下，間因家仲獲聞緒論，屢荷注存，感結中心。即於使回，又拜嘉貺，顧此菲薄，何以致此。且惶且愧，殆無以承當也。

（二）對寄贈藏玉林《經義雜記》表示感謝，曰："是夙所企仰，何幸快讀也。"

（三）阮堂寄贈月汀楹聯句中"博綜馬鄭"處，月汀在贈送的扇詩中對此有"未允"之意（月汀此詩不知在何處），阮堂又進行了辯論曰：

> 頃惠扇詩，以"博綜馬鄭"一語爲未允，盛論非爲無據，康成大儒，寔出於馬之門，其傳授淵源不可没，今馬説存者，雖零瑣皆有家法，恐不得以人廢言也。如小戴，其人不足言，其所録之禮，則終不可廢也。爲今之計，存古爲第一急務，今所云馬鄭，特舉其大概也，若又止此二家而已，焉在其博綜也。

"存古爲第一急務"一語，是阮堂本來之信條。此意味中有阮堂對惠定宇的《易漢學》、張皋文的《易虞氏義》給予的肯定。阮堂對近來門户之争甚爲擔憂，曰：

> 雖如惠氏之《易漢學》、張皋文《易虞氏義》等書，不能無一二可議，所貴在存古也。近日以來，名儒輩出，古學昌明，二千年來墜緒，可復整理。然家有一説，人是一義，門門户户，是是非非，又無如近日之甚。

（四）對月汀所言段茂堂、劉端臨的經術在覃溪之上，阮堂先表明了已經讀過段、劉的著書：

---

① 此通手札亦見録《阮堂先生全集》（1934 年鉛印本）卷五，題名《與李月汀》。

> 向見尊書之與家仲者，有云段茂堂、劉端臨之經術在覃溪之上。段氏之《説文注》、《漢讀考》等書，劉氏之寥寥數篇之既刻者，不佞亦嘗一讀過矣，不佞於兩先生之書，亦所欽誦也。

又指摘出段氏誤謬之處：

> 段氏《説文注》苟字注云："或欲易禮經之苟敬爲茍，則繆矣。"以苟敬之苟爲茍者，抑或指覃溪説耶。覃溪此説，亦非確爲古義如此也。苟且之敬，恐不可通。以茍字當之，其義尚可据，較之苟且之苟，尤爲有据，其云繆矣者，恐未必然。段氏於《孟子》"勿正心"之正心二字爲忘字訛，《左氏》"人盡夫"之夫字爲天字之訛。此兩條，亦何以異於覃溪茍字之辨。"茍"字爲繆，"忘"與"天"字不繆者，亦有何据歟。其不通者，强欲通之一也；一繆，一不繆，實未敢解也。

段茂堂所云"或欲"，分明是指稱覃溪。對於覃溪的"茍敬"説，阮堂曾受教於覃溪。對於段氏的"正心二字爲忘字訛"説，不過是踏襲宋朝倪思之説；而"人盡夫也之夫字爲天字之訛"説，可見段氏所著《經韻樓集》卷四（"與嚴厚氏杰論《左傳》"一則）。阮堂點出其指責沒有確鑿的證據。

對於劉端臨，阮堂曰：

> 劉氏《論語》告朔之餼羊、哀而不傷等説，爲覃溪所辨正。其説甚長，今不可以備舉，此斷以覃爲當。

阮堂進一步强調覃溪之説爲當。阮堂又解釋説，雖然覃溪之説妥當，但并不是説覃溪的經術全體都比段、劉優越，并請月汀給予理解。同時，阮堂又絶讚覃溪在《群經附記》中所持敬虔、公平、篤實、熱誠之研究態度，對於覃溪即使染病在身也執筆不綴的學術至情感泣道：

> 大抵覃溪老人所著《群經附記》，門路甚正，持説甚平。無嗜異炫博，支離穿鑿之弊；無半解一知，東西顛倒之習。至於撤瑟之辰，猶筆削不休，一字必致慎，一言必求是，積至七十四卷。八十年精篤，盡在於是，其書尚未行矣，未敢知先生已有所融貫於是書，第次

其甲乙耶。如不佞所見覃記,只五六種而已。

阮堂熱切所要求的《諸經附記》經覃溪和東卿的逐次抄寄,最後寄送給阮堂的過程在前章中已經有所探討,所以阮堂也成爲《附記》的最大理解者和信奉者。阮堂認爲覃溪的門路與段、劉稍異,所以對段、劉的主張,以及帶有先入爲主之眼光來評定覃溪的價值,認爲過於武斷,寧可俟千秋之定評:

> 概見之,與段、劉諸公,門路稍稍異於段、劉諸公,無甚許。如惠、戴諸公之説,則駁正尤多。若從段、劉諸公見聞習熟者言之,宜其有瞠乎爾也。此寔平心舒氣,以俟千秋之定評,不可以今日是非第其上下也。

嗚呼!知覃溪者莫阮堂也!覃溪的經學因阮堂的理解而開始蘇生,而阮堂也并不是曲循影從,對其異同也有自己的見解:

> 不佞於覃溪習熟者也,寔不敢盡爲曲循影從,頗有異同。其大異而不敢苟同者,爲書之今古文,且如凌仲子之《禮經釋例》,覃翁之所不許,不佞寔喜讀之。惠、戴之書亦頗好看,今日若使主覃説者論之,必以覃翁經術,第置於惠、戴諸公之上,不佞寔不敢妄爲輕評,亦不敢私於覃翁也。

《尚書》僞古文問題作爲乾嘉間學界一定説,覃溪則懷有别見,其態度在其《古文尚書條辨序》(《復初齋文集》卷一)中可見,其説又在《書附記》中進行了明述。對此問題,阮堂則對覃説持有反對意見。覃溪對門人凌仲子(名廷堪)在《禮經釋例》(舊名《儀禮釋禮》)中的訛誤亦没能耐心一一批示,相關内容在覃溪寄給阮堂的第二封手札中已有記録,而阮堂也喜而讀之。阮堂平素以公平論事,對他人亦不妄做輕評,更不以私好而持偏頗。

(五) 阮堂在"存古第一主義"的立場上對覃溪和段、劉的學説進行了追溯:

> 無論如彼如此,今日急務,只是存古爲上,覃翁亦存古之學也,段、劉亦存古之學也。覃翁存古而不泥於古,段、劉存古而泥於古;覃翁之不泥於古者,亦有可議處;段、劉之泥於古者,亦有可議處。後輩之折衷亦在於是,恐不必衡量定以鐵論。今如人蔘爲上品,丹砂爲下品,恐不必也,願更裁擇焉。

阮堂此説,真可謂至公至平之論矣。

(六) 阮堂對古書輯佚事業甚爲關注,對余蕭客[1]《古經解鉤沈》褒獎有加,同時亦對其去取頗爲遺憾,從而認爲孔廣森所輯《鄭氏全書》是善本。阮堂受覃溪囑托,正對《魯禮禘祫志》、《儀禮今古文考》從事纂輯,對此相關情况告知曰:

> 覃溪嘗屬不佞以《魯禮禘祫志》、《儀禮今古文考》二書,間頗蒐集。《儀禮今古文考》已成面目,姑未完藁,此可以自附於存古之一段耶;《魯禮禘祫志》,想於孔氏書中已有成本,未知何居。

阮堂所編此二書現落在何處不得而知,胡承珙的《儀禮古今疏義》、徐養原的《儀禮古今文異同》和此書没有交涉。阮堂編纂的《儀禮今古文考》,可窺視作爲經學者的阮堂的學術思想之一斑。

(七) 就高郵王氏的《經説》,阮堂曰:

> 王伯申父於今日古之學,最爲鴻博,不佞自所推服,與覃溪、阮芸臺等,以石臞全書尚未盡見爲憾。向者孟慈所寄,非《經説》也。十四種全書,雖爲盡得,若先從其《經説》一讀,庶酬夙願也;伯申《經義述聞》,已爲讀過,無庸再煩也。

阮堂讀王伯申的《經義述聞》後,認爲此書爲現代古學研究中最爲鴻博者,對王伯申的學術甚爲尊重。覃溪亦嘆賞王伯申的"意""抑"同音説,并寄示阮堂,相關内容在前章中已有論述。而覃溪在《諸經附記》中

---

① 余蕭客(1732—1778),字仲林,别字古農。江蘇吴縣人。致力於經學研究,喜藏書,有藏書樓滋瀾堂、選音樓。撰有《文選音義》等。

也多次引用王伯申的學説。阮堂對高郵王氏學術的傾倒甚值得注目。

（八）對馬友泉所贈漢碑三頁表示感謝，并希望來信示其經説：

馬友泉先生，不佞自亦所耳之久矣，今何幸鍼芥相引也。略以金石數種，轉致鄙悃，如有所著經説，冀有以示之也。

（九）希望寄示近代諸名宿的經説書籍：

不佞於近諸名宿經説，如饑渴之於飲食，顧先生曲體此耿耿之誠，無論不佞之聞與未聞，知與未知，隨有寄示。千萬千萬。在諸公，爲□□海外；在海外，發蒙之喜，與聞之榮，又不可量也。

（十）月汀對金清山的才能非常認可，而對其宋學萬能的偏見頗感遺憾，阮堂對清山之説請月汀給予開導：

清山是功令中人，始未嘗下工於經術，其言皆没裁量。雖宋以後門户，便不足言，雖如不佞自最下劣者，未嘗以此等説來售也。不料於中朝諸公，抗厲不下如是也。惟願諸公之恕之而已，又無庸庸斤斤置辨不已也。所謂論漢學等文，不解東西，顛倒昌披，幸亦更加備陳開導。此人頗慧，特見聞未廣，庶可開悟。

金清山在出使對馬島時曾與日本儒者展開論争，在當地馳名一時。在出使燕京時，金清山與李月汀、葉東卿諸名賢展開了論辯，其東歸後没頭於對宋明理學的研究，而對新興的實事求是之學卻帶有固執的偏見。而金清山博辯宏辭中對葉、李諸公也頗有輕視之態度，阮堂對其直言亦曾鐸其鋒芒，清山雖有所忌憚，不過面對他人時又往往滔滔不絶、振振有辭，尤其對古文僞書説等進行了痛擊。阮堂對此曾曰："清山尚書辨，愈往愈奇，不料清山之慧識通敏，如是轉轉入魔，此朱子所云心地不虚，我見太重者，爲其大病根也。"感嘆如此之深。以上手札全文收録在《阮堂集》[①]卷一。阮堂與覃溪、芸臺等數十名清儒名流相贈手札，尤其對經學

① 《阮堂集》爲南相吉（1820—1869）、閔奎鎬（1836—1878）於朝鮮高宗六年（1869）以金屬活字（全史字）所印五卷五册本。

金石等的討論,應該有幾百通之多,現在流傳下來的僅有此通以及汪孟慈與權敦仁的二通。在此,也意味着這兩通書翰資料的貴重價值。

八、李月汀對阮堂的清儒經説觀的答書

李月汀在道光八年(1828)夏天接到阮堂的手札,對阮堂具體的對清儒經説的見解,以及"存古爲第一義"之説表達了贊同意見,又對山東諸學人的近況進行了介紹,傳達了高郵王氏的著書和汪孟慈的消息。手札要領如下:

(一) 就阮堂的"存古第一義"之説,月汀回復曰:

> 歲一致書,每在殘臘,此番快讀,乃值炎天。展誦再三,夢想不到,灑灑數千言,以存古爲第一義,此一言足以破的,尚何言哉。三禮之賴以存者,鄭氏之功甚偉,非以其同鄉井故徇之也。其書具在,可伏而讀也。吾輩生經學昌明之後,誠如來札,以存古爲第一義,亦當知其源流門徑之所在,不可妄生議論,亦不可曲爲瞻徇也。

(二) 阮堂對段茂堂的《説文注》中的指摘,月汀亦認爲段氏武斷之處甚多:

> 段茂堂《説文》,甚多武斷,嘗與王菉友小字竹均摘其繆處,然其精湛貫通處,實發前人所未發。

月汀對段氏亦有褒獎。又對山東學者桂馥、王筠、許瀚等人的《説文》研究進行了披露:

> 吾鄉桂未谷馥以隸書負盛名,所著《説文義證》一百餘卷,去年從其戚家千里借鈔,與菉友、許印林瀚山東日照人,乙酉拔貢,經學甚通,隸書亦佳一載校,其精深與段等,而無其武斷,可惜卷帙太繁,不能付梓耳。近又有爲《説文》之學數家,皆有刊書,惜案頭無其本奉寄。

對於桂馥所著《説文義證》,之前葉東卿在手札中也曾提及,東卿想借鈔,而桂氏遺族欲以百五十金賣出,不欲借鈔。然而,李月汀卻通過千

里之遥的戚家得以借鈔,并與王筠、許瀚一起花費一年的時間進行了校讎。此書不但可與段氏著書匹敵,而且没有武斷之處,作爲同鄉,月汀甚爲此名著自豪。

(三)對山東學者情況介紹曰:

吾鄉文登畢恬溪亨明府,亦有《論語》數條,精確,惜未刻耳。棲霞郝蘭皋懿行農部,有《爾雅義疏》,現已在廣東開雕,容後再寄。

(四)對劉端臨著書,與阮堂發見不甚苟同,斷言曰:

端臨之書甚寥寥,如《論語》諸條、《儀禮》諸條,實千古確論,斷不可易。

(五)對於高郵王氏諸書曰:

高郵諸書,于聲音訓詁,多所發明,其不精者,則存而不論,毫無支離穿鑿之習,爲經生所難得,惜其書不多流布耳。

(六)對於阮堂的覃溪論,月汀曰:

覃溪先生遺書,曾于東卿處借校,何容後生置議,前比之論,則述汪容甫、朱竹君兩賢之論耳。

月汀似乎只是蜻蜓點過,有回避阮堂鋭鋒之嫌。

(七)希望阮堂寄贈著書《禘祫考》。

(八)山東魚臺的馬友泉星壁之父馬岱陽邦舉的著書盈篋,對馬鄭學術研究精深。

(九)汪孟慈已補闕,葉東卿已爲駕部郎。

(十)月汀對個人的近況介紹道:

比來讀書之時甚少,逐日埋頭案牘,又爲律例所擾,悉其聰明,致其忠愛,此中學問甚偉,翁宜泉比部曾云:"欲以讀律之法考古。"信然。

此處所説翁宜泉,不必多作介紹,當然指覃溪之子。

(十一) 介紹山東高密的單廉泉(名爲癰)還未到京,因家貧,無以贍養父母,只能靠賣字爲生。世人多因其爲布衣輕視之,曰凡夫俗子肉眼多困頓。今寄來字數幅,送達海外望遠播之,希望貴國亦知東萊有此布衣名士,其篆刻甚精。

(十二) 月汀曰李周經金石學問甚妙,請勸其學經學。去年曾贈詩一章給本人,寓意似去其意。其詩云:

周經不爲熱煦煦,禪悦詞宗竟何補。
歸讀壁經演九疇,慎勿數典忘其祖。

(余正酉《國朝山左詩彙鈔》後集卷二十)

(十三) 問安洪三斯(名良厚,洪湛軒之孫)、申翠微。

以上手札,和阮堂前通手札相俟,能最爲鮮明地反映當時交流的情景。

九、陳秀才、郝蘭皋、汪懷祖、苗秀才、劉燕庭的有關消息

月汀在道光十年(未署年,存疑)正月十七日給阮堂的手札中介紹了陳、郝、汪、苗、劉等人的消息。此手札大旨如下:

(一) 作爲司法官,對職責至誠的表述。又介紹了江蘇崇明的陳奂:

刑者成也,一成而不可變,故君子盡心焉。歐陽公曰:"求其生而不得,死者亦無憾也。"三復斯言,良用警惕。昨得崇明陳秀才奂治《毛詩》,精於小學書,書云:"造福者刑官也,造孽者亦刑官。一念之仁,即聖賢入手處。"信哉此言,可謂愛人以德矣。

(二) 介紹郝蘭皋著書:

郝蘭皋先生《春秋》一部,此不過先生之雜著,非其精神所注。《爾雅義疏》,芸臺制車,已刊梓粵東,此乃先生等身書也,惜遠道莫能致之耳。

此處所指"春秋",是指《春秋説略》。芸臺所刊《爾雅義疏》定是道光

九年(1829)所刊《皇清經解》本無疑。

(三) 介紹汪懷祖的《荀子校讎》、《廣雅疏證》:

懷祖先生現校讎各種《荀子》,正其訛謬,坿以音訓。陳公奐又於大江南北,搜求宋槧,以坿益之。此書一出,視謝氏本,又青于藍矣。《廣雅疏證》,聞孟慈已寄一部。懷祖先生以邵二雲先生治《爾雅》,段茂堂先生治《説文》,故于此二書,先生概未成一家言,以先生而治此二書,更當勝于邵、段二先生矣。

《荀子校讎》,即今《讀書雜志》中所收録的《荀子雜志》八卷、《補遺》一卷。對於陳奐所搜得的宋槧本,王念孫在《荀子雜志補遺》的自序(道光十年五月作)中有記録曰:

去年陳碩甫文學,以手録宋槧佃校本異同郵寄來都,余據以與盧本相校,已載入《荀子雜志》中矣。

此處所言"去年",即道光九年。陳奐,字碩甫,爲段茂堂的弟子,入都之後從學於王念孫、伯申父子。《廣雅疏證》汪孟慈寄贈給阮堂之事,通過此手札纔得以確認。由此可知,高郵王氏的著書次第傳入到了阮堂的書齋,使其蓬蓽生輝。而月汀所言若汪懷祖的《説文》、《爾雅》二書由阮堂來作注,會勝於邵、段二先生,鄙人也甚爲首肯。

(四) 河間的苗秀才學植,雖然博學又熟通《集韻》,但因家貧不能著書,甚爲遺憾。

(五) 知阮堂正準備《海東金石目録》一書,請求寄贈副本。同時介紹劉燕庭的近業:

燕庭就其所有,爲《海東金石文字考》,亦一掌故也。

此處所言,值得注意。又"外呈"諸禮品:

家書山兄所藏齊永光元年張思文造佛像

郝蘭皋先生《春秋》

茶壺一器

計三件

“家書山兄”,即李月汀之兄李寶煜。

以上就李月汀和阮堂的學緣進行了概述,兩者之間的墨緣并没有在此終止,之後隨着洪三斯、金清山等人與清人的交流,其餘波蕩漾,涉及頗多,在此就暫時省略。下節就劉燕庭和阮堂的學緣專門做一探討。

［附記］

李月汀和阮堂的學緣概述結束之前,對於在李月汀的手札中屢次出現的“畢恬谿”一人,在此僅簡略做一附記。恬谿之名爲以珣,後改名爲以田,又改名爲亨。因喜歡即墨勞山九水之幽勝,自號九水。從游於戴東原,精於訓詁之學,尤其擅長書法。如孫淵如之巍科,雖被稱爲山東之舉主,但仍折節與之交,久之,愈益尊敬有加,如有疑慮,必質疑於恬谿。恬谿手稿不須塗抹,達到無需辯論之精湛。淵如在彙梓叢書之時,凡恬谿所改之處,不易其一字。淵如的《易書二經》中疏義之精當,也多遵從於恬谿之説(孫淵如的《周易集解》曾贈送阮堂,前章有記述),不僅只是《孫子叙録》成於其手。另,桂未谷的《説文義證》也引用恬谿篤論達數十百條。月汀所報告的恬谿“有《洪範正義》最精”,今已不得見。但有《九水山房文存》二卷,於咸豐二年由聊城的楊以增(號至堂)出版。此書收録不過三十篇,文不過三萬字。不過,其考核精審,詞意淵茂。有楊以增(海源閣主人)之序,包世臣之跋。刊記爲“咸豐二季九月刊”。所題“説文義證”,與許瀚所書“道光卅季二月启工咸豐二季五月訖工”筆法相同,恐怕也是許瀚的題字。

第十四章　劉燕庭與阮堂

前章中屢屢出現的劉燕庭，出身山東名族，夙嗜金石，與葉東卿、李月汀等爲同好，自然也對朝鮮的古碑持有很大的關注。自從與金酉堂、山泉相見之後，燕庭得以與阮堂建立神交，後又結識了趙雲石，收集到了大量的朝鮮古拓本，編輯成了名著《海東金石存攷》、《海東金石苑》。

一、劉燕庭的家門

劉燕庭(1793—1852)，名喜海，燕庭爲其字，又字吉甫。山東諸城名族，爲劉文正曾孫，劉文清從孫，劉佩循之子。其家系如下：

```
棨——統勳─┬─墉——錫朋
          └─堪——鐶之─┬─喜海
                      └─華海
```

劉統勳(1698—1773)，字廷清，號爾鈍。雍正二年(1724)進士，官至東閣大學士、加太子太保。其性格剛勁、廉潔，凡事幾先洞燭可否，終身未失其正道，有古大臣之風儀。統勳曾疏劾張廷玉訥親，其直聲震動朝野。乾隆三十八年閏三月，任命四庫全書正總裁，推舉進士邵晉涵、周永年擔任此事。同年十一月卒，享年七十五。皇帝追賞其功勞，賜謚號文正，并下賜其子劉墉《古今圖書集成》一部。著述有《劉文正集》等。

劉墉(1719—1804),字崇如,號石庵。統勳長子。乾隆十六年進士。累官編修,體仁閣大學士,加太子太保。嘉慶九年,八十六歲卒,謚號文清。石庵書名滿天下,政治學問皆有功業。其初學趙松雪,中年以後乃自成一家。劉墉體豐骨勁,味厚神藏,不受制於古人牢籠,有超然獨立之精神。書刻有《清愛堂帖》,著述有《石庵詩集》。

劉鐶之(1760—1821),字信芳,號佩循。統勳之孫,堪之子,墉之侄。因父親劉堪早逝,受伯父劉墉撫教。乾隆五十四年進士及第(與汪廷珍、阮元等同年)。任翰林院庶吉士、檢討。之後,累任多處官職,在嘉慶二十五年調任兵部尚書,追加太子太保。嘉慶繼位后,被任命爲吏部尚書、經筵講官。道光元年卒,謚號文恭。諭示曰:"吏部尚書劉鐶之,由翰林洊陟正卿,其人頗明白,遇事亦尚敢言,所管吏部、順天府事務,均各妥協。"不愧是燕庭之父。

此外,有關劉佩循的傳説,還有兩則史話。劉佩循和阮芸臺爲乾隆五十四年同年進士,因而二人關係格外親近。在乾隆五十五年,朝鮮進貢使入燕之時,劉、阮兩位年輕的進士到朝鮮館拜訪故人,正巧見到隨行到達燕京的朴楚亭(名齊家)、柳惠風(名得恭),得以和二人會談。惠風云:"余請至炕上與語,皆名士也。"可見二人得到朝鮮使臣的熱情款待,并和"劉、阮二太史"互題詩賦。翌年即乾隆五十六年,阮芸臺因奏進文册得到朝廷恩賞,其實是在劉佩循家中閉門不出,杜絶外人出入,自變字體,以免被外人得識,起草了文册。直到開封之後,劉佩循也不曾得知此事。(《雷塘庵主弟子記》卷一)

阮芸臺在嘉慶三年秋卸任浙江督學,翌年後繼赴任者就是劉佩循。佩循如芸臺一樣公明愛士,到任後命應試士子,題目就是"較若畫一",蓋多效仿芸臺。芸臺曾刻有古銅印"持衡秉鑑之任",後把此印贈送給了佩循。佩循曾游天台山,在芸臺題字下面題了"石梁飛瀑"四字,也是模仿漢代劉(晨)、阮(肇)的故事。芸臺在浙江任中曾構建定香亭,歷任後不久此亭就倒塌了,佩循到任後重葺,修建的水花林木皆如舊時,深得芸臺喜愛。此時,芸臺又赴任浙江巡撫,再來就任。(《瀛舟筆談》卷八、《定香

亭筆談》卷四)

二、劉燕庭

劉燕庭在乾隆五十九年,出生於山東諸城劉氏名門家族。文正公爲燕庭曾祖,文清公爲其從祖,文恭公爲其父,可比稱韋、平(漢代韋賢、韋玄成父子,平當、平晏父子,皆宰相)之門閥。而燕庭家族卻極爲節廉,房中無長物,蕭然寒素,唯獨酷愛金石碑刻款識,縱横盈滿案几。

嘉慶二十一年(1816),劉燕庭在二十三歲時得以結識朝鮮使節隨行趙雲石,遂訂交并結爲金石之緣(後節中詳述)。道光元年(1821),燕庭在二十八歲時遭父喪,得賞賜内庫銀五百兩厚葬父親。道光三年,燕庭三十歲時,接見朝鮮正使金酉堂及其仲子山泉等,結爲金蘭之盟,因之又與山泉之兄阮堂結爲神交(後節詳述)。之後,又與趙景寶、李藕船訂交,得到朝鮮友人的極大厚愛,得以收集到大量朝鮮古碑拓本,燕庭對這些文獻精查詳究,得以編纂成《海東金石苑》。

山泉結識燕庭的那年,正是燕庭得到希代鴻寶漢代《西嶽華山廟碑》宋拓本的那年,燕庭爲得到此拓本驚喜異常。此拓本有長垣本、四明本、關中本三種傳本,燕庭獲得的是長垣本。長垣本因其爲明季長垣王文蓀所藏而得名,後傳入清初商丘宋漫堂之手,又名商丘本。乾隆五十八年,此拓本從漫堂之手轉入陳伯恭之手,陳伯恭又在嘉慶二年售與成親王。道光三年,成親王府邸的書畫如雲煙四散,此拓本被劉燕庭購入。翌年,即道光四年,劉燕庭賦長詩題寫獲得此本的感嘆。之前,亦有吴士玉、王戬、陳崇本、翁方綱、汪如洋、翁樹培、鐵保等人的題記。此拓本入燕庭之手後,每年都和同人展賞題記,如有卓秉恬、阮元、黄鉞、英和、汪喜孫、張慜、何紹基、葉志詵、徐松、吴式芬、吴榮光、楊振麟、楊尚文、韓韻海、吴志恭、僧達受、王曰申、楊尚文、吕世宜、華衮、陳畯、張開福、周其懿等人的題記。此帖後來傳入樂平的黄琴川之手,又經多次輾轉之後,現今歸到我邦中村不折氏手中。上有咸豐、同治、光緒年間諸家題記。此拓本遞傳的情況,以圖示如下:

長垣本(商丘本)　王文蓀(名鵬沖,明季長垣人)——宋漫堂(名犖,字牧仲,又號西陂,清商丘人)——陳伯恭(名崇本,清商丘人)——成親王(乾隆第十一子,號詒晉齋)——劉燕庭—宗湘文(名源瀚,清上元人)——宗舜年(字子戴,清上元人)——端方(字匋齋,號午橋,又寶華齋。滿洲正白旗人,官至直隸總督,卒謚忠愍。精金石學,收藏甚富,有《匋齋吉金録》、《藏石記》)——中村不折(日本現在人)

中村氏在昭和八年(1933)把此拓本和諸家題記,又附了釋文并《遞藏考》影印成册。此册印工精善,恰如觀看原蹟一般。作爲參考,現把四明本、關中本遞傳情况圖示如下:

四明本　豐原學(名熙,明四明人)——全謝山(名祖望,清鄞人)——范氏天一閣—錢東壁(清嘉定人,大昕子)——阮芸臺(名元,清儀徵人)——崇樸山(名實,滿洲黄旗人,姓完顔氏,官至盛京將軍,卒謚文勤)——端方

關中本(華陰本,山史本)　東雲駒(名肇商,明關中人)——郭允伯(名宗昌,號沚園,明武平人)——王山史(名宏撰,字無異,清華陰人)——張力臣(名弨,清淮安人)——淩如焕(清上海人)——黄星槎(名文蓮,清上海人)——朱竹君(名筠,清大興人)——梁茝鄰(名章鉅,清長樂人)——端方(和第五章二重複)

道光十七年,劉燕庭在其四十四歲時,陪伴琉球使臣來北京,與友人葉東卿、徐星伯、何子貞、吴荷屋等人一起展觀了燕庭寶藏的華山廟碑。

道光十八年,劉燕庭四十五歲時,選任爲福建興泉道,游長汀,輯《蒼玉洞題名》一卷。因此時遭祖母喪,遂歸鄉,次年即道光十九年,復職改任陝西廷榆道,擢升按察使。是時當下秦中(陝西)出土了大量的古器,劉燕庭趁此機會大力搜索,前後所得秦詔版凡四,以下唐的善業泥造像等都是當時大收藏家未曾撰録過的,新莽十布亦全部是此時獲得。其友人鮑子年(名康)進行質證考訂,於道光十九年編成《長安獲古編》二卷、

補一卷(此書,吴大澂贈送朝鮮朴珪壽一部,今歸鄙齋望漢廬藏)。有子年題寫的序文。

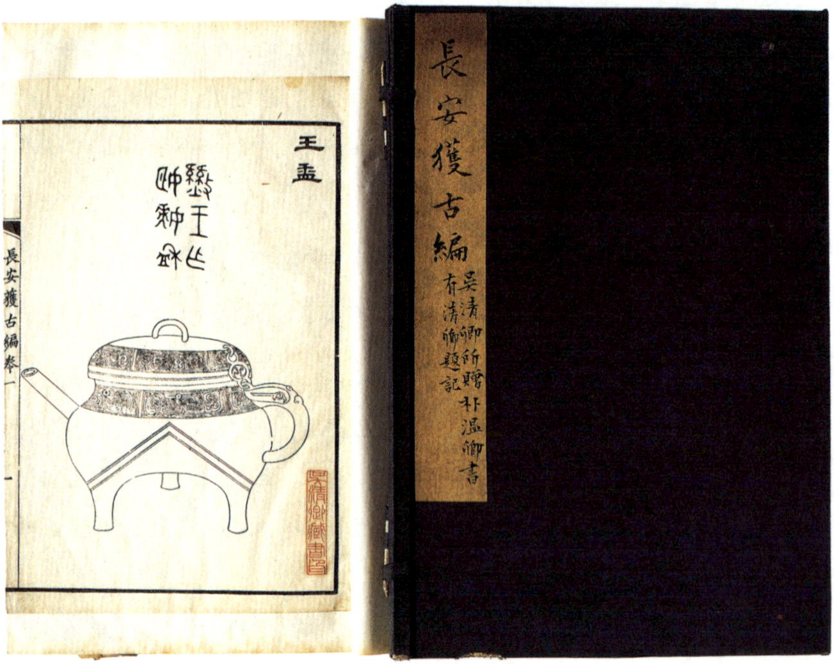

《長安獲古編》,吴大澂贈送朝鮮朴珪壽本,有大澂的題記和"清卿"捺印。(望漢廬藏)

道光二十七年,燕庭五十四歲,升任浙江布政使,偶因好古之嫌,被言官彈劾,罣吏議。事實上,燕庭服官二十四年,所至之處,不曾私用一錢,其行囊篋中每每裝滿泉幣尊彝兩車,卻因此招來"明珠薏苡"之誹謗(後漢馬援的故事),論者甚爲哀惜。燕庭卒於咸豐二年(1852),享年五十九歲。

燕庭嘗見到錢遵王(名曾)的《讀書敏求記》中記有百衲宋本《史記》曾傳入朱林君(筠)之手,後遺存其孫子某翁處。錢氏屢屢賃借未獲,深感遺憾,不想在道光某年於北京琉璃廠廟中購得彙集宋本《史記》,每卷都鈐有"季滄葦"印,蓋倣錢遵王所作。彙集的宋本有集解單行北宋本、集解、索隱合刻南宋本等四種。燕庭友人錢警石(名泰吉)在道光二十八年夏初在海昌見到燕庭，遂借閲彙集宋本和所藏本進行了校訂。燕庭也收藏有《集解》、《索隱》、《正義》合刻本，關於詳細内容，錢警石在所著《甘泉鄉人稿》卷五《校史記雜識》中有詳細記載。

燕庭之前讀山東濟寧的劉淇（字武仲）所撰《助字辨略》五卷，嘆賞曰："王文簡公之經傳釋詞爲創見之書，不意有先爲之者。"欲重鎸以廣其傳，因燕庭去任不果。在朱述之（名緒曾）送别燕庭赴嘉禾之際，燕庭對述之曰："《六藝綱目》，未得盧抱經之校本；《寶刻類編》，未補其闕；《助字辨略》，未刊。三憾事也。"云云。（《開有益齋讀書志》[1]卷一，《助字辨略》條）《六藝綱目》（明代舒天民的著書）在道光二十八年由"東武劉氏校刊"印行，有張翥、胡世佐、揭汯、舒恭、劉仁本的序文，舒恭、舒睿及、燕庭的跋文（道光廿八年九月），亦是精楷好印之本。（本書的莫友芝舊藏本，現歸鄙齋望漢廬藏。）

劉燕庭蒐集有金石文字五千餘通，撰有《金石苑》數百卷，胸中卷軸羅列，又承家傳賜書，其詳博固然已超蘭泉（名昶），又有舊氏金蒨穀（名錫鬯）助其校理，益加精善。燕庭又撰有《古泉苑》一百一十卷，共得奇泉四千六百有奇，附泉范數十，又有清代錢法列於卷首，其次有正用品、僞用品、異品、外國品、厭勝品、雜品等六類。可惜這兩者卷帙繁重，因兵火散佚，今世傳者僅有《金石苑》六卷，全書的一部分得以保存，原來命名爲《三巴㚔古志》。從漢王稚子闕開始，總四百餘石，可見其大略。此外，又廣收海外金石，尤其朝鮮碑版甚夥，纂輯爲《海東金石苑》八卷，爲前代未聞之嘉舉。劉燕庭在清、鮮文化交流史上的貢獻永遠值得銘記。此外，劉燕庭詩文彙集有《燕庭叢稿》（鈔本）和《論泉絶句二百首》（二卷，板本）。

三、劉燕庭和趙雲石的墨緣

趙雲石是燕庭得以編纂《海東金石苑》的大恩人。現在就兩人結成墨緣的路徑做一探討。

---

① 引文參照《開有益齋讀書志》光緒庚辰（1880）金陵翁氏茹古閣刻本。

趙雲石(1782—1850),名寅永,字羲卿,雲石爲其號。豐城人。其家系如下:

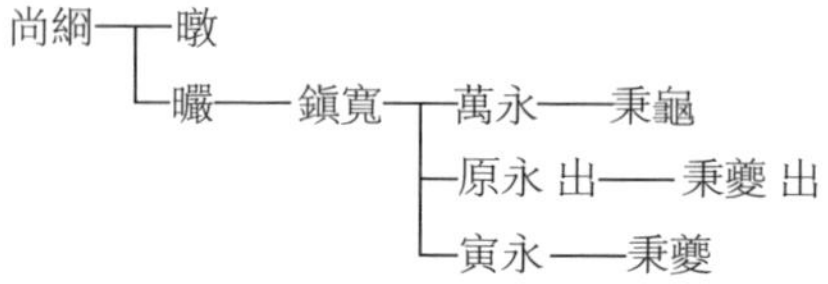

趙曮(1719—1777),字明瑞,號永湖,又號濟谷。文科及第後曾歷任弘文館提學、吏曹判書等職。謚號文翼。英祖四十年(明和元年,乾隆二十九年)以通信正使身份(派遣的第十一回朝鮮通信使)至江户,祝賀將軍德川家治的襲職。隨行者有書記成大中、元重舉,翻譯官爲李彦瑱。此三大使臣在日期間,文采馳名,與日本儒生應答酬唱,斐然可觀。趙雲石正是趙曮之孫,雲石曾爲成大中所著《青城集》題序,叙述祖父東槎使行的始末,對成大中的文采風流亦激賞有加(趙寅永《雲石遺稿》)。

趙雲石於純祖十九年(1819)武科狀元及第,累官大提學、領議政。哲宗元年(道光三十年,1850)十二月六日卒,謚號文忠。哲宗教曰:

> 貞亮之姿,慎密之規;臨事而謹畏,處家而儉約;愛國忘家,終始懇到。以予所睹聞,未有如此大臣者。況文學之瞻暢,才猷之鍊達,求諸今日,何處得來。[①]

雲石著書有《雲石遺稿》二十卷,朝鮮高宗五年(1868)印行。

雲石和阮堂爲文科同年(純祖十九年文科及第),對金石文字趣味相同,關係格外親密(後來因政治上的問題生有間隙,雲石乃至彈劾阮堂之父酉堂)。

雲石在嘉慶二十一年(純祖十六年,1816)隨貢使入燕,開始與劉燕庭訂交,得知燕庭和自己嗜好相同,尤其對朝鮮碑石惓惓博知,遂把自己携帶的數十種朝鮮古碑拓本相贈,這正是兩人心契相結之緣起(據《海東金石苑跋》)。

---

① 朝鮮《哲宗實録》卷二,哲宗一年十二月六日。癸亥,領議政趙寅永卒,教曰(條)。

在此年的七月,阮堂和同族金東籬(名敬淵)相携登北漢山,發現了新羅真興王巡狩碑,阮堂大喜過望,回家後告知雲石,雲石亦欣喜踴躍,約定同訪。翌年,即嘉慶二十二年六月八日,阮堂和雲石兩人相携登北漢山,審定碑石殘字六十八字(《雲石遺稿》卷十《僧迦寺訪碑記》)。現在如果看原碑,也可以看到碑側有阮堂自書:

此新羅真興大王巡狩之碑。丙子七月金正喜、金敬淵來讀。

以上所刻二十三字。又刻有隸書二十一字:

丁丑六月八日,金正喜、趙寅永來審定殘字六十八字。

《新羅真興王巡狩碑》左側的阮堂自書自刻

雲石在嘉慶二十三年,把審定的殘字六十八字拓本贈送給了燕庭。燕庭所編《海東金石苑》中收録的正是此篇内容,燕庭對此有記述。

燕庭也屢屢贈送給雲石一些漢土古拓本,其中就有李北海的《麓山寺碑》拓本。雲石在三十年後,從篋底拿出此拓本展玩,思慕燕庭的同時,看到碑文中"夏侯公祥"之語,認爲《梁書》本傳中的"夏侯詳"爲誤,遂在碑文後題文一篇,即爲《書李北海麓山寺碑後》[①],全文如下:

書李北海麓山寺碑後

余少之燕,與劉燕庭喜海遊。其從祖墉,謚文清。其曾祖統勳,謚文正。其人蓋名家子,文翰又極佳,嘗遺余以李北海麓山寺碑一帖,今三十年矣。偶於舊篋中,檢而閲之,雖多缺字,儘精搨也。其碑有梁天監三年刺史夏侯公諱祥之語,考之《梁書》本傳,則天監三年遷使持節散騎常侍車騎將軍湘洲刺史云,與碑文合,而祥作詳。又按,《資治通鑑綱目》諸書,皆以詳書之,祥、詳二字,未知孰是。而此碑之

① 此文收録在趙寅永《雲石遺稿》(1868年全史字印本)卷十。

成,在唐開元十八年庚午,上距梁天監三年甲申,纔爲二百二十七歲,則如夏侯祥,姓名之顯著者,宜不至錯誤。況北海於金石文字,自是實事求是者,則或《梁書》諸史傳寫之不審也耶。是未可臆決,姑書此以俟考據之精核者。

雲石侄子秉龜,字景寶,曾在道光十年入燕時,與劉燕庭結爲金石之交。

四、雲石稿本《海東金石存攷》的寄贈,燕庭的古石鼓拓本答禮

雲石屢屢贈送的朝鮮古碑拓本慢慢堆滿了燕庭的書齋嘉蔭簃。雲石在嘉慶二十二年開始編纂拓本目録,從《新羅真興王北狩碑》殘字拓本開始,至《太古寺圓證國師碑》拓本,列舉了九十七通,并且依次注記石碑建立年號、撰者、筆者、所在地等,用紙亦是朝鮮製罫紙,一葉二十行,十三葉。册首鈐有"趙寅永印"、"羲卿"、"雲石山人"圖記,册題"海東金石存攷",寄贈給了燕庭。這是雲石親筆稿本。

燕庭接到此贈册,驚喜無措。這部稿本其實也是燕庭的著書《海東金石存攷》的基礎,因其具有貴重的文獻資料價值,把全文輯録如下:

海東金石存攷

【新羅】

真興王北狩碑拓本殘字

陳光大二年,在咸鏡道咸興府沃沮古地草芳院,今無。

又真興王巡狩碑

在京畿道揚州牧古北濟北漢山州三角山,字殘。

平北濟碑

唐顯慶年間,蕭定方立,賀遂良文,權懷素書,在忠清道扶餘縣百濟古都,字殘。

劉仁願碑

與蕭定方碑同時,同在扶餘,字殘。

薛仁貴祠壇碑

在京畿道積城縣古新羅七重城紺嶽山，字漫。

太宗武烈王陵碑額篆

唐龍朔年間，金仁問書，在慶尚道慶州府故雞林新羅國都。

文武王陵碑

唐開耀年間，在慶州府，今有殘石四片，在善德王陵下。（案，此碑末，題大舍臣韓訥儒奉宣書。）

角干金庾信墓碑拓本殘字

唐咸亨年間，在慶州府西嶽，今無。

角干墓十二神圖像

神文王陵石面一字

周武后長壽年間，在慶州府。

栢栗寺六面石幢殘字

在慶州府。

掛陵十二神圖像

在慶州府按，俗傳，葬於水中，掛柩於石上，築土爲陵，故名云。出《東京雜記》。

白蓮社大字額

金生書，在全羅道康津縣按，金生唐貞元年間人，自幼能書，不攻他藝，好佛隱居，年踰八十，操筆不休，隸、行、草皆入神。出《三國史》本傳。

奉德寺鐘銘陽文

唐大(歷)年間，翰林郎金弼奚文，在慶州府。

神行禪師碑

唐元和八年，金獻貞文，釋靈業書，在慶尚道晉州牧智異山。

寶林寺寶照禪師碑(普照誤作寶照，當改正)

唐中和四年，金穎文，金薳書，七行以下，金彦卿書，在全羅道長興府。

雙溪寺真鑑國師碑

唐僖、昭之間，崔致遠文，并書篆額，在晉州牧智異山按，崔致遠沙梁部人，年十二，隨海舶入唐求學。十八，登乾符二年第。調溧水縣尉，遷侍御史，爲高駢幕府。光啓元年歸國，授翰林學士，守兵部侍郎，知瑞書監事，出爲太山郡守，後挈家隱伽耶山，高麗配享文廟，謚文昌侯。

聖住寺朗惠和尚葆光塔碑（慧訛作惠）

唐昭宗間，崔致遠文，崔仁滾致遠從弟書，在忠清道藍浦縣。

講堂寺碑

崔致遠文，在忠清道海美縣。

崔致遠自書碑

在忠清道鴻山縣。

鳳巖寺智證禪師碑

崔致遠文，釋慧江書并刻，在慶尚道州牧曦陽山。

夜游巖三大字

崔致遠書，在鳳巖寺傍。

伽倻山紅流洞石刻七言絶句

崔致遠書，在慶尚道陜川郡此係尤庵補書，近時所刻。

朗空大師白月塔碑

梁貞明三年，崔仁滾文，金生書釋端目集，在慶尚道榮川郡。

鳳林寺真鏡塔碑（後梁龍德四年）

崔仁滾文，釋幸期書，在慶尚道昌原府。

三日浦丹書巖題名

在江原道高城郡按，此題名乃"永郎徒南石行"六字，而真興王三十七年始置花郎，其徒日衆，或道義相磨，或歌樂相悦，擇其譽望多者用之云。則永郎即其一，而此題名，確是新羅古蹟，但未詳其年月耳。

華嚴經殘石

在全羅道求禮縣。

鍪藏寺碑殘石二片

守大南令金陸珍文并書，在慶州府按，鍪藏寺，在慶州府東三十里，諺傳，高麗太祖藏兵於谷中，因名之云，出東京雜記。而麗官制，邑號無守大南令之職，則定爲新羅古碑。

【高麗】

廣照寺真澈禪師碑

唐清泰四年,崔彦撝文,李奂相書,在黄海道海州牧須彌山。

菩提寺玄機塔碑

晉天福四年,崔彦撝文,李桓樞書,在京畿道楊根郡彌智山。

興法寺真空禪師碑殘石二片

晉天福五年,高麗太祖文,唐太宗書崔光胤集,在江原道原州牧靈鳳山。

無爲寺先覺大師碑

晉開運三年,崔彦撝文,柳熏烈(案,當作勳律)書,在康津縣月出山。

石南寺國師碑

周顯德元年,釋純白文,在榮川郡。

鳳巖寺静真國師碑

宋乾德三年,李夢游文,張端説書,在尚州牧曦陽山。

高達院圓宗大師碑

金廷彦文,張端説書,在京畿道驪州牧慧月山。

净土寺法鏡大師碑

崔彦撝文,在忠清道忠州牧開天山具足達書,晉天福八年。

普願寺法印大師碑

宋太平興國三年,金廷彦文,韓允書,在忠清道瑞山郡。

玄化寺碑(喜海藏有此種)

宋天禧五年,周佇文,蔡忠順書,高麗顯宗御書碑額,在京畿道開城府高麗故都靈鷲山。

陰記

遼太平二年,蔡忠順文并書。

興福寺塔刻字(喜海藏有此種)

宋天禧五年,姜邯瓚書,在開城府。

奉先弘寺慶寺碑(喜海藏有此種)

遼太平六年,崔冲文,白玄禮書,在忠清道稷山縣。

居頓寺圓空國師勝妙塔碑(喜海藏有此種)

遼太平四年,崔冲文,金巨雄書,在原州賢溪山。(五訛作四。)

法泉寺玄妙塔碑(喜海藏有此種)

遼咸雍三年,鄭惟産文,安民厚書,在原州牧。

玉龍寺道詵國師碑

崔惟清文,在全羅道光陽縣。

圓融國師碑(喜海有此種)

高聽文,林顥書并篆喜海考爲宋皇祐六年,遼重熙二十四年。

知谷寺真觀禪師碑

王融文,洪協書,在慶尚道山清縣智異山。

寧國寺圓覺禪師碑

韓文俊文,在忠清道沃川郡智勒山。

普賢寺探密、宏廓二禪師碑(喜海藏有此種)

金皇統元年,金富軾文,文公裕書,高麗仁宗御書篆額,在平安道寧邊府妙香山。

陰記

靈通寺大覺國師碑(喜海藏有此種)

金富軾文,吴彦廣(案,廣當作俣)書,在開城府五冠山。(據碑文,考爲宣和七年。)

文殊院重修碑

金富軾(案,軾當作轍)文,釋坦然書,在江原道春川府古貊國都　清平山此碑題宋建炎四年十一月。

陰記、祭真樂公文(喜海藏有此種)

釋坦然書此文題乙巳年八月,以前碑考之,當是宣和七年。

清平息庵四大字

真樂公李資玄書,同在清平山。

北龍寺碑

釋坦然書,在醴泉郡。

神琳庵塔面刻字

金皇統四年,在江原道淮陽府金剛山。

般若寺元景和尚碑

金富佾文,李元符書,在陜川郡。

三川寺大智國師碑殘石

李靈幹文,高麗王御筆,在楊州。

雲門寺圓應國師碑

尹彦頣文,在慶尚道清道郡據碑文,爲皇統五年。

仙鳳寺釋煦碑據碑文,考爲紹興元年

林存文,釋獜書,在慶尚道仁同府金烏山。

通度寺長生石標

金大定年(安元),在慶尚道梁山郡。

大鑑國師碑(喜海藏有此種)

金大定(十二)年,李之茂文,釋機俊書,在晉州智異山。

龍門寺重修碑

金大定二十三年,李知命文,釋淵懿書,在醴泉郡。

智光國師碑

金海昏侯大安元年,在報恩郡俗離山。

寶鏡寺圓真國師碑(喜海藏有此種)

金貞祐年間,李弘老文,在慶尚道清河縣内延山。

瑞峰寺玄悟禪師碑(金大定二十五年二月)

李知命文(柳□□書),在京畿道龍仁縣光教山。

獜角寺普賢國師碑殘石(喜海藏有此種)

閔漬文,集王右軍書,在慶尚道義興縣。

石臺寺地藏禪師石像碑

閔漬文,在江原道鐵原府古泰封國都寶蓋山。

朱勒寺僧慧光碑

安震文,在慶尚道善山府。

五臺寺水精社碑

權通文,在晉州牧智異山。

興聖寺碑

在京畿道長湍府。

五龍寺法鏡大師慧光塔碑晉天福九年陰記

在長湍府踊嶽山。(踊巖山,此作踊嶽,誤。)

真覺碑(喜海藏有此種)

在康津縣月出山。

大安寺廣慈大師碑案,光德二年歲次庚戌七月,當時乾祐三年

孫紹文,在全羅道谷城縣桐裏山。

桐華寺弘真國尊碑

元大德二年,金晅文、金恂書,在慶尚道大邱八公山。

瑩原寺寶鑑國師碑(喜海藏有此種)

李齊賢文,在慶尚道密陽府慈氏山。

妙蓮寺中興碑

李齊賢文,在開城府。

文殊院藏經碑(喜海藏有此種)

元泰定四年,李齊賢文,李君侅書,在春川府清平山。

元英宗捨施碑

梁載文、權漢功書,在淮陽府金剛山。

月精寺碑

李齊賢文,釋宗古書,在江原道江陵府五臺山。

埋香碑

在江原道高城郡三日浦元至大二年八月。

又埋香碑

在平安道安州牧。

法住寺慈净國尊碑(喜海藏有此種)

元至正二年,李叔琪文,金元發書并篆,在報恩郡俗離山。

長安寺碑

李穀文,在江原道淮陽府金剛山。

演福寺鐘銘(喜海藏有此種)

元至正六年,李穀文、成士達書,在開城府。

普光寺圓明國師碑

元至正十八年,危素文,揭竑書,周伯琦篆,在忠清道林川郡古加林郡。

普德庵塔面刻字

在淮陽府金剛山。

魯國公主正陵碑(喜海藏有此種)

李穡文,在開城府無仙峰下。

檜巖寺指空塔碑

李穡文,韓脩書,在楊州牧。

普陀尊者塔碑

北元宣光八年,李穡文,韓脩書并篆。

懶翁大師碑

李穡文,權仲和書,在楊州牧天寶山。

神勒寺懶翁石鐘碑(喜海藏有此種)

明洪武十二年,李穡文,韓脩書,在驪州牧鳳尾山。

大藏閣藏經碑(喜海藏有此種)

明洪武十六年,李崇仁文,權鑄書,在驪州牧鳳尾山。

陰記

安心寺石鐘碑

明洪武十七年,李穡文,權鑄書,在寧邊府妙香山。

彰聖寺千熙禪師碑洪武十九年

李穡文,成石璘書,在京畿道水原府光教山。

侍中柳濯碑

李穡文,在京畿道豐德府祖江。

太古寺圓證國師碑

明洪武十八年,李穡文,權鑄書,在楊州牧三角山。

以上十三頁雖都是雲石自書,不過燕庭在個人所藏拓本下面都注記上"喜海藏有此種"字樣,又在個人認爲雲石有誤記的地方進行了訂正。燕庭在自書部分都用括號進行了標明。

燕庭又在葉白處對二碑進行了附記,蓋爲雲石的贈品:

龍頭寺銕幢記陽文

峻豐三年,據居頓寺碑文考之,知峻豐當是宋初三季、建隆三年。

廣平寺石幢題字陽文

無季月,在江原道平康縣。

燕庭在此其拓本内葉鈐有"燕庭藏書"、"東武劉[①]氏味經堂書屋藏書印"、"甲寅人"、"劉"、"東武"、"嘉蔭簃藏書印"等六顆印,欄外注記有:"統計十有三頁。"又在册尾題有跋文,跋文輯録如下:

> 余自幼嗜金石文字,蒐羅采録十有餘季。曩讀《金石録》,見末有日本國誥,每思海外金石,訪求爲艱,明誠得此一種,葆若拱璧。丙子春,遇朝鮮趙義卿于都門,詢及海東金石,即罄行篋所携以贈,嗣後書至,必有所貽,積三四年,已不下數十種。兹復郵寄《海東金石存攷》一册見示,并云:"就所藏所見,編輯成書者。"每種繫以小跋,間有按語。考證精詳,徵引宏富。載金二石九十有五。始陳光大二年,止明洪武十八年。以新羅、高麗爲前代,悉甄入録,至洪武廿五年後,高麗易爲朝鮮,即概置不采。辨别亦爲至當,俾余得見古人所未見,洵海外良友之惠也。此册已與各碑同什襲珍藏,爰題數語,以誌金石之契云。嘉慶戊寅[②]仲春望日。鐙下,燕庭氏劉喜海跋

① 劉,原著誤寫作"鎦"。
② 戊寅,原著誤寫作"戊寓"。

於嘉蔭簃。

目中凡喜海已具有拓本者，皆注明于碑目之下。戊寅醉司命日，鐙下又識。

以上題語，端楷精善。燕庭驚喜感激之情，溢於言表。此時正是嘉慶二十三年二月十五日(翁覃溪死亡十八日之後)，追記於同年十二月醉司命日，其碑目下所注記應是當夜所題。

此部册子在昭和六年(1931)傳入北京琉璃廠書肆來薰閣，當時在留居北京的加藤常賢博士幾經斡旋之下，筆者得以入手，遂藏於鄙齋望漢廬。這是清、朝鮮文化交流中重要的珍貴資料。

後來，燕庭把自己所秘藏的石鼓文拓本卷軸裝訂後作爲謝禮贈送給了雲石，題簽以楷書書寫：

古石皷文拓本嘉慶戊寅裝奉義卿仁兄清鑒　東武劉喜海寄贈并題端。

海喜　父吉

在卷軸内又用隸書題有“古石皷文”四大横書，下署有：

義卿閣下清鑒，東武劉喜海書。

喜劉
海印　庭燕

拓本空白處鈐有“文正曾孫”、“劉喜海印”、“味經室”、“嘉蔭簃”、“吉甫審定”、“味經”、“東武”圖記。另外，又有“秋史珍藏”印。似是後來雲石贈送給了秋史(即阮堂)。

此拓本卷軸是燕庭舊藏石鼓拓本中的逸品，筆者於昭和六年在京城中購得。雲石贈送給燕庭的《海東金石存攷》親筆稿本也是在北京購得，而作爲雲石答禮的石鼓古拓本幾乎是同時在京城被筆者入手收藏。這兩部書在鄙齋中兩相輝映，而筆者得以入手這些珍寶也正如有神靈相助，不得不感謝上蒼的眷顧。

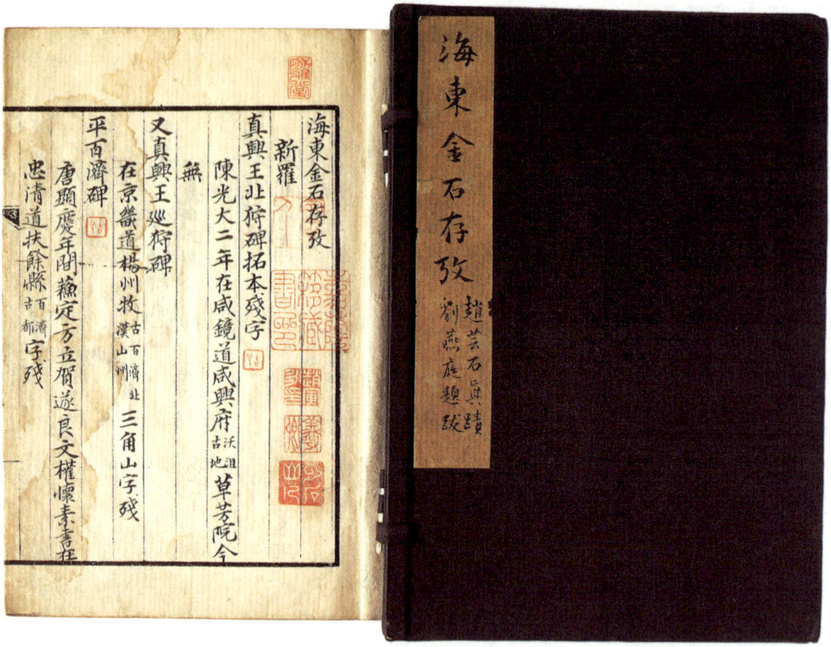

趙雲石贈送給燕庭的親筆稿本《海東金石存攷》(望漢廬藏)

五、燕庭所著《海東金石存攷》的真相

燕庭以雲石寄贈的《海東金石存攷》爲底本,贈删一二,更添加補解,最後編纂成册,題名還是用原名《海東金石存攷》。燕庭又附録了《海東金石待訪目録》,又列舉了雲石所贈底本中没有記録的十七碑題名。現在把燕庭所編本和雲石所編底本兩相對照,其筆蹟歷然分明。如果把燕庭所編本題名爲"趙雲石著,劉燕庭增補,海東金石存攷"應更爲妥當。其實,此書燕庭也没有强調是自己個人所著,不過當世學者對於雲石寄贈原本《海東金石存攷》的存在一無所知,皆以爲是燕庭自著。而今原本已經出現,燕庭所編本是增補本的事實則不言自明了。

道光十二年,江蘇三山陳雪峰(名宗彝,繼昌仲子,嘗在李璋煜的輔助下覆刻了《華嚴音義》)到北京後,在儀墨農(名克中)的介紹下與燕庭相識,看到燕庭增補的《海東金石存攷》後極爲驚嘆,借鈔之後題序云:

自宋以來,録金石者不一家,雖歐陽公富極千卷,率皆限於疆域,荒裔古刻,未有搜羅成帙者。我朝文治之盛,遠暨四裔,如《論語義疏》等古籍,乾隆間多從海舶得之,著録四庫,海内士人,争睹奇秘。東武劉燕庭民部,嗜金石文字,居官京師,獲見海東金秋史正喜、趙雲石諸博雅之士,因得其所詒碑目并拓本,退食之暇,博考東國史鑑,著《海東金石存攷》。其無存十七碑,則附以待訪目録於後。壬辰夏,余以再應順天試,游京師,因平陽儀墨農,識民部,以曩歲重編《寰宇訪碑録》相與校正,乃出示此卷,嘆爲奇觀。余尚思蒐輯寰宇古刻,有前録所未見者,爲續編,他日據以附目,則民部洵多聞之助也。海東爲古封國,自唐以來,皆奉中朝正朔,史爲立傳,則志金石亦有取也。民部尚有《海東金石苑》八卷,則據拓本録文,而詳考之者,皆可備石渠之採擇焉。乃抄此卷,藏之行篋,以餉同志。道光十二年秋七月處暑節。三山陳宗彝,識于京師東安門内椿蔭軒齋中。

劉燕庭所編《海東金石存攷》在燕庭歿後二年纔得以印行,卷首有道光十二年陳宗彝序,印本并無燕庭的序跋。如果燕庭在世時得以印行,燕庭肯定會題寫序跋仔細説明此書的由來和雲石原稿增補的詳情。此書在《木犀軒叢書》中也有收録,刊記爲“光緒戊子夏德化李氏栞”,即光緒十四年所刊。這兩種刊本中多少有些訛誤,對照雲石原本可以訂正。燕庭常常爲與雲石訂交感到欣喜,對雲石的厚誼也深爲感動,嘗在《高麗龍頭寺鐵幢記》中題有如下内容:

曩曾與朝鮮趙雲石言之,雲石博雅士也,贈余墨本甚夥。於金,則有《唐奏德寺鐘》、《宋演福寺鐘》,并此《鐵幢》而三焉。非雲石,何能使余蒐羅如是之廣也。書此以志欣賞,而峻豐一號,尤足資異聞。

(劉喜海《海東金石苑》卷四)

六、燕庭與陳南叔、金西堂、阮堂、山泉父子兄弟的墨緣

燕庭在道光三年春與入燕的金西堂、山泉父子締交金蘭之盟,因此

得以與西堂的長子阮堂結爲神交，之後收到朝鮮友人贈送的諸多碑拓本，得以編纂成《海東金石苑》一書。

燕庭寄送給金氏父子以及吴大山的手札中，鄙齋藏有如下幾通：

(一) 原蹟

寄山泉九通；寄阮堂一通；寄吴大山一通。

(二) 鈔本

寄西堂一通；寄山泉二通。

現通過這些手札内容來梳理一下他們之間墨緣交流的始末。

朝鮮純祖二十二年(道光二年，1822)十月，西堂金魯敬以冬至兼謝恩正使身份，携副使金啓温、書狀官徐有素一起出發赴燕京。西堂的次子山泉(名命喜)，以及其友人金清山、吴大山并轡前行。

吴大山名昌烈，字敬言，大山爲其號，又號梅道人。工詩，精通醫術，承蒙憲宗的恩寵。卒年六十六。

西堂燕行使一行終於到達了燕京。昔日，西堂曾於嘉慶年間以副使携長子阮堂入京，而這次已經是十四年之後，以正使身份携次子山泉而來。這次，西堂幕下也帶來了曾因出使日本對馬島而聲名顯赫的金清山。燕都的學壇，因翁覃溪離世已經過去了五年，所以西堂也不能再去拜訪蕭條的蘇齋，而此時芸臺也離開了燕京，雙碑之館也難繼舊緣了。不過，聽説西堂再次入京，山泉、清山也同至京師的消息，在京的舊雨新知都歡呼雀躍，急切要款待一行了。隨之，劉燕庭、吴蘭雪、曹玉水、葉東卿、李月汀、陳碩士、陳南叔、周菊人、張茶農、劉柏隣、秦玉笙等人和西堂一行展開了燦爛的文化交流。

燕庭等諸同人屢屢和山泉一行的嘉會韻事在此就不再着墨渲染，僅就燕庭寄西堂的手札做一整理。

西堂先生大人閣下。奉手書，起居嘉鬯，公務賢勞，哲嗣蜚英，盡居清要，天倫樂事，奚有甚於此者。區區翰墨之流傳，固不足言也。喜海昨在友人處，作竟日飲，旁夕至館，已醉矣，不知多失言失色否，惟知己涵鑑。承惠細梳、白粲，一一拜領。口腹知恩，毫髮無憾，謝謝。無以筆罄矣。不宣。劉喜海再拜。

山泉在當年三月回國,遥望北方,其思慕綿綿之情何堪,歲裁書札一通,托付當年十月出發的冬至正使洪義浩一行轉遞燕庭。書信内容整理如下:

(一) 道光三年(1823)春,在北京玉河館外作最後告别,依依離别之情,懷想思浮,披露衷曲曰:

北風戒寒,伏惟足下愉侍大吉。每念館外枉别,旋車悤悤,佇立以望,見足下回首屢顧,至路轉不可見,而轔轔之聲,并不可聞,而腸裡之輪,已轣轆九轉矣。此境不堪追理,吾輩天涯偶合,其聚如烟,其散如雨,固不足置欣戚於其間,而猶使人至此哉。

(二) 對能與儒雅豈弟、好古多聞的名門之後燕庭訂交甚感榮幸,尤其對燕庭把亡父文恭公(劉鐶之)的詩卷於置寢室,晨昏侍側,領教誨辭的孝誠之心深爲欽服,尤讚其清儉家風、躬行實學:

足下儒雅豈弟,好古多聞,僕以海外踈逖,獲瞻令儀,又蒙盛德包容,歡然無間,奚取於僕然也。僕之所以欽服者則有之,嘗見足下寢室揭詩卷,足下云:"此先文恭公手書所誨戒也,揭之座右,以替晨昏侍側。"因語及家世卿相,以清儉相傳,家無餘貲,先文恭公衣履之藏,尚未完襄,遂汪然涕下縱横,有以見足下誠孝根天,孺慕不怠,殆令感動旁人。窃嘆足下家學之正,原本躬行,宜其以露才揚己,沾沾自好者爲恥,至面戒於朋友也。士有一言相感,皓首不渝,不以中外而有間,僕與足下,其感當如何。

(三) 對難有再會之期的嘆惜,誓言互相以道義相砥礪,不忘繾綣之情。最後,問陳南叔(名克明)尚在寓否:

嗟呼!相去萬里,畢生不可復見;倘天假之緣,得以復見,不知又在幾年之後,足下非昔日燕庭,而僕又非舊時山泉矣。人事誠難安排,而人生歲月,又不可把翫,惟有各努爾力,各崇爾德,以無負生平，又奚足以不見而爲戚哉。禹庭對床安重，犀角豐盈，森然在眼，何時可忘。南叔尚在寓否？另具書儀，萬萬惟祝，珍重自護。不宣。

（金命喜《山泉文集》鈔本）

燕庭在道光三年南下歸鄉，十二月得以歸還北京，接到山泉此通手簡，大喜過望。翌年，即道光四年正月二十六日，裁定覆札，對去春相聚，瞬易裘葛，會短離長，頗深馳系。又稱頌山泉侍奉曼安，感謝所贈珍品，尤其所惠白葠，藉奉重慈頤養之需，感戢五中。又介紹從山東歸京之近況，弟華海之長成，葉東卿、李月汀過從甚好等情况。全文輯録如下：

謹覆山泉先生足下。去春相聚，瞬易裘葛，會短離長，頗深馳系。頃奉朵雲，藉稔侍奉曼安，寢餗無恙，爲頌。拜登多珍，愧乏報瓊，殊增恧顔。吾輩以文字交，以道義交，固不在此瑣瑣投贈相償，惟白葠之惠，藉奉重慈頤養之需，感戢五中，莫可名謝。來示縷縷，如聞謦欬。雖隔萬里，不啻書齋筆談晤對時也。弟去冬臈杪，自東返都，僕僕風塵，毫無善狀可述，幸重闈安吉，弱弟長成，足以自慰，亦足以奉告知己耳。東卿、月汀，昕夕過從，頗極友朋之樂，每憶吾兄，無不耿耿於懷也。冬便尚祈賜書以釋遠念，不盡欲言，諸維荃鑒。不宣。

愚弟　譚　頓首　甲申孟陬廿有六日泐

海喜　　甫吉

後又有添附贈品目録：

《東觀漢紀》四册

《大知禪師碑》一册

《浮圖頌》四種

《隋賀若誼碑》一帋

精製茶壺一事

右菲物遺供山泉先生清賞　吉甫具

以上書翰内容據鄙齋所藏原蹟，“愚弟譚”其後没有記姓名，只鈐有燕庭兩顆印記，是因爲燕庭已經除亡父鐶之的服喪期。贈品中的《東觀漢紀》一書爲乾隆乙卯年鐫，武英殿[①]聚珍版覆本，鈐有“山泉藏書”、“金命喜印”二顆印章，今藏於吾齋望漢廬，爲加藤常賢博士的贈本。

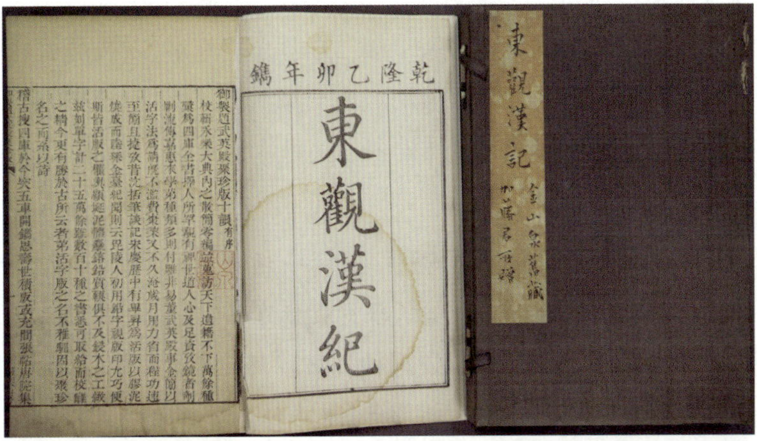

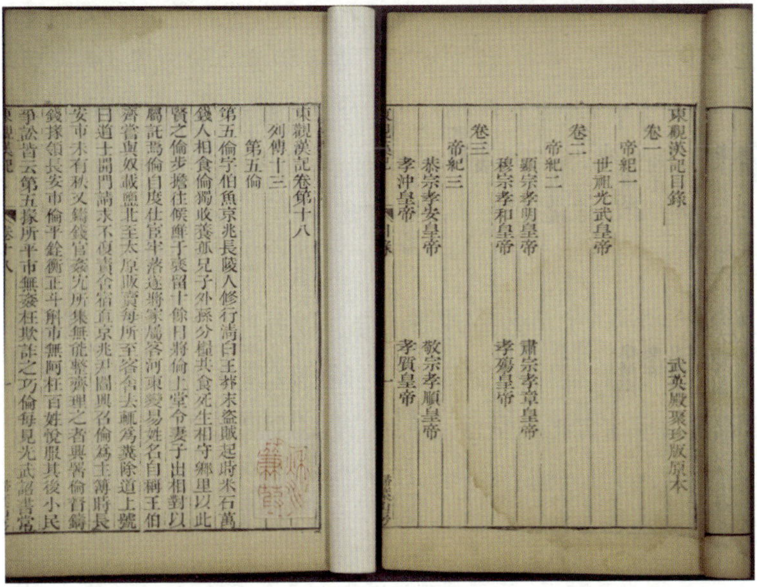

劉燕庭贈《東觀漢紀》，捺有“山泉藏書”、“金命喜印”二印。

---

① 武英殿，原著誤寫作“式英殿”。

山泉在與燕庭去信的同時也有寄信給陳南叔,同時寄贈了許穆所書《陟州東海頌碑》拓本與《白月碑》拓本,還有兄長阮堂所題楹聯(此札不見存)。南叔收到山泉的書札和贈品,在道光四年(1824)正月二十八日裁札覆函,在表達謝意的同時,對所贈許穆書"東海頌"六體極爲讚賞,認爲這種書寫亦是其剏見,結體頗好。又讚嘆《白月碑》爲唐碑舊拓之鳳毛麟角。并告知之前山泉所托水晶印章二方還未能刻字,以後覓得佳石當另刻相贈。又贈畫箑二把,一送山泉,一送阮堂以謝題贈楹聯之意。又贈唐代始建國隸碑和五代的墓誌碑名。其書信全文如下:

愚弟陳克明頓首。

山泉先生仁兄足下。倏别芝儀,一週杓建,六鱗乏便,箋候久曠。忽蒙雲翰遥頒,殷殷存注,藉悉履祉亨嘉,侍奉曼安,曷勝忭慰。前者文旌歸國,既無長物贈行,拙作聊以將意,反蒙奬刷,逾增慚悚耳。碑刻之惠,極費錦心,謝謝。《東海頌》,乃本朝許穆撰并書,以楷書用筆作奇字,亦剏見,結體頗好;《白月碑》,雖首頁雙鈎墨填,然唐碑舊拓,鳳毛麟角,詢可寶也。委篆印章二方水晶,向未刻過,特完上,俟覓佳石,另鐫奉贈可耳。外呈畫箑二把,一供清賞,一爲代贈令兄秋史先生,并希致謝楹帖之贈。始建國隸碑一,唐、五代墓誌碑各一,聊伴蕪函,乞爲莞納,此覆。即候興居。不具。正月廿八日。

(原蹟望漢廬藏)

南叔在道光六年(1826)九月出發赴湖南,二十九日起草書札給山泉,秋初把畫完的自畫像留給燕庭,等朝鮮使到京時代爲轉寄山泉。此後,南叔贈山泉的書札都是通過燕庭(燕庭因祖母喪事,回山東時)或托付葉東卿轉寄。另,自畫像一幅,代送"令兄秋史先生"等内容。書札全文如下:

春初曾奉復函,亮邀青睞,比稔山泉仁兄大人起居迪吉,侍奉曼安,翹企清輝,曷勝健羡。拙畫一紙,秋初寫就,聊志慕懷,弟刻有楚中之行,不克將去,因留燕庭,許俟使便再寄耳。此後如有惠函,望仍交燕庭轉寄，第燕庭刻遭祖太夫人承制之艱，現已回東，辦理窀兆事，或交東卿，亦無不可。外一幅，欲奉令兄秋史先生，希代爲轉呈。并望吒名，候安是禱。臨行匆匆，不盡欲言，諸維荃鑒。不宣。

愚弟陳克明頓首　丙戌九月二十九日燈下泐

此外，添加贈品目録如下：

外附呈

元人畫山水横幅一軸

覃溪書楹聯一幅

佳烟四笏

歙硯一方

自書直條一幅

莞納是幸

道光十一年(1831)正月，南叔收到山泉的書信和贈品白葠、東絹、古碑拓本等，在二十九日題寫了答書，表達了感謝之情。又寄送了之前山泉所托印章，作爲答禮贈送了端硯一方、扇二柄、唐碑(新出土的珍品)。其書信全文如下：

克明頓首，謹覆書。

山泉先生閣下。獻歲奉到華函，備承錦注。藉悉動祉亨嘉，譚禧茂集。椿庭萱蔚愛景，與麗日同長。棣鄂翩聯和樂，共春光并暖。翅瞻喬采，曷勝頌忱。白葠、東絹之貺，拜德之餘，殊深銘感。碑拓亦復精妙，謝謝。委鐫印章，率爾奏刀，適形鳩拙，尚祈大雅諒之。第皆小年廢學務外之事，函蒙獎許過實，令人增慚悚耳。賤軀托芘粗適，足抒廑系。維是關山迢隔，會面無因，不勝悵悵，維祈順時珍攝爲望。外，端研一方、粗扇二柄、唐碑一葉系關中新出土都下尚少拓本，聊伴蕪函，敢云璚報也。臨潁馳溯，諸維朗照。不宣。

山泉先生仁兄大人　青睞

愚弟陳克明再拜　正月二十九日

南叔看到阮堂所贈楹帖，感嘆其書法擘窠超妙、雄健絶倫，熱切希望阮堂能爲自己鄉里海鹽新葺的“咸宜堂”題寫匾額。遂又追記“咸宜堂”三大字的寸法、用紙等，其内容如下：

再啓者。

敝廬在海鹽，略具園亭之趣，如古歡樓、花影館、琳蔭書屋等匾額聯句，已蒙都下諸舊好惠書，唯新葺正廳咸宜堂，尚乏題署，前承令兄先生見貽楹帖，擘窠超妙，雄健絶倫，如能轉乞如椽，使蓬蓽藉以增輝，奚啻百朋之錫矣。克明再拜。

咸宜堂，大字須徑尺餘，緣紙幅摺縐，恐難染翰，亦希代購高一尺，五六寸，横五尺餘，如無整長紙，接寫亦可，并求賜雙款。

阮堂接到南叔的請托，應當揮筆題寫了“咸宜堂”匾額寄送給了南叔，不知此匾額是否還在海鹽。

以上三通書信的原蹟現都爲筆者望漢廬收藏。

此外，南叔又和李藕船結有金石之蘭。藕船在入燕之際，曾在燕庭的書齋中和南叔歡談時題有詩文，藕船所題懷南叔詩如下：

劉農部燕庭喜海寓齋，同陳徵君克明南叔、朱太守大源伯泉

我笠君車萬里情，家聲磊落説文清。
花前雁後慚虚土，日下雲間識盛名。
雪屐相迎寒響徹，藤檐分坐翠陰横。
幾年閉户編金石，更有朱陳好友生。

（李尚迪《恩誦堂集》卷一）

此詩爲道光十年所作。藕船又在次年題有《海東金石苑》詩：

陳南叔克明

徵君老依劉，澹宕無所好。
後山覛句嬾，驚坐知名早。
四時清風來，墨竹以爲寶。

（李尚迪《恩誦堂集》卷三）

道光六年(1826)四月,燕庭因祖母喪,扶柩歸山東諸城。翌年正月,山泉寄給燕庭的書信和贈品到達時正好燕庭不在京,其弟華海代讀,難以擒置,廿日代兄覆札一通,托付東旋的貢使轉交山泉。其書信全文如下:

奉候山泉仁兄先生閣下。元正中浣,展誦惠寄家兄手書,并承雅貺多珍,感荷之至。辰維山泉仁兄先生,動候綏和,侍娱敉吉,望風引睇,何日忘之。家兄自去夏四月中,猝遭祖慈大故,旋因窀穸乏資,不得已,於中秋月杪,放櫂南行,作沿途托鉢之舉,爲將來同東安窆之需,大率夏初即可遄返都門也。弟侍奉之餘,温習故業,所幸邸廡均各犕平,足以告紓綺注耳。南叔先生,已於去冬南旋,所寄信物,當覓妥便轉遞可也。外有渠存信件一束,藉此寄呈,即希檢入,餘俟家兄旋京後,再泐復函,并作瓊琚之報耳。草此數行,順頌台祺。伏祈荃照。不宣。

愚弟 期劉華海頓首書 丁亥三月廿日冲

(原蹟望漢廬藏)

山泉在接到華海的信札後纔知其祖母去世的消息,遂托冬至使便寄去弔辭。燕庭在冬天還都,接到山泉的吊書,在翌年正月廿三日覆札,感謝山泉贈禮,且報近況。其信札内容如下:

頃奉華翰,猥承遠唁,感戢奚如。藉悉山泉仁兄大人,侍奉曼安,起居康吉,慰慰。承惠多儀,謝謝。弟自奉諱後,扶櫬東返,兼作遠方游,去冬始歸。僕僕一載餘,迢迢兩萬里,心力俱瘁,所幸頑軀尚健,差足告慰系念耳。冬便尚希惠我德音,俾慰渴念。東卿、月汀時相過從,想亦各專函奉復也。草此奉復,即候日佳。不宣。

山泉仁兄左右 愚弟制劉喜海頓首 戊子正月廿三日

(原蹟望漢廬藏)

燕庭把此信札以及歸鄉時所拓《郎邪臺秦李斯篆刻石》拓本一紙包裝後托付山泉轉交阮堂。其札曰:

《郎邪臺秦李斯篆刻石》拓本一帋,望代贈秋史尊兄雅鑒。秦篆原刻，中國所存，厪泰山數字并此耳。泰山刻，爲煨燼之餘，此則數千秊巋然獨存者，可寶也。臺在諸城縣南九十里海濱，弟去冬旋里，曾一登之，手拓數帋。

（原蹟望漢廬藏）

燕庭在同年夏，再寄手札給山泉，不過冬便使臣未能帶來山泉的答書。道光十年(1830)夏，燕庭收到山泉手札，因其中有諸多疑問需要解答，尤其對朝鮮古碑拓本也請托代爲蒐集。其書信要旨如下：

（一）對書信行違辯解曰：

戊子（道光八年）夏日，曾泐函奉候，而冬便未奉覆音，想系浮沈也。并聞足下出宰外邑，故未修東，恐不能達覽耳。來示責備云云，當與兄分任之，弟不肯獨任其咎耳。

（二）告知個人近況，及弟華海春闈失敗的消息。

（三）對山泉囑托鐫印，解釋道：

陳南叔，於去歲仍館弟齋，囑筆道念，此次不及札候，明春當鐫印報命也。（參照前揭南叔書札。）

（四）詢問趙雲石的近況。

（五）對山泉委托尋覓的製墨方詳細回答曰：

委覓製墨方，中國皆歙縣人，獨擅其長，他處竟無知其法者士大夫皆以名號齋名寄與歙賈，令其加料製之，實非自製也，其法固秘不示人，亦其地之水性所宜，易地則不能也。墨林、墨苑、墨譜諸書，詳於圖式，而略於製作，惟明沈繼孫《墨法集要》一書，爲近代製墨之善法，容代覓一部奉覽，但不能限以時月也。

（六）贈古碑數種，約定之後寄送鐘鼎拓本。

（七）希望寄贈朝鮮古碑拓本：

海東金石，承吾兄及雲石兄所惠已數十種，而未經睹目者，殊耿耿於懷，以滿覽爲快，故癖好愈久愈貪，竟成結習，不能無無厭之求。

目録一紙附呈,望物色得之寄我,爲幸。

和之前翁星原托付阮堂及其他東友如同一轍,都是添加目録委托,所以燕庭所著大作《海東金石苑》的成書絶非偶然。

(八) 希望寄贈《朝鮮古籍存佚目録》:

貴邦代有文人,著述甚富,不知舊有書目之輯否。如無,敢求足下將東國著述各書,自唐迄今其人現在者不必録編一書目,如能仿《四庫》簡明目録法分類,更妙。否則,寧詳毋略,即古有其書,而今則亡佚,亦務列入,以傳其名。弟近有古今書目之纂,因思東國素稱文物之邦,不可無《藝文志》也。淵博如足下,定樂爲蒐輯,仰懇仰懇。

這是如燕庭一樣,清代學人對朝鮮文獻的惓惓之意,而朝鮮時期因没有編纂過歷代書籍目録,所以對於研究朝鮮文化是一大缺憾。而如《海東繹史》、《文獻備考》中雖收有朝鮮書籍,卻并不是提要式的古籍文獻撰述。

之後,燕庭又寄給山泉手札,其内容要旨如下:

(一) 對於阮堂寄送古碑,因和阮堂没有單獨來往書信,深感失禮,請山泉代爲致歉:

昨于九月杪,奉到令兄秋史先生惠寄石碑二種,乞代爲致謝。因向無尺素往返,未便專函申謝耳。

(二) 詢問趙雲石的消息,甚爲懸念:

雲石去冬書來,知其出守寧邊,此次未見音息,不識伊近況何似,殊爲懸念。望足下便中示及,爲感。

(三) 乞求購贈朝鮮金石拓本:

海東金石,雲石所贈者已數十本矣,然有渴思得之者,望足下代爲購寄,是盼。切禱。目列于左:

《薛仁貴祠壇碑額》

《文武王陵碑》

《角干墓碑》

《角干十二神》

《神文王陵石面字》

《白蓮社大字額》

《講堂寺碑》

《鳳巖寺碑》

《夜游巖三大字》

《伽耶山紅流洞七言詩》

《三日浦題名》

（四）就阮小雲（名常生，阮元嗣子）依托的《皇清經解》報告曰：

再啓者。阮雲臺先生有寄令兄《皇清經解》一大簏，前小雲出守永平時曾將此書交存弟處，本擬此次貢使東歸，托其帶交，奈三行人俱與弟不相知，無緣托寄。悵甚悵甚。望閣下將此轉致令兄，并囑令兄今冬覓一便人，持書至弟㢋，取歸此物可耳。又及。

此書對於阮堂來説可謂是一大福音。之前，阮堂在道光九年得知《皇清經解》已經刊印的消息，曾向阮小雲去信表示願得到此書，小雲爽快答應，并從廣州遠道帶到京城。爲了能轉寄阮堂，小雲在赴永平任時托付燕庭代爲轉交。（拙稿《金阮堂和阮芸臺父子》，載《服部先生古稀紀念論文集》，有詳述。）

（五）阮堂爲燕庭題"小丹林"匾額，燕庭作爲答禮贈《白石神君碑》拓本：

去冬承秋史小丹林題額之惠，知同有金石之好，愧無以爲報，兹奉去《白石神君碑》一通，聊表微忱。弟素未識荆，不便致函，祈東卿仁兄轉寄秋史先生，并達鄙意。是荷。喜海。

（六）對獲得的《高麗史》缺卷需補寫，懇望寄示：

昨歲於揚州得寫本《高麗史》百卅九卷，内缺列傳三十一《趙浚列傳》、三十二《趙道傳列傳》兩卷，敢煩留意鈔出寄來，俾成完璧。幸甚幸甚。專懇專懇。

(七) 詢問廣平寺石幢建立年代，及紅流洞石刻的宋尤庵姓名時代。

(八) 希望寄贈李仁老《破閑集》和鄭夢周的文集。

(九) 告知《海東金石文》編纂情況，現已由鈔胥録出全文，希望繼續寄贈古碑拓本：

貴邦古碑，承閣下及雲石兄所寄頗富，現已屬鈔胥録出全文，擬纂《海東金石文》一書，而唐宋石刻未得者，尚復不少，敢煩蒐羅惠我，不啻百朋之錫也。

(十) 托付轉交趙雲石信件和藍布包。

(十一) 贈以下諸品：

古碑八種，墨二匣，舊刻竹筆擱一件

道光十年(1830)春(此信札未署日期)，燕庭又寄山泉書札斷簡，其要領如下：

(一) 贈鐘鼎文拓本册子，附注釋文：

鐘鼎文，兹就所藏所見者，拓本裝册，略爲注釋，聊以應命，不足當大雅之觀耳。

(二) 對山泉托付的《墨法集要》、石鼓文、漢隸各種回答曰：

《墨法集要》，聞東卿兄前已寄呈，兹不復寄矣。石鼓文及漢隸各種，尚未購得，冬便即寄。

(三) 贈印泥：

印泥，以閩中來者爲佳，兹以舊存一合奉去，尚可應用。

(四) 稱讚《仙鳳寺釋煦碑》精好無缺，對《知谷寺真觀碑》、《瑞峰寺玄悟碑》質疑曰：

《南嵩山仙鳳寺釋煦碑》，東卿兄處，現藏有新本，頗精好無缺，即係令兄秋史先生所贈。《知谷寺真觀碑》、《瑞峰寺元悟碑》,此次景寶所贈,即有此二種,吾兄來書,何俱云年久埋滅耶,想未及細檢耳。

(五) 乞寄《平百濟碑》、《劉仁顯紀功碑》精拓本:

《平百濟碑》、《劉仁顯紀功碑》,可稱東碑之冠,但兄與雲石所寄之本,俱不清晰,是拓工太劣之故。敢求吾兄與雲石兄商之,遣工以薄楮重墨,加功精拓以匀爲主,自必可觀也。仰懇仰懇。

(六) 托付物色《沙林寺殘碑》、《法泉寺玄妙塔碑》拓本:

《沙林寺殘碑》,聞襄陽縣新出土者,集右軍書,甚精妙;《法泉寺元妙碑》。二種,望爲物色之。

(七) 讚嘆阮堂書畫俱上乘,托付以阮堂之筆繪《秋夜讀碑圖》,并叙與雲石、山泉因海東諸刻蒐羅所結翰墨因緣:

令兄秋史先生,書畫俱詣上乘,弟甚欽佩,但向未尺素往還,未便唐突,望吾兄代求《秋夜讀碑圖》。并將弟酷嗜金石文字,而邇年來,雲石與吾兄,代爲蒐羅海東諸刻,一段翰墨因緣,書於幅内,亦一佳話,想在同志,定不嫌甚繁瀆也。仰懇仰懇。喜海又白。

道光十一年(1831)正月廿八日,燕庭又寄山泉手札,其内容如下:

山泉仁兄閣下。客春趙游荷兄旋東,曾布數行,并徵物種種,亮已早登記室,今春未蒙賜覆,殊切馳系。昨於貴邦友人處,詢知近狀,稍慰下懷,比審起救丞,動候時宜,定符鄗祝,欣甚抃甚。弟農曹歷珞,無善足陳,幸邸寓自老母以次平安,差可告紓雅注耳。此行本有菲品仰塵,恐多未便,容俟後寄,順此候安,伏惟朗照。不宣。弟劉喜海拜書。令兄處,均此致候,不另。辛卯正月廿八日燈下。

如上所述,燕庭數十回給山泉的書札中對阮堂的思慕溢於言表,又間接贈送文集拓本,而二人能親自互通書信則是在道光十一年始。

阮堂在道光十一年(1831)八月,托付貢使隨行李藕船轉交燕庭書札,同時贈《妙香寺碑》拓本。燕庭收到書札和贈禮後大喜過望。同年十月二十二日,燕庭裁覆札函,深表謝意。且將阮小雲委托的《皇清經解》一大簏托付李藕船代爲轉送。此書信原蹟現爲鄙齋望漢廬藏。書札内容如下:

(一) 感謝手書和贈品:

秋史仁兄閣下。九月杪李藕船來,交到手翰,雒誦再三,如親謦欬。藉諗興居如意,心跡雙清,頓慰遠懷,曷勝抃頌。承惠法書便面,并《妙香寺碑》,收到。謝謝。

(二) 報告《皇清經解》轉交情況:

《經解》一書,已交藕船,囑其妥爲梱載,望即檢收。

由此,一千四百卷的《皇清經解》在道光十一年底,或至遲在道光十二年春轉交到了阮堂的手中。事實上,這也是《皇清經解》東來之嚆矢,對於沉滯的朝鮮學壇無疑是一場驚濤拍岸,給予了空前的壓力,具有重要的意義。此部皇皇巨著,不僅朝鮮朝人,即使日本邦儒也無人有機會優先觸目。而浩如煙海的清儒經解通過編纂人阮芸臺以及其嗣子阮小雲,又經燕庭和藕船之手,從萬里之外轉遞到阮堂手中,受此恩澤的阮堂,其感激之情可以想見。阮堂亦深入涉獵此部巨著,進行了考覈。阮堂對經學研究的最高峰,事實上也得益于這部《皇清經解》。

(三) 詢問山泉近況,且報告自己供職農曹,慈闈安健。結語如下:

壬辰(道光十二年)冬便,務祈惠我德音。俾釋遐想,是荷。即交藕船轉寄,似更妥也。奉覆金石各條,别詳别楮,專此。敬候近祈。不任馳切。

愚弟劉喜海頓首　辛卯小春二十二日鐙下

别楮目録如下:

古碑五種内隋刻小品石在弟處

洋煙一瓶

水晶煙壺一事

王車璖烟碟一件

右菲品,聊以伴函,希菀納。

藕船此次(道光十一年)入燕之際,見到燕庭的大著《海東金石苑》,并受托題寫了詩文。

七、《海東金石苑》的撰述

燕庭既已通過趙雲石、趙景寶、金秋史、金山泉、李藕船等諸友人的援助,得以蒐羅大量的朝鮮古碑拓本進行研究,經過勤勉之努力,終於撰述成《海東金石苑》八卷。這部著述可謂是藝苑之瑰寶。而此書的稿本,在燕庭歿後,歸於潘伯寅(名祖蔭)之手。曾相傳這部稿本在咸豐十年(庚申,1860)於北京遭受兵火之燹,已經被焚燬。然而,通過潘氏後孫潘承弼近年發表的論文,可知此稿本還保存在潘氏手中(雜誌《製石》所載《金石苑考辨》,潘承弼)。其內容記述如下:

原稿本之狀況

原稿本裝潢精整,爲書八册,册高市尺八寸,寬五寸五分。以綠色綾護封面,以赭色綾爲籤贉,全書用美濃紙精楷繕寫。前有朝鮮李惠吉手書序文,板心下有東武劉氏味經書屋校鈔八字。全書所録碑文,遇整幅,依碑摹寫;殘泐處,并斷以界限。其畫象題刻碑額,亦併摹繪,一如《三巴舂古志》例。碑文後,各附考訂之語。爲卷八,爲碑八十。附録日本碑四。碑之有目而無文者三,曰《唐新羅柏栗寺小浮屠六面幢》,曰《晉高麗知谷寺真觀禪師碑》,曰《元高麗圓覺國師碑》。其有文而無目者一,曰《陳新羅真興王北狩碑》。按此當是原稿寫定後,猶待補苴也。

由上可知,原稿本的體貌一目了然。然而,據潘伯寅的友人鮑子年(名康)所言,此稿本在咸豐十年遭兵火燒燬,所幸的是伯寅直接抄寫的各碑跋語都還保存了下來,在同治十二年由觀古閣出版了此抄本。對此,潘承弼通過考察則認爲鮑子年在晚年已無力刊印原稿本的全部,因急於功利,在跋語中謊言原稿本毁失。現看觀古閣本,封面題有“海東金石苑福山王懿榮署耑”、“同治癸酉十有二月歙鮑氏觀古閣開雕”,卷首題有“同治癸酉十二月歙鮑康識”序文。其次,爲燕庭的題辭(注記詳細),又其次,爲“道光十一年小春月念三朝鮮李惠吉識”題詩,卷尾録有“附日本國多胡郡碑”、朝鮮趙秉龜景寶跋,又并書三行“附日本國多賀城壺石碑、附日本國佛足石碑、附大日本國杠烏靈迹建寺之𢎜篆額”,其後又書寫有“以上諸碑跋失載”,最後題有“同治癸酉十二月吴縣潘祖蔭跋”。

燕庭的題辭長篇,其中對金石文的梗概都以雅辭麗句進行了叙述,注記也極爲詳細,對資料的本質、入手的顛末、贈主姓氏閱歷都一一加以明示。現把注記中有關朝鮮諸友的部分加以摘録,整理如下:

(一) 趙雲石名寅永,字羲卿,朝鮮人。嘉慶丙子(二十一年)入都,知余有金石癖,於書林中晤之,出行篋所携東碑數十種,悉以見餉,嗣後每遇鴻便,必有金石之寄。

(二) 雲石小阮,名秉龜,字景寶。亦有金石之好。道光庚寅(十年)春日,充使來都,即以金石爲贄,修舊好焉。

(三) 金山泉名命喜,道光癸未(三年)來都,與余同好,多金石之贈。

(四) 山泉長兄秋史,名正喜者,曾與庚午(嘉慶十五年)來都,謁見翁覃溪、阮芸臺諸先生,其經術文名,爲朝鮮一時之冠,曾手拓古碑寄余。

(五) 趙秀山(名景游,阮堂友,嘗入燕),謂余曰,一路來多山,歷過一萬二千餘峰。

(六) 所藏東碑,俱屬鈔胥,以精楷寫於雲石所贈日本美濃紙。

本稿用雲石所贈日本美濃紙,并顧鈔胥專門精寫而成,同時對於題名也有如下解説:

余輯寰宇金石，彙著一編，名《金石苑》。今是書亦名爲《金石苑》，而首以海東二字别之。

李惠吉的題詩如下：

燕庭今歐陽，千卷藏金石。奎光照眉宇，嗜古成痞碧。剔秦風漢雨，臨姬碣禹畫。編摩厥有書，尚嫌寰宇窄。象罔求海珠，旁蒐窮獩貊。荒碑抉苔蒼，殘幢剔鐵赤。鍪藏集換鵝，興法存返璧。蜿蜿暹潮字，態態白蓮額。千祼滂羅麗，百編徵儒釋。秋雲良同好[一]，槭拓無今昔。嘉貺替縞紵，萬里憑重譯。含咀遍庚鯖，補綴類狐腋。愛奇擴異聞，闡幽恐泯蹟。繕寫付鈔胥，烏絲鑾箋白。複壁供秘玩，一部當典册。文物斯爲盛，賴免青邱僻。觚生藉流芳，幸作燕南客。客牕識韻語，黄花澹將夕。

道光十一年小春月念三朝鮮李惠吉識

原注：（一）金秋史、趙雲石。

此詩亦收録在李惠吉藕船的《恩誦堂集》卷二中，文字與信札中有所差異。如：

嗜古成痞碧；鍪藏集換鵝；賴免青邱僻。（《海東金石苑》）

嗜古結心碧；鍪藏集碎金；庶免青邱僻。（《恩誦堂集》）

除以上異文之外，還有四五處不同。此外，《海東金石苑》“賴免青邱僻”下面有如下字句：“題辭求拙書，窘於舊逋索，媿謝指懸槌，塗鵶字八百。”

由是觀之，《海東金石苑》所載内容可據《恩誦堂集》進行訂補。

光緒七年（辛巳，1881），張松坪（1820—1888，名德容，衢州人，編《二銘艸堂金石聚》）把潘伯寅傳録的前四卷《二銘艸堂》進行了校刊。卷首收録有燕庭和惠吉的題辭，不過訛誤較多。卷一從陳《新羅真興王巡狩碑》開始，至唐《新羅柏栗寺小浮屠六面幢》，收録有十三通；卷二從唐《新羅朗慧和尚白月葆光塔碑》開始，至唐《新羅華嚴經》殘字，收録有十二通；卷三從唐《高麗廣照寺真澈禪師碑》開始，至晉《高麗知谷寺真觀禪師碑》,收録有十一通;卷四從宋《高麗龍頭寺鐵幢記》開始,至宋《高麗大慈恩园化寺碑并碑陰記》,收録有五通。以上四卷,共收録四十一通。

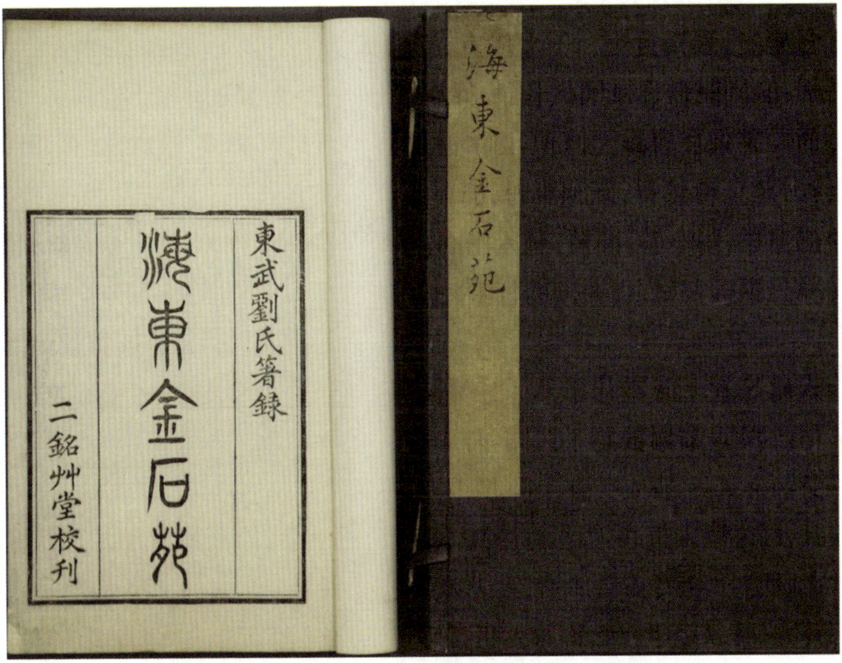

二銘艸堂刊《海東金石苑》,光緒七年,張松坪校刊

此後,燕庭初稿本卷二到卷八問世,在民國十一年(1922)劉翰怡(名承幹)在嘉業堂完刻,收補遺六卷、附録二卷。

藕船在道光十二年,題有《懷寄燕庭》詩,曰:

> 好古劉燕庭,少無軒冕氣。言將一麾去,足支文墨費。平生金石録,關心剞劂未。
>
> (李尚迪《恩誦堂集》卷三)

即,當時燕庭也想如《三巴孴古志》一樣,精刻一部《海東金石苑》,結果未能達成心願而離世。所以,後來鮑子年僅僅出版了跋語部分,之後張松坪出版了前四卷,最後劉翰怡纔出版了八卷完整本。只是,如果仔細查閲各版,會發現有不少誤釋和訛誤,所以其原本如何,頗令人疑惑。

如果以後能親眼看到潘承弼所藏原稿本,將是萬幸。

鮑子年嘗題《劉氏長安獲古編》曰:

> 燕庭先生爲文正、文清公孫,文恭公子,韋、平之閥,室無長物,惟手輯金石文字,踰五千通。服官中外廿餘載,所至不名一錢,而篋中錢幣尊彝,載之兼兩,蓋博古君子也。

以上介紹,令《海東金石苑》的著者燕庭之面貌躍入紙上。

鮑子年也有古泉癖,所以與燕庭意氣相投,交情密切,其著述《觀古閣叢藁》足以證明。鮑子年又在同治十三年爲燕庭《論泉絶句》二卷覆刻,令其廣爲傳播。即使只有跋語,而由鮑子年校刊出版,也足以證明他們之間深厚的墨緣。

八、《新羅真興王巡狩碑》拓本的展觀

咸豐十年(庚申,1860)阮堂弟子金小棠(名奭準)、李菊人(名容肅)、安桐齋(名載與)等隨貢使入燕。翌年,即咸豐十一年(辛酉)正月,孔繡山(名憲彝)在韓齋招待此次朝鮮使人。在座的有鮑子年、姚正甫、江蓉舫、何介夫、潘伯寅、汪泉孫等諸名士。小棠把携帶至京的《新羅真興王巡狩碑》拓本出示給在座諸位,得到孔繡山等諸賓客的讚賞。諸家賞玩讚嘆之餘,繡山首先提管記之曰:

> 咸豐十一年歲在辛酉,正月廿八日,曲阜孔憲彝,偕弟孔憲穀,同觀於京國衍聖公邸致經堂。男慶(第篤)侍。

鮑子年在二十年前於燕庭的嘉蔭簃中第一次讀到《海東金石苑》,開始知道有此等碑拓,而此時親眼目睹了這部拓本,當感慨無量,當即賦絶句三首,又添加了序文,以記墨緣。其内容如下:

> 道光庚子夏,于劉丈燕庭嘉蔭簃中,獲讀所著《海東金石苑》八卷,載古刻凡八十餘通,以《真興王巡狩碑》列卷首,碑雖殘缺,而義可尋釋。其文云,戊子秋八月,即真興王之二十九年,在中國,當爲陳之光大二年也。流光荏苒,逾二十稔矣。咸豐辛酉穀日,孔繡山

前輩，招同姚正甫、汪蓉舫、何介夫、潘伯寅、汪泉孫，集韓齋，始識菊人、小棠、桐齋諸兄。承示是碑，視近搨，字畫完好，如廿日𦥑祖基王植忍四托境鄰國未有是歲秋旨心欲盡功可顧道干冬夫知及部另諸字，皆略無剥蝕，洵數百年前物。偕同人展觀稱快，歸賦三絶句志之。惟書作皆劣，有損佳拓，爲媿耳。

幾行寶刻艷收藏，浮海携來墨本香。
莫訝片帆飛渡穩，勝地載石壓輕裝。
眼界應嗤井底蛙，蒐羅無計徧天涯。
何當一葦杭瀛海，同訪殘碑剔蘚花。
嘉蔭簃中締古緣，韓齋詩酒又開筵。
無端觸我人琴感，回首前游二十年。

二月三日，同觀者姓名題記如下：

咸豐辛酉二月三日，玉田袁開第、餘姚邵文煦、婺源江人鏡、江寧何承禧、桂林張昌顥、休寧楊言、仁和許善長、晉江黄貽楫、樂平汪元慶同觀。

題筆者似是汪元慶。

小棠得到諸家的題讚，歸國後出示給諸同人。藕船展玩之餘，追憶燕庭，題筆作詩云：

麥宗巡狩日，光大二年秋。
遺蹟黄草探，殘碑冠海陬。
濟麗無此作，歐趙未曾收。
誰復編金石，臨風憶舊游。①

謂劉燕庭方伯海東金石苑　老藕尚迪

---

① 此詩見録李尚迪《恩誦堂集續集》卷八，題名爲《小棠索題新羅真興王巡狩碑拓本碑在咸興府黄草嶺》。詩後有小注："道光辛卯，劉燕庭方伯輯海東金石苑，首載此碑，屬余書序文。近聞燕庭身後其書亦煙没焉，可勝愴惜。"

辛酉六月，吴亦梅①展觀此拓本，看到鮑子年的序文，遥想燕庭所編《海東金石苑》，題記曰：

> 劉燕庭《海東金石苑》，思欲一睹，物色之不可得。今讀鮑子年跋語，云戊子即真興王二十九年，此沿《三國志》薨年稱元之例，不及見權杏邨史略耳。余方輯《三韓金石録》，載入此刻，爲東北定界者。再有巡狩碑，在今北漢山僧迦峰，惜漫漶不可辨。
>
> 辛酉六月大暑日　海州吴慶錫題記於碧杜吟館

此外，還有金梅隱（名準學）的題記。

此册原蹟現藏于鄙齋望漢廬。每觀此本，不禁常懷想起以燕庭爲中心的清、朝鮮學人之間的墨緣。

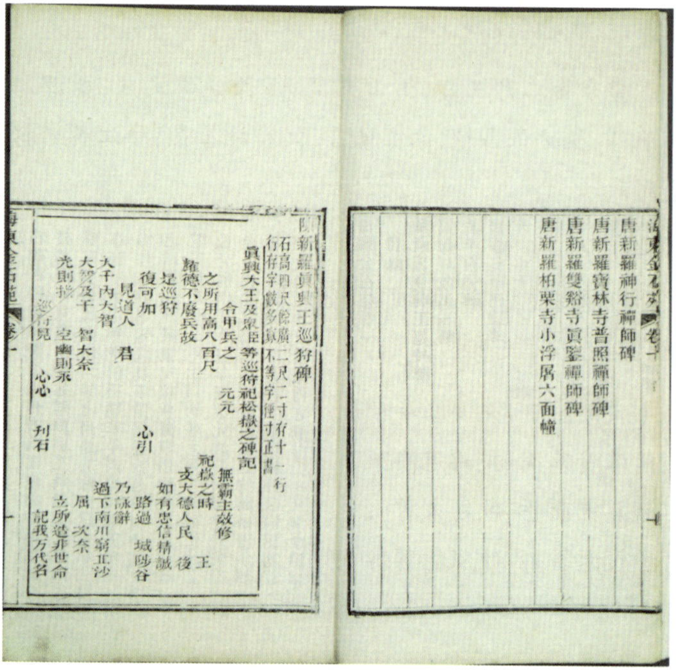
海東金石苑　卷十
唐新羅神行禪師碑
唐新羅寶林寺普照禪師碑
唐新羅雙谿寺眞鑒禪師碑
唐新羅柏栗寺小浮屠六面幢

海東金石苑　卷一
陳新羅眞興王巡狩碑
石高四尺餘廣一尺二寸存十一行
行存字數多寡不等字徑寸正書
眞興大王及衆臣等巡狩祀松嶽之碑記
合甲兵之　元元　撫霸主設修
之所用高八百尺　祀嶽之時　王
維德不廢兵故　文大德人民　後
是巡狩　如有忠信精誠
復可加　心引　路過　域砂谷
見道人　君　乃詠辭
大干内大智　過下南川窮丑沙
大智及干　智大奈　屈　次奈
光則撥　空幽則來　立所造非世命
巡狩見　心心　刊石　記我万代名

二銘艸堂刊《海東金石苑》卷一

---

① 吴慶錫（1831—1879），字元秬，號亦梅、鎮齋、天竹齋等。李尚迪弟子，漢譯官。善書畫，尤致力於金石研究，有《三韓金石録》、《三韓訪碑録》等。

藕船曾撰《新羅真興王巡狩碑拓文書後》[1]，指出此碑建立於真興王二十九年戊子，即陳光大二年，此是真興王巡狩之時，不是建碑之年，應是燕庭誤解所記。金富軾在《三國史記》中記有："真興王諱彡麥宗，立三十七年薨，謚真興。"所以，"真興"也不可能是生前所用名號。而建碑的時期，應是在真智、真平二王之時，是爲了追述其先王巡狩事蹟，在舊址上勒石所建。由此可知，在道光十一年，藕船從燕庭處看到《海東金石苑》八卷本，卷首所記碑中記有陳光大二年建字樣，因別時匆匆，藕船未能及時給予訂正(李尚迪《恩誦堂集》卷二)。不過，"真興"謚號的有關問題，阮堂在《金石過眼録》[2]中已有詳細考證，相關内容也就非常明白了。

① 此文見録李尚迪《恩誦堂集續集》卷二。

② 金正喜《金石過眼録》有美國伯克利東亞圖書館藏日本學者淺見倫太郎抄録本，以及檀國大學退溪紀念圖書館藏"再寫六堂印藏字本"。

第十五章　阮小雲、賜卿兄弟與阮堂

一、小雲與阮堂

阮堂入燕之際，從阮芸臺處聽聞有小雲（名常生）、賜卿（名福）兩兒之名，遂對他們生活的江南情思神往。小雲、賜卿兄弟从父親芸臺處也常常聽説阮堂的人物學問，對阮堂海東第一通儒之名傾慕不已，遂通過魚雁往來、書籍贈答，結成了神交金蘭。

道光九年（朝鮮純祖二十九年，1829），阮芸臺編纂的《皇清經解》完刻而震驚學壇的消息傳到了阮堂耳中，也讓阮堂感慨不已。當年，阮堂托付冬至使一行轉交一書給在北京爲官的小雲（時寓兵馬司後街），叩問清儒諸家經説的同時，對芸臺的諸著書極力稱讚，并詢問《皇清經解》完刻的顛末，同時求賜芸臺的著書《兩浙輶軒録》、《淮海英灵集》等書，同時求題"覃揅齋"匾額。另，又托付轉交贈朱椒堂（名爲弼）箕都八景墨一匣。阮堂又問舊相識朱埜雲安否，又介紹此次入燕的門生金檢（阮堂弟子）給小雲。小雲讀到阮堂札翰，欣喜交加，以長文答復，并托付東歸的貢使轉交阮堂。

小雲書寫答翰的時間爲道光十年（1830）正月，此翰原蹟藏於鄙齋望漢廬。今舉其摘要來看，嘉慶十七年芸臺外任總漕，小雲則隨父從揚州至赴任地,在當地看到阮堂所題王椒畦手卷,又從父親處聽説阮堂的人品學問,對東海英俊阮堂傾慕不已。之後,在嘉慶二十一年,小雲回京補官農曹,時常與朱埜雲過從,兩人常談起阮堂的風雅淵博以及對經學的造詣之深厚,從而對阮堂的景仰之情更加深厚,時常渴望能與阮堂一見,可是懷想十餘年,也未能如願,遺憾之餘,忽然接到阮堂手書,展誦書翰,如見其人,興奮之情不能抑制。此外,對阮堂的詢問,小雲也一一作了回答,尤其是對探究清代經術在朝鮮半島的傳入,清代文物聲明在半島的植入,令人心生敬意。小雲的書札内容摘要如下:

(一) 凌仲子先生(名廷堪,芸臺之友,小雲之師)以《文選》爲文章之正宗,聽聞者頗爲震驚,不過如果詳考史書古籍,可知爲至論。家大人的《文言説》、《文韻説》中論説甚詳,都載於舍弟福之《文筆考》册内。閣下如能仔細玩賞,定能貫通其説,深知駢體實爲文之正宗。

(二) 奉贈焦里堂(名循,芸臺之戚友)先生文集一部,其解經著書甚多,惜現手中未有。《兩浙輶軒録》板在杭州,《淮海英灵集》久未刷印,京中亦無此書。

(三) 朱椒堂先生尚任官順天,托贈箕都八景墨一匣已經轉交,宜萬分感謝。椒堂贈自製墨一匣,請收好。

(四) 來屬覃揅齋匾額已帶至通州,還未能題寫,後當追附。

(五) 朱埜雲處士今年七十一歲。有二子,長子名大樹,甚聰敏能讀書,今年十六歲;次子名大川,今年九歲,亦是將來才俊。埜雲先生雖爲老年,但避於交際,頗爲康健。在自家宅西構築一閣,榜題“涵秋”,亦題有聯句“門外遠山排欄入,窗前積水當湖看”,可知其老境甚佳。去年又得一女,顧南雅學士(名莼)爲其七十壽題寫對聯曰“撥墨不知老將至,生人誰説古來稀”,閣下聞此,可知埜雲老當益壯矣。

(六) 金君檢,人品甚高雅。僕對《九章算術》不明,學於同部徐君有壬(字鈞卿),叩問金君,甚精通,欽佩之至。聞金君從游於閣下,可知其學術淵源。如無閣下提倡,不可達此境界。金君曰閣下一二年内來都,唯僕一二年内外任,恐無緣拜晤。

（七）今冬賜書札之際，交付朱埜雲處士或劉燕庭農部，將無違間。燕庭名喜海，現和葉東卿并肩，所藏金石最爲豐富。聞燕庭與令弟山泉親交最深，燕庭所拜見貴邦史書甚佳，唐碑拓本甚多。若投贈一二，將不甚榮幸。

以上爲來札要點。有關《皇清經解》相關一節最爲重要，本節中將另行考述。此外，小雲又臨摹石鼓文贈阮堂，題署曰：

> 道光庚寅春正月，臨石鼓文寄東海秋史仁兄先生，即請雅正。揚州阮常生時寓京都兵馬司後街。此幅臨畢，適朱埜雲處士至，屬書于此，以告秋史一粲。常生并記。

小雲所贈此幅摹本現歸東京工藤壯平氏藏。此書札中所言及的泠仲子的文章論，阮堂也有共鳴，後來阮堂在給汪孟慈的手簡中對自己的意見也有詳細陳述。另外，《文筆考》、《兩浙輶軒録》、《淮海英灵集》等書，小雲也都陸續寄贈。劉燕庭、葉東卿和阮堂的親交學緣，在前節中都做了考述。

二、《皇清經解》的東傳

芸臺在道光初任兩廣總督，在嶺南建學海堂。道光五年，芸臺命門人嚴厚民①擔任總編負責編輯《皇清經解》，并命廣東督糧道夏修恕②擔任總司。道光六年，芸臺擔任雲貴總督，由夏修恕全權督管刻書事宜，爲了徵求芸臺意見，也只能通過郵便詢問經書編纂事宜。至道光八年，已編成一千四百卷，一百八十種，完成板刻。此消息很快傳入到阮堂耳中，阮堂渴望探究清朝經學淵藪的慾念難以抑制。尤其是覃溪老師的經説（覃溪的《諸經附記》七十四卷，阮堂珍藏并進行了考覈），《皇清經解》是如何

---

① 嚴杰（1763—1843），字厚民，號鷗盟。餘杭人。屢試不第，專心經學研究。著有《小爾雅疏證》、《毛詩考證》等。

② 夏修恕（？—1840），字渾初，又字渾夫，號森圃。江西省南昌府新建縣人。嘉慶七年進士及第，選翰林院庶吉士，授翰林院檢討等職。阮元門生，與嚴杰、阮福一起編纂刊刻《皇清經解》。

扱取的,阮堂甚是掛心,遂向小雲懇切情述,詳細詢問的手簡在前面已有記録。小雲作了如下回復:

《皇清經解》,五年之久,始得告成。計所收本朝諸儒説經之書,一百八十餘種,統共一千四百卷。卷帙甚繁,刷印非易。而板存廣州,去京五千餘里,携帶至京,尤非易事。兹先將目録一册奉寄,閣下閲之,即知其大概矣。所有全書,容俟將來到京,再爲奉寄可耳。

覃溪先生深於金石之學,爲近之第一人。至於説經之書,非其所長,是以經解中,未之録也。

阮堂見到小雲所贈《皇清經解》目録一册,欣喜踴躍,而對所期待的覃溪經説被排除在外、未能收録感到無比的遺憾。

小雲評價覃溪"至於説經之書,非其所長",應該是當時經學者之間的共識。覃溪門人凌仲子在其著校《禮堂文集》中對覃溪經説未有言及,應不是偶然。如果深入考察,會發現芸臺門生陳左海①曾爲芸臺編纂《經郛》(《上儀徵阮夫子請定經郛義例書》、《經郛條例》,《左海文集》卷四),可知其也爲《皇清經解》編纂的相手。而林樾亭(名喬蔭)的名著《三禮陳數求義》三十卷,因反駁馬、鄭,對漢學不能相容,於此書有所忌避,亦未加收録(梁章鉅《退庵隨筆》卷十四)。又加對覃溪持論立場頗慊惡,因覃溪對芸臺的《十三經校勘記》、段茂堂的《周禮漢讀考》有所議論,陳左海甚至慨然寄書加以論駁(《左海文集》卷四,《答翁覃溪學士書》)。由上可知,因覃溪與陳左海經學觀點相左,導致兩者之間産生感情矛盾,而覃溪離世後,陳氏也有故意未加採録的可能性。阮堂在信中曾云:

覃溪師著《十三經附記》,積有七十四卷。至於撤瑟之辰,神明不減,猶孜孜不已。恪遵程朱,博綜馬鄭,是其爲學大概也。

(據望漢廬藏原蹟)

---

① 陳壽祺(1771—1834),字恭甫、介祥、葦仁,號左海、梅修、隱屏山人。福建侯官人。嘉慶四年進士,曾主講鰲峰、清源書院多年。致力於經學研究,有《今文尚書經説考》、《五經疏證》等,另有個人詩文集《左海全集》。

阮堂對覃溪的《十三經附記》景仰不已，而生前更與芸臺有深厚的學緣，芸臺所編纂的《皇清經解》未能採録覃溪經説，阮堂對此感慨不已。

陳左海對覃溪的態度，阮堂在給汪孟慈的手札中也深表遺憾，而對覃溪説和段茂堂説的批判態度，在阮堂給李月汀的書信中有記録。雖然如此，阮堂還是對《皇清經解》的遠寄懷有熱切的期待。贈給阮堂的《皇清經解》一大簏從廣東運至北京小雲處，因當年（道光十年）十月小雲赴直隸永平府任知府，遂把此部書托付劉燕庭轉寄阮堂。

燕庭在寄給阮堂之弟山泉的道光十年十月廿九日信札中曰：

> 再啓者。阮雲臺先生有寄令兄《皇朝經解》一大簏，前小雲出守永平時曾將此書交存弟處，本擬此次貢使東歸，託其帶交，奈三行人，俱與弟不相知，無緣托寄。悵甚悵甚。望閣下將此轉致令兄，并囑令兄今冬覓一便人，持書至弟廡，取歸此物可耳。又及。
>
> （據家藏原蹟）

而燕庭在翌年（道光十一年）十月托付入燕的李藕船（名尚迪，阮堂弟子）帶回了此書。

燕庭在給阮堂的信中（道光十一年十月二十二日）曰：

> 《經解》一書已交藕船，囑其妥爲梱載，望即檢收。
>
> （據家藏原蹟）

由以上内容可知，《皇清經解》在道光十一年底，或最遲在道光十二年春，轉寄到了阮堂手中。這也是此皇皇巨著傳入朝鮮之嚆矢。對沉滯的李朝學壇施與了前所未有的壓力，具有重要的意義。

《皇清經解》通過舶載傳入日本的時間，恐怕要到天保六年（1835），即道光十五年左右。宫田華龍所著《古文尚書總辨》在天保六年（1835）秋印行，其中記有“此篇既成，賈舶載《皇清經解》千四百卷來”。天保七年，岡田煌亭著有《皇清經解一斑》，其中云“此編世尠有焉”，可知此部經解最早也不可能在天保五年以前傳入。朝鮮學人甚爲幸運，日本邦儒還未能有人見到這部巨著之時，而朝鮮學人中如阮堂者，卻已經與此皇皇巨著的編者阮芸臺建立了如此深厚的學緣，并且得到遠惠，可想而知，阮堂的感悦之情不可限量。阮堂收到此部巨著後，對《經解》多方涉獵考覈，阮堂對經學研究有如此深入的研究，也大半多得於此部巨著的幫助。

《皇清經解》有道光九年九月夏修恕的序文，此序文是夏修恕寄給遠在雲南的芸臺修正後完成，所以在文末題有"益見平實精詳矣"一句，其實是芸臺的添筆。而且，序文在道光九年九月所題，而此部著書早在道光八年已經開刻，有關内容在汪孟慈求得芸臺的親筆後又添加自讚，合封後寄給朝鮮權彝齋(1783—1859，名敦仁，官至領議政，屢以貢使入燕，阮堂之親友)，彝齋又出示給阮堂，阮堂欣然清寫保管。芸臺、孟慈合璧的原蹟現爲鄙齋珍藏，其文内容如下：

> 道光八年，粤中學海堂《經解》刻既成，夏觀察寄序來滇請正，豫稍增删之，其末句云"益見平實精詳矣"，則余所加也。平實精詳，一部《經解》之要語也。平則不騖高遠，而切問近思；實則不落空虚，而好古求是；非明辨，則不能精；非博學，則不能詳。即如荀子者，學出孔門，受授諸經，尤傳《詩》、《禮》見《經解》中汪容甫先生書内。而韓昌黎斥爲擇而不精，語而不詳，蓋昌黎但知文而不知經者也。《易》奇《詩》葩，不過擇其詞語爲文之資而已，非余所謂精詳也。
>
> 阮元之印
>
> 阮相公謂昌黎知文不知經，不獨昌黎爲然。陸元朗知等韵，不知古韵，信僞《古文尚書》，以舜典廿八字，升爲經文，李斯以後一罪人也。孔冲遠襲皇甫熊劉之書，古今文不分，南北學不别，自孔疏出，而先秦兩漢之古義亡；先秦兩漢古義既亡，七十子微言大義益乖。歐陽夏侯齊魯韓古書，單詞隻義，是在考古者甄録之，即如《北史》及《通典》所載古義，不可補賈公彦之弇陋哉。甘泉汪喜孫。
>
> 汪喜孫印　　孟慈

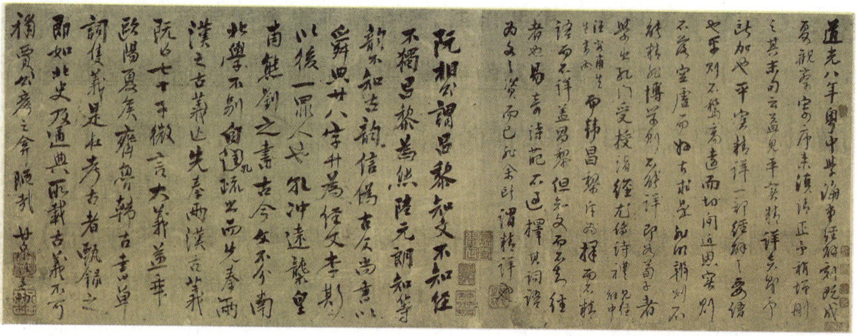

芸臺親筆經説，汪孟慈自筆讚，合璧後寄給權彝齋，彝齋出示給阮堂。(望漢廬藏)

阮、汪合璧之書，鈐有“彝叟審定”[①]印文。阮堂的感謝信札想必也分别寄給了芸臺、小雲、燕庭等，可見阮堂也曾寄給小雲之弟賜卿信札，而賜卿的答書原蹟也得以保存了下來。

三、賜卿與阮堂

道光十二年(1832)冬，阮堂托付貢使一行捎去給在京的阮賜卿書信，并寄原刊本《七經孟子考文補遺》，以及爲芸臺所題“阮氏家法”匾額，又托付轉交給儀墨農(名克中，廣東人)書信。阮堂曾在芸臺的雙碑之館中看到翻刻本《七經孟子考文補遺》，爲之感嘆。歸國後，阮堂又蒐集到了日本的原刻本，遂當即寄送給了芸臺，這些也都表明了他們之間的學緣匪淺。而在道光十三年正月，賜卿收到了阮堂的手札，欣然提筆回復答書，對所贈珍品深表謝意，又對所題“阮氏家法”匾額漢隸之精雅蒼古讚嘆不已，并表示裝裱後懸掛書齋，早晚瞻仰，以常睹先生之風采。又叙述了自己兒時起聽聞阮堂大名，未能拜晤，在道光九年收到所贈舊墨二笏未能致禮意，深表“耿耿私心向往益切溯洄”的思慕之情。賜卿又贈阮堂自著《孝經義疏補》。其書信内容大略如下：

(一) 家大人於去秋恩命入閣，仍帥滇黔。今春述職，届期三月初旬可到，當以見惠二種轉呈。

---

① “彝叟審定”爲權敦仁私印。

(二) 家孟(謂小雲)已由永平守,擢清河觀察。

(三) 劉燕庭(名喜海)兄已出守汀洲,去京約六千里。

(四) 朱茮堂副憲及朱埜雲翁,時向往還。埜雲翁旺健如常,涵秋閣中,時與文酒之會,每對尊書楹帖,不盡神交。須埜雲翁展重陽圖,茮堂書"阮堂"二大字,及隸書對聯,統容緩圖報命。

(五) 《經解》,知已檢收。其中訛落誠多,蓋此書開雕時家大人已由兩粵移節滇黔,不克親督校讎之故。

(六) 拙作《孝經義疏補》,今又續寄完部二册,外又奉上《歷代年表》、《讀書敏求記》、《列女傳》各一部,聊伴蕪函,尚希詧入。

又有再啓數語附記曰:

承惠隸額,書法精良,務望續賜數種,或隸或草附便,確交足感。厚貺不既。

賜卿在信札中對《皇清經解》中的訛落進行辯明之處值得注意。此外,又有一通未署書寫具體日期的簡單信札,爲賜卿所寫。札中記述了感謝贈送《算學啓蒙》一書,所托《大雲山房集》因現無存本,擬日後再寄,

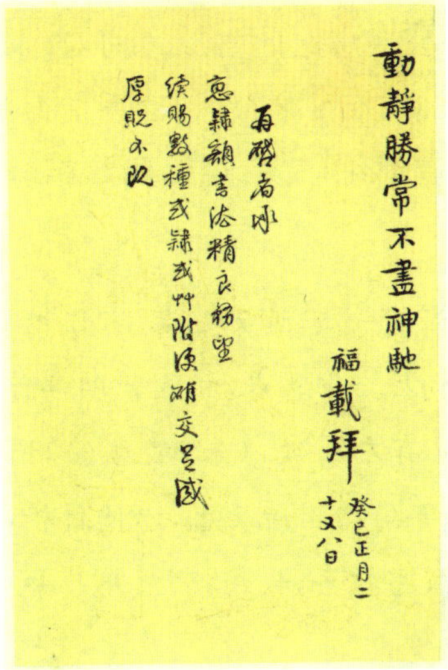

動靜勝常不盡神馳
福 載拜
癸巳正月二十八日
再啓者承
惠隸額書法精良務望
續賜數種或隸或草附便確交足感
厚貺不既

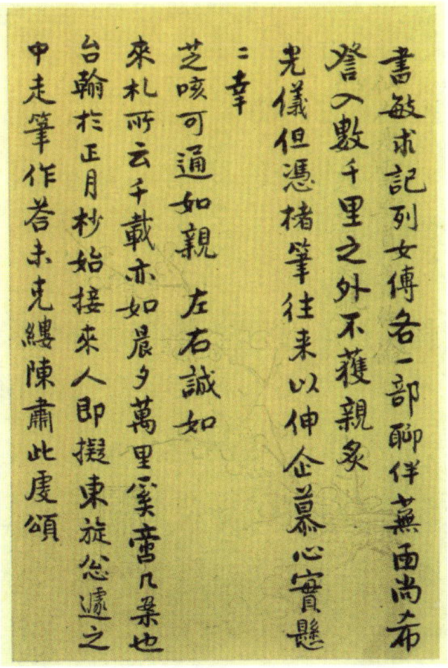

書敏求記列女傳各一部聊伴蕪函尚希
詧入數千里之外不獲親炙
光儀但憑楮筆往來以伸企慕心實懸
二幸
芝咳可通如親 左右誠如
來札所云千載亦如晨夕萬里奚啻几案也
台翰於正月杪始接來人即擬束裝怱遽之
中走筆作答未克縷陳肅此虔頌

道光十三年正月阮福寄阮堂手札(望漢廬藏)

并贈《學海堂集》、《校禮堂集》二匣(原蹟鄙齋望漢廬藏)。

由上可知,冷次仲的大著《校禮堂文集》傳入阮堂之手,阮堂對其中所收《漢十四經師頌并序》、《與胡敬仲書》等名文卓說抄寫愛誦的事實。

手札中所言《大雲山房集》爲清人惲敬的著書,後來阮堂從弟子李藕船處接到此書,阮堂繪《歲寒圖》以表謝意。

四、《算學啓蒙》的出版

阮芸臺嘉慶年間在浙時搜訪到元人朱松庭[①]所著《四元玉鑑》三卷,收入所輯《四庫全書未收書》。朱氏又著有《算學啓蒙》,可惜不見傳本,阮元嘆息道:"今《啓蒙》一書,不可復見矣"(《四庫未收書提要》,《揅經室外集》卷四)阮堂在京時聽到芸臺此語,遂告知說朝鮮有此翻刻本。阮堂歸國覓得後寄給了芸臺,芸臺甚爲欣喜。此翻刻本爲朝鮮顯宗元年(1660),即清順治十七年庚子七月,全州府尹始振重刊本,刊記有"元大德時惟揚趙氏原栞本"。阮堂也把此本贈送給了知交汪孟慈、徐鈞卿(名有壬,字君青,浙江烏程人)。道光十八年,《算學啓蒙》由阮芸臺門生羅茗香(名士琳,字次璆,江蘇甘泉人)等人影雕出版。《算學啓蒙》影雕之前,羅茗香曾向阮芸臺借用此書,當時芸臺忘記此書放置何處,未能找到,遂向汪孟慈借閲,後經劉孟瞻(名文淇,江蘇儀徵人)之手借得此本。關於此事,汪孟慈在給茗香的書信中有詳細記述,現輯録其相關内容如下:

> 《四元玉鑑細艸》,業經刊成,尚有一二刊誤之處,容俟校好,其時相國之序,亦復續刊完好,再爲奉上。兹狀者,相國云朝鮮曾以朱氏《算學啓蒙》來易《四元玉鑑》,頃有友人欲以朱氏《啓蒙》坿刊於《玉鑑》之後,俾成朱氏一家之學。曾向相國借此書,以便付梓,相國徧檢行篋,不知遺失何所。囑士琳致書執事,代爲搜訪,爲此奉懇,即

① 朱世傑(1249—1314),字漢卿,號松庭。燕山人(今北京)。元代數學家,教育學家。主要著作有《算學啓蒙》與《四元玉鑑》。

將朝鮮版《算學啓蒙》封寄孟瞻明經處,俾士琳轉付友人,即爲刊布。則倡明絶學之功,洵出自執事也。云云。

（據望漢廬藏原蹟）

文中所謂“相國”當然是指芸臺,此是對相關消息佐證的最好材料。之後,茗香在道光十九年秋完刻此書。卷首有阮芸臺序文,卷末有自跋,叙述刊刻顛末。其督工校讎者爲儀徵陳楪生(名輅)、畢藴齋(名光琦),又特記有“此書之得以復歸吾郡者爲甘泉汪孟慈喜孫倡其始”。現今我們看到茗香編刊的《觀我生室彙稿》中所收,可以發現圍繞着阮芸臺所展開的揚州學團,以及通過阮堂所投入的一顆卵石所擊起的千萬層波浪,其燦爛的波光所照之處,自有不必言語亦可感到的萬分喜悦。而提供《算學啓蒙》的汪孟慈和阮堂之間所展開的活躍的經學談論,將在後章中再做仔細討論。

五、結語

綜上所述,以《皇清經解》、《算學啓蒙》爲中心,大略考述了阮堂和阮芸臺父子之間的學緣。阮堂尤其傾倒於阮元的經學,常對其學説進行專研,至會心處則精寫玩誦。在此,把受芸臺影響至深的阮堂的《實事求是説》[①]輯録如下,作爲本稿的結語:

實事求是説

《漢書·河間獻王傳》云實事求是,此語乃學問最要之道,若不實以事,而但以空疎之術爲便,不求其是,而但以先入之言爲主,其于聖賢之道,未有不背而馳者矣。漢儒于經傳訓詁,皆有師承,備極精實。至于性道仁義等事,因爾時人人皆知,無庸深論,故不多加推明,然偶有注釋,未嘗不實事求是也。自晉人講老莊虛無之學,便于空疎惰學之人,而學術一變,至佛道大行,而禪機所悟,至流于支離

① 金正喜撰《實事求是説》見録《阮堂先生全集》(1934年鉛印本)卷一。文後附録有閔杞園所撰“後叙”全文,題署爲“丙子季冬”。

不可究詰之境,而學術又一變,此無他,與實事求是一語盡相反而已。兩宋儒者,闡明道學,于性理等事,精而言之,實發古人所未發。惟陸王等派,及蹈空虛,引儒入釋,更甚于引釋入儒矣。竊嘗謂,學問之道,既以堯舜禹湯文武周孔爲歸,則當以實事求其是,不可以虛論遁于非。近有學者,或尊漢儒,精求訓詁,此誠是也。但聖賢之道,譬若甲第大宅,主者所居,恒在堂室,堂室非門徑不能入也,訓詁者門徑也。一生奔走于門徑之間,不求升堂入室,是廝僕矣。故爲學必精求訓詁者,爲其不誤于堂室,非謂訓詁畢乃事也。漢人不甚論堂室者,因彼時門徑不誤,堂室自不誤也。晉宋以後,學者務以高遠尊孔子,以爲聖賢之道,不若是之淺近也,乃厭薄門徑而棄之,别于超妙高遠處求之。于是乎躡空騰虛,往來于堂脊之上;窗光樓影,測度于思議之間。究之,奧户屋漏,未之親見也。又或棄故喜新,以入甲第,爲不若是之淺且易,因别開門徑而争入之。此言室中幾楹,彼辨堂上幾棟,校論不休,而不知其所説已誤入西鄰乙第矣。甲第主者,哦然笑曰,我家屋不爾爾也。夫聖賢之道,在于躬行,不尚空論。實者當求,虛者無據。若索之杳冥之中,放乎空闊之際,是非莫辨,本意全失矣。是故爲學之道,不必分漢宋之界,不必較鄭王程朱之短長,不必争朱陸薛王之門户。但平心静氣,博學篤行,專主實事求是一語行之可矣。

(據阮堂弟子徐秋堂相雨筆録)

此是嘉慶二十一年,阮堂三十一歲時作。阮堂所説對經學的研究要平心静氣、實事求是,自不必説正是以阮芸臺《擬儒林傳序》爲基礎的延伸。阮堂把此篇出示給友人閔杞園①,杞園閲讀後欣然撰有後叙。

---

① 閔魯行(1777—?),字雅顔,號杞園。驪興人。朝鮮純祖二十二年(1822)壬午式年試生員進士及第。與金正喜有交游。著有《咫聞别集》。

第十六章　汪孟慈與阮堂

一、孟慈的閲歷

清代揚州甘泉的汪孟慈是乾隆嘉慶年間學壇上雄姿絶群的碩儒汪中(字容甫)之子。孟慈名喜孫,後避九世祖諱改名喜荀。乾隆五十一年七月十六日生,九歲喪父,哀毁如成人。及長,孟慈鋭志讀父書,師事魏彝群、丁瀚、韋佩金、鍾懷,受知於伊秉綬、張敦仁、江藩等,又從游於父親友人王念孫、劉台拱、朱彬、段玉裁、孫星衍、阮元等。孟慈喜聞先人緒言,即使是遺墨殘簡、片紙隻字也都彙録寶藏。孟慈又廣收名公鉅卿銘詠,表揚其先德。遂學益進、識逾高,父執諸老皆稱讚孟慈曰:“幸有子,爲容甫慶。”嘉慶十二年,時揚州郡守爲伊秉綬,孟慈鄉試第一,并得到秉綬“樸學尊記注,清詩緣性情”楹帖。孟慈嘉慶十三年入京,在都屢屢試禮部未中。嘉慶十九年,孟慈由鮑勳茂舉薦爲内閣中書,後升户部員外郎。其後,孟慈又歷任山東司員外郎、湖廣司員外郎、欽差東河學習、懷慶府知府等職。孟慈從事勵精,舉治大績,深受百姓仰慕,在當時名噪一時。道光二十七年八月三日,孟慈因積勞成疾,最後殉職,享年六十有二。孟慈爲人嚴正方直,爲官清正廉潔;與人交又謙遜有禮,與其交游者皆當代名賢碩學。孟慈之學,根柢禮經,融會漢宋,力除門户之間,聚廣川之大業。高密傳經，洛閩道學，皆爲其所尊崇，總之歸要爲通經致用。孟慈編著有《國朝名臣言行録》、《經師言行録》、《尚友記》、《從政録》、《孤兒編》、《且住菴詩文藁》、《汪氏學行記》等。孟慈的行狀見於自著《孤兒編》、《從政録》、《年譜》等。又有孟慈之子汪保和等述《汪孟慈行述》，其友劉文淇撰（代阮元作）《道銜懷慶府知府汪君墓表》（《青溪舊屋文集》卷九），汪翼鳳撰《河南懷慶府知府汪公墓表》（《聲遠堂文鈔》卷三）等。

二、孟慈與阮堂的神交家藏孟慈寄札表

阮堂嘗在翁覃溪蘇齋裏看到《化度寺碑》真本，此本即是汪容甫遠寄至京者，阮堂聽聞其學行，甚是仰慕。今其孤兒孟慈雖在天涯海角，不過兩人通過書札往還，結爲神交，而彼二人爲乾隆丙午同庚生，後孟慈入京後又常常出入蘇齋，親受覃溪指教，阮堂亦常常從葉東卿、李月汀、劉燕庭、阮小芸諸友處聽聞孟慈的消息，孟慈也同樣通過這些友人與阮堂結識。孟慈寄送給阮堂、山泉兄弟以及金清山、洪三斯、李藕船、金游觀等人手札頗多，其原蹟和鈔册現藏於鄙齋望漢廬的就達數十通。其概況如下：

寄阮堂：

一、喜孫奉書秋史尊兄函席云云。一通（鈔册）十七日巳刻作書。

二、正月十七日晨起云云。一通（鈔册）十七日巳刻再書。

三、六月十一日使至奉詒椷云云。再啓者先傳别撰一本并以奉政云云。一通（原蹟）。

四、秋史先生閣下。蘇齋説士云云。一通（原蹟）道光七年正月廿六日附。

五、喜孫奉書秋史侍郎執事云云。一通（原蹟）道光十九年正月十日附。

六、秋史侍郎門下。昨屬申使者云云。一通（原蹟）正月廿四日附。

寄山泉：

一、道光七年正月廿五日附。一通（原蹟）。

二、道光七年正月廿七日附。一通(原蹟)。

三、山泉先生門下。上年埘受朔者云云。一通(鈔册)。

四、山泉先生足下。上年奉到詒椷云云。一通(原蹟)。

五、九月初旬由月汀遞到詒椷云云。一通(原蹟)。

六、道光十年正月十日附。一通(原蹟)。

七、道光十七年正月附。一通(原蹟)。

寄金清山：

一、正月十六日甘泉汪喜孫再拜清山先生侍右云云。一通(鈔册)。

二、清山先生足下。前書未達云云。一通(原蹟)。

寄洪三斯：

一、道光七年正月廿七日附。一通(鈔册)。

二、三斯先生足下。昨奉上復禮三篇云云。一通(鈔册)。

三、道光十六年十二月廿二日附。一通(原蹟影片)。

寄李藕船：

一、道光十七年正月望前一日附。一通(原蹟)。

二、道光十七年六月十六日附。一通(原蹟)。

三、道光十八年十一月二日附。一通(原蹟)。

四、道光十九年正月三日附。一通(鈔册)。

寄金游觀：

一、初八日詩會云云。一通(原蹟)。

二、昨詩草稿呈政云云。一通(原蹟)。

三、使至奉手告歡憙無量云云。一通(原蹟)。

四、昨宴于張公子處云云。一通(原蹟)。

五、投桃讓棗云云。一通(原蹟)。

六、張、吕兩公子再約聽琴云云。一通(原蹟)。

(外有和韻詩三首)

以上手札是有關學術研究的重要資料,兹取其精要者來闡發阮堂與孟慈之間的學緣。

孟慈一度與阮堂結爲神交,常神馳海東,每歲使節入都,便去吴蘭雪、李月汀、葉東卿處詢問阮堂的消息:

> 不自知其何以弗能一日置懷,又不自知相見何如,而復別何如。同世斯世,終不得見,又當何如。屏營感惻,惝恍褒裒,忽發一想,竟視若古今人之不相見,可也;睎若千里之不相知,可也。不然,予懷其能一日置耶。

孟慈思念阮堂之情,已經達到了自焦自慰之境地。而適時收到阮堂手札,欣喜之情難以自抑:

> 辱損書,誦十數過,獲聞侍奉曼福,饌著千篇,蓴不夫移,奐若璠璵,鶯柯在望,梟藻何如。手告情深文明,意義周匝,委曲詳盡。微而顯,婉而篤,可謂立言有體矣。

孟慈又介紹自己的個性曰:

> 喜孫平生疾惡過嚴,是不讀霍光傳"人而不仁,疾之已甚"宣聖大訓,迺竟忽諸,是安得謂爲讀書人,用是引咎自責,嘗誦先人誡高郵王先生不惡二嚴四語,悔不十年讀書。

孟慈在學術上旨在融會漢宋兩學,主張道學經學不分,其歸宿即躬行實踐,以救濟世道人心。此是自己的立場,同時也囑望阮堂:

> 喜孫好學南宋明時諸大賢,近則日誦《論語》而已。廣川大業,高密清風,衷心藏之,何日忘之。使千秋萬世,有人知我不與草木同腐。知己之報,不在片言。惟望躬行實踐,衛道甚嚴,不爲氣息奄奄孔門鄉原,胡廣衷庸,亦不爲小人所忌,弗竟厥施,願與同志勉之。抑有請者,堯舜之道,不外孝弟;周公、孔子之道,《詩》、《書》、《禮》、

《樂》、《春秋》之文，不外倫常日用。道在六經，道在五倫。誦法先王者在此，平治天下者在此，垂教後世者在此，相在爾室者亦在此。漢宋曷以辨，道學曷以分，聖賢帝王救世之心曷以別。董子之對策，以行道也；鄭君之傳經，以明道也；朱子躬行實踐，以衛道也。

李朝學人向來只埋頭於宋明理學，對漢唐訓詁之學一無所知，阮堂從此迷夢中驚醒，并倡導漢唐學術（但阮堂并没有沉溺於訓詁之學）。孟慈對阮堂的開明態度深表敬意，并希望阮堂不要如近儒偏執於訓詁，要做到經明行修，通經致用。但是，孟慈也辨明説自己不是要做第二個紀曉嵐或第二個段茂堂。其言曰：

前以東國人文，不知由訓詁以通理義，由小學以入大學，由六經以明道，由兩漢以闡明七十子。閣下學問卓越，可以經明行修，通經致用。非徒以紀文達相期也，非徒以段大令相推也。

孟慈此言與翁覃溪的研經態度相通，阮堂也應與鄗意一様，對孟慈的觀點持肯定態度。

三、孟慈的讀書觀與清儒批判

孟慈嘗接到阮堂的手札，讚嘆曰："情文斐然，學識卓爾，千里如見，載深梟藻。論《易》論《書》，稽合同異，鍼膏起廢，通人之言。誦之景仰無已。"又對《易》、《書》加以論述，對清儒持批判的態度，在信中對阮堂曰：

（一）有關《易》：

《易》成四聖之手，即費直微言大義，亦非專論爻象卦氣消息而已。鄭、荀、虞各家，知者見知，仁者見仁，顓家之書，非四聖本如是，云云。

（二）有關《書》：

《尚書》僞古文之辨，始于朱子，盛於梅鷟尚書攷異，至閻百詩，綴考異之精華，宋半塘采疏證之體要，江艮庭好改本子，王西莊兼及僞傳，惠定宇發閻氏所未發，段若膺考古今文之異詞。得失是非，已成定案。而經訓古義,典謨昭垂,祖述憲章,如日月經天,江河行地,誰則能之,是知天德王道,莫備于《易》、《書》。

(三) 讀書之取捨:

士生千載下,讀周公、孔子之書,不能不讀賈、董、許、鄭、程、朱、湯、陸之書。讀書論世知人,取其同於周孔者,置其異於周孔者。取賈、董、許、鄭、程、朱、湯、陸之所長,置賈、董、許、鄭、程、朱、湯、陸之所短,乃爲善學古人者也。

(四) 諸儒之批判:

王先生經説,半存於述聞,父子著述,不能强分爲二;程易疇人品經學,足重足傳;段氏小學,比於高郵王氏,其他不盡可傳,不欲遠寄雞林矣;阮棐經解,較通志堂,更精更富;段、王之書,皆在其内收矣;焦、江學博,而詣未粹精。

(五) 學人之窮達:

顧亭林、閻百詩、江艮庭、惠定宇、江沓修,皆下士耳;劉端臨先生、焦里堂、段若膺、程易田,皆不第舉子耳;達者阮、王高郵,嘉定、青浦五人,入翰林者張皋文、戴東原、金輔之三人耳;近如葉東卿,則以金石家而爲貲郎;黄仲則、吴蘭雪、楊蓉裳、萬廬山、張享甫,則詩人畫家而爲貲郎。

(六) 不欲贈個人著述

阮督部所棐《儀禮》、《大戴禮》二種,非精進之詣,不欲呈座右矣。先人校《尚書》,段氏《尚書撰異》,异所自出。今奉上《撰異》,覽之。喜孫著作則濫矣,且此時實不欲以此等著書傳世,足下可以知其旨趣矣。

四、《述學》、影宋本《公羊傳注》的贈來

孟慈將父親汪中的著述《述學》贈送給了阮堂。《述學》的傳本大略

有如下幾種(近世印本略):

一、問禮堂家刻大字本三卷。

二、嘉慶二年文選樓本。

三、嘉慶二十年小宋字本。

四、道光三年再刻小元字本。

五、問經堂刻小字本無别集拾遺。

六、學海堂本二卷。

七、同治八年揚州局本附校記。

孟慈所贈《述學》是何本,現還不能斷定。汪容甫在世時所刻初印本内頁有"汪氏藏板容甫"題記,不過此本極爲少見(筆者在昭和八年,於北平倫哲如君處曾見到此本),不知是否爲此本,還有待進一步考證。

孟慈又贈送阮堂《春秋公羊經傳解詁》宋板影印本。原本爲宋紹熙二年(辛亥)余仁仲家塾刻本,有何休序文。序文内容如下:

《公羊》、《穀梁》二書,書肆苦無善本,謹以家藏監本,及江浙諸處官本,參校頗加釐正。惟是陸氏釋音字,或與正文字不同。如此序釀嘲,陸氏釀作讓,隱元年嫡子作適,歸含作哈,召公作邵,桓四年曰蒐作廋。若此者衆,皆不敢以臆見更定,姑兩存之,以俟知者。紹熙辛亥孟冬朔日。建安余仁仲敬書。

孟慈藏有此宋本,在道光四年與友人劉逢禄一起重校後加以影刻。而余仁仲有如下識語:

道光四年孟冬朔日甘泉汪喜孫、武進劉逢禄重校栞。

而在扉頁處用隸書雙行"宋紹熙本公羊傳注",後有"揚州汪氏門禮堂栞",共十二卷四册,影刻極爲精善。阮芸臺作《十三經校勘記》時當未能見此宋本。此影刻本寄送給阮堂的時間,在道光七年李月汀寄阮堂的手札中可以得知,阮堂自筆藏書目録中亦載有此書。《述學》也有《皇清經解》本,而孟慈贈阮堂此部單行本則有另外一層意義,而芸臺所未見的這部宋紹熙本《公羊傳注》的獲得，對於研究《公羊傳》的阮堂來説，亦是一大福音。孟慈又寄有《酸棗令劉熊碑》宋拓殘本（漢陽葉志詵校梓，爲甘泉汪喜孫所藏本復校），有“葉氏平安館審定金石文字”、“葉氏東卿”印記。

此書爲嘉慶二十一年，翁覃溪以汪容甫所藏宋拓殘本以及巴僞堂雙鈎本進行了校刻。有釋文三面、跋文一面，又以汪孟慈所藏宋拓殘本進行了復校。覃溪的跋文如下：

> 《酸棗令劉熊碑》，凡廿三行，据江秋史篋中雙鈎舊本爲圖，闕者細書，存者大書。其存者復以汪容甫所藏宋拓殘本，及巴僞堂雙鈎本合校，凡二百四十三字，多出洪釋者九字。嘉慶丙子秋。北平翁方綱記。

内有“南海吴榮光、曲阜孔昭虔、長樂梁章鉅、候官李彦章、獻縣戈寶樹同校于蘇齋”三十三字三行題記。後面題有“八十四叟方綱”詩二首。阮堂的自筆藏書目録所記“酸棗劉一册”，即是指此《劉熊碑》刻本。

五、《先儒林年譜》、《壽母小記》、《孟慈自訂年譜》、《尚友記》等書的贈來

孟慈於道光十七年（1837）正月廿四日又附手札寄送阮堂，是因當時孟慈托付申使臣（申在植）所轉交的手札中未能盡意，又追添的一通。其内容大略如下：

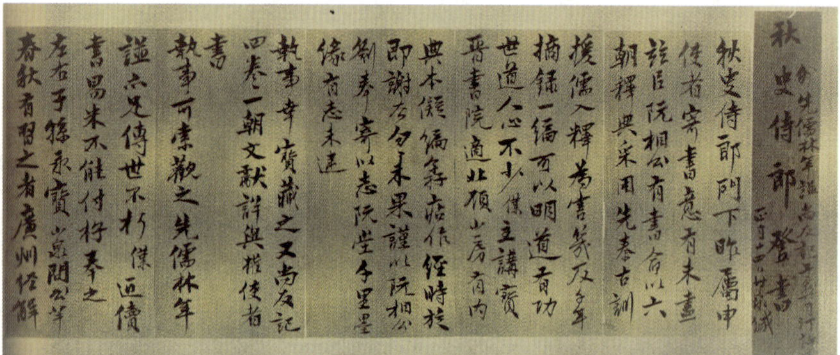

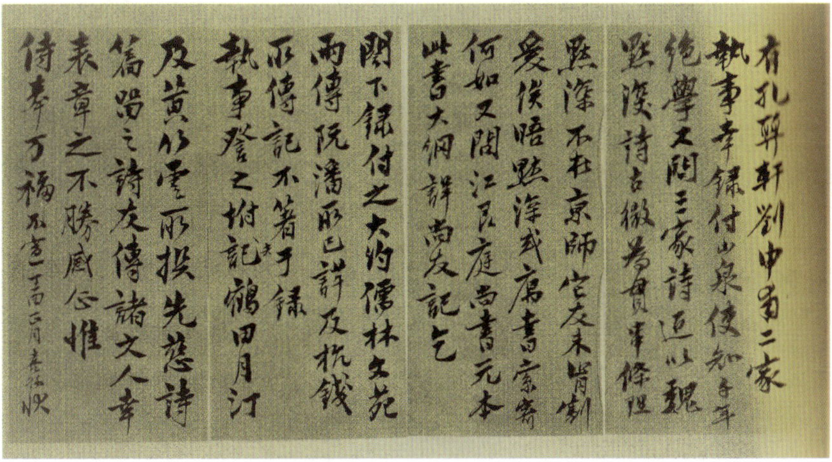
有孔顨軒劉申甫二家
執事幸録付山泉使知千年
絶學又問三家詩近以魏
默深詩古微爲貫串條理
默深不在京師它友未肯割
愛俟晤默深或廣書索寄
何如又問江艮庭尚書元本
此書大綱詳尚友記乞
閣下録付之大約儒林文苑
兩傳阮潘所已詳及杭錢
所傳記不箸于録
執事登之樹記鶴田月汀
及黄竹農所撰先慈詩
篇湍之詩友傳諸文人章
表章之不勝感心惟
侍奉萬福

汪孟慈寄阮堂手札，道光十七年正月二十四日書(望漢廬藏)。

(一) 阮芸臺寄給孟慈的手札，孟慈爲了紀念轉贈阮堂：

阮相公有書，命以六朝釋典，采先秦古訓，援儒入釋，爲害幾及千年，摘録一編，可以明道，有功世道人心不少。僕主講寶晉書院，適北顧山房有内典，本擬編孨，疮作經時，旋即謝去，匆匆未果。謹以阮相公劄奉寄，以志阮堂千里墨緣，有志未逮，執事幸寶藏之。

(二) 孟慈《尚友記》及《先儒林年譜》(《汪中年譜》)贈來，因今貧未能出版，望永寶藏之：

《尚友記》四卷，一朝文獻，詳與權使者書，執事可索觀之。大約《儒林》、《文苑》兩傳，阮、潘所已詳及，杭、錢所傳記，不箸于録。

《先儒林年譜》，亦足傳世不朽。僕近債書易米，不能付杍，奉之左右，子孫永寶。

(三) 對金山泉所問《公羊春秋》、《三家詩》、《江艮庭尚書元本》(即《篆文尚書集注音疏》)有關問題作答，希望阮堂附録給山泉：

山泉問《公羊春秋》有習之者，廣州《經解》有孔顨軒、劉申甫二家，執事幸録付山泉，使知千年絶學。又問三家詩，近以魏默深詩古微，爲貫串條理，默深不在京師，它友未肯割愛，俟晤默深，或廣書索寄，何如。又問江艮庭《尚書元本》，此書大綱詳《尚友記》，乞閣下録付之。

（四）寄送端木鶴田、李月汀、黄竹雲所撰《先慈詩篇》，望分贈諸友人，希望廣傳之。

《先儒林年譜》、《壽母小記》、《尚友記》三種，以及孟慈的此通手札，現都藏於鄙齋望漢廬。現就這些書籍的梗概作一略述。

手札中所言《先儒林年譜》即《先君家傳》。半葉九行，每行二十五字，格紙，板心題有"四寶齋"三字。共十七葉，全部都爲孟慈的親筆。羅列的《家傳徵引書籍詩文目録》有阮元撰《儒林傳》、朱琦撰《儒林傳》，又有官書六種、經部七種、子部三種、《先高祖同時人集部》二種、《先君同時人子部集部》十二種、《先高祖遺事》六種、《先君遺事》十五種、《先君撰》二十四種、《喜孫撰》六種。即，都是集以上書結語而成。每處都注有祖本出處，末題有"孤喜孫謹述"。本文刊本都收録於《汪氏學行記》中，而徵引書籍詩文目録卻都省略。

後有《靈表》二枚和《喜孫集説》（似是集語之誤）。板心題有"松竹齋"三字。半葉九行，罫紙，爲倩人端楷書寫。是集諸家作品中有關亡父的略歷編輯而成。每句下都注記有出處。然刻本《孤兒編》卷二所載《先君靈表》雖内容相同，而注記全部被省略，不知所憑何據。

《靈表》之後，爲孟慈亡父汪中遺書的有關跋文（道光三年作）。用紙同樣爲罫紙，九葉，亦爲倩人書寫。最後題有"道光三年三月八日孤子喜孫力疾謹書"。刊本《汪氏學行記》卷六載有此文，僅把"力疾謹書"之"謹"易作"撰"字。

之後有《壽母小記》（用紙及書寫與《靈表》同）。此小記爲孟慈母大人"朱太宜人"七十壽時所集諸家序詩。作序者有郭尚先、姚瑩、顧莼、夏燮；五言古有顧文炳、端木國瑚、包世臣、宋翔鳳；七言古有姚學塽、魏源、宗稷辰、馬沅；五言律有曹元詢、王見煒；五言排律有丁履恒、黎應南；七言律有方履籛、管同、周儀暐、鄧顯鶴；七言絶句有俞正燮、黄盛修、項名達。以上，共二十三名的序詩。

刊本《江都汪氏叢書》中收有“遺詩”,後收有《壽母小記》,僅收有郭尚先、姚瑩、顧莼三人序文和夏燮詩,顧文炳以下之人詩全部被省略。

最後爲孟慈的《自訂年譜》(用筆及書寫與前文同)。題有“道光元年辛巳三十六歲奉母入都吏部簽分户部行走”,頗得要領。此年譜未收録於《汪氏叢書》,恐已散佚。

以上四種纏爲一册,寄贈給的阮堂。

《尚友記》四卷二册。半葉十一行。以大形罫紙,爲數人抄寫。卷首孟慈自筆題曰:

儀徵相國,經潘副憲,前後譔《儒林》、《文苑》、《循吏》三傳,喜孫謹據所見,成《尚友記》,將之上　史館以備才擇,并藏之焦山海西庵書藏。

道光十五年正月廿五日甘泉汪喜孫記

其後又自筆記録了劉逢禄的題詞。劉禮部題詞:

大著《儒林傳藁》,校讀一過。實昭代不刊盛典,再讀一過奉繳。他日再將《循吏》、《文苑》,及《逸民》、《忠義》、《名臣》諸傳裒輯一書,自當直接馬、班、陳壽、歐陽而下,其自鄶矣。武進劉逢禄跋。

此兩册假裝,各裱紙裏貼有紙片,爲阮堂自筆列記書中人名。

上册(卷一、卷二):

陳同知寔,鄭先生虔文,趙同知懷玉,焦里堂循,丁教授杰,藏孝子禮堂,孫糧儲星衍,杭先生世駿,程編修晉芳,劉先生台拱,李先生惇,任御史大春,盧學士文弨,汪孝嬰萊,李檢討因篤,馮按察廷丞(以上,卷一)

黄子鴻儀,張編修惠言,段先生玉裁,孔檢討廣森,張處士爾岐,莊葆琛述祖,汪稚川肇𡐓,汪松溪梧鳳,武虚谷億,施侍讀閏章,姚鏡塘學𡐓,傳先生山(以上,卷二)

下册(卷三、卷四):

顧處士祖禹,吴檢討任臣,洪舍人榜,金修撰榜,江孝廉聲,王光禄

鳴盛，錢少詹大昕，邵學士晉涵，顧處士絳，廣總兵泰（以上，卷三）

馬宛斯驌，汪先生桂，毛芝亭渾，席五雲啓祥，施處士于德，方干霄國棟，龔明水鑑，戴巡道璣，汪雙池烜，宋僉事永譽，武高士之烈，王山史宏撰，歸元恭莊，楊雪臣瑀，伊太守秉綬，邵念魯廷采，吴伯宗，馬吏部光裕，方晞原根矩，張義士瑛，鄭芷塘元慶（以上，卷四）

以上五十九名。卷二有孟慈親筆題寫“當塗胡遵昭丹徒戴楫校”。本文内散見多處孟慈加筆控改之處。卷首鈐有“汪喜孫印”、“金正喜印”、“孟慈”、“秋史”四顆印記。

此書體裁與阮芸臺所編《擬儒林傳稿本》同樣都爲紀傳體。廣徵諸家作品，同時亦引用父親汪中著書，其博採精擇，可謂集中善出者。孟慈夙願即立志彙集大作，同時也參考了錢林（芸臺弟子，與朝鮮人有交流）的《文獻徵存録》（《清代名流記》，凡十一册）的稿本（《文獻徵存録》王藻序）。

此書在諸家的著録中未有收者，近年北平倫明（字哲如）所印《邃雅齋叢書》中僅收有《尚友記》卷一，從鄭虔文開始至馮廷丞，列舉了十五名，而卷二、卷三、卷四皆缺，孟慈的自叙和劉逢禄的題詞也都未收。爲零本一册。

完本《尚友記》和《孟慈自訂年譜》中土已經不能再見，此書又爲著者本人贈寄給的阮堂，爲海東一隅的阮堂親手保存下來，現今又歸入鄙齋望漢廬，可以想見清、朝鮮之間非一般的學緣。

六、張臯文遺書各種的贈來與阮堂、山泉

孟慈寄給山泉的道光十七年正月廿□日附手札，其第一報告的内容是“前寄張臯文遺書各種，交申尚書矣”，是一大喜訊。所云申尚書，即是指申翠微（名在植）。道光十六年冬，申翠微以冬至正使入燕，翌年春歸國之際，孟慈托付申翠微轉交給阮堂兄弟書札和贈品。由此可見，此書在道光十七年春，或者晚至同年夏，都轉交到了阮堂手中。現在鄙齋望漢廬所藏《箋易注元室遺藁》，正是當時寄贈的本子。此書構成如下：

《箋易注元室遺稿》十四册：

《周易虞氏義》九卷　三册 }
《周易虞氏消息》二卷　一册 } 嘉慶八年揚州阮氏瑯嬛僊館栞板

《虞氏易禮》二卷　一册 }
《虞氏易候》一卷　一册 } 道光元年合河康氏刊

《虞氏易言》二卷　同上　一册

《周易荀氏九家》三卷　同上　一册

《周易鄭荀義》三卷　同上　一册

《周易鄭氏注》三卷　同上　一册

《易義别録》十四卷　同上　二册

《易緯略義》三卷　一册　道光十年刊

《茗柯文集》初、二、三、四編　二册

《茗柯詞、擬名家制藝》　一册

《周易虞氏義》、《周易虞氏消息》二書爲張臯文離世後，其弟子陳善應阮芸臺所求提供稿本印行，有芸臺序，陳善、董士錫後序，吴慶坻在《蕉廊脞録》卷三中有詳細記述。

此書題簽爲“箋易注元室遺藁”，由前記十三種合成。此本現今罕見，僅有《箋易詮全集》傳世，此本由前記之外，由《易圖條辨》、《讀儀禮記》、《詞選》、《續詞選》、《詞選附録》五種構成。阮堂在收到此書之後欣喜不已，在簽紙葉白處自筆一一羅列書名，并鈐有“東海循吏”、“阮堂讀本”、“秋史”、“正喜審印”、“金正喜印”等圖記。“東海循吏”方印爲張曜孫自刻贈送品，阮堂寄權彝齋書札中有記録。其曰：

東海循吏印，自家仲轉示，聞是張曜孫所篆云。大有古意，是完白山人嫡傳真髓。

（金正喜《阮堂尺牘》）

阮堂得以對《虞氏易》進行考覈，實在得益於這部贈本。

孟慈在信札中又對山泉就以下諸項進行了説明：

（一）閣下所托魏默深的《詩古徵》、《劉禮部集》，京師友人不肯割愛，擬後贈送。《經解》內孔顨軒廣森、劉申甫逢祿所著《公羊》二種，還請録出出示給令兄秋史。

（二）從副使李魯集處得《朱陸同異》，辨聞甚多。

（三）《論語古注》曾贈劉燕庭，還乞寄余一部。

（四）江艮庭（《尚書集注音疏》之著者）的家傳收於《尚友記》中。《尚友記》曾托付申翠微轉交令兄，還請轉借一抄。

（五）梅鷟《尚書攷異》、閻百詩《尚書古文疏證》、惠定宇[①]《尚書古文考》皆必讀之書。其餘皆刻入《皇清經解》，望從令兄處借讀。

七、孟慈《海外墨緣》的草本與阮堂

道光十八年權敦仁寄給汪孟慈的長札後被裝幀爲《海外墨緣》，在當時的清代學壇喧嘩一時，此部册子可謂汲取了當時清朝和朝鮮有關重要且豐富的學術議題。而此長札與阮堂究竟有何關係，本節中作一些詳細探討。

孟慈在道光十七年（1837）正月十四日，托付當時入燕在京的李藕船轉交阮堂、山泉兄弟一通長札，其中涉及很多有關清朝學術的問題，此長札究竟對我們有何指教呢。首先就長札內容整理如下：

（一）山泉所托付的《詩古徵》及《劉申甫集》從張仲遠處覓得，托付藕船轉交，且寄語阮堂。曰：

> 前山泉書來，索海內治齊、魯、韓三家詩，及《公羊春秋》之學者，今從張仲遠處覔魏默深《詩古徵》，及《劉申甫集》。申甫治《公羊》者也，容即面致，乞歸里轉交山泉，并乞寄語秋史侍郎。

（二）對《尚書古文疏證》未能被録入《皇清經解》深感遺憾：

> 《僞古文尚書》，自宋朱子始辨其誣，王魯齋有書疑，見《通志堂

---

① 惠定宇，原著中誤寫作“惠定字”。

經解》。明歸灤甫亦疑之,梅鷟《尚書攷异》最核,閻百詩《古文尚書疏證》,從梅書出,惜阮相國廣州《經解》未刻,此必當補缺者耳。

(三) 顧亭林的《音學五書》、江沓修的《古韵標準》、江晉三《詩經韵讀》,都應補刻于《皇清經解》:

顧亭林江古韵分十部,顧荅李書,見《音學五書》,李六生亦有書,分部與顧合,今顧書刻而李書佚,且顧書不全刻,亦不能貫串,此必當補刻者耳。顧分韵十部,江沓修又析爲十三部,而後載東原分爲十五部,廣州《經解》不刻江沓修《古韵標準》,是無十三部之説。東原何以引而申之爲十五部,段茂堂何以更廣之爲十七部耶。且茂堂晚年更定爲二十一部,與王懷祖合,王伯申、江沓三有語,皆主其説,王論韵,附見《經義述聞》,晉三有《詩經韵讀》,必全刻,而後韵學大備,此必當補刻者耳。

(四) 胡朏明《易圖明辨》、惠定宇《易漢學》、《易例》需補刻:

講漢《易》者,莫先於胡朏明《易圖明辨》,莫精于惠定宇《易漢學》,即《易例》亦不可不傳,此必當補刻者耳。

(五) 張稷若《儀禮鄭注句讀》當補刻:

講《儀禮》,莫先于張稷若《儀禮鄭注句讀》。稷若學通天人,與顧亭林相仲伯,此必當補刻者耳。

(六) 指責《皇清經解》校刻者之疏漏,芸臺因衰老善忘:

阮相國去廣州,校刻者不能搜羅大備。此時阮相國絶口不言經,且衰老善忘。

(七) 告知個人"賣書易米"之窘況。勸藕船前記諸書自費購得,同時期望阮堂補刻此等良書:

僕心悸,并平日服習之書名人名,一時健忘,忽忽若瞀。年來賣書易米,盡入琉璃廠肆,不能寄與秋史侍郎。凡書肆所有,幸携歸以廣所聞，他日有力者刻之。如《群書治要》、《七經考文》、《論語皇侃疏》，亦海内所寶也。

（八）駁本朝諸儒《僞古文尚書》，駁《河圖洛書》的同時亦讚其爲經學之功臣，超越前代之六書九數諸説。段、王六書之學，《説文注》、《廣雅疏證》之書，都爲阮堂所藏。對算學之書，言及羅茗香、徐鈞卿之精湛：

算學講四元者，爲元明以後絶學。羅茗香所著《勾股容三事拾遺》，僕知其精卓，怔忡不寐，不能窮其學，今以所著寄秋史侍郎之弟山泉，記從前曾寄秋史侍郎矣。徐鈞卿亦通是學，并以其著書寄去。

（九）介紹子書校訂者三人，贈王懷祖書：

本朝校子書者三人，一盧抱經，一王懷祖，一先君子。王校管子，亦寄秋史侍郎。王治金石之學，通于小學，并坿寄一册。

（十）贈曾撫軍、鄧廣文詩集：

乾隆以後詩人，黄仲則爲之最，東邦聞有其集。近厝琴塢、歐陽磵東集，皆足觀，一時不可得，坿寄曾撫軍、鄧廣文集。爲藕船壽，伏希照入。

後附記"并以此書示秋史侍郎"，題署爲"丁酉正月十四日喜孫狀"。

可以推測，孟慈從藕船處得知阮堂所需要的書籍，在藕船離京之前托付轉交此信札和贈物。阮堂收到此書信後，當然也會熟讀。

然而，與此書札内容大致相同的書信也收録在了《汪孟慈文集稿本》（北平倫明氏藏，《邃雅齋叢書》收録）中，而題目則爲"與某大夫書"，贈寄人卻没有明記；所署日期爲"道光丁酉（十七年）七夕"。書信前題有"前趙羽堂使者，匆匆東旋，奉寄寸緘，未暢鄙意，云云"。此書信應是寄權敦仁（號彝齋）書信。孟慈在通過藕船轉交給阮堂書信的同時，可能是在相近時期專門題書一通與權敦仁，專門討論經學的有關問題，尤其是有關《皇清經解》的有關個人見解。而最後，各自收到孟慈書信的阮堂和彝齋見到後討論了孟慈的有關見解，而各自心中踴躍。在此，不能不先陳述一下權彝齋與孟慈的相識因緣。

權敦仁在道光十六年二月,以進賀兼謝恩正使身份再次赴燕。當時阮堂贈權敦仁的餞別詩曰:

送彝齋尚書赴燕

皇華二月擁仙曹,暫攝西樞碧落高。
縱使百迴猶不厭,如今重到詎云勞。
誰於積水觀澄鏡,正及豐臺試紫袍。
朱老阮生應問我,頹唐半世雪盈毛。[①]

所謂"朱老阮生",即阮堂的舊相識朱埜雲和阮芸臺之子賜卿(賜卿之兄小雲在道光十三年去世)。阮堂在介紹"朱老阮生"的同時也向彝齋介紹了孟慈。當時孟慈正居京邸,曾召集葉紹本、黄爵滋、徐寶善、陳慶鏞、劉寶楠等四十二人在江亭(本名陶然亭,康熙乙亥,江藻構建,又稱江翁亭,在龍樹寺附近)展禊,當時盛會即在四月四日。汪孟慈與權彝齋的交往,就開始於此次展禊活動。權彝齋在同年六月東歸,翌年,即道光十八年八月二十日附寄書札,滔滔數千言,托付冬至使李義準一行轉交孟慈。而此年,孟慈爲了友人陳慶鏞(與阮堂有親交)題跋《問經圖》(陳向芸臺問經繪圖),總結芸臺學風,摘取經學集要(《國粹學報》載汪孟慈撰《問經圖跋》)。而在此年十月五日,又給儀徵的劉文淇休書一封,討論《古文尚書》,語極其平允,陳述學者當經明修行,達到通經致用之目的(《國粹學報》載《汪孟慈致劉孟詹書》),而孟慈接到權彝齋的書信正是相近時期。孟慈玩誦再三,感嘆不已,遂把此長札裝訂成册,題名《海外墨緣》,請知友迴覽題跋。劉文淇之子毓崧,即是孟慈求跋者之一。劉毓崧[②]的跋文内容如下:

甘泉汪孟慈先生,以所得朝鮮權彝齋敦仁之札裝潢成册,題曰

---

① 此詩見録《阮堂先生全集》(1934 年鉛印本)卷九。

② 劉毓崧(1818—1867),字伯山,號通義堂。江蘇儀徵人。道光二十年舉優貢生。從父文淇受經,成《春秋左氏傳大義》二卷。有個人著書《通義堂筆記》、《通義堂詩文集》等。

《海外墨緣》。其議論大端,在乎發明古義,而於本朝諸儒之撰述,欽悦尤深,蓋彼中績學之士也。余考朝鮮封域,兼有高麗、新羅、百濟之故地,此三國者,在唐時夙稱文物之區,其人心企慕華風,舊史言之最悉。是故朱子奢之發題本傳云,貞觀初,高麗、百濟同伐新羅,乃假子奢員外散騎侍郎充使,雅有儀觀,東夷大欽敬之,遂爲發春秋左傳題,邢璹之講説新羅傳云,仍遣左贊大夫邢璹,攝鴻臚少卿往新羅,上謂璹曰,新羅號爲君子之國,頗知書記,有類中華,以卿學術,善與講論,故選使充此,到彼宜闡揚經典,使知大國儒教之盛。璹等至彼,大爲蕃人所敬,此身至於其國,而爲所敬者也;白居易之詩遠播本傳載元稹爲居易集序云,又雞林賈人,求市頗切,自云,本國宰相每以一金换一篇,甚僞者,宰相輒能辨别之,自篇章已來,未有如是流傳之廣者,馮定之文傳鈔本傳云,長慶中,源寂使新羅國,見其國人傳寫諷念定所爲墨水碑畫鶴記,此書行於其國,而爲所羡者也;歐陽詢之字堪爲範本傳云,人得其尺牘文字,咸以爲楷範焉,高麗甚重其書,嘗遣使求之,高祖嘆曰,不意詢之書名,遠播夷狄,蕭穎士之學可爲師本傳云,是時外夷亦知穎士之名,新羅使入朝,言國人願得蕭夫子爲師,其名動華夷若此,此名聞於其國,而爲所服者也。然則,朝鮮人之虚心向學①,固自昔而已然矣。况我朝稽古右文,度越前代,凡儒林之彦,藝苑之雄,并皆接跡六朝,追踪兩漢,有唐代諸公所不能及者,宜遠人之宗仰,倍甚於往時也。觀此册者,上足以徵國家教澤之宏,次足以見學校人材之盛,下足以知藩邦歸附之誠,其可貴甚矣,豈得以尋常尺牘視之哉。

(劉毓崧《通義堂文集》卷十二)

又有學者把《海外墨緣》册子出示給江都李祖望②,請其批評。李祖望乃舉其全文,爲便利起見分列十六則,一一作了詳細批評解答。時爲道光二十五年五月。李祖望所著《鍥而不舍齋文集》卷三即收録了全文,題名爲《汪孟慈先生海外墨緣册子答問十六則》。答問前有叙,叙文

---

① 向學,原著中誤寫作"向喜"。
② 李祖望(1814—1881),字賓嵎,江都人。增貢生。致力經史、金石、小學,工畫山水。著有《古韻旁證》、《小學類編》、《鍥而不舍齋詩文集》等。

如下：

> 東國權敦仁者，字彝齋。其人温文爾雅，有儒者風。來朝京師，與汪孟慈先生接，後以書來，先生彙裝成册，爲題海外墨緣四字。顧所職不可得詳。據來書，稱四月膺嶺南巡察之命，五月來接藩維，去京都爲七百里。聞東國衣冠爵秩，多沿唐制，巡察於唐代職，當居三品，藩維則方伯矣，故册末葉，有承流宣化印，相傳後總尚書事。而僻在東土，得讀中朝通儒碩彦説經考古之書，知識見聞，當不在山井鼎、物觀諸人下皆日本國人，著《七經孟子考文》及《補遺》諸書，采録四庫。惟於小學史傳金石數事，略而弗道。所推戴，皆當時文獻，本之詩書，稽之典籍，誠以我國家聲教覃敷，不遺遐邇。如彝齋者，故亦得涵濡若此，其同文概可知也。道光乙巳夏五月展觀。或有震其博聞彊識，指册所言以問者，爰條對而應之。

李祖望對彝齋評價其知識見聞不在山井鼎、物觀諸人之下，較爲值得注目。所以，權彝齋給揚州學壇投入的一塊卵石，激起了千層波浪，其聲名在清代學壇得以宣揚，從而也成爲海東傑出的績學之士的楷模，得到了清代學人的崇敬。

余曩在《鍥而不舍齋文集》中讀到所謂《海外墨緣》文章，甚爲嘆服其對乾嘉學壇的認知水平以及學術議論縱横之高見，尤其對彝齋的知識水平甚爲詫異和欣喜。不過，在昭和九年(1934)夏，突然發現了此書札的草本，不禁大驚失色，因爲此件書信的草本不是彝齋的手書，而是阮堂的親筆。此紙抄寫用紙爲四行罫線，粗末小片紙四十三枚，到處都有塗抹改竄部分。因這種小片紙在阮堂的詩稿中經常見到，又是阮堂筆蹟，所以這是阮堂所書無疑。因没有題署時節日期，也没有署明收信者姓名，實際上就是書信的草稿本。而再確認《海外墨緣》内容，可知《海外墨緣》正是此草稿本改竄後的整理本，僅有幾處文字和文句有差異，而草本中塗抹去的部分在《海外墨緣》中卻没有出現。由此可知，《海外墨緣》正是從此草本中誕生，而文章的作者就是阮堂。

這通書信,是阮堂受彝齋所托而寫,亦或是有何隱情?阮堂的作品爲何以彝齋之名,由彝齋寄送給清代學儒?現在消息不明,可是這通書信是阮堂的作品卻不言自明。如果推測認定爲阮堂的書信的話,其內容中所蘊含的博學多識、尖鋭批判,與清人間躍動的學緣關係,都值得首肯。當然,彝齋也是相當地有學識,不過是否能如此這般頗值得懷疑。恐怕只有如阮堂者,始能寫出如此博深之文章。

阮堂寄與清朝名流的手札恐怕也達數百通之多,殆今未能確認其總數,僅見阮堂集中所載《與李月汀書》一篇。然此《海外墨緣》草稿本的獲得,可以認作所存書信中的阮堂第二通手札。此草本意味着爲阮堂的研究,提供了極爲貴重的文獻資料。

草稿本《海外墨緣》間有語句的異同,對此,筆者曾在《漢學會雜誌》第三卷第二號發表過,在此就省略,僅就草稿本的全文輯録如下,讓我們加深理解阮堂對清朝學界豐富的知識,是如何熱烈地吸收并加以揭示的。(以下文句中劃線部分是與草本有差異的字句)草稿本《海外墨緣》全文如下:

> 顧江以來,音韻之學,夐越千古,前世無比,始以段氏十七部爲論定,更無遺藴。及見王懷祖先生書,又見江氏書、段之十七部,尚有未定。而王先生之廿一部,又與江氏之廿一部大異,段、王之於江書,皆所深許,今當以江氏書爲歸歟。江書之唐韻再正,曾所暫閲,如《詩韻》等書,尚未獲讀,且如王先生書,衹見其舉例一篇,但於入聲考正段説而已,無另有著爲一部全書。如顧之五書、江之標準歟。段書不存去聲,而王先生又存去聲,不止於入聲考正而已,如有全書可以卒業歟。江氏全書亦皆刊行歟。
>
> 天文算術爲今之急務。乾隆初,修定憲書,今已近百年。如黄大距,已多差忒,尤合及今改測。此是中朝大人之責,在小邦,惟欽遵而已。諸公之卑近而忽之,誠未敢曉也。大概古人,似於日月交食,五星遲疾,不以測候。至如近世沈果堂,堅守此論,果堂亦非無據,如以木星之紀歲,恐爲測候之一證矣。又如火星之無定,雖西士

之精於推步，尚未歸正中國之以火星爲熒惑者，究其命名之義，又安知非熒惑而不可測度，仍以熒惑名星耶。此中測之更精於西，而亦測火之一證，未知爲何。東人舉，皆僻陋，於天文算術，尤爲疎甚，如羅茗香、徐君青、沈狄侯之精深孤詣，夙所竊想，諸公所著述，俱未東來，是可歎也。

《尚書》之學，每以今古硬定，恐未然。孔壁之書，亦有古文，亦有今字，伏壁之書，亦有今字，亦有古文。治《尚書》者，以古文爲僞，今文爲真，似不精核。今日現在通行之書，非古文，又非今文，即僞古文之亦非舊本，而即衛包改字之本，如段先生之書，標以古文，即統括古今之卓見也。如魏默深、柳翼南之治今文者，另有發明於《後案》、《疏證》、《撰異》等書之外者否。

魏默深治三家《詩》，東人亦所欽聞。如《詩古徵》，或有流傳者。大概默深之學，於近日漢學門户，又進一格。以西京今文之遺法，直接七十子遺言徵義。亦修學好古，實事求是者也。

至以爲十四博士家法，因鄭學而盡亡云云，立論恐太峻。如近日專門之張臯文、劉禮部兩經師，《虞易》與《公羊春秋》，寔啓絶學於數千載之後，可謂日月不刊也。雖惠氏《周易述》、《易漢學》，博取廣蒐，而至若經師家法，恐爲後生之畏。孔氏《公羊通義》，亦爲專門，非何邵公遺法，當遜一籌於劉氏。以是推之，顧今不絶。如綫之鄭學，即將因此數公亦亡矣，可乎？説經者立言尤慎，未知如何。如柳君書，全未得見；陳碩甫、劉寶楠、胡墨莊，亦東人之所習聞；胡竹邨、朱武曹之書，亦有流傳東國者；李申耆先生，是又弊友金秋史所嘗深慕者，其所見，爲零星文字而已。全部著述，日夕頂祝者也。

鄧頑伯先生篆隸，天下奉以爲圭臬，殆無異辭。東方亦或有墨榻，至於真跡不易得。不獨篆隸，其楷草又甚奇崛，可與金冬心、鄭板橋相上下。張臯聞兄弟，得其篆隸真髓，亦東人之所深慕。今見張氏家一門，篆勢隸法，皆不墜先緒，不勝欽誦。楊蓮卿是楊道生之近親歟？其篆勢，與張氏家學同出於鄧法，又何異也。

廣州《經解》，略觀其大意。存録取舍，實有良工苦心處，不如《通志堂經解》之隨見隨有而蒐刻者。如閻之《古文尚書疏證》，是《尚書》家之華路藍縷，後來爲《尚書》學者，未嘗非以此爲開山第一，然寔有商量處，究不如《四書釋地》等書之更加精核，如胡朏明之《易圖明辨》亦然。其不録此兩書，恐不必爲全璧之大瑕，且《羣經集》中説經文字，當録而不録者亦多，此非爲不録而然，亦見良工苦心處。

至如羅茗香《春秋朔閏表》等書，或於彙刻之時未及收到，如朱武曹、劉州倖、王進士之書，未免其後得追刻而坿之下段，即或未及見於刻書之時，亦無恠也。愚見則更輯《補遺》一書，雖未及刻，先舉一目例，以貽來學，且及於遠邦，俾廣見聞，另有心心祝祝，幸函圖之。《春秋朔閏》，前人之考辨，不勝指摟，即此羅説，必有益加發明者，在此等處，後出者更精好矣。

近如顧棟高《大事表》之《朔閏》一書，亦頗核。又如姚尚書文田所著《朔閏表》，皆有可觀。《經解》中，無一收存，此亦有徵意至可見。近來言天文算學者，殆無不於《春秋朔閏》致力焉。然此寔有慎言闕疑者，恐無以鑿鑿推步，如近日時憲術也，雖以今日時憲法言之，考成後編，已與前編大異。非徒大異而已，前編則以地心爲静體，後編則戴之立法，以太陽爲静體制新術。而藏頭截尾，只從橢圓一説發明之，若使後人看之，必有不詳於本面之慮。今之《顓頊歷》、《魯歷》等書，設有全書，實難其歷歷遠溯五千年以前之日至也。今欲盡究其説，無以一一，更僕無所主定之淺見，敢此呈露於君子之前，亦不敢自阻耳。

翁先生與凌中子論文，斷至六朝者是凌説，非翁先生之儀也。翁先生不主騈驪，凌説之以《文選》爲古文正宗者，似大駭於俗見，亦不爲無據。蓋選理非才力兼至，無以下手，非謂近日抽對黄白，飣餖古今，妖冶綺麗，雜然并陳也。韓文公所云，惟古于詞必己出者，是真選理，空疏淺近，何以措一字於其間耶。今乃反是選體，殆家家抱玉，人人懷珠，至於唐宋八家之法，作者甚鮮，方望溪、姚惜抱、朱梅厓、張皋文、惲子居若干人外，并非正脈，何其甚難難於選家歟。芸臺先生所云昌黎是矯文選之遺弊者，是堂堂卓見正論，與凌説有表裏相合，又其考證文筆等説，無非脩明古學之一段，奥義妙旨，此凌説之不爲無據也，以爲如何。

校讎之學，已爲斷航絶港。鄭漁仲《通志》諸略中，特著校讎之一門，是另具隻眼者。元明以來未聞此學，近日如錢竹汀、王禮堂，皆其選也。盧學士、王高郵之書，亦有東來。至於《十三經校勘記》是又集大成也。今欲讀經，捨此，何以哉。陳太史壽祺，曾以《校勘記》及段氏《漢讀考》中數三段，反覆商論，與翁先生，抵書相難，頗欠厚風。陳亦爲師門明其是非，辭語之間，似不得裁抑矣。今以二三條設有未盡，未可謂全璧之累，康成大儒，駁正許氏《五經異義》，而無少毫損於許氏耳。

書法之分爲南北兩派，亦不可誣也。此是南北之各尊一師，互相門户而已。若叩之鍾王，便各一笑者也。唐太宗是南派，遂以右軍爲宗；北派雖不振，然歐褚之自北派來者，源流甚明；虞則南派，與唐宗相同矣。歐褚之浸淫於右軍法門，即如孔穎達之於經學，未盡南學而爲時勢所屈也。至以右軍爲無篆隸遺，則大不可。稧帖之永字、趣字，有篆勢隸勢之確證者耳。

張亨甫論詩，是説詩極軌，以此益知亨甫詩大有本原，尤所欽誦。《婁光詩藁》，更增幾卷耶？尚在京耶？每見其嶔嵜歷落，奇氣千丈，有不掩於詠歎之際，何不少令含蓄，藏器待時耶。士之不遇，自昔伊然，坎止流行，隨處皆亨，爲此公所望甚厚，如是貢愚耳。

石研齋藏之燬於火，又一書家大厄。宋槧善本，有影翻印行者，此則流傳世間者，似不少矣。玉笙近在何處？弊友有與玉笙親好者，夤緣聞之熟耳。《揅經堂堂集》，暨經説一則，奉以爲金科玉條，得此一語，尤是讀經之津筏，非賢兄苦心，何以賤名達之文選樓中，有是隆貺。頂戴頂戴。不知攸謝。《尚友記》補成，日以望之。汪雙池、江慎修、朱止泉、王白田之於朱門，大有功，亦東人之所知。王白田尤是闡發朱學之至者，雖當日黄楊諸門弟，恐未必如此；《白田艸堂集》，遂零甚，淺見當在《三魚集》上也；潘司馬《文苑》、《循吏》傳，如已刊，何不以一本遠寄。心禱心禱。

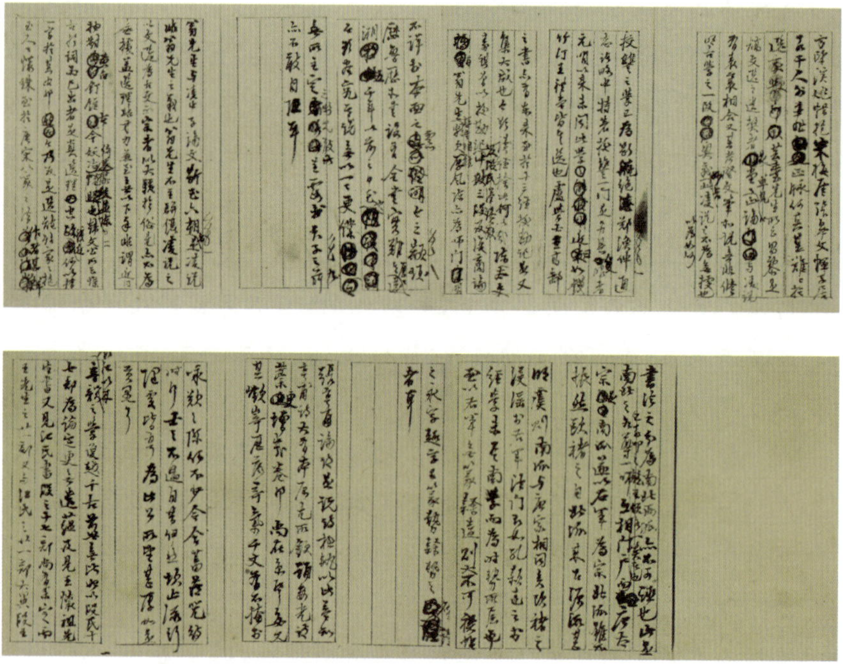

昭和九年發現的推測爲阮堂手蹟的"海外墨緣"草稿本。權敦仁因此文受到清儒的絶讚，因草稿本的發現，此書信遂判定爲阮堂所寫。（望漢廬藏）

以上爲草稿本《海外墨緣》文字。另外有關《海外墨緣》印刻的有關事情，可能是彝齋有參與。草本中有"李申耆先生，是又弊友金秋史所嘗深慕者"，這或許是阮堂故意借彝齋口氣進行的客觀敘述。李祖望之前曾聽聞有關阮堂的學識，在《海外墨緣》册子後專門附記，做了如下説明：

> 秋史者，姓金，爲東國殿撰。性嗜書，亦極博雅，聞其廳扁署曰阮堂，蓋景慕儀徵相國而名之也。與孔氏顨軒仰企康成，顔其堂曰儀鄭者略同。

此"附記"中所説明的秋史即是《海外墨緣》的作者，這是李祖望所不知的事情。

通觀此篇書札，其中有對音韻學、天文算術、《尚書》古今文、三家《詩》、古文正宗論、校讎之學、南北書派論等各種問題的提起；又有對《皇清經解》、《古文尚書疏證》、《四書釋地》、《易圖明辨》、《揅經室集》、《春秋朔閏表》、《春秋大事表》、《十三經注疏校勘記》、《周禮漢讀考》、《婁光詩藁》、《尚友記》等經籍的個人所見陳述；有對秦恩復的石研齋藏書災厄的惋惜；有對顧炎武、江永、閻若璩、胡渭、顧棟高、惠棟、沈彤、錢大昕、王鳴盛、盧文弨、王念孫、王引之、翁方綱、凌廷堪、阮元、段玉裁、江有誥、姚文田、陳壽祺、汪紱、朱澤澐、王懋竑、方苞、姚鼐、張惠言、朱仕琇、惲敬等諸名儒的著述和論騭，對其所長進行褒揚，對其所短進行批判；又有對朱彬、李兆洛、鄧石如、金農、鄭燮等，以及新進學士羅士琳、徐有壬、沈狹侯、劉逢祿、魏源、柳榮宗、劉寶楠、胡承珙、胡培翬、張際亮、楊淞等有所言及，從多個角度俯瞰諸多名流的樣貌。其中，尤其對翁方綱和阮元，用敬稱“翁先生”、“芸臺先生”，更讓人認爲是阮堂的手筆；對《皇清經解》評其“良工苦心處”，在道光十一年暮，阮小雲遠贈《經解》一部，阮堂珍藏後早晚探讀；而又感慨陳壽祺對翁覃溪的態度缺乏君子之厚風，應是因爲閱讀了《左海文集》卷四收録的《答翁覃溪學士書》所生感嘆。實際上，《皇清經解》一千四百卷中未採録阮堂所崇敬的覃溪經説，怀疑其中的原因之一是因與陳壽祺有矛盾使然；讚嘆鄧頑伯的篆隸，阮堂父親酉堂在道光二年冬入燕時結交了鄧頑伯之子守之(名尚璽，又名傳密，字守之)，守之傾倒於酉堂的學問人物，特請酉堂撰寫父親的墓志銘。守之又贈酉堂父親的篆隸書幅，阮堂得以先睹玩賞。守之寄酉堂的手札吾齋望漢廬中藏有幾通，酉堂寄守之的手札數通現爲守之玄孫鄧叔存君寶藏。余在昭和八年有幸得以展玩，并拍攝影片保留。守之得以父親的摯友李兆洛照顧成人，所以李兆洛的大名也傳入阮堂耳中，阮堂甚爲景慕其學問和人品。李、鄧兩家的親交中又有張氏一家，即張惠言、張琦兄弟，張琦之子名曜孫，又有孟緹、緯青、婉紃三女。張琦父子皆工篆隸，而三女中婉紃從父學北碑，可謂神采駿發，端嚴遒麗。阮堂與張琦父子神交已久，珍藏有孟慈所贈張琦書幅(此幅今張澤相氏藏)。而阮堂在屢屢欣賞婉紃篆隸之後,大爲激賞。張惠言的《箋易注元室遺稿》爲從弟曜孫所贈,阮堂開始學《虞氏易》,實在是得益於此贈本。張曜孫又和阮堂弟子李藕船有親交,心契甚深,其寄札數十通是研究清朝和朝鮮學緣的豐富資料。

羅士琳、徐有壬和阮堂的知友劉逢祿、魏源、劉寶楠、胡承珙、胡培翬、張際亮等都是孟慈的好友,阮堂從孟慈處聽聞柳榮宗即翼南,他是孟慈的門下生,這也是通過孟慈的手札得知。阮堂對翼南的今文説有所涉獵的事實值得注意,而今天我們所能瞭解的翼南的今文説只能從張宗蘭的《古文尚書私議》中得知(翼南著有《説文引經考異》十六卷);今文學者魏源著有《詩古微》,魏源曾言"十四博士之家法,因鄭學盡亡"(見《書古微序》),阮堂評之曰"立論恐太峻"、"説經者,立言尤慎",似爲妥當之見。張際亮字亨父,阮堂亦是從孟慈處得知。亨父著有《婁光堂稿》,阮堂從孟慈處得到讀後評其詩文"嶔嵜歷落,奇氣千丈",亦含有謙抑含蓄之所望,也是亨父所得之良藥;亨父的傳由孟慈友人姚瑩撰書,亨父曾在《續碑傳集》(卷七八)中對顯官曾賓谷的失德進行了詰責,賓谷甚爲震怒,曾在諸貴人前稱其爲狂人。亨父深交的友人有徐寶善、鄭開禧、黄爵滋、湯鵬、潘德輿、朱琦、王錫振、何紹基、陳慶鏞、蘇廷魁、陳景亮等。其中,黄、朱、王、何、陳五人都與朝鮮學人有交流關係。

阮堂對秦恩復的石研齋遭受大火甚爲惋惜,稱之爲書家之大厄。石研齋影刻宋本《楊子法言》,不知是哪位清人寄送給了阮堂,此書現藏於吾齋望漢廬中。

最後提及朱子學者汪紱、江永、朱澤澐、王懋竑等人,是因爲孟慈不偏重於漢學,對宋學亦極重視的關係。在評價王懋竑時,讚其不在朱門黄、楊之後,其著述《白田艸堂集》又在陸隴其的《三魚堂集》之上。由此,亦可知阮堂平時并不輕視宋學的用意和學術態度。

八、汪容甫的遺蹟所圍繞的諸名賢及阮堂

孟慈在道光十九年(1839)正月十日給阮堂書寫了長文手札,圍繞父親汪中的遺蹟列舉了江浙學壇諸名流,又希望阮堂、山泉聯額揮毫。長

札内容如下：

（一）先儒林（容甫）校文宗閣四庫書於金山精法樓下，其地勢“雙墖插雲，列嶂蔽日；雜蒔修竹，汲引山泉”，側又修亭一座。鎮江北顧（一作固）山下寶晋講院的生徒陳牧夫維謙治《三禮》，及其弟子江錢，祀先儒林魂靈於亭。又在亭前植柳，種竹一畦。亭前有山，舊有桂花橘樹。亭右植玉蘭，樓下種牡丹。山上又種桃杏樹木。植樹者有：

李月汀。

王二波嘉福，鐵夫學博令嗣，詞絶工。

黄春谷承吉，治《周禮》，經學精博。

劉孟詹文淇，治《左傳》，似漢經師，著《左傳舊疏考證》。

王句生翼鳳，通選理，似晉宋人。

吴熙載廷颺，刻印章，善屬文，工篆，鄧完白之流。

楊季子亮，善屬文，昭武將軍後，深於選學，精於西域地理、漢魏之文，過洪北江。

共七人以上七人，各植嘉樹。阮相公（芸臺）匾題“述德誦芬”；李申耆大令（名兆洛）額署“仰之彌高”；伊墨卿太守（名秉綬）故人吴清臣隱君已德，隱丹徒蒜山下，以醫業，清風亮節。題書楣“文章千古”四字；其餘，又有王句生、胡聖輿鎬，惜抱軒高足，古之人、吴清臣的題詩，王二波、張訊槎積善，儀徵人的題詞，朱蘭坡宫贊琦，涇人，博學無方的撰文；所以，懇請執事（阮堂）和山泉題寫瓣香聯額。請托寄户部陳頌南慶鏞，通經，人古朴，或兵部姚姬傳先生之族（斌桐，字秋土，工詩，人最正），將轉寄江蘇。朴坦齋（名綺壽，道光十七年冬至正使）尚書、李芝田（名光載，道光十七年書狀官）侍郎不以文人自居，吾敬其人，不知能否求書匾聯。

（二）浙江西湖畔的詁經精舍有先覺祠，亦祀有先儒林（容甫），因列有官祭杞典，遂不能增設楹帖匾額，况許、鄭以下所列祀并非一人。惟西湖葛林（一作嶺）園之梁祀梁山舟先生家梁庄，爲先儒林患病之地，《抱經堂集》中盧抱經學士（名文弨）的祭文中甚詳；孫淵如、黄竹雲善書，工詩，古逸君子、錢秋研廷薰，博學工文詩、陳牧夫諸家的詩十數篇；胡樗農敬學士詁經精舍高足弟、家遠孫舍人字小米，治國語、朱蘭坡、陳碩甫奂，段氏高足弟子，著《毛詩傳疏》，古之人、張蘭丹徒人，一名崇蘭，文亦雅、柳翼南榮宗，治尚書，似西漢大儒等人的撰文；其餘皆不一一詳載。願執事及山泉、彝齋瓣香各書楹帖匾額。經姚氏、陳氏手分寄江浙兩地，若另賜文，將不勝感幸。

札内所見清人諸學者中，阮堂既知者甚多，對其姓名、著書以及專攻，孟慈都一一做了注記，可知亦有不少新學者。其中，張蘭就是其中一人。張蘭著書《古文尚書私議》，從《古文尚書》辯護的立場來看，不啻爲一部良書。

孟慈披露既得的諸名家匾聯詩文，實是熱切希望阮堂遠寄瓣香聯額。而對雞林三年不得見一字，甚是埋怨，書信也以此作結：

> 執事與彝齋，不可無文及祠内扁聯；翠翁亦當書楹帖，山泉瓣香作文，藕船作詩與否。不必强也，吾輩文字之知，若以不見面而遂疏，不在京師而有間，非古謹也。
>
> 執事思之，吾輩生已五十有四，所居二千里外，相知有素，相見無期。若併此詩文不能得知於知己，一不在京，遂不通問，豈非劉孝標之所嘅邪。然通問則有時，以所居之位，所處之境，一時不便，而轉托廠市書賈，求書寄書，亦天朝文教，横被四海之盛治，吾未見其不可也。願執事督之。不宣。己亥正月十日。甘泉謹狀。

後事焉知海東的暗雲低迷！阮堂在收到此手札的翌年慘遭厄運，在五十五歲高齡被流配到荒無人跡的濟州島。此悲報傳到燕京時，孟慈驚愕若何？而孟慈和阮堂是丙午生同庚，七年後即道光二十七年，六十二歲的孟慈因積勞成疾，病歿於任地懷慶府。此訃音傳到在濟州生活八年的阮堂耳中，其哀痛之情若何？孟慈所熱切渴望的阮堂、山泉聯額最後是否送到孟慈的手中，現亦不可知！

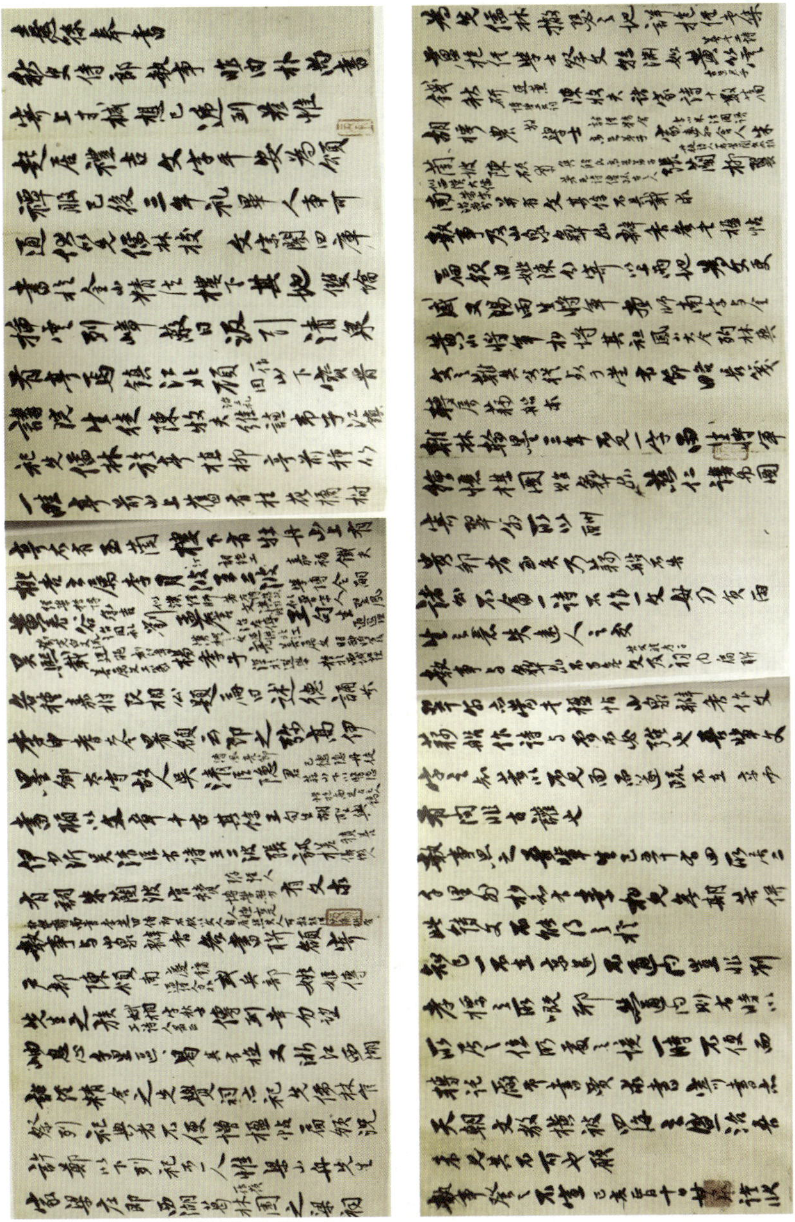

汪孟慈寄阮堂手札，道光十九年正月十日書

第十七章　張茶農、朱茮堂、吴山尊、徐鈞卿與阮堂

一、張茶農與阮堂

張深,字叔淵,號茶農,又號浪客。江蘇丹徒人。茶農父名崟,號夕菴,又號寶崖。茶農善畫,畫亦得家法,山水花卉師事衡山、石谷兩家,甚得縝密精髓,同邑畫者皆宗之。茶農於嘉慶十五年(庚午)中謝元。官至博平知縣。

茶農亦是酉堂、山泉父子在道光三年入燕時歡迎款待的清代友人之一。當時茶農給在玉河館的酉堂、山泉父子遞送了手札,致謝多儀,且贈楹帖。現在茶農的手札也保存了下來。歸國後,酉堂、山泉父子和茶農有數十通手札往來,可知他們之間的學問交流,而同時,茶農和阮堂之間也自然地展開了交往。

道光六年(1826)正月十七日,茶農寄給山泉的復信到達,信中叙述了别後三年的光景和思念之情,又感謝贈送的古書、古碑拓本,茶農又贈諸多珍什作爲答禮。其書札内容如下:

(一) 感謝贈送《海東名著集》,禮讚酉堂文章:

> 朴集《海東名著集》後尊老跋語,簡潔清勁,亦復不讓古人,論訂之精至於此極,呼之曰夔,誰曰不宜。今獲寵頒,允當什襲。

(二) 鳴謝贈《麟角寺殘碑》拓本：

至于《麟角殘碑》，宜可頡頏聖教寶鏡，精搨亦足追步孤雲。深也尠見淺聞，得未曾有，從此滄江虹月，足傲米顛，擬即裝池成册，題誌此一段翰墨因緣，以作藝林佳話，庶先生聞之，不致抱憾暗投也。外此復寄葠。

(三) 感謝贈送葠、紙。

(四) 以吴蘭雪詩句作《梅龕小圖》，供山泉吟興。

(五) 書扇一握乞轉交阮堂，致企慕之情：

書扇一握，用遺令兄秋史先生，藉申企慕，祈代致之。拙詩承和，俊逸清朗，誦再三，香生齒頰。少陵云，有是君身有仙骨，世人那得知其故，余將微先生贈焉。

(六) 報告山泉舊知消息：

蘭翁、菊人近跡尚不踈闊，少沂、玉笙、竹雲諸子，不日亦可來都。

(七) 贈以下諸品：

《焦山周鼎銘》覃溪先生《周鼎銘攷》一書評論極爲審當，此乃就鼎搨得者，非翁公所云石刻本也。

《焦山瘞鶴銘》此銘相傳爲陶貞白書、又傳爲王羲之、又傳爲隋代人書、又傳爲唐顧況、又曰王瓚，汪退谷先生曾爲之考，遠徵博引，至詳且備。乾隆御跋稱爲非晉人不能，永垂定論。舊石屢經轟鑿，淪没于江者再。康熙年，誰得陳長沙太守挽出供濤，度諸殿廡，碎石凸凹，今已不可復搨，此乃從宋本橅勒上石者。虎賁中郎尚覺典型未遠，若再歷歲年，即此本亦不可多得，鑑古者，能勿寶諸。

先祖《頤詩齋草》

家親手書字幅

虚白齋蠟箋一束

抱經閣詩箋一匣

拙畫《梅龕圖》

拙書梅詩扇

右件統布，哂納爲幸。深再啓。

（原蹟望漢廬藏）

道光七年(1827)正月廿六日附茶農手札，其要領如下：

（一）集《易林》吉語，頌酉堂壽：

今謹仿郭河陽壽文潞國者爲堂上壽，更集《易林》吉語作聯先之，雖無足觀，而拳拳補祝之忱，當不以先後判輕重也。

（二）感謝告知箕田遺制：

箕田遺制，不載圖經，惟鄭麟趾《高麗史志》第十二《地里門》有云："箕子古城，區畫用井田制。"而其説不詳。接讀韓、柳、許三君圖，犃識畫路分田，與周迥異，其爲什一則同，此乃鄭、孔、程、朱所未及考證者，而鄙人獲聞其略，何幸如之。即未由相从於兔山、涓水之間，而柳惠風《麑眼蘺斜》一詩，固已彷佛目中矣。其受貽豈直縞紵云乎哉。

（三）試圖品評東友書畫，欣喜於墨緣之深厚：

紫霞侍郎，耳名已久。昨於澂翁處，始得一瞻墨妙，少霞殊有鳳毛，良非過譽；趙君梅幅，頗似吾鄉南雅先生，惟老幹用筆似少停頓；朴生畫，若未多見古人天資高妙者，當可於聯句中自得神解。昔韓退之云："弟子不必不如師，師不必賢於弟子。"倘朴生不以爲嫌，僕尚有秘密口訣可就資也。足下聞此，得無捧腹大笑，謂茶農好爲人師乃爾耶；此來申尚書并洪、李二君，一再接拜，殊極懽悰。所謂如筠斯清，比蕙又暢，新雨舊雨，墨緣重重，齀生何幸得此於海東諸君也。

（四）求贈崔孤雲的《桂苑筆耕》：

(五) 轉達山泉舊知消息：

少沂、竹雲在里未出；玉笙頃始到京，聞已有書奉致；菊人選廣文南下。諸多知好，均仍屬孫山以外之人，有孤盛念爲愧。菊人札，聞託他處轉寄，未留弟處。

(六) 所囑描畫《富春》、《梅龕》二圖尚猶豫：

《富春》、《梅龕》二圖，容後報命。其顛末具詳李鎮九信中，兹不複述。

(七) 茶農的書齋“槐根小築”匾額，懇請阮堂揮毫：

敝廬槐根小築，得令兄秋史先生一額，便足千古。所得已多，何敢復有他冀，第此廬於吾終如傳舍，而三宿之戀，不能無情。

(八) 茶農所畫《槐根小築圖》請朝鮮友人題詠：

曾繪小圖，徧乞名流題詠，而海東諸大名士無一詩章見惠，未免畫圖減色。今寄上素册一本，懇代轉求，多多益善。册如不足，不妨以紙繼之。

(九) 報答洪海居五七古二十章：

頃洪都尉走書索詩，弟録五七古二十章爲報。前此露醜於兄，今又將遺笑於洪海居矣，謂非不度德不量力乎。

(十) 感謝贈物：

外更有《真鑒》、《桐華》二碑、神像十二、海苔雪花箋紙二束、東綢一端，并此道謝。

茶農曾受山泉懇囑繪《富春山圖》。道光七年(1827)冬，繪事終於完成。茶農圖上題詞曰：

黄子久《富春山卷》，乾隆朝已歸内府，人間不可復觀。石田、南田，當時猶及見於宜興吴氏，故二公俱有臨本。予家舊藏一卷，乃石田鈎勒子久富春底稿,用筆簡古,超然塵表,董香光所謂平澹天真,從巨然風韻中來者,猶可想見。山泉先生走書京師,索余圖此。余於王、惲,無能比擬,矧大癡老人也耶。重違所請,謝客兼旬。追摹王稾,用塞來意。雖大癡面目,未能仿佛毫釐,而桐君嚴陵,固可晤對于茶熟香温際也。即求教鑒。叔淵張深識。

蘭雪見余此畫,謂爲得元人神韻。移神久之,歸寓,夢中得句云:"富春山畔願携家,添個柴門傍水涯。沽酒偶然移櫂去,一江明月動梅花。"因畫得夢,因夢得詩,附題於此,以證墨緣。茶農又記。

茶農又遍求知友爲所繪《富春山圖》題詩。題詩清人名單如下:

道光七年中冬,錢塘許乃穀。題詩。

同　十一月杪,錢塘許乃安。同上。

顧莼。同上。

程邦憲。同上。

同　季冬月望,澂翁吴嵩梁。題詩。

西穀吴清鵬。同上。

錢唐陳嵩慶。同上。

苹亭張祥河。同上。

同　八年試登日。雪樵周仲墀。同上。

同　人日後五日。杏樓顧元愷。題文,又録高祖嗣立《富春山歌》。

同　正月十八日。雲間熊昂碧。題詩。

同　正月下浣。張深。再題詩。

而朱爲弼(號茮堂)以篆體横書"富春山圖"四大字於卷首,并附題詩曰:

扁舟未到嚴陵瀨,山色空靈想富春。

今見南張豪素妙,恍然鄉夢脱紅塵。

道光丁亥仲冬月　題於京邸之經注經齋　當湖朱爲弼

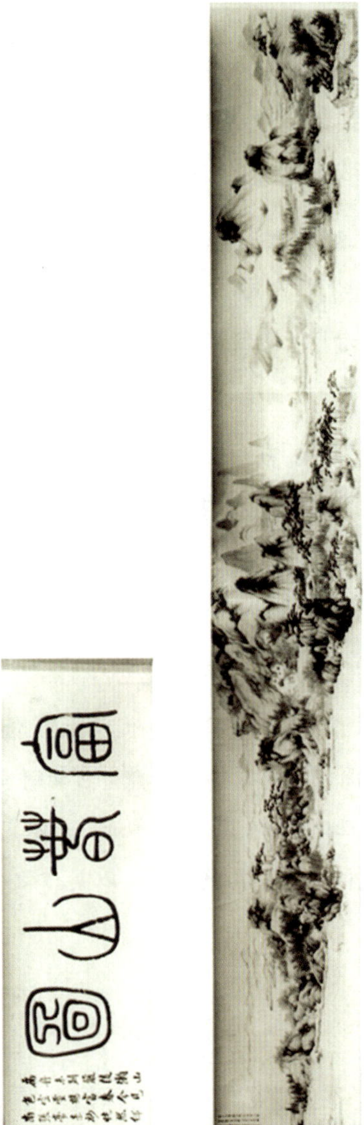

張深摹寫元黃大癡《富春山圖》

如上,張深在繪完《富春山圖》後又得到諸名流的題詩,之後裝訂完寄送給了山泉。遵守約定的茶農和得到此幅寶圖的山泉之間的純摯友誼和千古風流,實在令人羡慕。此卷軸現爲京城的某氏收藏。

茶農寄阮堂的手札,今存鄙齋的不多。其中有一札内容如下:

> 秋史先生執事。啓者僕自奉交阿仲,心馳左右者至今,然未致一緘上訊記居者,緣閣下典司攸重,不欲以榛蕪之詞,瀆瀆聞見已爾。頃荷不棄,遠惠手牋,獎借之餘,重蒙教宥,感何如之。妙繪雪屋一圖,極得元人神體,元靈畫册,絶近明賢。拜謝拜謝。

由信中内容可知此通應是初信,可以看出茶農達成心願的欣喜之情。之後,又有對朱茮堂答信和所托物品告知的事宜,爲叙述方便起見,將在茮堂與阮堂一節中作叙述。

茶農也和李石村、洪三斯有過交往。通過石村寄贈陸桴亭[①]書册内容,可窺探他們交往的一端:

> 陸桴亭乃國初巨儒。其於有明一代學術外降,瞭如指掌。其於諸儒宗旨醇駁,造詣深淺,無不各如分劑,絶無畸重畸輕。兹乃昔之聞於師者,謹録以奉正。且録其全本奉正,一以見桴亭先生議論允當,并可即其生平梗概,想慕其爲人;一以見深之前後陳於左右者,均未敢稍參臆説也。

二、朱茮堂與阮堂

朱埜雲、吴蘭雪、曾賓谷、葉東卿、劉燕庭、阮小雲、張茶農等都是朱茮堂的友人,茮堂也是阮芸臺的門生,又曾代芸臺編纂了《積古齋鐘鼎彝器款識》,所以茮堂也是阮堂的意中人。朱、金兩家之間的雅韻在前章中亦有所披露。

---

① 陸桴亭,原著誤寫作"桂桴亭"。陸世儀(1611—1672),字道威,號剛齋,晚號桴亭。江蘇太倉人。致力理學,著有《思辨録》、《論學酬答》等。

朱茮堂，名爲弼（1770—1840），字右甫，茮堂（又椒堂）爲其號。浙江平湖人。嘉慶十年（乙丑）進士，歷官至漕運總督。道光二十年卒，享年七十。崇祀鄉賢，《國史館列傳》中有詳細記述。其家系如下：

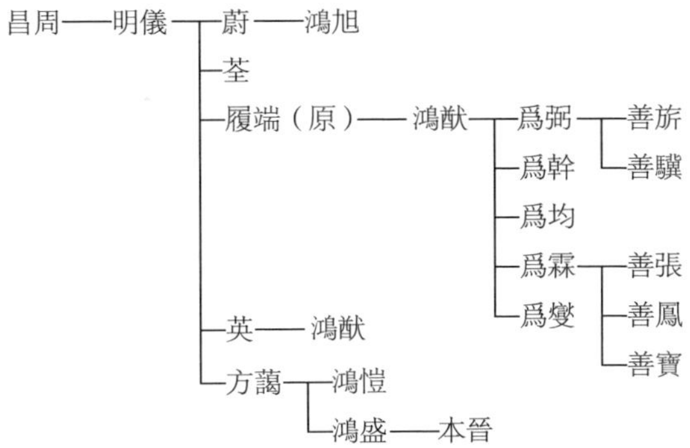

（據朱之榛輯《新安先集》）

茮堂精通經學，兼長詞翰，尤嗜吉金文字，深得阮芸臺器重，曾囑茮堂纂《積古齋鐘鼎彝器款識》。書成，芸臺讚其博綜弇雅。茮堂入京後與葉東卿最契合，共榻賞玩古器無虛日，其鑒賞古器之專心殆出於天性。茮堂治詩雖不尚冶煉，而達情事畢，尤其是詠古器之作，如波譎雲詭，離離奇奇，讓人心目耀慨。

茮堂居官時清勤自樹，不愧對古名臣。其著述《蕉聲館集》有如下諸傳本：

《蕉聲館詩集》十六卷道光二十八年（戊申）夏刊　鋤經堂藏板

《蕉聲館集》八卷咸豐二年刊

《蕉聲館雜詩集》二十卷　《補遺》四卷咸豐七年刻

茮堂在道光七年仲冬爲茶農給山泉所繪《富春山圖》題字，此內容在前節中已有敘述。阮堂、山泉兄弟展玩圖卷時，應是何等懷念燕京知己、又對江南勝景神馳情往呢？

茮堂爲友人張叔未（1768—1848，名廷濟，金石收藏甚豐）題有長詩《八甎精舍》（《蕉聲館詩集》卷三），阮堂看到此諷詠，大爲心動，取其詩意，自繪《松陰鑒古圖》，又附寄其它物品，通過張茶農轉交給了苿堂。苿堂欣喜雀躍，托付茶農轉交手札，信中感謝阮堂厚意，又添贈品若干。其手札曰：

茶農先生我師，廿六日欣悉榮補花封，是日入闈，未及走賀。昨出闈接手書，并海東金秋史學士各件已領到。《詩境圖》寫就，别書《詩境大篆額》，并《謝繪松陰鑒古詩》一幅、富春詩扇一握、唐雲麾將軍李秀全碑篆額，全乞轉致秋史先生，爲弟導嚮往忻慕之忱。專此。布賀升禧。别日當候面申一切。不一。愚弟朱爲弼頓。七月七日。

書札中所言贈品中的《詩境圖》、《詩境大篆額》、富春詩扇，似是之前阮堂通過茶農向苿堂托付的物品。而其中的《謝繪松陰鑒古詩》内容如下：

海東金秋史學士，以余舊題八甎吟館所藏舊畫扇面詩意，繪松陰鑒古圖以寄，竝辨犧尊王、鄭兩説，賦此志謝

吾生金石癖，乃在廿載前。
始見師酉敦，識字能連篇。
瑯嬛有師授，命成款識編。
每得一古器，摩挲不忍捐。
每覩一奇字，精思忘餐眠。
一自來京華，薄領勞年年。
舊學晝荒落，博古人謬傳。
瀛海阻且遠，文翰何因緣。
風吹虛名去，讚歎煩高賢。
不鄙余才拙，乃謂余學專。
舊句久忘卻，新圖乃惠然。
開緘清颸發，長松蔭清泉。
主客坐鑒古，鼎彝羅長筵。
恍然憶舊事，裝軸高堂懸。
但感用意厚，古金期深鐫。

若論犧象解，四庫載已全。

（朱爲弼《蕉聲館詩集補遺》卷三）

茶農受茮堂之托，轉寄阮堂手札。茶農手札要點和贈品目録如下：

茮堂先生亦有復札，并奉報之物□種，統希檢收。詩境之圖，茮堂先生題後，僕亦勉力效顰，用博一粲。雖張、許二君以外，雅不乏人，而僕苦于簿書，迫促搘擋，匆遽無暇爲此，是以未能如願，奉償把咎在心，實亦不得已耳。（中略）書此奉報，悵悅難勝，亦不知手筆之草草矣。

附寄楹帖詩扇，莞納爲望。

許玉年弟乃安回札一紙

張詩舲尊老與鏞回札二紙

詩片二張

朱茮堂回札二紙

書畫扇一握

《詩境額》一大幅

詩箋一大幅

《雲麾將軍碑》一張　統望照納

黄竹雲寄山泉尊兄信一函

秦玉笙寄山泉尊兄信兩緘、扇一柄　祈爲轉交

茮堂又贈阮堂之前所題楹聯，其句曰：

春秋三傳唯從左

周易諸家不廢虞

茮堂以個人所得意之隸體書寫，造句相俟，觀賞價值極高。此字幅現爲鄙齋望漢廬收藏。

茮堂好《虞氏易》，嘗賦詩曰：

讀虞氏易

紅梅花下讀羲文，消息旁通證舊聞。
會得一陽來復義，鼻參功德有靈芬。

（朱爲弼《蕉聲館詩集》卷二十）

可以説，這首詩句茱堂贈阮堂最爲相應相合。

三、吴山尊與阮堂

吴鼒(1755—1821)，字及之，又字山尊，號抑菴、南禺山樵。安徽全椒人。嘉慶進士，官侍講學士。山尊的駢體文沈博絶塵，詩宗孟、韓、皮、陸。曾較長時間主講揚州書院，著有《夕葵書屋集》。阮堂聞其名，托付出使燕京的朝鮮使臣轉交山尊手札并以碑板書扇相贈，同時拜托山尊繪覃溪和張船山的畫像。山尊原不喜外交，也諱與朝鮮使臣接觸，却兹此打破慣例，回覆阮堂書札和答禮。其札曰：

僕性迂拘守，無外交之義。用是貴國貢使到都，頗有與同舍生筆談者，僕未敢也。今蒙先生閲及拙刻，惠然賜書，兼致碑板畫扇，已拜嘉矣。覃溪、船山，與僕皆有師友之誼，然畫象非倉卒可得。

山尊在自選《八家駢體》中曰：

拙選《八家駢體》，内洪太史專集，富至二尺許，今已南還，頗亦難購。孫觀察之集半之，邵、孔皆有專集，已歸道山，餘散處四方，出處異蹤，所撰驟難覓寄。

本書命名爲《八家四六文》，收録八家的駢體選集如下：

卷一《文字堂文》七篇孫星衍
卷二《卷葹閣文》十九篇洪亮吉
卷三《儀鄭堂文》十九篇孔廣森
卷四《思補堂文》十二篇劉星煒
卷五《玉芝堂文》十八篇邵齊燾

卷六《西溪魚隱文》十五篇曾燠

卷七上下《小倉山房文》二十五篇袁枚

卷八上下《有正味齋文》五十四篇吴錫麒

山尊又爲八家各自題詞。山尊師吴錫麒文中云:"他日唐一代文彙集出其賸,貴雞林更當何如,好學者可藉以略識先生之淵源矣。"吴錫麒(1746—1818),字聖徵,號穀人。錢塘人。其駢體文清華明秀,著述有《正味齋集》。朝鮮使臣以餅金争購其文集,令場肆一空。阮堂所渴望的本書是否爲山尊所寄贈,現在還不能斷定。不過,阮堂親筆題寫的藏書目録中有"《八家四六》六册",目録中又有"《正味齋集》八册"、"《卷施閣集》七册"。

山尊又贈近刻四種(書名不明)云:

> 僕因親老弟亡,請養南歸,已束裝矣。埋跡故山,從親耕讀,此後無奉書之日也。

以上之言爲書信作結。除此之外,再没有收集到更多有關山尊和阮堂學緣的資料。阮堂從阮芸臺處所學到的文章正宗在駢體,而在與山尊的通信中,阮堂看到山尊的文章宗旨,也會會心一笑吧。實際上,阮堂在駢體文的創作上也是卓越的。

四、徐鈞卿與阮堂

徐有壬(1800—1860),字鈞卿,一字君青。浙江烏程人。道光八年舉人,道光九年進士及第,累官湖南布政使、江蘇巡撫等職。咸豐十年三月,洪、楊之難蘇城陷落,鈞卿不甘屈服,舉家殉難,享年六十一,謚號莊愍。戴望撰《江蘇巡撫徐公行狀》、陸心源撰《徐莊愍公别傳》中叙述甚詳。鈞卿耿介端方,不拘言笑,少時受業於鄉先輩姚學塽(1766—1826,字晉堂,學者稱鏡塘先生。嘉靖進士,官中書,學宗程朱),崇尚程朱,戮力有用之學,最善算學,自得深造,能於古今諸名家中獨樹一幟。鈞卿算學有關的著書如下:

《務民義齋算學》

《測圜密率》三卷

《橢圓正術》一卷

《孤三角拾遺》一卷

《朔食九服里差》三卷

《用表推日食三差捷法》一卷

《截球解義》一卷

附

《橢圓求周術》一卷

《造各表簡法》一卷

以上各書爲面世著書，其它數種著書名稱見於《清史・藝文志・天文算法類》。

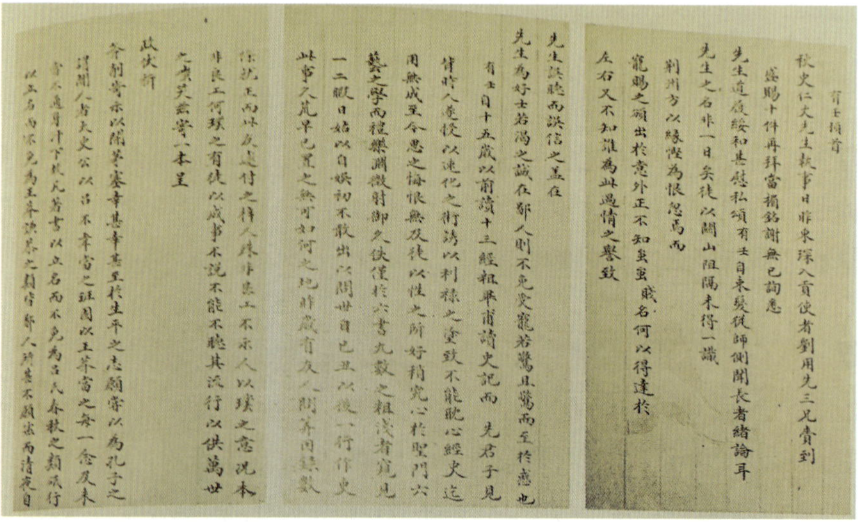

有士頓首
秋史仁丈先生執事日昨東琛入貢使者劉用光三兄賫到
盛賜十件再拜當補銘謝無已詢悉
先生道履綏和甚慰私頌有士自束髮從師側聞長者緒論耳
先生之名非一日矣徒以關山阻隔未得一識
荊州方以緣慳爲恨忽焉而
寵賜之頒出於意外正不知區區賤名何以得達於
左右又不知誰爲此過情之譽致
先生誤聽而誤信之蓋在
先生爲好士若渴之誠在鄙人則不免受寵若驚且驚而至於慙也
有士自十五歲以前讀十三經粗畢甫讀史記而　先君子見
背於人先授以速化之術誘以利祿之塗致不能耽心經史迄
用無成至今思之悔恨無及徒以性之所好稍究心於聖門六
藝之學而禮樂謝微射御久佚僅於六書九數之粗淺者窺見
一二嘅日始以自娛初不敢出以問世自己丑以後一行作吏
此事久荒畢已置之無可如何之地昨歲有友人問弄因錄數
條就正而此友遂付之梓人殊非良工不示人以璞之意況本
非良工何璞之有徒以成事不說不能不聽其流行以供萬世
之嗤笑茲寄一本呈
政伏祈
今制嘗示以閣某塞章甚幸甚且於生平之志願嘗以爲孔子之
詳聞人皆大史公以爲不幸當之証因以王莽當之每一念及未
嘗不廢書三下此元著書以立名而不免爲名之人春秋之類恐行
以立名而不免爲王莽讀書之類皆鄙人所甚不願者而請求自

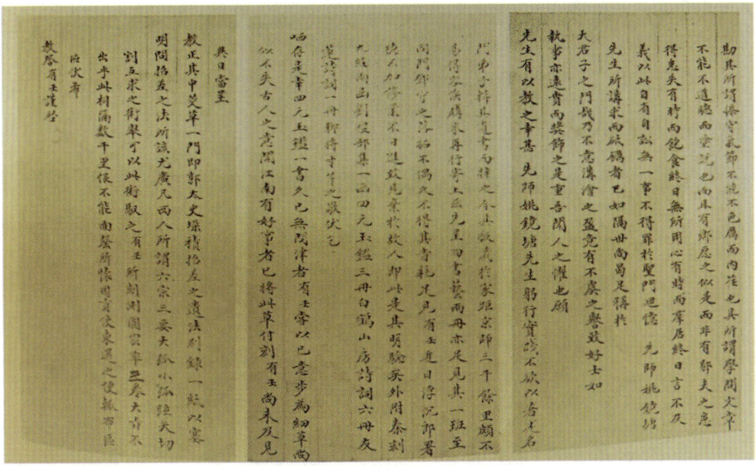

徐有壬寄阮堂答書(望漢盧藏)

阮堂聽聞徐鈞卿人物事蹟,尤其是擅長算學後就修書一札,寓意繾綣,并乞贈其著述,又贈添儀品十件,托付燕行使劉用光等人轉交給鈞卿。鈞卿亦夙聞阮堂盛名,心存傾慕之情,收到阮堂的手札和贈品,喜出望外,立即題寫答書,感謝其高情厚誼,又具陳身世,且贈自著書數種,其手札原蹟現藏於鄙齋。手札文字極端嚴,鈞卿的風格宛然在目。其手札内容如下:

(一) 受知於阮堂并接到來翰,且驚且喜,陳述縷縷衷曲:

有壬自束髮從師,側聞長者緒論,耳先生之名非一日矣。徒以關山阻隔,未得一識荆州,方以緣慳爲恨,忽焉而寵賜之頒,出於意外,正不知蚩蚩賤名何以得達於左右,又不知誰爲此過情之譽,致先生誤聽而誤信之。蓋在先生爲好士若渴之誠,在鄙人則不免受寵若驚,且驚而至於惑也。

(二) 關於治算學的徑路:

有壬自十五以前讀十三經,粗畢甫讀《史記》,而先君子見背,時人遂授以速化之術,誘以利祿之塗,致不能耽心經史,迄用無成。至今思之,悔恨無及。徒以性之所好,稍究心於聖門六藝之學,而禮樂淵徵,射御久佚,僅於六書九數之粗淺者窺見一二,暇日姑以自娱,初不敢出以問世。

(三) 對於自己的著書得到阮堂的認可,以及阮堂求贈個人著述:

自己丑(道光九年)以後,一行作吏,此事久荒,早已置之,無可如何之地。昨歲有友人問算,因録數條就正,而此友遽付之梓人,殊非良工。不示人以璞之意,況本非良工,何璞之有。徒以成事不説,不能不聽其流行以供萬世之嗤笑。玆寄一本呈政,伏祈斧削,寄示以開茅塞,幸甚幸甚。

鈞卿極其謙虚地寄給了阮堂一部。

(四) 陳述生平志願只在自省自訟,務不在求取虚名:

至於生平之志願,嘗以爲孔子之謂聞人者。太史公以吕不韋當之,班固以王莽當之,每一念及,未嘗不通身汗下。故凡著書以立名,而不免爲《吕氏春秋》之類,砥行以立名,而不免爲王莽謙恭之類,皆鄙人所甚不願。然而清夜自勘,其所爲操守氣節,不能不色厲而内荏也。其所謂學問文章,不能不道聽而塗説也。而且有鄉愿之似是而非,有鄙夫之患得患失,有時而飽食終日,無所用心;有時而群居終日,言不及義。以此自省自訟,無一事不得罪於聖門。

(五) 追憶先師姚鏡塘先生,且贈其著書《四書藝》兩册:

回憶先師姚鏡塘先生,所講求而砥礪者,已如隔世,尚曷足稱於大君子之門哉。乃不意溝澮之盈,意有不虞之譽,致好士如執事,亦遠貢而奬飾之,是重吾聞人之懼也。願先生有以教之,幸甚。先師姚鏡塘先生,躬行實踐,不欲以著述名,門弟子輯其遺書而梓之,今其板藏於家,距京師三千餘里,頗不易得,容俟購來再行寄上。玆先呈《四書藝》兩册,亦足見其一斑。

由此,清朝程朱學者的遺書得以傳入阮堂的覃揅齋中。

(六) 介紹同門鄧守之的情況:

至同門鄧守之,落拓不偶,久不得其音耗,足見有壬近日浮沉郎署,德不加修,業不日進,致見棄於故人,即此是其明驗矣。

由此可知,與阮堂父親酉堂有親交的鄧守之與鈞卿爲同門,這也可能是對阮堂曾專門詢問守之情況所給的答復。

(七) 鈞卿寄贈給阮堂如下數種書籍:

《秦刻九經》兩函

《劉禮部集》一函

《四元玉鑑》三册

《白鶴山房詩詞》六册

《友蓮詩詞》一册

《秦刻九經》爲秦鏷所刻的《秦氏巾箱本九經》,此書有音無注,由《易》三、《書》四、《禮記》六、《周禮》六、《春秋左傳》一七、《孝經》一、《論語》二、《孟子》七卷構成。

阮堂得到劉逢祿的《劉禮部集》後耽讀并傾倒於其今文學,尤其是對其甥姪趙振祚期望甚高。日後,阮堂自畫的《歲寒圖》偶然得到趙振祚的頌詩,此是通過李藕船所得,阮堂也是欣喜異常且驚詫不已,對此相關内容將在下一章中做詳細論述。

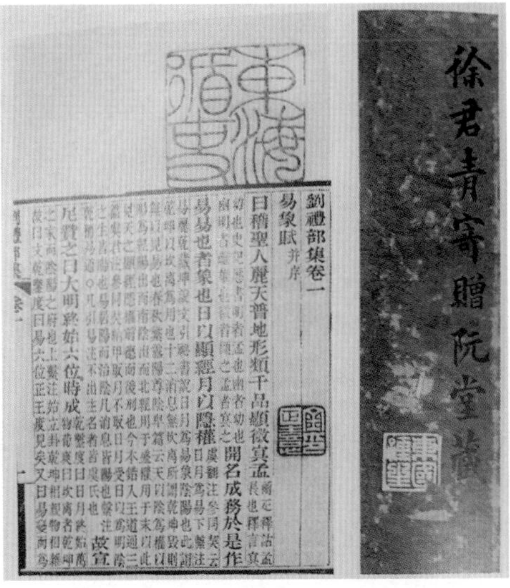

徐有壬寄贈阮堂的劉逢祿《劉禮部集》

徐熊飛的《白鶴山房詩詞》也收録在了阮堂親題藏書目録裏。

(八) 對《四元玉鑑》又附加説明：

> 《四元玉鑑》一書，久已無問津者。有壬嘗以己意步爲《細艸》，尚似不失古人之意。聞江南有好事者，已將此草付刻，有壬尚未及見，異日當呈教正。其中茭草一門，即郭太史垛積招差之遺法，别録一紙以塞明問。招差之法，所該尤廣，凡西人所謂六宗三要、大弧小弧、弦矢切割互求之術，舉可以此術馭之，有壬所刻《測圜密率》三卷大旨不出乎此。

據此可知，鈞卿著有《四元玉鑑細艸》，有江南的好事者在鈞卿不知的情況下印刻行世。可是，羅茗香所言《四元玉鑑細艸》二十四卷(《觀我生室彙稿》内收録)與此不知是何關係，還有待日後進一步考究。

道光十八年(1838)阮堂贈鈞卿《算學啓蒙》一事，清人張穆於道光二十四年爲阮堂的《歲寒圖》題詩自注中有記録。而同年，阮堂寄給汪孟慈的手札(《海外墨緣》)中羅茗香、沈俠候和徐君青(即鈞卿)的名字也一同羅列出來，并有"精深孤詣，夙所寤想"之説，都已在前文中有論述。

另，鈞卿曾寄"郭隱先生"手札，"郭隱先生"是何人，現未可知，不過爲鈞卿和朝鮮人的交流關係提供了重要的資料。其手札内容大略如下：

(一) 郭太史之遺法(數學古書)爲必讀之書，早贈爲盼。

(二) 阮小芸農部外遷永平太守，芸臺宫保仍作雲貴總督，康强如昔。

(三) 忙於自分《錢穀薄書》，無暇讀書，可笑可恨。

(四) 卯橋舍人因病去世，其孤已扶柩回浙。

(五) 近時在京師者獨姚學逸與僕，風流雲散，離群索居，徒增感惻。

以上手札中所見卯橋是指丁泰，姚雪逸指姚文田之子姚衡，二人都和朝鮮學人有着深厚的學緣。學逸之子凱元也與朝鮮學人結有學緣。

第十八章　阮堂《歲寒圖》與清儒十六家

一、阮堂的《歲寒圖》與李藕船

阮堂在第一次出使清朝歸國以後，與清朝學者之間有着三十餘年燦爛的文化交流，可是這種交流在之後也成了不可再得的夢想，李朝憲宗時期曾提議阮堂作爲副使出使清朝，但這次機會也如天上白雲浮聚而散。阮堂一家以及阮堂自身，正像受到驚人的詛咒一樣被厄運纏身，十重二十重的烏雲層層疊疊圍繞在金氏一家的周圍。當時爲憲宗六年(天保十一年，道光二十年)七月，阮堂受到金弘根(1788—1842，字毅卿，號春山，安東人，官至左議政)的劾疏獲罪，在同年八月二十日夜間被抓捕，受到數十日的鞫問，之後被流配到濟州島大靜區。當時，阮堂已五十五歲。關於當時的情況，阮堂友人權彝齋(1783—1859，名敦仁，官至領議政，曾二次出使清朝，交友甚多)、阮堂之弟山泉(1788—1857，名命喜，道光二年隨父入燕，與清儒數十名訂交)等人來往的書牘數十通，以及阮堂門人許小癡[①]所著《小癡實録》等相關文獻中記述甚詳。正如高士義人被厄運籠罩，阮堂前後九年多的歲月，不得不在千里海濤的孤島中度過。

---

① 許鍊(1809—1892)，又名許維，號摩詰、小癡、石癡、老癡。朝鮮楊川人。朝鮮後期畫家，宗水墨山水，主要作品有《樓閣山水圖》、《金正喜肖像》等。

阮堂的數十名弟子中最爲卓出者爲李藕船。李藕船(1804—1865),名尚迪,字惠吉,藕船是其號。牛峰人。藕船容儀飄雋,温和如春,神清如秋,文采風流,令人心醉。作爲阮堂的親授弟子,其博學多才,文望日隆;詩文綿渺清婉,無一點煙火氣;書法有趙、董之骨。藕船出生於漢譯世家,曾隨貢使入燕有十二次之多,其交往的清朝學者皆鉅卿通儒。如有:

祈春圃(名嶲藻)、黄樹齋(名爵滋)、子幹(名秋林)、孔繡山(名憲彝)、葉東卿、崑臣、潤臣、吴蘭雪、劉燕庭、何子貞、王子梅(名鴻)、馮魯川(名志沂)、許海秋(名宗衡)、儀墨農、韓季卿(名韻海)、陳南叔(名克明)、阮小雲、賜卿、姚雪逸(名衡)、黄香鐵(名劍)、陳雲伯(名文述)、丁卯橋(名泰)、汪孟慈、端木鶴田、陳頌南(名慶鏞)、符雪樵(名兆綸)、許青士(名乃濟)、張仲遠、鄧小筠(名爾恒)、吕星田(名佺孫)、吴子苾(名式芬)、温翰初(名肇江)、張彦惟(名成孫)、潘紱庭、玉泉、趙伯厚(名振祚)、莊衛生(名受祺)、馮景亭(名桂芬)、姚恬庵(名涵)、吴偉卿(名贊)、朱伯韓(名琦)、楊墨林(名尚文)、張石州、陳梁叔(名克家)、丁虚園(名嘉葆)、曹艮甫(名楙堅)、吴清如(名嘉淦)、吴冠英(名儁)、秦澹如(名緗業)、翁祖庚(名同書)、邊袖石(名浴禮)、王蓉洲(名憲成)、潘鄭盦(名祖蔭)、程稺蘅(名祖慶)、朱寶竹(名錫綬)。

如上所知,與李藕船交游的清人達到七十名之多。他們之間文讌酬接、墨采雲飛、英詞電發。在交游上以道義相交,在文學和學術上互相切磋砥礪。藕船把收到的清代知友的尺牘數百通裝訂成十幀,題名爲《海鄰尺素》寶藏。"海鄰"是其書屋名稱,取自唐代王子安(名勃)的詩句"海内存知己,天涯若比鄰"。藕船曾作聯一幅曰:

懷粵水吴山燕市之人,交道縱横三萬里;

藏齊刀漢瓦晉塼于室,墨緣上下數千年。

藕船托業師阮堂把此書聯以篆書題寫後懸掛於自己的書齋。藕船的著書有《恩誦堂詩集》十卷、《續集》十卷、《恩誦堂文集》二卷、《續集》二卷,合計四册。“恩誦”之名是指藕船曾受憲宗召見,命吟誦其詩作,含有感恩之意。藕船托付清友人并得到援助,此詩文集在北京刊刻後得以廣爲流傳。此書和《海鄰尺素》都是清、朝鮮文化交流相關的重要文獻。藕船出生於朝鮮純祖三年,朝鮮高宗二年八月十五日去世,享年六十三歲。

藕船爲了安慰在濟州謫居的阮堂屢屢寄送書册和物品,以盡個人摯誠之情。在阮堂流配濟州島的第四年,即朝鮮憲宗九年(道光二十三年),藕船寄送了桂未谷①(名馥)的《晚學集》、惲子居②(名敬)的《大雲山房集》,這兩部書都是藕船從北京新購入的書籍,藕船遠寄給阮堂以寬慰孤島煩悶無聊的生活。阮堂在和翁覃溪、阮芸臺交往時就已對未谷的學問書藝有所耳聞,又在葉東卿、李月汀等人的書札中詳細得知桂未谷的《説文義證》五十卷大著,而在濟州島的阮堂能收到這部《晚學集》,真可謂與未谷的學緣匪淺。《晚學集》爲八卷,道光二十一年刊刻。封面裱紙爲翁方綱於嘉慶丙辰題名,卷首有蔣祥墀所撰“桂君未谷傳”,次爲“助刻姓氏”,又有道光二十一年桂顯訦的識語,又有乾隆五十九年阮元序,卷末收有道光二十一年孔憲彝後序。此書是對未谷經術研究的絶好著述。阮堂對惲子居也早有所知。《大雲山房文藁初集》四卷爲嘉慶十六年家刻本,《二集》四卷。收有目録凡襍文九十六篇,爲道光二十一年長洲宋揚光吉甫刻於廣州西湖街。而阮堂受贈的似乎僅爲《初集》四卷本。阮堂收到此二部書,當喜出望外。藕船於翌年即道光二十四年,又購入了賀耦庚③(庚一作耕,名長齡)編的《皇朝經世文編》一百二十卷七十九册

---

① 桂馥(1736—1805),字未谷,一字東卉,號雩門,别號蕭然山外史。山東曲阜人。乾隆五十五年進士,官雲南永平縣知縣。善書法,精於考證碑板、文字訓詁。著有《説文解字義證》、《晚學集》等。

② 惲敬(1757—1817),字子居,號簡堂。江蘇陽湖人。乾隆舉人,官吴城同知。致力於古文,與張惠言同稱爲“陽湖派”創始人。文章推崇孔孟之道,宣揚性命學説。著有《三代因格論》、《大雲山房文藁》等。

③ 賀長齡(1785—1848),字耦庚,號耐庵。湖南善化縣人。嘉慶十三年戊辰進士,選庶吉士,散館授編修,遷贊善。後歷官江西南昌府知府、山東兖沂曹濟道道員等職。著有《耐庵文存》,主持纂輯《皇清經世文編》百二十卷。

本。藕船把此皇皇巨著遠寄給了阮堂。此書爲道光七年刊本,由自序、舉五例構成,魏默深(名源)編次,曹稼山(名堉)校勘。

阮堂在寂寞孤島上,以枯槁憔悴之身,接到藕船的種種贈書,爲感謝其深情厚誼,描繪了古松柏四株以寓其意,名曰"歲寒圖",題署"藕船是賞阮堂",更綴一文,以端楷在格紙上謹書,合寄藕船,以感謝其盛情。阮堂時年五十九歲。其文意可簡述如下:去年(道光二十三年)君寄來桂未谷的《晚學集》和惲子居的《大雲山房集》,今年又寄送了賀耦耕的《經世文編》。此等書物,皆世間少有,而君從千萬里之地購來遠贈,又需經數年得到。而歲月如流水,世人皆趨勢附利,而君卻將苦心所得書物,不去贈送權利世家,卻贈遠居海島的落魄之人。對世間常去權勢之家趨利者,太史公曾曰:"以權利合者,權利盡而交疏。"而太史公所言對君卻未當。孔子曰:"歲寒,然後知松柏之後凋。"事實上,松柏四季皆青,不隨季節有所變化。孔聖人所言,尤指歲寒之後,今君與僕之關係,并不因前而加一分,亦不以後而減一分,可謂始終不變。然而,以前不稱君,以後則君爲聖人所稱亦不爲過矣。聖人特稱松柏,不僅爲其不凋落的貞操勁節,亦有對"歲寒"之時的感發。前漢的淳厚時代,當時的賢者汲、鄭盛時,賓客衆多;其衰時,賓客悉去。下邳翟公貼門榜曰:"一死一生,迺知交情;一貧一富,迺知交態;一貴一賤,交情迺見。"(《史記·汲、鄭列傳讚》)此是對輕薄的人情世俗的諷刺,也是對世道可悲的感嘆。

以上是《歲寒圖》阮堂所題文意的簡略解析。現録其原文如下:

> 去年以《晚學》、《大雲》二書寄來,今年又以耦耕《文編》寄來。此皆非世之常有,購之千萬里之遠,積有年而得之,非一時之事也。且世之滔滔,惟權利之是趍,爲之費心費力如此,而不以歸之權利,乃歸之海外蕉萃枯槁之人。如世之趍權利者,太史公云:"以權利合者,權利盡而交疏。"君亦世之滔滔中一人,其有超然自拔於滔滔權利之外,不以權利視我耶。太史公之言非耶。孔子曰:"歲寒,然後知松柏之後凋。"松柏是貫四時而不凋者,歲寒以前一松柏也,歲寒以後一松柏也,聖人特稱之於歲寒之後。今君之於我,由前而無加

焉,由後而無損焉。然由前之君,無可稱;由後之君,亦可見稱於聖人也耶。聖人之特稱,非徒爲後凋之貞操勁節而已,亦有所感發於歲寒之時者也。烏乎!西京淳厚之世,以汲、鄭之賢,賓客與之盛衰,如下邳榜門,迫切之極矣。悲夫!阮堂老人書。

阮堂親題此文,辭旨老蒼悲惻,筆力極遒勁,可謂是阮堂書中之壓卷作品,與《歲寒圖》相侔,顯示出阮堂清風高節之精神。

藕船收到在耽羅孤島中的恩師所贈此圖文,且觀且誦,應是如何地感慨無量、咨嗟嗚咽!

阮堂在寄贈藕船《歲寒圖》的同時,即道光二十四年三月,也給友人權彝齋(名敦仁,任領議政)寄去了手札,其中對《大雲山房文藁》有如下議論:

(一)《大雲文藁》似藏於閣下書櫥,望能寄示寓目。

(二) 文章稱歐陽永叔、曾南豐爲正派,爲進來之巨擘;議論縱横似東坡,規制嚴整,與王介甫相頡頏。

(三) 與清代學人比較,雖未能超越方望溪、劉海峰,但其魄力稍大;略遜姚姬、傳澹雅之一籌,當勝袁子才、王念豐諸人。

(四) 其人品極高伉,擇言而發,必爲後人徵信。讀其碑誌,無諛辭。

(五) 初集、二集外,又有外集,貴藏中若具存,暫抽示之。

(六) 或近出文章中有可觀者,還請一併見示。

(七) 來濟州後,頗能潛究,而眼力甚透進,無機鋒撥轉之相手,時掩卷微笑,遺憾無教正者。

以上爲摘要,此書信原文輯録如下:

《大雲藁》收在籤厨云,曾一寓目,可稱歐、曾正派。近來巨擘,議論稍涉縱横,或似坡公;規制大有嚴整,無愧介甫。無一放倒罅漏,直欲上掩方、劉,未可以突過,特其魄力稍大。至於姬傳之澹雅處,終遜一籌,如袁子才、王念豐諸人,當辟易矣。其人品極高伉,擇言而發,必當徵信於後人。碑志有可讀者,無諛辭。東人眼境,所不

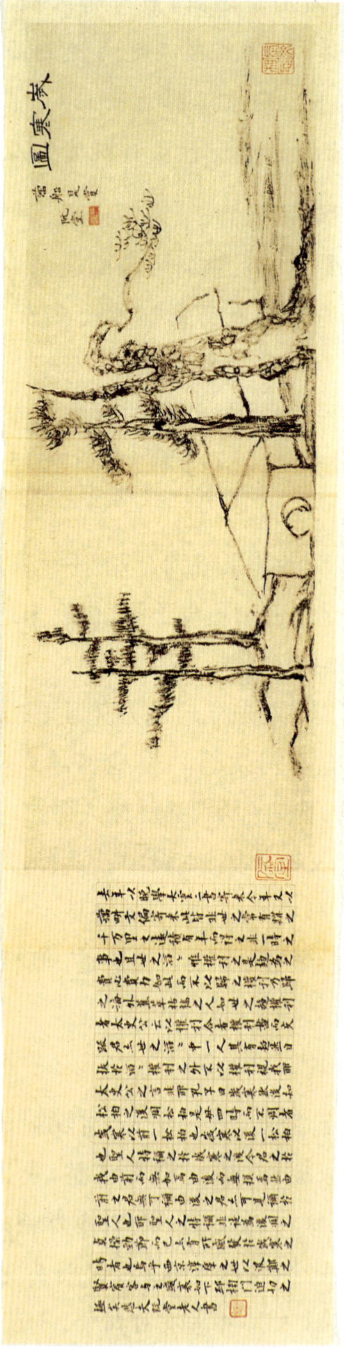

阮堂的《歲寒圖》與題辭

能及。如東人之飣豆湊砌,乳語屁説,無所一遺者,可以此下之耳。初、二集外,又有外集,厨收中若有具存,可暫抽示。伏望。又或近出文字之可觀者,并有以獲睹。幸甚。來此以後,頗能潛究,眼力煞有透進處,但傍無撥轉機鋒者,有時掩卷孤笑而已,何由一得就正匀裁也。

(金正喜《覃揅齋尺牘》)

讀此書札,亦可知阮堂眼界之高遠。而彝齋亦藏有《大雲山房文藁》二集、外集,阮堂欲借閱玩索,又可窺知阮堂旺盛的讀書精神。

二、《歲寒圖》所題清儒十六家的詩文

藕船在道光二十四年十月隨冬至使李晸應[①]一行入燕,藕船似乎對此行有所期待,在行篋中携帶了這幅《歲寒圖》。次年,即道光二十五年正月二十二日,藕船收到友人吴偉卿(名贊)的宴請,在蔣園歡洽暢飲。之前,即道光十七年,藕船入燕時曾受偉卿在留客納凉之館宴請,與偉卿夫人之弟張曜孫等詩酒徵逐。而今,再度歡會,來聚的名流有:

章岳鎮,趙振祚,潘遵祁,潘希甫,潘曾瑋,馮桂芬,汪藻,曹楙堅,陳慶鏞,姚福增,吴淳韶,周翼墀,莊受祺,張穆,張曜孫,黄秩林,吴儁。

以上十七家,加上主賓一共有十九人。藕船和新知舊識一起展露胸襟,在吟詩譚文之餘,出示了携帶至京的《歲寒圖》,并請在座賓客題讚。諸人輪流展觀,争相揮毫,各題詩文。其作品内容次第如下(黄秩林、吴儁二人未有題辭):

章岳鎮:

道有隆有污,遇有順有逆,此皆天之事,非人所能爲也。道隆則從而隆,道污則從而污,此人之事,非天之所能主也。傳言:"天,不爲人

---

① 李晸應(1815—1848),初名是應,謚號文簡,封號興完君。爲興宣大院君李昰應之兄。道光二十四年(1844)十月以冬至使正使身份赴燕京。

之惡寒而輟其冬;君子,不爲世之闇濁而改其行。"豈徒不敢改,猶將堅之,堅之而後可以隆,可以污,可以順,可以逆。知進退存亡,而不失其正者,其惟君子乎。孔子曰:"歲寒,然後知松柏之後凋。"蓋深惜夫堅貞之操,不歷霜雪,人多忽之。知之者晚,而用之者寡也。雖然松柏之後凋,不自歲寒始也。君子欲學松柏之節,當先學松柏未遇歲寒時之節。惟其節有常,故能貫四時而不改。彼夫凡卉雜英,當歲寒時,豈不願爲松柏,然而不能者,素未堅其節也。節堅於平時,或渝於頃刻者有之矣。節未堅於平時,而能不渝於頃刻者,未之聞也。然則君子之學松柏者,可知矣。植節不敢不高,非以傲世,恐一不慎,將下與凡卉伍也。自勵不敢不堅,非云慕古,恐一不謹,將自失其志也。老於山巖,而不以爲孤,蓋將養其材以待用也;棄於匠石,而不以爲怨,蓋將全吾真以終古也。不遇歲寒,未嘗有殊於凡卉也;屢經歲寒,未嘗稍異其枝柯也。世有知其節者,而松柏自若也;世無知其節者,而松柏亦自若也。是故必歲寒,而後顯其節,非松柏之所樂也;必歲寒,而後知其節,非深知松柏者也。藕船,以金秋史先生所作《歲寒圖》見示,所以勗藕船,而亦以自況。因書數語於後,以質藕船,兼以自勵,亦將以遯世無悶之懷,仰窺秋史翁也。乙巳孟春,陽湖章岳鎮書。

吴贊:

林木似名節,松柏有本性。
君子窮益堅,不容復何病。
榮枯亦偶然,豈與凡卉競。
時遘霜雪嚴,氣得天地正。
傳習後凋心,希賢以希聖。

奉題《歲寒圖》,即請藕船尊兄大雅正之。海虞吴贊呈稿。

趙振祚:

昔靈均作《橘頌》,辭曰:"行比伯夷,制以象兮。"屈子之意,豈與夫子嘆松柏異哉。美橘者,以其受命不遷;美松柏者,則曰如松柏之有心。於虖，是皆可感也已。

爰仿《九章·橘頌》，爲《松柏頌》，以廣阮堂之志，兼正藕船。其辭曰：

后皇降種，因才篤兮。巖阿岑崟，在所託兮。

霜葉靈瘁，夸條沃兮。賢貞不改，德如玉兮。

受命大造，惟其無曲兮。春風初來，若相競兮。

去於抗衡，静㠯正兮。螺蟠鐵屈，時爲枋兮。

空山峨峨，眇不可徑兮。偃格夭矯，芳難贈兮。

翠蓋層結，理疏順兮。文禽不巢，憎其爲峻兮。

文章不露，知所重兮。楨幹千秊，終得所用兮。

至人無悶，高山仰兮。穆羽清濁，和鳳凰兮。

彈琴其下，樂先王兮。明告君子，度無以尚兮。

種棘得棘刺，種桃獲桃實。西風一飄蕩，美惡同衰歇。

森森百木長，秉性自矜别。名材足大夏，嘉蔭到遐室。

恒人競華秀，君子崇本質。樹無百年計，豪舉誠何益。

所以魏公子，獨擅龍門筆。

即用阮堂繪意，贈藕船，正之。南蘭陵趙振祚。

潘遵祁：

淵明賦松徑，坡仙詠柏堂。

凡卉自榮落，晚節堅益彰。

新圖萬規箴，久要在不忘。

經師鈞鼇手，瑯環祝瓣香。

放筆爲直幹，結交多老蒼。

乞補一卷石，袖中東海藏。

藕船尊兄大雅正題，茶磨山人潘遵祁。

潘希甫：

尺幅雲林筆，來從萬里船。

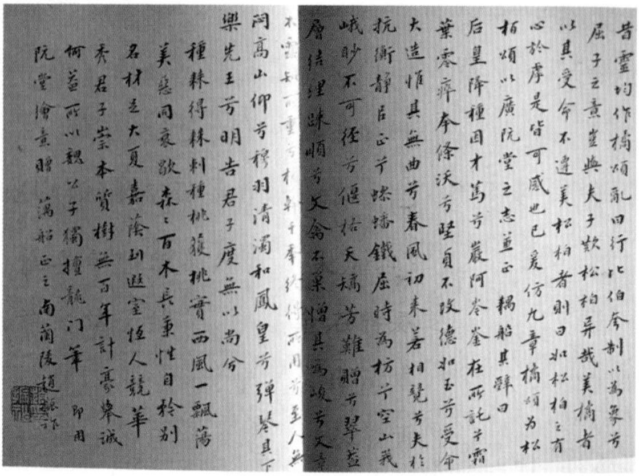

《歲寒圖》趙振祚的題讚(望漢盧藏)

冬心高士傳,神物太平年。
岩壑材難棄,冰霜節愈堅。
賞音寄弦外,珍重海山顛。
奉題《歲寒圖》,即請藕船尊兄詞壇正定。吴縣潘希甫。

潘曾瑋:

金君海外英,夙昔聞盛名。
盛名毀所歸,輒爲世網嬰。
滔滔視流俗,誰知士之清。
慨念風塵中,早識賢友生。
高誼篤終始,歲寒無渝盟。
如彼松與柏,本性同堅貞。
貌此後凋質,用以答厚情。
藕船先生屬。潘曾瑋稿。

馮桂芬:

華飾結衆悦,古皃非世諧。
巖阿耿微尚,迺爲群忌階。
金君振奇士,嶽嶽青雲崖。

端友高亮特，一氣沆瀣皆。
勁骨夙所植，努力培根荄。
舒藹際陽春，豈不凡卉偕。
風霜一以厲，蒼翠逾等儕。
後凋宣聖訓，未嗟時世乖。
固窮道彌堅，勗矣君子懷。
藕船先生是正。馮桂芬稾。

汪藻：

四節遞推敓，世人競春容。
春容有憔悴，歲寒誰與同。
翳彼松柏姿，鬱鬱凌嚴冬。
胡爲標貞柯，偏在霜雪中。
匪伊異平時，俗眼多塵蒙。
因思吉士心，守道無窮通。
根柢不凋落，繁華非所崇。
棟樑待晚成，相期保初終。
藕船先生疋政。汪藻初稿小珊。

曹楙堅：

早聞秋史名，惜哉未一面。
疇人術既殫著有《算學啓蒙》，經史尤貫串。
譬我賈董流，洵彼邦之彦。
世事習模棱，先民有狂狷。
詰曲傷迷陽，身窮道不變。
日下使車來謂藕船，文酒設歡讌。
示我歲寒圖，寒林莽一片。
豈無桃李姿，三春露華衒。
青蒼抱冬心，挺然傲霜霰。

烏虖人間世，百年迅飛電。

所期在千秋，勿與榮悴戰

相逢不可知，請以此詩先。

道光乙巳孟春廿有二日。題秋史《歲寒圖》，即奉藕船先生是正。吴縣曹楙堅艮甫氏。

陳慶鏞：

大樹百根，常茂不落。

芳聲後時，因摧受福。

數被嚴霜，不改柯葉。

和氣所居，无所不得。

集《易林》八句，即奉藕船大雅是正。陳慶鏞槀。

姚福增：

維木挺奇節，伊人懷貞蕤。

身世托遐想，繪此歲寒姿。

海外節物同，甄陶仰大儀。

亦有凡草木，争媚及芳時。

芳時一以歇，百卉靡然萎。

凌競冰雪中，辛苦强自支。

遭逢有早暮，勿慮無人知。

相悦松與柏，百歲以爲期。

藕船大雅是正。南沙姚福增稿。

吴淳韶：

偶然點流到寒林，尺幅分明座右箴。

今日披圖頻想像，高人節操古人心。

越經霜雪越青葱，如此堅貞孰與同。

堪笑紛紛桃李艷，只知披拂仗春風。

乙巳孟春下浣題，奉藕船先生雅正。歸安吴淳韶甫稿。

周翼墀：

名節由來貴自持，苦心何必定人知。
參天黛色凌雲氣，正在空山寂寞時。

寄跡岩阿歲月深，高人氣節自森森。
若非歷盡冰霜劫，那識陽和天地心。

乙孟春，梁溪周翼墀題，奉藕船尊兄大雅是正。

莊受祺：

《歲寒圖》者，朝鮮金君秋史所作，以遺其徒李子藕船者也。夫芳藹叀艷，不榮凌兢之時；繁條結陰，或賈嚴凝之候。而凉霰甫集，貞柯挺其姿；杓樞再周，嘉植標其素。豈不以剥復相尋，運窮而節著；寒燠互易，時至而守見耶。士君子蟬蛻塵網，不嬰浮俗，其亦知所感矣。乃爲之讚曰：

東海之隅，大荒之山。
云有靈木，嘉遯人寰。
霜雪滋護，風雲往還。
既堅厥性，彌榮厥顔。
識爲棟梁，誰石與班。
老之巖阿，絶援與攀。
匪材之湮，而遇之艱。
留此終古，以勵懦頑。

乙巳孟陬　陽湖莊受祺題，奉藕翁是正。

張穆：

昔從徐孺子，獲耳阮堂名。

畸人來海外,秘笈曜東瀛。
前編補王鑑,盛業恢松庭(一)。
阮堂所慕阮,見之喜且驚。
趣付剞劂氏,及門校算精。
原袟珍弆處,選樓峙高甍(二)。
老阮屋其下,著述老愈成。
耄勤古衛武,舊訓剔遺經(三)。
一函遠相貺,俗而乍磐罄。
端蒙初歲首,觴客拓軒楹(四)。
阮堂高弟子,納琛達神京。
知我阮堂舊,袖圖出冬榮。
滔滔大海南,迢隔一水盈。
敬以老阮書,用慰阮堂情。
亭林顧氏譜,新梓快合并(五)。
得意與失意,絜量鴻毛輕。
區區汲鄭慨,猶然世慮攖。
願回竈觚聽,金石劇歌聲。
願擴河汾教,相業鬱崝嶸。
藕船先生屬題,即以奉簡阮堂。平定張穆。

原注:(一) 朱氏《算學啓蒙》,中國久軼,阮堂於其國得之。戊戌春來京師,以贈徐鈞卿觀察。

(二) 儀真相公,得朱氏書,屬羅君次球,校算付梓,原本弆文選樓。

(三) 新著《詩書古訓》成。

(四) 家仲遠大令。

(五) 穆以《詩書古訓》及《亭林年譜》,寄贈阮堂。

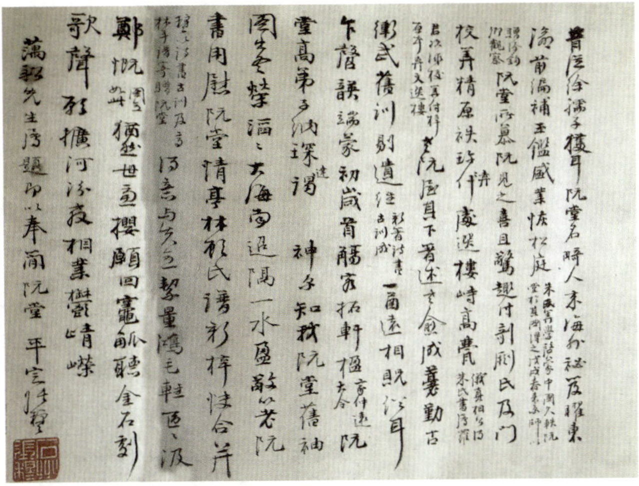

《歲寒圖》張穆的題讚

張曜孫：

八載離愁入杳冥，相逢意外眼逾青。
中朝裙屐聯新雨，百里弧躔聚德星。
客邸清尊開疋宴，西山爽氣落孤亭。
舊游回首升沈異，喜見搏扶起北溟。

孤雲絶島晝冥冥，獨客沈憂鬢不青。
奇石喬柯何磊落，山榛隰草總零星。
傳經消息虞翻易[一]，問字蒼涼揚子亭。
一卷蕭疎千古意，後凋高節著清溟。

藕船仁兄别八年矣，甲辰冬奉使來都。乙巳春正，邀飲於吴偉卿比部寓園，京師士大夫來會者十七人，話舊譚文，相與樂甚。藕船出示金秋史先生所作《歲寒圖》屬題，率成二律，兼懷秋史先生翰墨神交。識面未知何日，殊愴然耳。陽湖張曜孫并記。

大作瀋陽道中，追賦得王子梅及鄗書詩，俊逸倜儻，諷不去口，因次原韵，益著效顰之誚矣。仲遠又記。

原注：（一）秋史治《易》，宗先世父《周易虞氏義》。

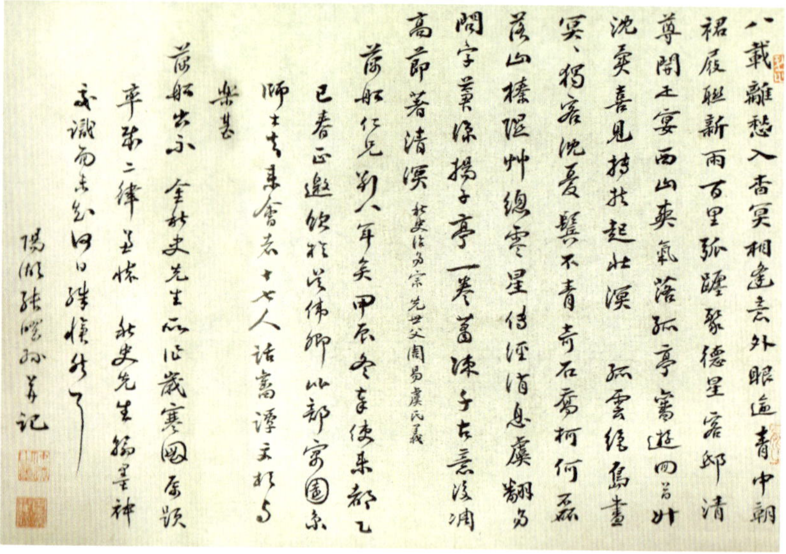

《歲寒圖》張曜孫的題讚（望漢盧藏）

張曜孫所云次藕船原韻詩如下：

癸卯春正月初七日，燕館得王子梅、張中遠書，

追賦一律，示仲遠，兼寄子梅

客中人日思冥冥，取次詩函眼忽青。

細數舊游如斷夢，幾多知己又晨星。

雜花三月江南路，名士千秋歷下亭。

自笑敝貂何所事，乘桴吾道在滄溟。

（李尚迪《恩誦堂集》卷八）

題詩自注中有“秋史治《易》，宗先世父《周易虞氏義》”，其説爲之前托付汪孟慈寄送先世父張皐文的著書《箋易注元室遺藁》。

以上十六家的題辭，在詩文中對阮堂突遭奇禍寄寓了滿腔同情，也表達了對阮堂高風亮節的欽慕，以及對阮堂和藕船師弟之間摯情的稱讚。其中又有對阮堂和清代友人交誼的回顧。題辭中對新知舊雨的思慕繾綣,可謂情詞悃款,處處體現了清、朝鮮之間文人墨緣和學緣交流中的深情。

以上列的十六家是何許人？現以藕船所作詩中的描述,來略知他們的情況：

偉卿吴比部贊

白頭迭唱酬,好逑樂鐘鼓。竹裏芰荷香,留客共逭暑。欲將鷄絮哭,池館已易主。

伯厚趙贊善振祚

明季論人物,手有紺碧珠。楊鎬東援事,考信徵海隅。百尺穹碑在,紀功辨厚誣。

順之潘太史遵祁**、補之舍人**希甫

三松兩孫枝,錫名皆有詩。和聲鳴盛世,吹壎復吹篪。續題花蕚集,接武鳳凰池。

玉泉潘觀察曾瑋

生材不擇地,胸中鬱奇致。言言知我深,感媿零涕淚。珍重翰墨緣,猶屬第二義。

景亭馮編修桂芬

景亭無恙否,聲息阻山川。崢嶸五言城,陶謝并着鞭。揮灑如風雨,满紙草聖傳。

鑑齋汪水部藻

千尺桃花水,離情等古今。如何重游日,參商失盍簪。扇頭王者香,百年托素心。

艮甫曹廉訪楙堅

出宰山水鄉,墮身一奚囊。詩性唐元白,治績漢龔黄。慟矣殉國難,碧血何處藏。

頌南陳給諫慶鏞

諤諤陳頌南,不負諫官名。孤鳳鳴朝陽,何曾怵死生。三宿猶爲速,誰知去國情。

湘坡姚吏部福增

視膳北堂日，旅食京華時。立身以養志，賢母是爲師。嗟余倦游者，風樹不勝悲。

衛生莊觀察受祺

既投季札縞，還奏伯牙琴。縱横九萬里，結交貴知心。三復故人語，不翅重千金。

石洲張明經穆

剛腸好使酒，與世多齟齬。早發舉子業，邃學貫今古。平生慕顧閻，爲之輯年譜。

仲遠張觀察曜孫

言語文字外，相許以知己。偶作武昌宰，除夕呼庚癸。楚氛近何如，無路問生死。

以上爲藕船《恩誦堂續集》卷四收録的《續懷人詩》五十七篇中的一部分。爲藕船咸豐七年作，距離道光二十五年雖然已是十數年之後，不過可窺探彼時的面貌。其中，僅章岳鎮、吴淳韶、周翼墀三家不在《續懷人詩》中。

在聚會中爲座客之一的吴儁，字冠英，善繪畫，張曜孫托付其繪畫當時的聚會圖，後繪成爲《海客琴尊第二圖》。從道光二十六年至咸豐十年的漫長歲月中，藕船托付清人梅曾亮、陳慶鏞、曹楙堅、潘曾瑩、葉名澧、潘希甫、何紹基、馮培元、阮福、朱錫綬、李孟群、王柏心、李映棻、顧文彬、譚溥、朱啓仁、彭玉麐、何元愷、徐廷華、錢寶青、馮譽驥等人爲此圖題讚。咸豐二十一年十二月，張曜孫亦自題跋文，文中感慨無量。諸家的題跋文辭斐然，興趣盎然，兹在此省略。

藕船感激盛誼殊遇，把《歲寒圖》和十六家題讚一起合裝爲一卷，由張穆題簽後把此寶卷携帶回國，後寄給在海濤千里之外的阮堂。在阮堂展覽此圖和詩文之時，或許能稍微安慰其蕭條之情，而阮堂欣賞此圖清代友人的題跋，應常會沉浸在喜悦之中。下面僅挑選幾位題跋者，對他們的閲歷以及與阮堂的學緣作一論述。

三、張石州與阮堂

張穆(1805—1849),字誦風,一字石州(又石舟、碩州),譜名瀛暹,字蓬仙,別號有季溲、季翘、惺吾、月齋,晚號靖陽亭長。山西平定人。嘉慶十年生(比阮堂小十九歲),道光十一年優貢生。爲人豪放明鋭,精通經史、天算、地理學。早爲阮元、程恩澤、祁寯藻所重,與俞正燮、魏源、趙振祚討論經史,與陳慶鏞、許翰、王筠講論六書,與羅士琳、鄭復光、徐有壬探討九數,與徐松、沈垚探討西北邊疆地理,又與苗夔、何紹基爲優貢同歲生,他們相互切磋論學,增進學問和德行。石州的著書有《蒙古游牧記》、《顧亭林年譜》、《閻潛邱年譜》、《月齋詩文集》等。石州爲他人校書尤多,族姪張繼文編《先伯石州公年譜》所記甚詳。

張石州和何紹基、朱琦等商議,决定在顧亭林生活的慈仁寺境内設立祠堂,顧祠在道光二十三年十月建成,於次年即道光二十四年二月二十五日,首次爲亭林祭祀。石州撰寫了祭文(撰文於二月十四日)并祭讀(《月齋文集》卷六)。第一次參加祭祀的人員有苗夔、陳慶鏞、何紹基、蘇廷魁、湯鵬、朱琦、羅惇衍、莊受祺、馮桂芬、趙振祚、張穆、馮志沂、潘曾瑋、楊尚志等十四人,朱琦撰寫了祠堂記,并石刻之。石州與藕船是在一年後相見,當時陳、莊、馮(桂芬)、趙、張、潘六人都在座,藕船所聽到的有關顧祠的故事應該很多。之後,顧祠作爲清朝、朝鮮學緣深入交流的名所,有關顧祠的文獻記録也非常豐富。《張石州年譜》的道光二十五年乙巳條(石州四十一歲)有如下記録:

> 是年詩,有爲朝鮮貢使李藕船尚迪,題其師金秋史正喜所畫《歲寒圖》,即奉簡秋史。秋史慕中朝儀徵相公之學,故別署阮堂云。繼按:《郎潛二筆》,道光朝士多與阮堂師弟納交。石州亦嘗以儀徵所著詩書古訓,及自著《亭林年譜》郵贈。詩中所云:"敬以老阮書,用慰阮堂情。"是也。

石州的詩自注所言《算學啓蒙》見拙稿《金阮堂與阮芸臺父子》(《服部先生古稀記念論文集》)。石州又贈送阮芸臺所著《詩書古訓》以及自著《顧亭林年譜》等書與阮堂。以上内容都值得關注。

《詩書古訓》六卷,爲道光二十一年刊本。有道光二十一年雲臺自序(於集賢院直廬),而其子阮福(字賜卿)有對此書録成的始末略記:

昔家大人撰集《十三經郛》,一時所采之書,未得詳盡,且抄胥遺错,不能付刊,久藏於篋。道光十五六年,在京師,欲撰《詩書古訓》,將《詩》、《書》二經提出,録成六卷,付門下士畢韞光琦校定之、删節之、增補之,遂爲完書。道光十九年冬十二月。阮福謹識。

阮堂於嘉慶十五年春於北京衍聖公邸訪問芸臺時,親聞《經郛》編纂事業有關事宜,而在三十五年之後,收到石州贈送《詩書古訓》,始見《經郛》原形,其懷舊之情何堪!此書以《左傳》、《國語》、《墨子》、《荀子》爲首,利用了包括周、秦、漢在内的古籍,對《詩》、《書》的古訓進行了選集。此書可與日本太宰春臺的著書《詩書古傳》作比較。

《顧亭林年譜》於道光二十四年刻成,"道州何紹基"署檢。卷前收"亭林先生中年以前小像"。與《閻潛邱年譜》一樣,都是石州苦心撰述的名著。此書初印本卷末收録有"顧祠捐貲姓名"一葉,有三十七人的姓氏(後印本中未收録此内容),其中與阮堂知交的人有:

葉志詵　五十兩;陳慶鏞　十二兩;李璋煜　四十兩;潘曾瑋　十二兩;徐松　十兩;王筠　十兩;楊尚文　二十兩;張穆　十兩;何紹基　二十兩。

顧亭林作爲明末遺民,堅持操守,秉有天人之學,在朝鮮士人中受到了最高的欽仰。阮堂也對亭林景仰至深,閲讀此年譜,不知對其身世如何感慨無量也。

石州的題詩在其著書《月齋詩集》卷三中,又收有《朝鮮李景淑時善王孫,持藕船書來謁,將歸,索贈》一首。李景淑爲阮堂弟子,道光二十六年三月以記室隨進賀使趙亨復[①]入燕,與石州有親交。

① 趙亨復(1788—?),字穉陽。漢陽人。朝鮮憲宗元年文科及第,歷任吏曹參議、司憲府大司憲等職。

四、張仲遠與阮堂

張曜孫(1808—1863),字仲遠,又字昇甫,晚號復生。陽湖人。曾祖金第,祖蟾賓,父琦。仲遠父親張琦曾任山東館陶縣知縣。其傳記見李兆洛撰《張翰風傳》(《養一齋文集》卷十四)。張氏家族世代學者輩出,張琦(1764—1833),字宛隣(初字翰風)。張琦之兄張惠言(1761—1802),字皋文。兄弟二人在經術文詞方面的造詣深厚,聞名海内外。皋文的著書《箋易注元室遺稿》爲清代有名的著書,阮堂也得到此書的贈本。

仲遠既得家學,更具夙慧,能文工書,又似父親精通醫術,又能深研古今成敗、天下利弊。道光十六年仲遠入京,依居姊婿吴偉卿。道光二十三年,鄉試及第,二十四年再入燕都,訂交者皆當時碩儒名賢。道光二十六年,仲遠任湖北武昌縣知縣。咸豐之亂,仲遠挺身而戰,建立功勛。仲遠同治二年六月殁,享年五十六。仲遠友人莊受祺撰有《湖北候補道張君墓志銘》,介紹甚祥。仲遠家族略系如下圖:

金第——蟾賓——惠言——成孫
　　　　　　　└琦——玨孫
　　　　　　　　　　├曜孫(包世臣女)——晉禮
　　　　　　　　　　├繒英　字孟緹,適吴贊
　　　　　　　　　　├𦈡英　字緯青,適章政
　　　　　　　　　　├綸英　字婉紃,適孫劼
　　　　　　　　　　└紈英　字若綺,適王曦

張琦四女皆爲才媛,仲遠作爲幺弟,兄妹之間寒素相育,文墨相親,一家人可謂和氣滿堂。長女孟緹嫁仲遠之友吴偉卿(道光進士,官至刑部員外郎),號澹菊軒夫人,工詩,時人擬之爲曹大家,著有《澹鞠軒詩初稿》四卷、《詞稿》一卷,有道光庚子十二月宛隣書屋刊本。有吴德旋、孔憲彝、包世臣等諸家序文、題跋、題詞、若綺書後序;次女緯青,出嫁後不久去世,仲遠編訂《緯青遺稿》,有父親琦道光九年序;三女婉紃有《綠槐書屋詩稿》三卷，有道光二十三年序，且附有翌年“肆書圖題辭”，三女在綠槐書屋（父宛鄰館陶官廨之内室）從父苦心練習漢魏書法，造詣深厚，頗爲時人稱賞。卷末收録有以若綺爲首的受業甥諸氏等閨秀作家的題辭。此書道光末仲遠在武昌刊刻，咸豐初年遭兵火燒燬，又於同治七年重刻，又附近作一卷於卷末，楊金監附於最後；季女若綺亦才氣焕發，仲遠受四姐愛撫教導，培養了濃厚的文藻素養。仲遠曾繪《比屋聯吟圖》，亦是描繪與衆姐妹一起唱酬的光景。

仲遠對朝鮮文獻非常關注，與朝鮮學人交際甚廣，尤其是與李尚迪最爲親切。仲遠寄給藕船的書牘有四五十通，其原蹟有過半歸鄙齋收藏。仲遠工篆刻，曾爲藕船刻贈四組銅印，其三組現歸鄙齋望漢盧收藏，精巧極致（内第二組在京城中遭盗難丢失）。

仲遠曾請藕船爲《海客琴尊圖》、《比屋聯吟圖》及《澹鞠軒詩初稿》題詩，可是一直未能收到，於是在道光二十三年正月寄長札曰：

> 前歲奉求賜題《海客琴尊》、《比屋聯吟》二圖卷，及家伯姊《澹鞠軒詩初稿》，均未荷見寄，殊深盼望。

仲遠再次向藕船發出了請托。此際，仲遠似已經得知阮堂遠謫的消息，在信札中曰：

> 秋史翁，忽遭遠謫，殊非意料。道高毁來，真古今同慨。曜孫企慕有年，未得一晤，尤爲悵佗。
>
> （據望漢盧藏鈔册）

仲遠的痛嘆是發自肺腑。藕船曾寄《晚學齋》等書畫給阮堂，阮堂經藕船介紹已經閲讀了仲遠和姊妹的詩書，對其一家詩才甚爲感服。

藕船受仲遠托付的《海客琴尊圖》、《比屋聯吟圖》的題詩實際上已經在道光二十三年完成。其内容如下：

張仲遠曜孫囑題《比屋聯吟》、《海客琴樽》二圖

> 步屧從容三兩家，唱妍酬麗寫煙霞。

夢殘春草池塘後[一],無恙東風姊妹花。

是處朱陳自一村,宦游人有滯金門。
大家消息三千里,欲寄郵筒更斷魂[二]。

金刀莫報四愁詩,話雨燕山未有期。
我亦歸田多樂事,東西屋裹讀書時。

右比屋聯吟

有酒如澠琴一曲,竹深荷浄無三伏[三]。
醉來握手貴知音,後會寧歎難再卜。
青衫何事滯春明,書劍飄零誤半生。
痛飲離騷爲君讀,大海茫茫移我情。

原注:(一) 君從兄彦惟,歿已五年矣。
(二) 君姊兄吴偉卿比部從仕京師,而澹菊軒夫人工詩有集,時人擬曾大家。
(三) 丁酉夏,君與余讌集于緯卿留客納凉之館。

(李尚迪《恩誦堂集》卷七)

以上諸詩,藕船應通過燕行使轉寄到了仲遠手中。而《澹鞠軒詩稿》和《綠槐書屋肆書圖》在道光二十五年入燕之際,藕船按約定伏交。其内容如下:

題張仲遠伯姊孟緹夫人《澹鞠軒詩舍圖》[一]

一洗穠華艷,簾櫳野意幽。
伊人澹如菊,詩境雅宜秋。
故里懷三徑,西風詠四愁。
延陵與酬唱,花隱勝封侯。

題仲遠三姊《綠槐書屋肄書圖》

見説清風林下吹，薪傳家法北朝碑。
琉璃硯畔槐蔭綠，停筆還思授字時(二)。

書名未許掩詩名，不櫛争推五字城。
豔福欲將彤管述，無如腕鬼負平生。

君家芝旭我知音，惡札曾題比屋吟(三)。
記否簪花傳墨妙，一時聲價重雞林(四)。

原注：(一) 夫人即吴偉卿比部令閣也。
(二) 夫人先尊甫館陶君，嘗授字學於綠槐書屋。
(三) 仲遠有《比屋書吟圖》，即與諸令姊妹唱酬之作也。嘗屬題句。
(四) 仲遠前寄綠槐屋臨聯《刁惠①公志》諸幅，金公秋史亟稱許之。

（李尚迪《恩誦堂集》卷八）

原注(四)所見阮堂的"亟稱許之"，是指婉紃的臨書《鄭文公碑》，爲道光二十五年的作品，現藏於京城帝國大學校附屬圖書館。似是仲遠寄贈藕船傳承下來的。

仲遠傾倒於阮堂的才學，經藕船介紹，屢屢得到阮堂的楹聯題詠，曾曰：

秋史侍郎，久所響望，法書蒼古，出自鼎礴，懸之齋壁，以當謁晤。

（見寄藕船書札）

仲遠正因能常常收到阮堂書聯而欣喜，突然得到阮堂命運轉變之事，不禁萬分同情和感嘆，爲《歲寒圖》題詩，其哀切之情鳴於琴弦。阮堂

① 惠，原著誤寫作"専"。

展讀仲遠題詩，讀到末句"一卷蕭疎千古意，後凋高節著清溟"，當爲愴然淚下矣。

五、趙伯厚與阮堂

阮堂閲讀清儒爲《歲寒圖》所題詩文，當看到趙振祚的名字時，應狂喜不已，爲何呢？

阮堂曾在與徐鈞卿往返手札(原蹟鄙齋收藏)中云，收到贈送的劉申受(名逢禄)所著《劉禮部集》(此書現藏京城李王之家圖書館)，又讀了劉申受的著書《公羊學説》，對當時今文學者大家劉申受傾倒不已，曾對藕船道：

> 申受先生《公羊説》，是所墨守者，聖人知我罪我之大義，非此不明；七十子微言遺義，賴是不墮。與張皐文先生《虞易》媲美，而又有過之者。西京今文家法，始大明於世，是天下之所共尊，非我一人之所感私，且其禘説，正大饗爲祫之失，破審諦昭穆之謬，亦懸之日月不刊者。
>
> (金正喜《阮堂集》卷一)

《劉禮部集》附收有劉申受之子承寬所撰《先府君行述》，可詳知申受之家系。現繪圖標示如下：

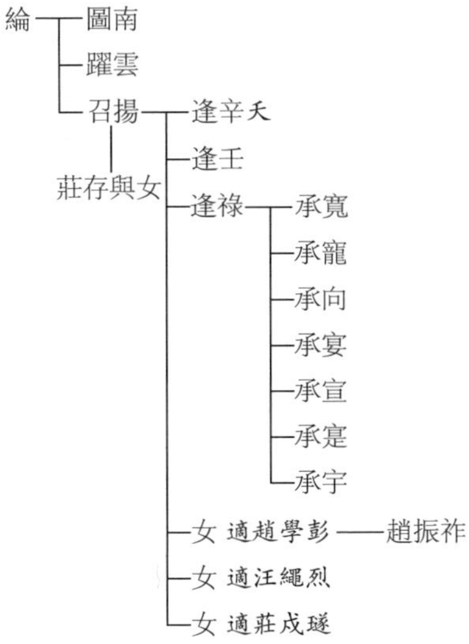

阮堂讀《先府君行述》後得知劉氏家系,纔知申受之妹嫁與趙學彭所生振祚,在《行述》中申受曰"于諸甥中,喜趙振祚",阮堂從而對趙振祚產生了更大的興趣。而阮堂展讀《歲寒圖》題辭,看到十六家中趙振祚的名字,正如像見到舊相識。阮堂在給藕船的書札中,又問題《歲寒詩》的趙宫詹振祚是何人,對其學問品行也一一詢問。阮堂在心中懷想其風采,又無路可見,只能請藕船轉達其意。阮堂寄藕船書札内容輯録如下:

《歲寒詩》中趙宫詹振祚,知是何等人耶?能得其淺深耶?詩場酒所,流連光景,與他人等耶?此爲申受先生之甥也。申受先生於諸甥中特重宫詹,以申受先生之特重,知其人之出群拔類,必有外氏之風也。故心竊嚮往有年,無緣梯及,今何幸,《歲寒詩》中遇之也。必爲我轉叩之,使知海外有想望趙宫詹先生風采者,可也。

(金正喜《阮堂集》卷一)

阮堂對年輕的趙振祚可謂懷想神馳,又遠寄手札給藕船詢問趙氏消息:

趙振祚消息可通耶?白首無聞,庶或藉此冀一遇,萬念如灰,何暇及此。進修及時之至,願無由截斷。如是斤斤,云云。

(原札望漢盧藏)

阮堂所熱切希望一見的趙振祚到底是何等人物呢?坊間的傳記類中一向難見有關記録。不過,在《歲寒圖》題辭的十六者之一的莊受祺[①]曾揮毫爲其題寫傳記。莊受祺的《楓南山館遺集》卷一收録了《贊善贈太僕卿趙君事述》,詳細記録了振祚的學行。現抄録部分如下:

趙君振祚,字伯厚,江蘇武進縣人。六世祖申喬,户部尚書,謚恭毅,爲康熙間名臣,事載國史;子熊詔,廷試第一,官翰林侍讀。生侗斅,兩浙鹽驛副使,實高祖也;父學彭,東河候補縣丞;縣丞君卒,

① 莊受祺(1810—1866),字蕙生,一字衛生。江蘇陽湖縣人。道光二十年進士及第,選庶吉士、散館編修。曾任福州知府、湖北荊州府知府等職。工古文,善書法,精兵法。著作有《湖北兵事述略》、《楓南山館遺集》等。

時君年甫勝衣,穎慧殊絶;母劉太恭人兄逢祿,治《公羊》、《易》、《禮》之學,君幼依之,能貫穿六經大義。劉氏之學,出於陽湖莊氏,君亦并通莊氏學焉。道光辛卯,以順天籍舉於鄉。乙未,成進士,改翰林院庶吉士散館,授職編修。己亥,大考翰詹,列高等,以贊善用。旋丁祖母承重憂,服闋,補右贊善。(中略)前在翰林時,鍵户讀書,不與世事。讀史輒往復數過,丹黄狼藉,於明史致力尤深,謂勸戒宜法後王,論時事可否,輒引明事爲比例,識力獨見其大。同人中,篤學深思,殆無以過也。(中略)君性率易,無城府,雖庸夫豎子,必引與盡言,故人樂其和。(下略)

以上資料,可以大體得知趙伯厚的學問經歷。可是,藕船在燕都是否和伯厚再會,是否傳達了阮堂的意思呢?

以上,圍繞《歲寒圖》,描述了朝鮮和清朝學人的墨緣。以阮堂爲中心,清儒是如何行動的,清朝文化是如何浸潤朝鮮學壇的,我們通過這些内容亦可窺見一斑。

畫壇的名手許小癡,夙爲阮堂所賞識,其三次渡海到濟州島安慰老師阮堂,以表其至誠。爲了阮堂,小癡曾繪《戴笠圖》,阮堂慨然執毫題辭云:

覃溪云:嗜古經。
芸臺云:不肯人云亦云。
兩公之言,盡吾平生。
胡爲乎,海天一笠,忽似元祐罪人。

嗚呼!覃溪、芸臺二經師可謂阮堂真正的知己。阮堂亦能奉教於二恩師,終有大成,在朝鮮半島樹立了實事求是的新學。阮堂不幸横遭奇禍,謫居濟州島,而其高士義人的品行卻得到清儒的嘆慕,從而使兩國學人的墨緣交流愈加深厚。有鑒於此,《歲寒圖》對於我們有着更爲深刻的意義和寶貴價值。

附　録

本稿與本書收録論文不同,爲獨立起草。本論文中已經述及的阮芸臺、汪孟慈有關部分,爲了叙述説明的便利,有所重複的内容也未作删除,一併作了闡述。

附録一 《阮堂集》和《阮堂先生全集》編纂謬誤訂正

阮堂著述已經出版刊行的有:

《阮堂尺牘》(上下二卷二册)

《覃揅齋詩藁》(七卷上下二册)

《阮堂集》(五卷五册)

《阮堂先生全集》(十卷五册)

一、《阮堂集》中的謬誤:

(1) 卷一《經解答金甑山問》

(2) 卷二《太極即北極辨》

(3) 卷二《書派辨》

(4) 卷二《漢儒家法説》

(5) 卷二《題張穆若儀禮鄭注句讀卷頭》

二、《阮堂先生全集》中的謬誤:

(1) 卷一《學術辨》

(2) 卷一《格物辨》

(3) 卷七《漢十四經師頌》

(4) 卷八《雜識》中的文

(5) 卷八《雜識》中的文

附録二 金阮堂藏書目録

一、阮堂自筆藏書目録

二、諸家收藏阮堂舊藏書

三、望漢廬收藏阮堂舊藏書

《阮堂集》和《阮堂先生全集》編纂謬誤訂正

金正喜阮堂在其七十一年的生涯中閱讀之廣泛、思考之深刻、著述之豐碩是衆所周知的事實。不過,他卻不是爲了讓自己所謂的著述留世,以名留青史爲目的。他對别人的著述頗爲嚴正,有時也加以嚴厲的批判,而對自己的作品則更爲嚴格,也時常作深刻的反省。此外,阮堂不會刻意寫一些質問世人的文字來博得眼球,這些都是其敏鋭的學者良知所不允許的。他在給友人權彝齋的《聲韻辨》中曾道:

> 小人之於平生,不欲以著述自見。如此文字,便不欲留稿。醬瓿醋甕,俱無不可。即命扯去,不勝心禱。①

以上是阮堂給權彝齋所説的話,另外也有阮堂把自己手稿都付之一炬的傳言。可以想見,在阮堂生前,是不可能將自己的著述整理集中在一起的。

不過,不管是阮堂的弟子,還是對阮堂懷有敬慕之心對阮堂研究的一般學者,其中有很多人在聽到是阮堂的筆蹟時,即使是吉光片羽,也會爲求之而得而盡心竭力。在這種迫切的要求之下,在阮堂去世之後,其遺著的出版才得以施行。阮堂的著述已經出版的有以下四種:

---

① 《阮堂先生全集》(1934 年鉛活字本)卷三《書牘・與權彝齋》。

《阮堂尺牘》

《覃揅齋詩藁》

《阮堂集》

《阮堂先生全集》

(一)《阮堂尺牘》(上下,二卷二册)

《阮堂尺牘》爲朝鮮高宗四年(1867)宜山南秉吉收集的阮堂尺牘進行整理編輯出版,在阮堂去世十二年之後問世。卷首有南秉吉的序文。上卷收録寄送給大院君、權彝齋敦仁、南圭齋秉哲、金穎樵炳學、金山泉命喜、趙怡堂冕鎬的尺牘;下卷收録寄給沈桐庵熙淳、申威堂觀浩、張兵使寅植、李知樞尚迪、洪生顯普、金生奭準、吴生慶錫、吴昌烈、吴圭一、白波上人、草衣上人、無名氏的書信。此外亦收有牘外餘言、伽倻山海印寺重建上梁文、雜文。其中寫給權彝齋的書牘佔有很大的比重。此書名爲南秉吉所定。

(二)《覃揅齋詩藁》(七卷,上下二册)

此書亦是朝鮮高宗四年(1867)南秉吉編纂印行。共七卷,卷一爲五古,卷二七古,卷三五律,卷四七律,卷五五絶,卷六、卷七七絶。卷首收有平山申錫禧(南秉吉的親舊)序文,另收有南秉吉的題詩三首。書名亦是南秉吉命名。

(三)《阮堂集》(五卷五册)

本書爲宜寧南相吉(即南秉吉〔1820—1869〕,字子裳,號六一齋、惠泉)和驪興閔奎鎬(1836—1878,字景有,號黄史,丙申生。丹巖九世孫,戊寅任右相。謚號忠獻。阮堂的門人)共同删纂而成。五卷本,於高宗五年(1868)晚香齋(南相吉齋號)以活字版印行。卷首有《阮堂金公小傳》,落款爲“戊辰仲秋門人閔奎鎬謹述”。卷一、二爲文,卷三爲尺牘,卷四爲别録,卷五爲詩。内裱紙有南相吉識語,簡單介紹了本書成書的過程:

阮堂金公文字散逸不收,余惜其煙没,掇拾殘本得古今體及尺牘若干篇，丁卯印布，以爲全鼎之一臠矣。翌年秋，黄史閔學士更搜得古文襍著諸篇與已刊本，改定存拔，以爲合璧。余又擺印文二編、尺牘一編、問答一編、詩一編。

宜寧南相吉謹識

南秉吉後改名爲相吉，號惠泉，是南秉哲之弟。文科及第之後出任翰林、吏曹判書，謚號文靖。著書有《晚香齋詩鈔》，此書裱紙題有"晚香齋詩鈔七十二鷗堂印"，似是阮堂筆刻。文集中亦收録有《追懷阮堂金公》挽詩。根據識語可知南相吉對於前年出版的《阮堂尺牘》和《覃揅齋詩藁》進行了修訂，又增補了閔奎鎬新收集的古文襍著諸篇，重新編定出版了這部《阮堂集》五卷本。可以參考《阮堂集》的卷三、卷五部分和《阮堂尺牘》、《覃揅齋詩藁》作爲比較，也可以看出當時對相當大的部分進行了增删改動。之外，在《阮堂尺牘》中的《上石坡》中"寫蘭云云"一節在《阮堂集》中悉數删除，而録入到了卷二的《文》中，改爲"題石坡蘭話卷"。可能是對於内容熟讀之後，結果認爲如果給石坡也不會被接受的緣故。另外，詩稿中也有很多被增删的内容。可以想見，之前編輯的《覃揅齋詩藁》不過纔刊行一年，編者就已經對其内容不滿意并發現了大量的問題，從而做了這些重編工作。《阮堂尺牘》的序、《覃揅齋詩藁》的序和題辭都在《阮堂集》被盡數删除。此書的傳本比較少見，現在收集也非常困難。

（四）《阮堂先生全集》（十卷五册）

本書是阮堂季弟琴眉（名相喜）之玄孫金翊煥編纂，由洪命熹校正，在昭和九年（1934）印行。全書十卷，卷首收有序、舊序、小傳、肖像、遺墨；卷一收有考、説、辨；卷二收有疏、書牘；卷三、四、五收有尺牘；卷六收有序、記、題跋；卷七收有箋、銘、頌、箴、上樑文、祭文、墓表、雜著；卷八收有雜識；卷九、十收有詩；卷末收有跋文。

通過昭和九年（1934）安東金甯漢題序、昭和八年鄭寅甫序、金承烈跋文内容可以瞭解到阮堂的學問和人物及本書編纂的經過。阮堂的肖像爲其曾孫金沂元寶藏，上有權彝齋的像讚，真是不可多得的珍寶。

阮堂的遺稿中有多種都是真本影印，鄙人真是仰慕至極。對没能購入《阮堂集》而又熱切渴望得到阮堂詩文的讀書人，則通過本書的編刊滿足了需求之感。之後，又收到了很多有關阮堂的研究資料，不僅對於阮堂的研究，即使對於韓國學界也有很大的貢獻，可以説是得到了很大的肯定。

以上對於已經刊行的阮堂四種詩文集進行了簡略介紹，其中《阮堂尺牘》、《覃揅齋詩藁》雖然没有問題，不過《阮堂集》和《阮堂先生全集》在編纂體例中卻有不少遺憾之處。爲什麽呢？因爲這兩部詩文集誤收了不少非阮堂作品。起初，筆者在閲讀《阮堂集》中的詩文時覺得有不少可能不是阮堂的作品，遂查閲了清儒的原書得以確認。之後，也更讓本人暗生愁悶，因爲其中并不是一篇，而是很多篇都有這種誤收的情況。阮堂本人對於個人學術極爲嚴苛，對於本人著述也極力避免問世，而在其去世之後自己的詩文全集中卻藏入清儒的文章，如果阮堂在天有靈，他是應該多麽的寒心呢。在生前懷有悲慘命運的阮堂，在去世後自己的作品也受到損傷，即使這種行爲是無意的行爲，筆者也爲阮堂流下了悲傷的眼淚。可是，到現在爲止還没有人爲阮堂解除這種災禍，這種行爲不僅對阮堂本人來説是種傷害，對於研究者和讀者來説也會有種種誤導作用。萬一有人讀到這些誤收作品，誤認爲是阮堂盗取清人作品爲已作，那不能不説是一件冤案。所以，在此雖然對於編纂者有所歉意，但是爲了阮堂和學界，有必要對於這些謬誤一一修訂。

一、《阮堂集》中的謬誤

(1)《阮堂集》卷一收有如下文章：

經解答金甄山問

平實精詳，一部經解之要。平則不驚高遠，而切問近思；實則不落空虚，而好古求是；非明辨則不精，非博學則不能詳。即如荀子者，學出孔門，受授諸經，尤傳《詩》、《禮》。而韓昌黎斥爲擇而不精，語而不詳，蓋昌黎但知文不知經也，《易》奇《詩》葩，不過擇其詞語爲文之資而已，非余所謂精詳也。

不獨昌黎爲然，陸元朗知等韻，不知古韻；信僞《古文尚書》，以《舜典》廿八字，升爲經文，李斯以後一罪人也。孔冲遠襲皇甫、態、劉之書，古今文不分，南北學不别。自孔疏出，而先秦兩漢古義既亡，七十子微言大意益乖，歐陽、夏侯、齊、魯、韓古書單詞雙義，是在考古者甄録之，即如《北史》及《通典》所載古義，不可補賈公彦之弇陋哉。

以上文字全然不是阮堂的作品。前半部分是清人阮芸臺所作，後半部分是汪孟慈所作，是把兩清儒的作品前後連綴而成。這些文字在兩清儒的著述中也不常見到，在研究上是稀有資料，不知如何摻入到《阮堂集》中。以上資料現存何處在此有必要討論一二。

阮芸臺(1764—1849)，名元，江蘇儀徵人。其作爲乾隆、嘉慶、道光三朝第一流的名儒，對清朝文化的發展做出了卓越的貢獻。阮堂於嘉慶十五年正月在北京的衍聖公邸的泰崋雙碑之館見到了芸臺，受到了熱情款待和親切指導，也收到了多部著述而歸。爾來幾星霜，懷有對阮芸臺的敬仰思慕之情，遂取"阮芸臺"的"阮"字，自號爲"阮堂"。之後也多次寫信向芸臺請教學問，也與芸臺之子阮小芸(名常生)、阮賜卿(名福)建立了深厚的情誼，相互交流不斷。同時，與芸臺周圍名賢的交往也漸次增加，交往情誼也隨之深厚起來。①

汪孟慈就是其中的一人。汪孟慈名喜孫(1786—1848)，後改名爲喜荀，字孟慈，號甘泉。江蘇甘泉人。孟慈爲阮芸臺的友人碩儒汪容甫(名中)之子，在九歲時因父親汪中去世，遂出入於父親的諸多友人名賢門下，并受到了細心教導。其人品至孝嚴直，做事廉敏。在學術上孟慈主張漢宋融會貫通，其自成一家的學術觀點在揚州學壇大放異彩，在同年學人中也儼然受到敬重。道光年間在北京爲官的清儒經常接待和會見朝鮮貢使一行，道光二年(1822)末，冬至正使入燕的金酉堂(名魯敬)和

---

① 藤塚鄰《金秋史的入燕和翁、阮二經師》，《東方文化史叢考》(東京：大阪屋號書店，1935)第一輯，京城帝國大學文學會編。

其次子金山泉(名命喜)入京。酉堂爲阮堂之父,山泉爲阮堂之弟。孟慈因和酉堂父子的相見之緣,也與阮堂有了交往,爲阮堂的卓越學問和品行所折服,雙方建立了深厚的道義之交。汪孟慈寄送給阮堂的手札和書籍拓本種類數量很多,現在筆者書齋望漢廬中所藏亦爲數不少。權彝齋在道光十六年(1836)以冬至使入燕時由阮堂介紹與汪孟慈見了面,由此汪、權二人的交往纔得以展開。在此之前的道光十一年(1831)末,阮芸臺編纂的《皇清經解》(一千四百卷)這一集大成著述在阮堂的迫切期望之下由阮小芸寄送到達,這個過程中予以幫助的人物就是汪孟慈和劉燕庭(名喜海),而携帶回國的則是入燕歸國的李藕船(名尚迪,阮堂的門人)。以上内容可以通過阮堂和劉喜海的來往手札原件得知。[①]

汪孟慈在《皇清經解》的序文(夏修恕題)中的"益見平實精詳矣"末句其實是芸臺所添,在風聞這個逸聞,尤其是阮堂的友人得知之後,爲求得芸臺的親筆并表達個人讚意,纔有了這篇"二枚合一"的作品寄送給了權彝齋。彝齋在興奮之餘,把這兩篇合爲一起的作品貼在一起并鈐上"彝叟審定"之印,又把這篇捺印之文給阮堂過目。而《阮堂集》中混入的這篇文章其實是阮元和汪孟慈的親筆寫本,阮元的文章如下:

> 道光八年,粤中《學海堂經解》既成,夏觀察寄序來滇請正,予稍增删之,其末句云:益見平實精詳矣。則予所加也。平實精詳,一部《經解》之要語也云云。尤傳《詩》、《禮》見《經解》中注容甫先生書内而韓昌黎云云,非余所謂精詳也。
>
> 阮元之印

上文中加點的部分和印記之外都和《阮堂集》中所載文字一致。汪孟慈的文章如下:

> 阮相公謂昌黎知文不知經,不獨昌黎爲然。陸元朗知等韻,不知古韻云云,不可補賈公彦之舛陋哉。甘泉汪喜孫。汪喜孫印

---

① 藤塚鄰《汪孟慈的所謂〈海外墨緣〉的草本和金阮堂》,《漢學會雜誌》第三卷第二號,1935.10

孟慈

上文中加點部分和印記之外都和《阮堂集》所載文章一致。

可以想見,阮堂對阮元和汪孟慈的言語產生了强烈的共鳴,在收到金甎山(名尚鉉)的邀請後,作爲研經者的金科玉律而節取連綴二位碩儒的文章也有可能。可是,阮堂去世後,閔奎鎬或者是他人在收集阮堂遺稿時發現了這些文字,當即作爲阮堂的作品而編入《阮堂集》。這應該是没有異議的。這種事情在不瞭解阮元和汪孟慈二儒原文的情况下還情有可原,可是作爲阮堂的弟子不加詳察就武斷編入則不能不説是極爲愚蠢的行爲。《阮堂先生集》卷八《雜識》中也收入了此文,只是題目《經解答金甎山問》省略掉了。

(2) 同卷二有以下文章:

太極即北極辨

太極北極也,天地所共之極,捨北極别無所謂極也。《爾雅》曰:北極謂之北辰。《易・繫辭》:易有太極。虞注曰:太極一也。鄭注《乾鑿度》曰:太一者,北辰之神名。鄭説雖爲太一下行九宫之法,然太極即太一,太一即北辰,北辰即北極。《易・繫辭》曰易有太極,是生兩儀,兩儀生四象,四象生八卦。然則八卦本乎四時,四時本於天地,天地本於太極,太極即北極也。朱子亦論太極曰:造化之樞紐,品彙之根柢。朱子所論太極之旨,未嘗及於北極,而凡天地不易之理,則其沕然相合如是也。

上文也不是阮堂的作品,而是阮芸臺的作品。此文收録在阮芸臺的著述《揅經室一集》卷二,是《太極乾坤説》中的一部分。原文有九百五十字之多,阮堂應是節取抄録了其中的一部分。《揅經室集》之前由阮芸臺寄送來,後就成了阮堂愛讀之書中的一部,似乎一邊閲讀一邊抄録了不少。閔奎鎬不知是没有讀過《揅經室集》,還是對此文一無所知。《阮堂先生全集》卷一《辨》中也誤收了此文。

(3) 同卷二有下面的文章：

書派辨

書法變遷，流派混淆，非溯其源，曷返于古，蓋由隸字變爲正書行草，其轉移皆在漢末、魏晉之間。而正書行草之分爲南北兩派者，則東晉、宋、齊、梁、陳爲南派，趙、燕、魏、齊、周、隋爲北派也；南派由鍾繇、衛瓘，及王羲之、獻之、僧虔，以至智永、虞世南；北派由鍾繇、衛瓘、索靖，及崔悦、盧諶、高遵、沈馥、姚元標、趙文深、丁道護等，以至歐陽詢、褚遂良。南派不顯于隋，至貞觀始大顯。然歐、褚諸賢本出北派，洎唐永徽以後，直至開成碑板石經尚沿北派餘風焉。南派乃江左風流，疏放妍妙，長于啓牘，減筆至不可識，而篆隸遺法，東晉已多改變，無論宋齊矣；北派則是平原古法，拘謹拙陋，長于碑牓，而蔡邕、韋誕、邯鄲淳、衛覬、張芝、杜度篆隸八分草書遺法，至隋末唐初猶有存者。兩派判若江河，南北世族不相通習耳。

這篇文章也不是阮堂的，而是阮芸臺的作品，即是《揅經室三集》卷一中收録的《南北書派論》。原文中有“元謂，書法遷變”云云，在此“元謂”被删掉。原文亦是一篇長文，這裏只抄録了前面一節。編者應是不瞭解以上情況，誤作阮堂的作品而收録在文集中。

《阮堂先生全集》卷一《辨》中所題《書派辨》原文録入。而《揅經室集》的原文中在“王羲之、獻之、僧虔”後有“等”字；“平原古法”爲“中原古法”；“長于碑牓”爲“長于碑榜”。以上都是《阮堂集》誤收及訛誤部分。

(4) 同卷二有下面文字：

漢儒家法説

漢儒家法，大略有三：一曰守師説。如《易》有施、孟、梁邱、費、京；《書》有伏、孔；《詩》有毛、齊、魯、韓；《禮》有二戴、慶氏；《春秋》有左、公、穀。其間文字異同，章句錯互，各守師傅，不相沿襲。故趙賓變箕子之訓，易家證其非。焦贛本隱士之傳，光祿明其異。田何之

《易》,實淵源乎商瞿。毛公之《詩》,公、穀之《春秋》,乃權輿于子夏。申公之于《魯詩》,張蒼之於《左氏》,竝溯沿于荀卿。伏生傳今文,先秦之博士也;安國傳古學,孔氏之舊文也;高堂傳士禮,魯國之老師也。由七十二子,迄四百餘年,如高曾之授昆仍,淵源之衍枝瀆。是之爲守師説。一曰通小學,漢儒課學僮,必先諷籀書九千字,以得其指意形聲;授《爾疋》十七篇,以究其詁訓轉借;三年而一經通,三十而五經立。故詭更正文,嚮壁虛造,則許慎證其違。破壞形體,便辭巧説,則班固糾其繆。漢儒研六經從文字入,研文字從聲形入,莫不考鏡于姬卜,準則于籀斯。雖師承各殊,而塗軌實一。是之謂通小學。一曰明天人之理,《易》家天學,即如孟喜明卦氣,京房言納甲飛伏。鄭君闡爻辰,虞翻推消息。《書》家如伏生,則以《洪範》言天。《詩》家如翼奉,則以五際言天。《春秋》家如董仲舒,則以《公羊》言天;劉向則以《穀梁》言天;劉歆則以《左氏》言天。竝上探象緯,下明人事。經之以八卦,緯之以九疇,測之以九宫,驗之以九數。原夫乾坤遘度,實萌芽于先秦;河洛諸篇,乃眹兆于東漢。賈、鄭、何鄭諸家,尤精是學,大抵原本孔經。鉤摘樞要,非如後儒守井魚之咫聞,昧圖書之奧旨也。是之謂明天人之理,其釋經之體,亦約有三:一曰以經解經,或依經以析理,或錯經以會文,或辨經而校誤。如《毛詩》之箋廣引《禮》經,《地官》之注半參《王制》,錯經之誼也。由左邱之古經,知祠兵之文誤;據《魯詩》之正字,識繡黻之傳乖,辨經知法也。一曰以字解經,或擬其音,或正其讀,或改其誤。擬音者,古無反語,以爲比方之詞,如某讀若某、某讀如某之例是也。正讀者,聲有通借,故爲變化之詞,如某讀爲某、某讀曰某之例是也。改誤者,字或由聲而誤,或由形而誤,故爲救正之詞,如某當爲某之例是也。《周官》故書必存乎注。《儀禮》古文盡著之篇,舉一反三,餘可識矣。一曰以師説解經,如仲梁子、孟仲子、高子之説,見于《毛詩》。子沈子、司馬子、女子、北宫子、尸子、沈子之説,戴于公、穀。傳箋《詩》之指,半表發夫亨、萇注《禮》之言,先引徵夫杜、鄭,辟後海而先厥河,非數典而遺其祖也。緜兹家法,闡厥微言,故用日少而蓄德多,稱文邇而見義遠。函雅故,綴道綱,知時務,統陰陽,通天地人謂儒。故家法精,經學明;家法棄,經學廢。謹授受,研六經。家法不失,孔書乃明,是爲説。

上文也不是阮堂的作品,而是清人胡縉的文章。阮芸臺在嘉慶六年(1801)於浙江杭州西湖旁建立了詁經精舍,後祭祀後漢的二大經師許叔重、鄭康成,又挑選出遵循二大經師的弟子進行教育,前後聘請了王述庵、孫淵如作爲講席。孫淵如的《詁經精舍題名記》中詳細記述了顛末。芸臺在精舍給諸生講習經史子集中的諸多問題,并把這些講稿結集出版,題爲《詁經精舍文集》。這部文集既有上面所説單行本,又在《皇清經解中經義叢鈔》(嚴厚民編纂)中有經解本。阮堂既收藏有單行本(阮堂自筆《藏書目録》),也收藏有贈送的經解本。詁經精舍中對"兩漢經師家法考"問題解答進行抄録的人有趙春沂、洪震煊、胡縉、邵保初四人,都收録在了《詁經精舍文集》卷十一。阮堂似乎是從胡縉作品的單行本或者經解本中抄録的這部分,編輯《阮堂集》者似乎不知道《詁經精舍文集》中收録有此文。如果對照原文,可知《阮堂集》有改字、誤字、脱字現象。下面把兩文對照如下:

阮堂集	詁經精舍文集
施、孟、梁邱、費、京	施、孟、梁邱、費、高
以得其恉意形聲	以得其恉意聲形
爾疋	爾雅
許慎證其違	許眘訂其違
即如孟喜明卦氣	則如孟喜明卦氣
乾坤遱度	乾坤鑿度
河洛	河雒
眹兆	朕兆
以爲比方之詞	故爲比方之詞

見于毛詩	見于毛氏詩
辟後海而先厥河	譬後海而先厥河
經學明　經學廢	漢學明　漢學廢
是爲説	是爲考

原文中在"或辨經而校誤如"後有"毛公詁詩多用爾雅費氏説易即本繫辭依經之體也"二十一字。又,在"如某當爲某之例是也"之後有"觀夫賈逵定弟圛之異字何休辨登得之同聲"十八字,在"通天地人之謂儒"之後有"惟漢儒斯不媿焉"七字。不知是阮堂在抄録時删掉的還是編者的脱誤。《阮堂先生全集》卷一的《説》中也插入了阮堂的文字。

(5) 同卷二中有如下文字:

題張稷若儀禮鄭注句讀卷首

是書全録《儀禮》鄭康成注,摘取賈公彦疏,而略以己意斷之。因其文古奥難通,故并爲之句讀。馬端臨《文獻通考》,載其父廷鸞《儀禮注疏序》,稱其家有景德中官本《儀禮》,正經注語皆標起止,而疏文列其下,因以監本附益之。手自點校,并取朱子禮書,與其門人高弟黄氏、楊氏續補之編,分章條析,題於其上。今廷鸞之書不傳,爾岐是編,體例與相近。案《禮記》曰:一年視離經辨志。注曰:離經句絶也。則句讀爲講經之先務。沈約《宋書·樂志》,於他樂歌皆連書,惟鐸舞曲《聖人制禮樂》篇,有聲音而無文義,恐迷其句,遂每句空一字書之,則難句者爲之離析,亦古法也。至於字句同異,考訂尤詳,所校除監本外,則有唐開成石刻原本、元吴澄本,及陸德明《音義》,朱子與黄幹所論經傳通解諸家,其謬誤脱落,衍羡顛倒,經注混淆之處,皆參考得實。又,明西安王堯典所刊石經補字,最爲舛錯,亦一一駁正。蓋《儀禮》一經,自韓愈已苦難讀,故習者愈少,傳刻之訛愈甚。爾岐玆編,於學者可謂有功矣。顧炎武少所推許,而其《與汪琬書》云:濟陽張君稷若名爾岐者,《儀禮鄭注句讀》頗根本先儒,立言簡當,以其人不求聞達,故無當時之名,而其書實似可傳。使朱子見之，必不僅謝監獄之稱許也。又其《廣師》一篇曰：獨精三《禮》，卓然經師，吾不如張稷若。乃推挹之甚至，非徒然也。爾岐《蒿庵集》中有自序一篇，稱尚有《吴氏儀禮考注訂誤》一卷，今不在此編中，然此編乃新刻之本，無所佚脱，或是卷又自别行歟。

以上同樣都不是阮堂的作品，而是《四庫全書總目提要》中的文章。同書卷二十一《經部禮類二・儀禮鄭注句讀十七卷附監本正誤石經正誤二卷》（浙江鮑士恭家藏本）的題下有："國朝張爾岐撰，爾岐有《周易説略》，已著録，是書全録《儀禮》鄭康成注。"云云。阮堂所藏本《儀禮鄭注句讀》（乾隆八年刊本）的卷首題要應是爲了參考用。阮堂《藏書目録》（自筆本）中也記有《四庫全書題要》（百三十册）。可是没有閱讀過《四庫全書提要》的編者看到阮堂所藏本題寫的簡要，遂臆斷爲是阮堂的文章。《阮堂先生全集》卷六的"題跋"中也誤收了這篇文章，其中也有不少誤字、脱字，在此就不一一訂正了。

以上五篇文章都是清儒的作品，阮堂只是單純地抄録了這些作品。此外，是否還有一些誤收的文章，有待以後做進一步的調查。

二、《阮堂先生全集》中的謬誤

《阮堂先生全集》編纂的目的是博采廣蒐，雖然在素材方面下過一定的嚴證批判和精細考察，但是卻對已經刊行的《阮堂集》悉數采録，上文中論證的五篇誤收的清人作品亦全部重複收入。另外，在重複以上謬誤的同時，也另外誤收了其它一些清儒的作品。其誤收的作品如下：

(1)《阮堂先生全集》卷一《辨》中的如下文章：

學術辨

學術之在天下也，閲數百年而必變。其將變也，必有一二人開其端，而千百人譁然攻之。而千百人譁然攻之，其既變也。又必有一二人集其成，而千百人靡然從之。夫譁然而攻之，天下見學術之異，其弊未形也。靡然而從之，天下不見學術之異，其弊始生矣。當其時,必有一二人矯其弊,毅然而持之,及其變之既久,有國家者,繩之以法制,誘之以利禄。童穉習其説,耄耋不知非,而天下相與安之。天下安之既久,則又有人焉。思起而變之,此千古學術之大較也。漢興立五經博士:《易》,施、孟、梁邱、京氏;《尚書》,歐陽、大小夏侯氏;《詩》,齊、魯、韓氏;《禮》,大小戴、慶氏;《春秋》,公羊、嚴、顔氏、穀梁氏。黨庠無異學,授受有專家。西京之盛,蔑以如矣。

哀帝時,劉歆欲立《左氏春秋》、《毛詩》、《逸禮》、《古文尚書》。諸儒怨恨,衆議沸騰,龔勝乞骸,師丹大怒。建武初,韓歆欲立《費氏易》、《左氏春秋》,范升持之爲不可,陳元争之而不從。譁然攻之者,如此其衆也。豈非變於始者難爲力乎。當是時,數家雖不立學官,而私相講習,亦有擢高弟者。至鄭君康成出,括囊大典,網羅衆家,所注諸經,皆兩漢之不立學者。《易》費氏,《書》古文,《詩》毛氏,《禮》則較以古文取其長者,《左氏》則以授服子慎,於是天下靡然從之。雖然,東漢所立十四博士,猶未改西京之舊,及魏晉以還也,鄭氏之《易》、《書》、《詩》、《禮》,服之《左傳》,始立於學官,延至永嘉之後。西京立學之書,遂掃地而無餘,此學術之一變也。

魏王輔嗣以空言講《易》,好異者競相祖述,而范甯謂其罪浮於桀紂,蓋有識者猶或非之,乃未幾而杜預之《左氏春秋》出矣,又未幾而梅賾之《古文尚書》出矣。東晉太興嗣,《周易》王氏,《尚書》古文孔氏,《左傳》杜氏,各置博士一人。而《儀禮》、《公羊》、《穀梁》及《鄭易》,竟省而不置。自是以後,南北分裂之際,好相互有不同。江左,《易》則王輔嗣,《尚書》則孔安國,《左傳》則杜元凱,《河洛》、《易》、《書》則鄭康成,《左傳》則服子慎,《詩》則并主毛公,《禮》則同遵鄭氏。蓋天下攻之者半,而從之者亦半,其風會又不同於魏晉之初矣。唐貞觀,詔國子祭酒孔穎達等撰《五經正義》,《周易》用王弼、韓康伯注,《尚書》用梅賾所上孔氏傳,《詩》用毛公訓故傳及鄭氏箋,《禮記》用鄭氏注,《春秋左傳》用杜預注,天下始靡然從之。而鄭服之學寖微,惟資州李鼎祚撰《周易集解》,少存漢昌以前之舊,所謂刊輔嗣之野文，輔康成之逸像，毅然而持之者如此，此學術之又一變也。

由是而行之數百年，雖其書不盡兩漢之遺，而學者守訓詁而不鑿，考制度而必詳。陸氏所云，唐及國初學者不敢議孔安國、鄭康成，況聖人乎？當時恪守《五經正義》者如此，啖助、趙匡含三《傳》而説《春秋》，時人未之或從也。宋劉原父《七經小傳》出，稍稍自異於傳注，嗣是有疑及繫詞者，有排及《詩》、《書》序者，四書之名，加之六經之上，其於漢唐諸儒之説，視之若棄髦，棄之如土苴，天下靡然而從之。較漢魏之尊傳注，隋唐之信義疏，殆又甚焉。

元皇慶二年詔，《易》用程氏、朱氏，《尚書》用蔡氏，《詩》用朱氏，《春秋》用三及及胡氏，《禮記》用古注疏，四書用朱氏章句集注。明初因之，此學術之又一變也。

元明以來，儒者墨守程朱，亦如隋唐之儒者，墨守鄭服也。元行冲謂，寧道孔聖誤，諱言鄭服非者，則又寧道孔聖誤，諱言程朱非矣。及固陵出，則大反濂洛關閩之局，矯枉過正，武斷最多，未能盡合古訓。但以譏彈宋儒爲能事，所謂天下不見學術之異，其弊將有不可勝言者，嗟乎！當其變也。千百人譁然而攻之者，庸人也；及其既變也，千百人靡然而從之者，亦庸人也。矯其弊，毅然而持之者，誰乎？

以上是討論古今學術源流的名文，不過此内容也不是阮堂的著述，而是清儒凌次仲在乾隆五十八年(1793)夏天寫給胡敬仲手札中的文字，這些文字收録在《校禮堂文集》卷二十三《與胡敬仲書癸丑夏》。這封手札的前面還有如下文句：

久不得音問，都中奉到手書，如親謦咳也。并悉道履勝常，伏惟萬福。所云近之學者，多知嵩尚漢學，庶幾古訓，復申空言漸絀，是固然已。第目前侈談康成，高言叔重者，皆風氣使然。容有緣之以飾陋，借之以竊名，豈如足下真知而篤好之乎？且宋以前，學術屢變，非漢學一語，遂可盡其源流，即如今所存之《十三經注疏》，亦不皆漢學也，蓋嘗論之。

手札前面的這些内容《阮堂先生全集》中未録入，可能是阮堂在抄録時省略掉了。如果和原文對照一下，也可以看出和兩種文集中收録的文字有差誤和脱句，現把這些内容整理如下：

阮堂先生全集	校禮堂文集
西京之盛蔑以如矣	西京之盛蔑以加矣
亦有擢高弟者	亦有擢高第者
綱羅衆家	網羅衆家
禮則較以古文取其長者	禮則校以古文取其長者
東晉太興嗣	東晉太興初
好相互有不同	好尚互有不同
春秋左傳用杜預注	春秋左氏傳用杜預注
少存漢昌以前之舊	少存漢晉以前之舊
輔康成之逸像	補康成之逸象
陸氏所云	陸務觀所云
含三傳而説春秋	舍三傳而説春秋
加之六經之上	加諸六經之上
天下靡然而從之	天下之靡然而從之
春秋用三及及胡氏	春秋用三傳及胡氏
矯枉過正武斷最多	矯枉過正武斷尚多

以上是引用文中的誤字部分。脱句則“左氏則以授服子慎於是天下靡然從之”之後有脱句“矯之者獨一王子雍耳”。“唐貞觀”之後有“十二年”脱。“輔康成之逸像毅然而持之者如此”後有“而已”脱。“有排及詩書序者”之後有“王文公導之於前朱文公應之於後大學中庸小戴之篇也論語孟子傳記之類也而謂聖人之道在是焉别取而注之以”四十字脱。“較漢魏之尊傳注隋唐之信義疏殆又甚焉”後有“而浚儀王氏金華范氏數公者尚能以舊説自持者也”二十一字脱。“元仁宗皇慶二年”中的“仁宗”二字脱。“隋唐以前儒者”中的“以前”二字脱。“未能盡合古訓”之後有

“元和惠氏休寧戴氏繼之諧聲詁字必求舊音援傳釋經必尋古義蓋彬彬乎有兩漢之風焉浮慕之者襲其名而忘其實得其似而遺其真讀易未終即謂王韓可廢誦詩未竟即以毛鄭爲宗左氏之句讀未分已言服虔勝杜預尚書之篇次未悉已云梅頤僞古文甚至挾許慎一編置九經而不習憶説文數字改六籍而不疑不明千古學術之源流而”一百三十六字脱。“當其將變也”中的“將”字脱。此外,原文末添有下面文句:

> 蓋深有望於足下焉,故不禁發其狂瞽,幸足下教之。外附上舊文《辨學》一首、《漢十四經師頌》一首,皆論古今學術源流者也。足下見之,當不以爲河漢。書不盡言。廷堪頓首

以上也是阮堂在抄録時有選擇性地進行了部分省略。文中《辨學》一首《校禮堂文集》卷四見録。《漢十四經師頌》一首在下文再做細述。那麽,阮堂是通過什麽方式看到此文的呢?另外,凌次仲和阮堂之間有怎樣的因緣?下面就做簡要論述。

凌次仲,名廷堪(1757—1809),安徽歙縣人。凌廷堪亦是阮芸臺的友人,也是阮芸臺之子小芸的老師。凌廷堪幼時失孤,成人之後纔開始讀書并研習同鄉先輩江慎修、戴東原的學問。凌廷堪學術日益精進,不但貫通群經,尤其得三《禮》之深邃,對古今得失的辨晰以及識解尤其超妙,其文章更爲沈博絶麗。其著述《復禮三篇》,即《禮經釋例》、《校禮堂文集》、《校禮堂詩集》,都是在當時傳播廣泛的名著。廷堪入京之後即師事翁覃溪,覃溪遂介紹了自己的友人芸臺給廷堪,之後廷堪就奉二位學者爲師。廷堪也是介紹阮堂認識翁覃溪和阮芸臺的中間人,其《上洗馬翁覃溪師書》(《校禮堂文集》卷二十二)即是當時介紹他們認識的名文。翁、阮二經師在阮堂入燕時不但熱情接待了他,而且對阮堂也産生了特殊的眷愛之情,在某種程度上來説也是使阮堂成爲海東第一通儒的恩師。對於這位中間介紹人凌廷堪,阮堂應該是懷有更深一層的傾慕之情的。可是,凌次仲在嘉慶十四年(1809)阮堂入燕之前已經去世(阮芸臺寫有《次仲凌君傳》),所以凌廷堪和阮堂應該没有直接見過面。不過,阮

堂通過翁覃溪想必聽過不少有關凌廷堪的事蹟,對於《禮經釋例》一書也深爲心服。綜上所知,《校禮堂文集》三十六卷和《學海堂集》經由阮芸臺之子阮賜卿一起寄贈給了阮堂,這些内容在賜卿寄給阮堂的手札(筆者藏有原件)中有明確記載。《校禮堂文集》傳入朝鮮的單行本極少,而《皇清經解》中收録的不過是節録的十四篇短文。阮堂誦讀這部珍本,嘆服凌次仲的卓論,隨手抄録其中的一部分作爲研究的參考是可以理解的。不管如何,《校禮堂文集》的稀見本編者不知是何人,而把其中的文字看作是阮堂的作品則是很遺憾的事情。阮堂舊藏《校禮堂文集》現在不知藏處,筆者藏有阮芸臺從弟阮梅叔(名亨,《瀛舟筆談》的著者)的舊藏本,因此本可以校訂《阮堂先生全集》中的謬誤(最近印行的《安徽叢書》中收有《校禮堂文集》)。

(2)《阮堂先生全集》卷一《辨》中有如下文字:

格物辨

《禮記·大學》篇曰:致知在格物,物格而后知至。此二句雖從身心意知而來,實從天下國家而來。天下國家,以立政行事爲主,《大學》徒身心説到意知,已極心思之用矣。恐學者終求之于心學,而不驗之行事也,故終顯之曰,致知在格物。物者事也,格者至也;事者,家國天下之事,即止于五倫之至善明德新民,皆事也。格有至義,即有止意,履而至止於其地,聖賢實踐之道也。凡經傳所云,格于上下,不格姦;格于藝祖,神之格思。孝友時格,暴風來格,及古鍾鼎文格子太廟,格于太室之類,皆訓爲至,蓋假爲本字,格字同音相借也。

《小爾雅·廣詁》曰:格,止也。知止,即知物所當格也。至善之至,知止之止,皆與格義一也。譬如射然,升階登堂,履物而後射也。《儀禮·鄉射禮》曰:物長如笴。鄭注云:物謂射時所立處也,謂之物者,物猶事也。《禮記·仲尼燕居》鄭注:事之謂立置于位也。《釋名·釋言語》曰:事傳也,傳立也。蓋物字本從勿,勿者,《説文》:州里所建旗,趣民事,故稱勿勿。《周禮》:卿大夫五物,詢衆庶。物即與事同義,而堂上射者所立之位亦名物者,古人即通會此意以命名也。《大戴禮》:規鵠堅物,履物以射,其心端,色容正。《大射儀》曰:左足履物。皆此義也。故曰格物者,至止于事物之謂也。凡家國天下五倫之事,無不當以身親至其處而履之,以至于至善也。格物,與止至善、知止、止于仁敬等事,皆是一義,非有二解也。聖賢之道,無非實踐,而皆實事求是之義也。

以上内容也不是阮堂自作,而是阮芸臺的作品。此文收録在《揅經室一集》卷二《大學格物説》中。前文中所收内容可與原文對比。現訂正《阮堂先生全集》中的訛誤如下:

阮堂先生全集	揅經室一集
物格而后知至	物格而後知至
實從天下國家而來	實爲天下國家之事
大學徒身心説到意知	大學從身心説到意知
已極心思之用矣	巳極心思之用矣
不驗之行事	不騐之行事
古鍾鼎文格子太廟	古鐘鼎文格于太廟

此外,原文中"非有二解也"之後"必變其文曰格物者以格字兼包至止以物字兼包諸事"二十二字脱,"無非實踐"之後有"孔子曰吾道一以貫之貫者行事也即與格物同道也曾子著書今存十篇首篇即名立事即格物也先儒論格物者多矣多以虚義衆之似非聖人立言之本意元之論格物非敢異也亦實事求是而已"文字。此外,原文之後又有"又案此篇無闕失"云云三百餘字,可能是阮堂抄寫時省略掉的文字。大學中的"格物"篇是宋明以來學者争論的焦點問題,可能阮堂認爲阮芸臺的觀點較爲獨特,又對自已有新的啓發,於是抄寫而成。

(3)《阮堂先生全集》卷七《頌》中有下面文字

漢十四經師頌并序

《易》四家:沛施氏讐長卿、東海孟氏喜長卿、瑯琊梁邱氏賀長翁、東郡京氏房君明;《尚書》三家:千乘歐陽氏高子陽、魯大夏侯氏勝長公、小夏侯氏建長卿;《詩》三家:魯申公培、齊轅固生、燕韓太傅嬰;《禮》二家:梁大戴氏德延君、小戴氏聖次君;《春秋公羊傳》二家:東海嚴氏彭祖公子、魯顔氏安樂公孫。右經師十四人,其源流授受,具於孟堅《漢書》;其訓詁著録,載諸子駿《七略》。即范蔚宗所云"光武中興,愛好經術,所立凡十四博士"是也。當是時,赤符之運甫隆,新室之圖已謝。費氏之《易》,伏以未行;左氏之《傳》,立而旋廢。《穀梁》洎《毛詩》俱罷,《周官》與古文并省。雖未遑廣勵微學,扶翼湮墜,亦可謂兼收博采,無所偏重者焉。

夫説稻粱之美者,略種殖之艱;溉江河之潤者,味疏違之力。況乎人情厭故而喜新,學者數典而忘祖。閲年漸遠,道術屢更。爰自束髮受書,以迄離蔬筮仕,咸以爲垂範者五經,載道者四子。洙泗既往,僅傳其辭;洛閩而還,始釋其義。間有不安於所習,不溺於所聞,探貞觀之璇囊,啓永徽之寶笈。尋玄珠於孔氏,撿赤玉於賈君。然而當陽之麟史,第行於江東;仲真之蝌文,晚傳於河北。王輔嗣之虚誕,范武子之乖迕,非堂塗之攸述,即金行之别栩。就令好古者,闡荀虞,研馬鄭,搜景伯之残文,綴子慎之逸簡,究亦建初以後之流風,非元始以前之古則也。譬如,神禹道靈源於積石,人以爲九河窮始,而不知有昆侖之墟;成周配后稷於先農,人以爲百穀報功,而不知有厲山之子。彼夫决渠荷鍤,自詡其勞,沽體塗足,自神其術者,又無足深論焉矣。且夫五經之初立也,非惟章句耑門不相假借,即在經文傳習亦有異同。故三歲宦女,《魯詩》特别於《齊》、《韓》;邾婁盟昧,《公羊》迥殊於《左》、《穀》。禮經編次,二載互岐;卦象糾紛,九師各判。熹平石經,悉《尚書》之今文;祭酒《説文》,皆《周易》之孟氏。就其所存而驗之,家法如此其嚴也,師承如此其重也。若乃文學盛於東都,真儒興於北海,《易》宗費直,《書》述杜林,《詩》祗毛公,《傳》惟左氏。《周官》引先鄭之解,《禮記》爲小戴之注,酌波群論,訂爲彙歸。未顯立於黨庠,實私行於家塾。迨夫永嘉板蕩之際,舊訓靡遺,大興草創之初,新經聿建蓋株守之陋。山是而破,名家之學,自茲亦亡,行之既久,南北殊尚。華樸莫齊,鄭學將微,正義乃出。唐所立之五經,已非晉所立之五經;晉所置之博士,又非漢所置之博士矣。

大樂云缺,五經是傳。五嶽鎮地,五緯麗天。
去聖日遠,攸賴後賢。書芽於伏,易茁自由。
高堂禮經,浮丘詩篇。春秋胡母,公羊最先。
師承不紊,漢興已然。奪諸秦火,厥績偉焉。
施君謙讓,恪守冲虚。不敢教授,長陵徒居。
率業王孫,襍論石渠。結髮事師,衆莫之如。
弟子知名,門人獲譽。丞相列卿,沾溉其餘。
蘭陵孟生,獨用易顯。窮極陰陽,推求災變。
萬物荄兹,高議宏辨。輕改師法,終以病免。
少府小心,望重梁邱。孝宣行祀,劍墮旒頭。
乘輿馬驚,筮有兵謀。通經足用,近幸有繇。
尊崇施讐,排抑孟喜。證明枕鄰,各成一是。
甘露之中,臨乃繼起。士孫鄧衡,世傳博士。
君明好學,占驗尤長。吹律易姓,讖緯濫觴。
極論巧佞,譎諫帝旁。奏法考功,課諸循良。
宵小忌之,卒爲中傷。飛伏世應,五行六日。
納甲歸魂,後世有述。卜儀筮法,厥制久矣。
求禮於野,火珠遺術。陋者揲蓍,妄言可黜。

千乘歐陽,代爲巨儒。爰及子陽,後生競趨。
地餘其孫,林尊其徒。遞相推衍,樸學不孤。
直哉長公,爲學精熟。已究洪範,更説禮服。
俯拾青紫,胥由誦讀。爵登列侯,仕至光禄。
張霍廢立,陰罰豫明。武皇廟議,恥徇公卿。
受詔撰書,身貴道行。天子賜金,時以爲榮。

奕奕長卿，從師問故。博考五經，與書相附。
出入牽引，以次章句。獨抒心得，無必無固。
議郎起家，太子少傅。

申公受詩，爲楚賓臣。王戊胥靡，退歸終身。
遠方問業，至千餘人。事紀青簡，名達紫宸。
束帛加璧，安車蒲輪。明堂召對，素志未伸。
轅固齊人，黄生伯仲。争論湯武，常爲色動。
馬肝無食，毚心能中。平津阿世，正辭托諷。
大傳精悍，於詩素深。内外二傳，博通古今。
齊魯異趨，燕趙同欽。尤長説易，不厭推尋。

大戴彬彬，曲臺弟子。與沛慶普，同出后氏。
小正明堂，傳記尚爾。惜哉訓釋，史莫之紀。
别録見遺，咎在中壘。小戴嶽嶽，聲望特著。
以禮作郡，掛議而去。賓客爲盜，其子何與。
史有明文，孰聞引據。庸夫論世，鮮克平恕。
姬公制作，炳若日星。自冠乞覲，篇目未零。
吉凶賓嘉，百代猶馨。四十九篇，非禮本經。
後人尊信，無乃徑庭。

嚴傅廉直，不事權貴。品異脂韋，性成剛毅。
修行先王，振厲士氣。天下勝人，此語驟操。
薄彼宰相，經誼誠高。苟少勉强，曷足以豪。
公孫貧家，篤學見稱。睦孟姊子，具有師承。
質問疑誼，暨嚴偕升。精力匪懈，歷官郡丞。
冷任都路，公羊勃興。仰溯漢初，聖塗方闢。
惟尊一經，疇兼六籍。歷久乃遷，匪伊朝夕。

傳易而疏，注加以釋。性命肇開，封畛爰畫。

傳道者今，傳經者昔。九原可作，願待几席。

我思古人，頌之无斁。

以上是凌次仲所作名文，而不是阮堂的作品。如前文所記，這篇文章收録在《校禮堂文集》卷十的《頌》中。似乎是阮堂在誦讀三四遍之後，神氣所往，遂抄録了下來吧。不過，有一些文字上的錯訛，也有一些爲阮堂省略掉的節段，現整理如下：

阮堂先生全集	校禮堂文集
伏以未行	伏而未行
疏遴之力	疏鑿之力
闡荀虞研馬鄭	闢厥荀虞彼馬鄭
搜景伯之殘文綴子慎之逸簡	搜景伯殘文綴子慎逸簡
有昆侖之墟	有崑崙之墟
决渠荷鍤	决渠荷插
熹平石經	熹平刻石
自兹亦亡	自是亦亡
長陵徒居	長陵徙居
率業王孫	卒業王孫
孝宣行祀	孝宣行祠
證明枕郄	證明枕郗
代爲巨儒	代爲鉅儒
大傳精悍	太傳精悍
齊魯異趨	齊魯異趣

又，原文中“洛閩而還始釋其義”之後有下面内容：

豈知驅邑言性，本屬子家；小戴格物，亦云傳記。四始敦厚，棄序説而益誣；十翼精微，因圖書而轉晦。《孔傳》是後儒僞爲，《魯論》乃弟子雜撰。舍三《傳》而釋《春秋》，置六書而談小學，斯固聖學之別傳，非儒林之正脈乎。

以上文字《阮堂先生全集》脱。原文序末又有下面文字：

夫素王不作，黔首多愚。此是彼非，無嫌竝立。必執一師所垂以爲圭臬，懸一氏之義用作標準，則雖使西河復生，未必合東魯初旨。世之學者，徒惜夫宋學行而兩漢之緒遂微，不知鄭學行而六藝之塗始隘也。今所傳者孔壁，非同伏書，鄭箋但取毛傳，《禮》經兼用劉向，《公羊》亦是何休，東京所謂十四經師之説，有一存焉者乎。嗟夫，奚斯頌魯，《韓詩》因李善而僅留；箕子明夷，《孟易》因班書而偶在。物希則貴，自古然矣，頌曰。

以上百六十字《阮堂先生全集》脱。以上如《學術辨》和《漢十四經師頌》都是當時的名文，阮堂應是持着嘆服的心理筆抄下的，其中也包含了對凌次仲的傾慕之情。阮堂在寄給李月汀（名璋煜）的書信（《阮堂集》和《阮堂先生全集》收録）中亦有"且如凌仲子之《禮經釋例》，覃翁之所不許，不佞寔喜讀之"的文字。《阮堂先生全集》中混入了凌次仲的大作，對於阮堂來説也是無比痛心的事情，不過可見其中的淵源。

（4）《阮堂先生全集》卷八《雜識》中有如下文字：

唐虞世南臨《蘭亭帖》，墨淡如影，紙厚如麻。微鬆雖漫漶，而精神發露。後有魏昌、揚益、宋濂、董其昌、王祐、徐尚賓、葉萱、周同軌、古中静、張弼、朱之蕃、王衡諸題名跋。諸遂良摹《蘭亭》真跡，麻紙本；後有米芾、張晏、范仲庵、王堯臣、劉涇、龔開、白珽、張翥、張雨、卞永譽諸題名詩跋。馮承素摹《蘭亭帖》，麻紙本；後有許將、王安禮、朱光裔、李之儀、仇百玉、朱光庭、趙孟頫、鮮于樞、鄧文原、項元、汴文嘉諸人諸名跋，并神龍半印、神龍内府長方半印。世間通行《蘭亭》皆稱歐褚二摹本，至如開皇本、虞本、馮本，殆無有知之者，皆今中國内府所在者，從《石渠隨筆》録取示懋兒，以廣其蔀見。

以上文字中從開始部分到"神龍内府長方半印"爲止的百六十五字都是阮芸臺的文章，收録在其著述《石渠隨筆》卷一《蘭亭八柱帖》八卷内。阮堂録取了第一、第二、第三中的三條書寫給其子商懋看,即從"世間通行蘭亭"云云到最後的五十二字都是阮堂添加的,并且分明題有"從《石渠隨筆》録取示懋兒"以示辨明。所以,編者如果稍加注意,就會知道此文不可能編入到《阮堂先生全集》。《石渠隨筆》八卷二册爲揚州珠湖草堂阮亨梅叔校栞,阮堂對歷朝書畫的有關知識通過此書受到了很多的啓發。和原文對照,可以知道《全集》中補訂的部分:

阮堂先生全集	石渠隨筆
唐虞世南臨蘭亭帖	第一唐虞世南臨蘭亭帖一卷
揚益	楊益
諸遂良摹蘭亭真跡	諸遂良摹蘭亭真跡一卷
馮承素摹蘭亭帖	馮承素摹蘭亭帖一卷
仇百玉	仇伯玉
諸人諸名跋	諸人題名跋語
神龍内府長方半印	神龍長府長方半印

(5)《阮堂先生全集》卷八《雜識》有如下文字

雜識

開皇《蘭亭詩序》墨搨卷,開皇十八年三月廿日刻。乃稧帖石刻之祖,南宋丞相游似景仁所藏,有趙孟籲、周馳、袁裒、吾衍題識,後有游景仁、吴文貴、孫承澤、曹溶四跋,又有澄心堂、晉府諸收藏印,景仁跋云。右鬻者,題曰定武,余既歸鄉,以往歲鄧氏、趙氏本較之,無分毫差。據此三本,斷缺處,與婺之梅花蘭亭同。其異者,婺本上下有界畫,而此則無爾。比當爲開皇本,而彼則再刻也。

以上文字也不是阮堂的作品,而是阮堂抄録《石渠隨筆》卷一收録芸臺作品之後送給弟子趙怡堂(名冕鎬)的真蹟,現爲大邱的徐丙柱收藏。芸臺的原文在"開皇十八年三月廿日刻"之後又有"共廿八行"四字;其中"游似"爲"游佀","游景仁"爲"游景仁","彼則再刻也"之後有小注"游佀南允人淳祐右丞相"。

以上五篇都是清儒的文章而被誤認作阮堂作品所產生的誤録現象，與前面《阮堂集》中所收謬誤文章相加應是十篇。此外，有一些從文字和內容來看也不像阮堂作品的文章，不過還没有得到進一步確認。《阮堂先生全集》誤收的作品較多，而資料精選不足，校訂也非常疏略，尤其是卷一的《咸興真興王巡狩碑》及《真興太王巡狩管境刊名銘記》不得不説有令人詫異之處。

本稿意在對編入《阮堂先生全集》中的謬誤進行探討，不過趁此機會也對阮堂文章中疏脱的部分作一些補充。《阮堂集》卷一、《阮堂先生全集》卷八中收録的阮堂的《日本文字》云云，如果和真蹟作對比，《阮堂集》中的謬誤在《阮堂先生全集》中因襲的部分整理如下：

阮堂集	**阮堂真蹟**
其時不通中國	時不通中國
齊梁二金石字體	齊梁金石字體
三西京東都之間	西京東都之間
其所爲文弇陋僻謬	其所爲文者弇陋僻謬
至無以句讀者也	至不可句讀者也
猝難革面矣	猝難革新矣
東都人篠四本廉	東都人篠本廉

另外，"天下書籍無不海輸山運"之後有如下內容：

昔之所以資於我者，乃或有先我見之者，篠雖欲不文，不可得也。然此可以覘一事而知天下之勢也。彼之於絲銅書籍之外，又安知不有得之於中國者也。噫！古嵎山人漫書。

以上作爲關鍵文句也被略掉。此原蹟藏於總督府博物館。

另，《阮堂集》卷四的《歐書化度寺碑帖》尾有題文，亦載《阮堂先生全集》卷六。此文與原蹟校訂如下：

阮堂集	**阮堂真蹟**
翁覃溪老人合較宋	此本爲翁覃溪老人合校宋

拓諸本摹刻於濟寧學院	拓諸本摹刻於濟寧學院者也
此本合較時	此本合校時
麗末暨本朝來	麗末暨本朝初
唐帖以下輒卑而不顧	外是輒卑而不顧

又,“未知其所習樂毅黄庭堅遺教竟是何本耶”後有如下内容:

> 《樂毅》真本已自唐代難得,《黄庭》非右軍書,如《遺教》即唐時經生書也。是以趙子固云,入道於楷,堇《化度》、《九成》、《廟堂》三碑。趙之距今已六七百年矣,六七百年前,堇以此三碑爲楷法章程,子固豈不知有《樂毅》、《黄庭》,如是立説也。《樂毅》諸法書,訛失難據,惟此三碑,尚存原石,可以溯源晉人,此由唐入晉之正軌,捨是無適也。

以上文字脱,文末“禮堂學人漫書於燈影庵中”的署名也未見録(《阮堂先生全集》卷八的第十六葉有近似文字,疑似抄録於其它地方的)。阮堂所題《歐書化度寺碑拓本帖》爲翁覃溪之前收集的“宋拓化度寺真本”(覃溪石墨書樓的寶物)與陸謹庭收藏的弇州第二本,以及馬半槎、謝金圃、陳伯庵三人收藏的初翻宋本相對照可知爲乾隆五十七年山東濟南使院模刻本,亦是覃溪的寄贈品。原本現在爲筆者收藏。

《阮堂集》和《阮堂先生全集》中誤收的文章應删除纔能保存阮堂文集的真面目,而對集中的諸多誤字和脱字應和原蹟進行校勘補訂。對於信奉實事求是之學的阮堂來説,鼓吹和誤認爲是阮堂作品而收入集中的現象不但相違背阮堂之本心,而且也是千秋之恨事。刊行的《阮堂集》之後亦有阮堂弟子徐相雨(號秋堂)編纂的鈔本,此鈔本亦爲筆者收藏,其編纂體例如下:

《覃揅齋文藁》二卷

《覃揅齋詩藁》二卷

《覃揅齋别藁》一卷

《覃揅齋尺牘》二卷

以上爲徐相雨親筆精寫本，其花費的精誠也清晰可見。徐相雨爲南相吉、閔奎鎬的同門，之前不知互相有什麽聯繫，不過可能有很多的關聯。不管如何，徐本和《阮堂集》所收材料的排序相同之處頗多，此外也有幾種多出的資料收入。不過，徐本中收入的清儒的作品其訛誤之處和前面所述相同，此外也誤收了清人胡以莊（名敬）的《水仙花賦》，誤認爲是阮堂的作品。此賦作爲胡以莊少年時節的作品，其孤絃冷韻在當時傳誦一時，芸臺也熟知此賦并在《定香亭筆談》卷二中提及。阮堂收藏有《定香亭筆談》，其在濟州道謫居時期看到漫開的水仙花而神興觸發，遂揮灑了胡以莊的《水仙花賦》以慰其孤苦之心。不知門人徐相雨是不知此事還是没有看到《定香亭筆談》，在阮堂去世之後，阮堂的相當數量的書籍、尺牘、刻印等遺物都被徐相雨收藏，其雖然收藏了這些物品，可是并没有讀破其中的玄機。

現在未被發現或煙没在塵世的阮堂作品不知有多少，多達幾百篇也未可知。尤其是阮堂寄給翁覃溪、阮芸臺爲首的清代諸名儒的書信，其中有相當一部分稱之爲重要的論作也不爲過，而這些作品現在究竟在哪裏呢？不只是原蹟，即使是副本也不能見到了。《與李月汀璋煜書》收在《阮堂集》卷一和《阮堂先生全集》卷五；《與汪孟慈喜孫書》爲阮堂親筆草稿本，現在爲筆者所藏。以上兩封書信是阮堂對清朝學術和清朝學人的博大尖鋭的争辯，在當時的朝鮮學人中可認爲是無人能及的，也是重要的學術資料。而後者，是以阮堂的友人權敦仁之名寄出的書信，當時權敦仁的名聲在清學界得以宣傳，而實際上是可以證明爲阮堂的代作的重要草稿本，其文獻價值非常貴重。對於這部草稿本的考述，筆者發表在《漢學會雜誌》（第三卷第二號）的文章中有詳細論述。

最後想補充的一點内容是關於《東籬耦談》。此書是純祖十七年阮堂（當時三十二歲）在金敬淵（號覃齋、東籬）訪問其東籬書堂時兩人進行談話所討論内容的筆談記録。内容包括對《易》説、《詩》義、《書》則的討論，對《金石千字》一千卷中所涉及諸石題文品評中所論東國秀麗景致，而未能通過圖經詳細論述深表遺憾；通過其論談可知之前金敬淵曾著述

《山書一通》,其興趣勃發中對金剛山的叙述最詳,達數十條,此著述共四卷。筆者所藏本爲清朝末期的趙之謙(字撝叔)所編《仰視千七百二十九鶴齋叢書》第一集採録本,有金敬淵自序,卷首題有"朝鮮金正喜阮堂金敬淵覃齋記"兩行署名。根據序文内容可知此著述爲金敬淵的記述,不是阮堂的作品。不過,從内容上來看,其中有很多阮堂的意見。本書在朝鮮已經散佚,在傳入到清人手後,反而爲清人刊刻公佈,不得不説是一大奇緣。編者趙之謙爲清末書畫名家,對朝鮮文獻也頗爲留意,其收集的柳得恭的著書《二十一都懷古詩》一卷(手稿本爲翁覃溪的石墨書樓所藏,之後傳入葉氏寶芸齋,趙之謙即是從葉氏所藏入手)收録在了《仰視千七百二十九鶴齋叢書》第一集。

最後,筆者所期待的是盡早對《阮堂集》和《阮堂先生全集》中誤收的作品進行改删,同時對阮堂有關的文獻資料再進行擴大收集的基礎上重新編纂《阮堂全集》,希望學界能早日出現做這項工作的學者。

二、金阮堂藏書目録

對清朝學術的移入者和建設者金阮堂的藏書種類和數量的把握和整理,不僅對於理解阮堂的使命和學識、識見、趣向等有重要的意義,也對清朝文化對朝鮮文化影響潮流的廣度和深度的理解和把握具有重要的價值。通過阮堂的藏書,對於清朝在不同時期輸入日本書籍的比較研究也是重要和有意思的研究課題。根據現今調查的資料,阮堂的藏書有數十萬卷,因之前散失較多,現在金氏遠孫家族中所藏無幾,所以對阮堂藏書目録的整理也就極爲困難。不過,值得慶倖的是現在發現了阮堂自筆的一部分藏書目録,根據這些資料,再加上所發現的諸家所藏本和鄙人書齋中的藏書,把這些整理彙總,雖然不甚完備,也可試着編制出阮堂的藏書目録。現就把阮堂的藏書目録分目整理如下。

一、阮堂自筆藏書目録

本目録是阮堂自筆稿本的貴重資料。阮堂在個人藏書中尤其將唐本(中國本)挑出,隨讀隨劄録的較多,其中當時還没有傳入到日本的清儒著書也佔有不少的比例。另,日本學者伊藤仁齋、東涯、物徂徠、太宰春臺等儒生的著書也時常得以寓目。這部目録由張澤相先生收藏,筆者曾謄寫一部,在此深表謝意。標有(案)的部分是筆者所作附記。阮堂自筆藏書目録如下：

《儀禮鄭注》,一匣二册

《説文拈字》,一匣四册(案)清人王玉樹的著書,嘉慶八年原刻本,有伊秉綬、邱庭瀧序文。

《脈望》,一匣二册

《文心雕龍》,四册

《荀管》,一匣四册(案)清人方苞的《删定荀子》《删定管子》,筆者藏本。

《南華經》,一匣四册

《曆學欵文》,八册

《經義述文》,四册(案)清人王引之的著述《經義述聞(文)》不分卷,初印本,是汪喜孫的寄贈本。

《莊子章義》,二册二部

《雲林遺事》,一册

《陸氏茶經》,一册

《試策徵宲》,四册

《覺世真經》,一卷

《茗柯詞》,一册(案)此書爲筆者藏本。

《駐飄閣文抄》,一册

《白沙小圃存稿》,一册

《使豫草》,一册

《小滄溟集》,二册

《曝書亭詩集注》,一匣十册

《古歡堂集》,一匣八册

《漢魏諸家易注》,一匣十册(案)清人孫堂輯刻本《漢魏二十一家易注》,三十三卷。

《鮚鵸亭集》,一匣十二册

《香蘇山館詩抄》,一匣八册(案)著者爲清人吴嵩梁,此書爲吴嵩梁贈阮堂的個人詩文集。

《史通通釋》,一匣六册

《檀園集》,一匣四册

《古歡録》,四册

《緑天書舍存抄》,一匣

《鳳巢山樵求是録》,二册

《白鶴山房詩鈔》,七卷

《賞雨茆屋集》,五卷(案)清人曾燠的著書,爲葉志詵的寄贈本。

《稻孫詩集》,二卷

《不可録》,一卷

《南阜山人詩集》,二册

《竹素時文稿》,二册

《通雅》,四匣二十四册

《十三經注疏》,十匣七十二册

《甌北集》,四册

《春秋輯存》,四册(案)清人嚴蔚的《春秋内傳古注輯存》。

《述庵詩抄》,四册

《雙藤書屋詩鈔》,三册

《紅蕉山館詩鈔》,二册(案)著者爲阮堂友人潘曾瑩,爲其給阮堂的寄贈本。

《華陽國志》,四册

《陶靖節集》,四册(案)此書爲孫在馨氏藏本。

《古逸書》,七卷

《戰國策釋地》,二册(案)著者張琦,爲其子張曜孫給友人阮堂的寄贈本。

《芥子園畫傳》,五册

《蘇雋》,七册

《江西零志》,八册

《福壽全書》,八册

《詩經體注》,三册

《范文正公集》,二匣二十册

《嵇庵詩集》,二册(案)清人梅植之的著書,爲汪喜孫的寄贈本。

《鐵網珊瑚》,二匣八册

《花鏡》,六册

《綏寇紀略》,二册

《陸宣公集》,六册

《遯世編》,四册

《農政全書》,二匣十六册

《感舊集》,一匣八册

《國語》,六册

《李太白集》,二匣

《方雪齋集》,二册

《詁經精舍文集》,四册

《靈芬館集》,六册

《四書改錯》,四册

《書經體注》,四册

《樊榭山房集》,四册

《昭明選詩》,二册

《攟石集》,六册(案)清人鐵載的著書,翁樹崐寄贈本。

《藏書》,三十册

《參同契》,四册

《倣宋公羊》,四册(案)道光四年(1824)汪喜孫影刻宋代紹熙本《公羊傳注》,爲道光七年(1827)汪喜孫寄贈本。清人李璋煜寫給阮堂的書信中曾提及此書。

《語林》,十二册

《性命圭旨》,二册

《萬神圭旨》,二册

《象山集》,十册

《道書全集》,二十册

《周易折中》,十册

《左傳》,四匣二十册

《晉書》,二匣二十册

《老莊合附》,一匣

《太玄》,四册

《夷堅志》,二十册

《湧幢小品》,十六册

《嶠雅》,二册

《壯悔堂集》,二册

《尚書剩義》,四册

《寄所寄》,十六册(案)此書爲清人趙吉士的《寄園寄所寄》。

《韋蘇州集》,四册

《經濟類編》,四十七册

《續資治通鑑》,六十四册

《東坡密語》,七册

《説鈴》,八册

《名臣録》,二十册

《唐詩所》,十二册

《百三家集》,八十六册(案)明代張溥編纂的《漢魏六朝一百零三家文集》。

《春秋大事表》,十八册

《鴻書》,二十册

《京氏易傳》,十二册

《續英列傳》,六册

《卜易》,六册

《酉陽襍組》,五册

《禮記》,十册

《易林》,四册

《快閣藏書》,五册

《南宋詩選》,四册

《説文注》,十五册(案)今歸崔南善藏。

《諸子全書》,三十册

《文編》,三十册

《名山記》,八册

《古韻發明》,四册

《毛詩稽古編》,八册

《隨園隨筆》,十册

《茶餘客話》,四册

《鐘鼎家原》,二册

《春秋輿圖》,六册

《物理小識》,六册

《書儀》,四册

《乾方秘書》,三册

《梅庵詩鈔》,二册(案)清人鐵保著書,阮元在乾隆六十年(1795)刊刻的原本。

《八家四六》,六册

《譚徵》,六册

《後漢書》,三十册

《柳州集》,二十二册

《本草備要》,一册

《商子》,一册

《尚友記》,二册(案)此書爲汪喜孫著書,現爲筆者收藏。

《白華草堂詩》,四册

《文房肆攷》,四册

《笛漁小藁》,一册

《掃紅集》,十册

《松寥詩》,二册

《劉端臨遺書》,四册

《廣陵通典》,三册

《訪碑録》,四册

《讀書雜志》,八册(案)清人王念孫著書,李璋煜寄贈本。

《小滄浪筆談》(案)著者阮元的兒子常生寄贈給阮堂的著書。

《定香亭筆談》,二册(案)著者阮元的兒子常生寄贈給阮堂的著書。

《毛詩禮徵》,六册

《儀禮石經挍勘記》,一册(案)阮元著書,乾隆六十年(1795)山東學署自刻本。

《七經精義》,十四册

《古文四聲韵》,五册

《潛研堂集》,四册

《惜抱尺牘》,一册

《雕菰樓集》,八册

《文筆考》,一册(案)阮元的著述,阮堂友人葉志詵寄贈本。葉氏書札中曾提及。

《經傳釋詞》,四册

《琅環詩鈔》,二册

《海峯集》,十二册

《楊王廬駱集》,十册

《板橋詩鈔》,二册

《春秋大事表》,二十册

《聽松廬詩鈔》,四册

《卷施閣集》,七册(案)此書第一册爲筆者所藏。

《三角舉要》,一册

《養新餘録》,七册

《唐詩金粉》,六册

《五經同異》,四册(案)《九經古義》、《周易本義下證》、《尚書古文考》合二匣。

《禮經釋例》,十二册(案)此書阮堂最爲珍愛。

《禮説》,四册

《唐四家詩》,四册

《忠雅堂集》,十册

《臨證指南》,十册

《周易折中》,十二册

《宋稗類抄》,十二册

《續傳燈録》,七册

《文選》,十六册

《四六全書》,八册

《古文品外録》,八册

《元氏集》,六册

《水經注》,二十册

《彙刻書目》,二匣

《清河書畫舫》,十二册

《日知録》,二十四册(案)此圖書的第一册爲張澤相收藏。

《九家詩選注》,四册

《石墨鐫華》,三册

《圖繪寶鑑》,四册(案)此書是否是至正版,有待後學研究辯證。

《春明夢餘録》,二十四册

《五經片壁》,八册

《經濟文編》,八册

《飲食辨録》,八册

《八家類選》,八册

《尚論編》,四册

《性理精義》,五册

《桴亭思辨録》,八册

《西湖志》,三十二册

《周易述》,三册

《楞嚴如説》,五册

《山谷集》,五册

《唐宋四大家》,十四册

《李忠定公集》,十六册

《五雜俎》,八册

《學蔀通辨》,四册

《博物志》,四册倭本

《萬首唐詩》,二十册

《寄所寄》,十四册

《帶經堂集》,十八册(案)此圖書二十册,缺二册。曾爲朴齊純藏本,現在不知藏處。

《古本精英》,二十四册

《子史精華》,四十八册

《潛邱劄記》,八册,又八册

《揚州畫舫録》,八册

《戴氏遺書》,三十四册

《經義考》,六十四册,内茅七函不在

《類經》,三十二册

《有正味齋集》,六册

《南郭集》,八册(案)服部南郭的文集,初、二、三、四編中的六册,有待進一步考證。

《道家真傳》,三册

《廣群芳譜》,二十四册
《左評》,八册
《書畫譜》,四十八册
《老莊翼》,十册
《古詩箋》,十六册
《廣韵》,五册
《昌黎詩注》,三册
《四書人物類聚》,十六册
《留春草堂詩》,二册
《卷勺園集》,二册
《徂徠集》,十八册(案)物徂徠的著書。
《周易集解》,六册
《池北偶譚》,八册
《歐陽公集》,十册
《西堂集》,十六册
《西堂餘集》,二十册
《東坡集》,三十六册,内三册
《松雪集》,六册
《蘇批孟子》,二册
《明儒學案》,二十四册
《文章游戲》,四册
《論語古訓》,五册(案)太宰春臺的著書。
《尚書正本》,六册
《毛詩鄭箋》,五册
《楊誠齋詩》,二册
《裘文達詩》,二册
《前後漢纪》,十册
《懷舊集》,七册

《蓼陔堂集》，二册（案）此書爲《蓼陔堂詩初集》六卷，嘉慶癸亥秋七月黄承吉自序，二册本。

《字典》，四十册

《壹齋集》，七册

《魏書》，十册

《楞嚴講録》，五册

《宋槅周禮》，一册

《戴氏遺書》，八册

《十三經注疏》，百十四册

《論語》，九册

《諸子品節》，十二册

《嚴華經》，八十册

《四庫全書總目》，百十三册

《儀禮注疏》，十四册

《經籍纂詁》，四十八册（案）此圖書爲嘉慶十五年（1810）北京阮元直接贈書，《揅經室集》有阮堂自題。

《文選》，十二册

《史記評林》，四十册

《汗簡》，一册（案）此書今爲筆者藏本。

《紅葉初集》，一册

《經義攷補正》，二册（案）此書爲著者翁方綱之孫引達的寄贈本。

《見堂詩鈔》，一册

《玉虹樓遺稿》，一册

《顧畫烈女傳》，二册

《韓門綴學》，四册

《讀詩偶録》，二册

《梅氏叢書》，二十四册

《種痘真傳》，一册

《禹貢錐指》,十二册

《功甫小集》,一册

《和洲詩鈔》,二册

《是程堂集》,二册

《西河存醇》,八册

《館選録》,一册

《船山詩鈔》,六册

《畫徵録》,四册(案)此書現爲李秉直氏藏本。

《孝經注疏》,二册

《華嚴疏》,十二册

《南華經》,四册

《陳文恭手簡》,一册

《宅室問答》,一册

《春雨樓詩略》,一册

《瘞鶴銘攷》,二册(案)阮堂友人周達贈送,與《瘞鶴銘》一大幅一起寄贈,周達書信見録。

《陔蘭書屋詩》,一册(案)此書的初集六卷本爲著者潘曾綬寄贈。集二封面有雞林金秋史題"陔蘭書屋二集",由此可知二人之學緣。

《古經解鉤沈》,十册

《小倉尺牘》,八册

《四書釋地》,四册

《羣經補義》,四册

《惜抱軒集》,十五册又一部

《考工車製圖解》,一册(案)此圖書爲著者阮元的寄贈本。

《鄉黨圖攷》,四册

《幾何原本》,二册

《夢樓詩集》,六册

《二初讀書記》,二册(案)應是清人倪思寬的《二初齋讀書記》。

《琉球國志略》,四册

《荀子補注》,一册

《學易討原》,一册

《友蓮詩詞》,一册

《周易》,四册

《水道提綱》,六册

《十七史商確》,十六册(案)"確"應爲"榷"。

《知稼堂集》,一册

《謝宣城集》,一册

《稽古日抄》,四册

《周禮注疏精義》,二册

《春秋金鎖匙》,一册

《尚書大傳》,二册

《省吾齋集》,四册

《儀禮釋官》,二册

《雲谷詩抄》,一册

《殉節諸臣録》,四册

《歷代帝王表》,四册

《孝經義疏補》,一册(案)著者阮福寄阮堂的贈本。

《藝海珠塵》,二十八册

《正學編》,一册

《志言集》,一册

《詁經精舍》,六册(案)應是阮元等編《詁經精舍文集》十四卷,六册本。

《揅經室集》,十二册(案)著者阮元的寄贈本。

《禮記》,十册

《十六國春秋》,十六册

《關帝事蹟》,六册

《使藩草》,一册

《婁光堂稿》,一册

《王無竟詩》,一册

《澹如軒詩》,一册

《霞客游記》,十册

《河原紀略》,八册

《東觀餘論》,一册

《童子問》,三册(案)伊藤仁齋的著書。

《十三經注疏校勘記》,三十九册(案)此圖書是嘉慶十五年(1810)阮堂在京時收到的阮元贈書,有阮堂自題"擘經室集"。

《東武詩存》,十册

《書影》,六册(案)清人周亮工的著述,應是賴古堂原刻本《因樹屋書影》。

《道藏輯要》,十二册

《音學五書》,十四册

《正史約》,十六册

《陽明集》,二十四册

《詩傳》,十册

《昌黎集》,十六册

《漢書》,四十册

《三魏全書》,三十四册

《夢月巖集》,六册

《季漢書》,十二册

《黄氏日抄》,三十二册

《東坡集》,四十一册

《大學衍義補》,五十册

《馮北海集》,十六册

《唐書》,二十六册

《二十一史文抄》,四十八册

《奎璧古文》,六册

《堯峰文抄》,六册

《明文奇賞》,二十册

《古文逸史》,二十六史

《春秋大全》,十六册

《老泉集》,七册

《左傳》,十五册

《八家詩抄》,十二册

《後村詩抄》,六册

《五禮通攷》,百二十册

《家禮儀節》,七册

《唐律箋注》,十二册

《山谷集》,八册

《三魏集》,二十八册

《岱覽》,十六册

《十大家》,四十三册

《武備志》,六十册

《篋衍集》,六册

《中州集》,十二册

《十六家小品》,八册

《秘笈新書》,五册

《前漢書》,二十六册

《錢氏書種》,四册(案)清人錢坫的《錢氏四種》,嘉慶七年刊本。

《武侯全書》,三册

《統宗》,二十册

《日下舊聞》,四十八册

《霞客游記》,十册

《昭明文選》,十六册

《學海》,六十四册(案)此圖書不詳,可能是《學海堂經解》之略稱。

《世説》,八册

《杜律》,二册

《文山集》,十册

《柳文》,六册

《題名碑録》,十二册

《儀禮經傳》,二十四册

《白茅堂集》,二十册

《律髓》,十册

《弘簡録》,七十八册

《雅頌集》,十二册

《胡傳春秋》,六册

《卜筮全書》,五册

《演禽》,四册

《玉尺經》,四册

《星宗》,十册

《文獻通考》,百二十册

《經義考》,四十九册

《函海》,百六十册

《李氏焚書》,四册

《李太白集》,十二册

《孟東野集》,四册

《堪輿宗旨》,六册

《次山集》,四册

《勉齋集》,四册

《倣宋五經》,三十七册(案)宋岳氏本,清乾隆年間覆刊本。

《佩文韻府》,九十五册

《田文鏡奏》,二册

《白羊山房詩草》,二册(案)著者清人單惠可寄贈本,李璋煜書信中見録。

《魯班經》,二册

《唐六家集》,五册沈、宋、陳、杜、岑、高

《龍門集》,八册

《文獻通考序》,一册

《聽茶館詩抄本》,三册

《石洲詩話》,二册

《儒門事親》,十册

《百代醫宗》,十册

《八大家》,五十册

《古唐詩記》,五十二册

《朱子語類》,四十二册

《朱文選輯》,十五册

《牧齋詩注》,十二册

《初學集》,二十二册

《有學集》,十六册

《五經文字》,一册

《覺生感舊集》,二册

《洙泗考信録》,二册(案)嘉慶二十三年刊行本。

《参讀禮志疑》,一册(案)現爲加藤常賢氏藏本。

《經笥堂文抄》,二册

《鈞坫遺書》,二册

《可廬著述》,一册(案)清人錢大昭的《錢可廬著述十種序》。

《曾子》,一册

《石經》,百五十九册(案)此圖書不知是否爲唐代開城石經的拓本。乾隆五十五年(1790)朴齊家入燕時曾得到孫星衍的開城石經拓本贈本,

不知此本是否爲朴齊家贈送給阮堂之本,期待後學研究者確認。

《詁經精舍文集》,四册

《兩漢文》,二十册

《應酬彙選》,四册

《唐詩所》,十二册

《環青閣詩》,一册

《話雲軒咏史詩》,一册

《地理辨正》,四册

《童子問》,三册(案)應是前文中提及的伊藤仁齋的著書。

《棗令劉》,一册

《大清會典則例》,四匣二十七册

《百家唐詩》,四匣四十册

《欽定中樞》,四匣十九册

《通志略》,四匣二十六册

《名山記》,四匣四十册

《華嚴經疏》,二匣

《萬寶全書》,一匣

《山林經濟》,二匣十二册

《樵史演義》,一匣

《清通考》,二十匣百六十册

《通志》,二十匣百十八册

《續通考》,十二匣百十五册

《續通志》,二十二匣百七十八册

《清通典》,七匣六十册

《清通志》,五匣四十册

《續通典》,四匣四十册

《大明法例》,四匣二十四册

《太平御覽》,十二匣九十六册

《文獻通考》,一百册

《震川集》,八册

《周易傳義合訂》,六册

《太平廣記》,八匣六十四册

《杜工部集》,十五册

《放翁集》,四十八册

《學津討原》,二百三十九册

《弇州集》,百三十四册

《資治通鑑》,一百册

《册府元龜》,三十匣二百四十册

《廣輿記》,十六册

《御製全韵詩》,五册

《琴譜》,十册

《詩韻廣注》,二册

《祝枝山集》,七册

《古文載道編》,四匣[①]三十六册

《文獻通考》,百二十册

《顔魯公集》,二册

《文選》,二十一册　内八落

《綱目》,三十册

《全唐詩》,一匣

《太玄》,二册

《宋鑑》,十五册

《四書廣注》,十八册

《福壽丹書》,四册

《説海》,四匣二十册

---

① “匣”原文作“連”。

《楞嚴講録》,一匣
《古今逸史》,二十四册
《秘笈全部》,八十九册
《淵鑑類函》,百四十册
《古文淵鑑》,二十四册
《漢書評林》,五十册
《老莊翼》,十册
《事文類聚》,九十四册
《龜山集》,十册
《綱鑑》,五十一册
《皇清職貢圖》,九册
《周易注疏》,五册
《困學紀聞》,六册
《陳檢討集》,六册
《博物典彙》,六册
《九經古義》,四册(案)即與五經同異合部爲二匣。
《邵青門集》,十四册
《十種唐詩》,七册
《宋詩抄》,四十册
《十七史》,二百八册
《八編類纂》,五十五册
《周禮注疏》,十四册
《經書》,四十二册
《性理大全》,三十二册
《袖珍史記》,三十六册
《三家文抄》,六册
《大載禮記》,四册
《杜集》,十二册

《參同契》,一册

《松寥山人詩集》,二册

《論語正文》,一册

《再生小艸》,一册(案)著者吴嵩梁的寄贈本。

《洛學編》,一册

《詩經彙纂》

《春秋彙纂》

《書經彙纂》

《太平廣記》

《古文奇賞》,八十册

《唐文粹》,十册

《文選》,二十三册

《小學》,二册

《大學文抄》,四十二册

《羣芳譜》,十六册

《正史約》,十六册

《説文》,七册

《明紀事本末》,十二册

《蘇批孟子》

《三禮圖》

《梅亭四六集》

《闕里文獻考》

《韓非子》

《桐華閣詞》

《三事忠告》

《廣陵志》

《知稼堂集》

《朱子近思録》

《四書人物備考》

《遜志齋集》

《古文彙編》

《華人試體》

《玉匣記》

《漢魏叢書》

《津逮秘書》

《明文授讀》

《墨法集要》

《阿文成公年譜》

《西湖志》,三十二册

《五經增訂旁訓》

《雲笈七籤》,二匣十四册

《復初齋集》,十四册(案)奎章閣所藏《復初齋詩集》十二册有金秋史的圖記,可能是此書。

《圖書府》,六册

二、諸家收藏阮堂舊藏書目録

《復初齋詩集》,六十二卷,十二册。奎章閣藏。

清朝翁方綱的著書。初刻本,第四十卷首卷到末卷都有翁方綱的朱筆校訂。

鈐有印文:志詵,葉氏藏書副本,平安館,東卿秋史同審定印,寶覃齋印,集玉齋。

《説文解字》,三十卷,六册。崔南善氏藏。

毛晉從宋本校刊,鈐有"秋史珍藏"印。白紙精印。

《説文解字注》,三十卷,十五册。崔南善氏藏本。

清代段玉裁的著書。段玉裁弟子陳煥(亦作“奐”)跋文末有“陳煥拜手敬書”、“連”。可證此爲初刊本。

鈐有印文:金正喜印,秋史,金正喜氏考定之印,東卿持贈,葉氏藏書副本,志羚,徐載德印,畊石。

可知是葉志詵的寄贈本。徐載德是阮堂的弟子徐相雨之子。

《禮書綱目》,八十五卷,二十四册。崔南善氏藏本。

清江永的著書。竹紙本,鈐有“秋史”印文。

《參讀禮志疑》,一册。加藤常賢氏藏。

清汪紱著書。乾隆年間刊本。阮堂自筆目録中見録,鈐有“秋史”印文。

《復初齋詩集》,三十二卷,六册。孫在馨氏藏。

清翁方綱著書。翁方綱的第四子樹崐寄贈本。

各卷鈐有印文:星秋,紅豆山人,紅豆山莊,秋史珍藏,金正喜印,元春,寶覃齋,小蓬萊閣,小蓬萊學人,實事求是齋,六經齋,詩盦,及讀石經殘字,詩佛閣史,秋史賞觀。

“星秋”是翁樹崐自號,取星原中“星”與秋史的“秋”合名,就此也可知二者的學緣。

《陶靖節詩集》,二册。孫在馨氏藏。

本書是乾隆二年(1737)最樂堂刊本。有阮堂自筆題籤。

鈐有以下印文:金正喜印,紅豆山莊,秋史,餘事作詩人,石經閣,秋史珍藏,實事求是齋,秋史賞觀,覃齋,東國儒生,司馬僊,元春。

《國朝畫徵録、續録》,四册。李秉直氏藏。

清人張庚著書。

鈐有印文:金正喜氏考定之印,秋香館,禮堂,秋史珍藏,小蓬萊閣,阮堂印,秋史宲定,金印正喜,秋史,三古堂,阮堂考正金石文字,正喜,青巢,放情丘壑,東夷之人,翰墨緣,停雲,汪喜孫印,孟慈,貞碧,柳最寬印,季谷,吉羊如意館,海内存知己。

由以上印文,可知此書經由汪喜孫、金正喜、柳最寬等人遞藏。

《鑾鄉卧還吟》,一册。李秉直氏藏。

清張道渥的著書。鈐有“秋史”印文。

《詠物七律偶記》,一册。藏者未詳。

鈔册三十一枚。有“嘉慶十一年秋七月廿日大興翁方綱序”。

鈐有印文:小蓬萊學人,居士記,東夷之人。

筆者曾寓目一過,現不知藏處。

《印香閣印譜》,四册。所藏者未詳。

《法古篆文》三册,《印章集錦》一册。有秋史和藕船的印文。之前在翰南書林曾閲覽一過,現在不知所藏何處。

三、望漢廬收藏阮堂舊藏書目録

《秦篆殘字》,一册。

清人葉志詵寄贈給阮堂的書册。

鈐有印文:東卿持贈,東卿秋史同審定印,金敬淵印,覃齋。

“金敬淵印”和“覃齋”二顆印爲葉志詵直接手刻。

《劉熊碑殘字》,一册。

清人葉志詵寄贈給阮堂的書册。

鈐有印文:平安館,葉氏藏書副本,臣志詵印,翁方綱。

《删定荀子、管子》，四册。

清人方苞的著書。

鈐有印文：正喜讀本，秋史，實事求是齋，東海循吏。

爲阮堂收到的大石南山氏的寄贈本。

《箋易汪元室遺稿》，十四册。

清人張惠言的著書。其目次如下：

《周易虞氏義》，九卷，三册。

《周易虞氏消息》，二卷，一册。

《虞氏易禮》二卷、《虞氏易候》一卷，一册。

《虞氏易言》，二卷，一册。

《周易荀氏九家》，三卷 ⎫

《周易鄭荀義》，三卷 ⎭ 一册。

《周易鄭氏注》，三卷，一册。

《易義别録》，十四卷，二册。

《易緯略義》，三卷，一册。

《茗柯文集》，初、二、三、四編，二册。

《茗柯詞》、《擬名家制藝》，一册。

書題原名爲《箋易汪元室遺稿》的問世不多，後改爲《箋易詮全集》。本書爲張惠言之弟張琦之子張曜孫寄贈給阮堂的初刻精善本。鈐有“東海循吏”、“阮堂讀本”、“秋史”、“正海審印”、“金正喜印”印文。“東海循吏”方印爲張曜孫手刻寄贈給阮堂的。此圖書是筆者在翰南書林的塵埃中首先發現了其中的四册，之後加藤常賢氏發現了後面的十册，後重新裝訂珍藏，最後加藤氏轉讓給了本人，纔能成爲完帙。在此，對加藤氏的高誼永生難忘。

《金石存》，十五卷，四册。

清人吴玉振編纂的聞妙香室校本。鈐有“金正喜印”、“阮堂”印文。

爲金九經[1]氏寄贈給筆者之本。

《秋槎雜記》,一册。

清人劉履恂的著書。鈐有"金正喜印"、"阮堂"印文。爲鲇貝房之進氏的寄贈本。阮堂曾藏有劉台拱的《劉氏遺書》,此書現在下落不詳。

《尚友記》,四卷,一册。

清人汪喜孫的著書。道光十五年(1835)汪喜孫命書僕抄寫副本寄贈給阮堂,當時寄給阮堂的書信筆者也一同收藏,信中有劉逢禄的題詞和汪喜孫的識語。皆汪氏自筆,裱紙後有阮堂所題目次。鈐有"汪喜孫印"、"金正喜印"、"孟慈"、"秋史"印文。此書爲稀有珍本。北平的倫哲如氏藏有鈔本第一卷一册,後收録在了《邃雅齋叢書》中。

《汗簡》,一册。

本書爲精鈔本。葉志詵自題:"此本從翁覃溪、錢可廬兩先生校正本重録。"

鈐有印文:葉志詵印,葉氏藏書副本,東卿持贈,東卿秋史同鑒定記,東海書生,貳艸堂。

可知爲葉氏寄贈阮堂本。

《揚子法言》,十三卷,附《音義》二册。

本書爲南宋治平監本,爲秦恩復嘉慶二十三年(1818)石研齋重刊本。刻字清晰,非常精緻。

鈐有印文:金氏魯敬可一,酉堂鑒定圖書,吉祥室,金魯敬印。

可知曾爲阮堂父親金魯敬的圖書。

---

① 金九經(1899—?),韓國學者,自號擔雲行者。1927年畢業於日本大谷大學,1930年去北京研究敦煌學并收集敦煌學文獻。與魯迅和胡適有交流。

《靈芬館詩話》，十二卷，二册。

清人郭麐的著書。有“嘉慶丙子秋仁和孫均序”。

鈐有印文：東海循吏，金正喜印，秋史，阮堂，髯。

《卷施閣文一集》，六卷，一册(原刻本)。

清人洪亮吉的著書。裱紙題有“乾隆乙巳孟冬刊于大梁節署”，有“乾隆五十一年歲在丙午花朝日錢塘袁枚序”。乾隆五十五年，朴齊家第二次入燕時張問陶的贈本。朴齊家在《縞紵集》中云：“余得其《卷施閣一集》、《吴下英才集》數卷於翰林張問陶，讀而善之。張曰：‘此人間次修先生詩，稱之不容口，方住崇文門外，間嘗來我可候之也。’余方有事，謝不能。書寄“卷施閣”三大字……因張翰林，致《三國疆域志》，及《府廳州縣志》、自書小篆對聯，所以贄也。其風流弘長如此。”

此書由朴齊家、金正喜、徐相雨師弟之間傳承下來。裱紙有徐相雨親筆題記，題記中有：“按柳惠甫古芸筆記，庚戌次修再入燕也，得其《卷施閣文集》一卷而歸。連珠七體，極意雄麗，此卷良是。余嘗得之金秋史寶覃齋簃中。辛未長至前日，識于存古齋中。時微雪初晴，梅花已萼。徐相雨。”

鈐有如下印文：曠世逸才，朴齊家印，御定字曰修其，寶覃齋印，石經閣，徐相雨長壽印，東國儒子。

《楹聯叢話、續話》，十二卷，六册。

清人梁章鉅的著書。道光二十年(1840)桂林署齋刊行。有陳繼昌序、自序。

鈐有如下印文：阮堂史書，東夷之人，正喜，阮堂，恩誦堂，尚迪，藕船，李尚迪者三州人字曰惠吉號藕船癸亥陽月八日生家在漢城官樞院著書有恩誦堂集(六字六行)。

著者梁章鉅爲翁覃溪晚年的門人，覃溪曾給阮堂的書信中有過介紹，阮堂也已經相識。此圖書的傳入，可以想見阮堂、藕船共賞的情景。

《小石帆亭著録》,六卷,一册。

清人翁方網的著書。有乾隆五十七年(1792)自序。翁星原給金阮堂的贈本。是以白紙刻印的精本。有阮堂親筆題簽。

《蘇米齋蘭亭考》,八卷,一册。

清人翁方網的著書。有嘉慶八年(1803)自序。爲翁星原的寄贈本。卷三第十葉後面有星原的識語。識語中有:

> 新羅殘碑守大南令金陸珎撰并書
> 就殘缺處詳辨得存折十七行中間
> 最高處一行廿四字共計得二百八十三
> 半字甲戌人日　樹崐識
>
> 崑樹印翁　原星

此圖書由阮堂收藏,後來傳入方允明手中。允明字老泉,温陽人。純祖二十七年(1827)出生,五十四歲逝世。以梅蘭著稱,書法學阮堂。石坡(大院君)的畫蘭大部分是允明的代作。

跋

在得知藤塚先生的學位論文將要出版的議論之事之後，我的喜悦之情是無法以言語來表達的。這種喜悦之情對於一直在昭和初期到昭和二十三年(1948)末期，以及在接到先生的遺著《論語總説》刊行辭撰寫的囑托這一期間，一直陪伴在先生身旁的我來説，也許是理所當然的事情。但是，因先生的論文題目是《朝鮮朝對清朝文化的移入和金阮堂》，很多人誤認爲先生是研究韓國學的學者。所以，在此我還想補充一點，所以向先生的哲嗣明直君發出了要表達本意的邀請，雖然是拙陋之文，還是得到了現在給大家講述的機會。

我在很久之前的京城帝國大學教授停年退任紀念會上爲藤塚鄰先生致辭時，曾對很多人誤認爲先生是研究韓國學的學者這一行爲進行過抗議。先生是對清朝經學的實事求是之學爲主線進行研究的學者，對於以上抗議的言辭現在還記憶猶新。在這次出版先生的論文時，收到寫跋文的邀請後也是基於這種想法纔有了撰寫的意願。先生的書齋望漢廬，這是大家都知道的事實，在這個書齋裏并不能聞到一絲有關韓國本資料的氣息。先生自身在韓國内的資料收集也只是集中蒐集了在韓國内所埋没的清朝經學的有關文獻，在那兒基本没有韓國本資料。而且，通過北京琉璃廠書肆的通學齋主人孫殿起鋭利的眼光所挑選的清朝經學的精華(著述)也不斷地寄送過來,以這種源源不斷的嶄新的資料爲後盾,更讓望漢廬充滿了清朝經學的空氣。這種空氣和學問在我國的任何一個大學都是不存在的,雖然本人没有確認過,但即使没有直接確認這也是事實。先生去世二十年之後,對這件事實知道的只有我這個老人,更讓我感到萬般無奈和悲哀。任何没有對清朝經學的實事求是的追求所進行的中國古典研究都是没有精髓的空虛之殼。我之所以能説這句話,是因爲迄今爲止在我所教學的大學所用的演習教材都是《儀禮喪服篇》、《經義述聞》、《吴氏遺著》,這一事實是在大家知道的共識基礎上所説的,大家不會認爲是過分的誇大之詞。誇大之詞以及不知道的事實我也不敢在先生的遺著中記録下來。因以上不是虚無之言,希望不會讓大家感到驚異,以此作爲跋文的結語。

昭和四十九年(1974)十一月

二松學舍大學學長

文學博士加藤常賢

後　記

本書是先父藤塚鄰在昭和十一年(1936)四月在前東京帝國大學所得到博士學位的論文《朝鮮朝對清朝文化的移入和金阮堂》的原形基礎上進行編定刊行的。

大正十五年(1926)京城帝國大學創立之後,服部宇之吉先生擔任第一任校長之後,父親即擔任了中國哲學講座教授。在這期間,父親一直致力於日、清、朝三國之間的文化交流研究,主要是對清朝經學東傳的真相着眼進行了研究,其中對阮元和朝鮮學人金阮堂的特殊關係以及朝鮮文化發揚方面起着决定性作用的方面進行了研究。但是父親并没有想把這些相關研究作爲學位論文來提交,這期間在服部宇之吉博士和宇野哲人博士的極力勸説下,最後纔决定把過去十年間的研究成果作爲提交論文進行了撰述。在兩位先生的極力稱讚和鼓勵之下,清朝文化東漸史的面目纔漸漸浮出了水面。審查父親的博士論文的宇野哲人博士在父親獲得學位論文之後就曾經勸告父親立即出版博士論文,可是當時父親已經把精力集中在其它著作的研究上面了,不過當時也已經有了要出版此書的意願。可是,從那以後一直過了三十八年的時光,直到今天纔能看到這部書的出版,真是讓我感慨無量! 當初父親的意願是想直接刊行博士論文,不過之後又重新對論文中的資料,比如翰墨、手札、書幅、尺牘、拓本、典籍詩文以及其中被埋没的内容又一一進行了整理,對艱澀難懂的部分也做了一些修正,父親是想把自己的博士論文修改成更像一部著作來出版。所以對論文中的内容也有添削,在添加的部分也有新貼上的卡片。對資料的收集和涉獵也繼續進行,對朝鮮的儒士、墨客、兩班之間的交往以及相關的書籍也不斷地查訪,偶爾還要到地方上去考察訪問,因爲這些情况也延誤了博士論文的出版。在此期間,先父在昭和十五年(1940)京城大學退休之後又去了大東文化學院做院長,而在職期間卻去世了,結果也没有能報答宇野博士一直勸説讓博士論文出版的誠心。

如上所述,先父的博士論文雖然没有如期出版,不過各章的論稿大部分都先後在漢學會雜誌和其他學術雜誌上發表過了。而且,在昭和二十二年(1947)把論文中比較讓人感興趣的部分摘録出來,以《日、朝、清的文化交流》爲名,雖然是一部小册子也還是出版了。通過這種研究過程,可以很清晰地把握以朝鮮爲中心的清朝文化東傳的具體細節。韓國的歷史學家李基白(哈佛大學燕京學舍客員)在其所著《韓國史新論》(1971 年出版,也有英譯本)中,對朝鮮朝英、正、純祖三代的實學發展章節中的文獻參考部分就引用了前面所述各學誌中刊載的先父的七篇論文。在同一年出版的金思燁、趙演鉉共著的《朝鮮文學史》中,在對朝鮮英、正祖時期的儒學進行解説時也直接引用了先父《日、朝、清的文化交流》序文中的内容。十八、十九世紀,在乾隆學壇興盛的同時,也在朝鮮興起了實學的學風,正如在宋學的舊街道旁邊建起的清朝考據學之高速公路,讓人不能對此再漠視或無視了。

鄙人平時在心中常有的這種感懷,在昭和四十八年(1973)初春,曾與中吉功、渡部學兩位學友商議過先父的論文是否能在國書刊行會進行刊行的事情。而且當時阿部吉雄先生和宇野精一先生也對出版一事提出了聲援。不僅如此,宇野精一先生還親自到我家對原稿的復原整理工作進行了詳細的詢問和建議。如上所説,在諸位先生的熱情幫助下,纔和出版社簽訂了出版合約。正巧,在此年正逢宇野哲人先生九十九歲壽辰,爲了慶賀,在夏天舉行了盛大的祝賀宴。我想把不久就要出版的這部著作作爲先生的禮物獻呈給先生,可是不幸的是,在下一年,即昭和四十九年(1974)二月十九日,宇野先生卻仙逝而去,現在只能把這部著作作爲完成的報告祭獻在宇野先生的靈前了。

先父曾經把宇野先生的學位請求論文審查報告做成小册子印刷出來作爲家寶,也爲了教育和鼓勵子孫。這部著作的出版,如果父親在世的話,一定會請宇野哲人先生撰寫序文的。我爲了完成先父的心願,就去拜托了哲人先生的嫡嗣、同時也和先父有着很深的學緣的宇野先生,并直接去他府上請求他爲先父撰寫序文,也獲得了他的許可。

本書在計劃出版之時的昭和十年(1935)就打算以論文原本的形式出版。之後先父所補充的部分,特别是增添的、補充的等部分都没有增加進去,字面、文體也還是和原文一致。這樣做的原因是爲了保證先父執筆當時的行文感覺和字句嚴正。尤其是爲了保障文物原蹟文字的精確印刷,這些都是要考慮的重要因素。其中,著者所標示的“諒解的話”、“地名”都是執筆當時的記録,而且即使有“原蹟某氏所藏”的記録,現在也是不能得知的問題了。現在標有“家藏”的原蹟也在昭和二十年(1945)三月十日遭受空襲之時大部分燒燬了(萬幸的是,留有複製的寫真版)。

先父的博士論文是以二百五十二字的稿紙寫成,有一千三百頁,總十二册。其中除了《導言》外,第一册、第二册已經遺失,第六册、第八册、第十册因裝訂鬆散,原稿已經成爲散失狀態。第一册、第二册相當於《總説》部分,從第一章到第九章,至第六章是根據《朝鮮朝的學人和乾隆文化》(《朝鮮支那文化研究》昭和四年九月刊載)進行復原的。第八章《李美卿、姜豹庵的進賀》是根據《書苑》第三卷第五號復原而成,并一直到第六章的部分。可是,第七章《朴燕巖和熱河日記》以及第九章《洪耳溪的入燕和清儒》部分因補綴的資料一直到現在也没有找到,只能把這部分删除了。尤其是十九世紀初期的批評家和實學的先驅朴趾源(號燕巖),他的著述《熱河日記》的有關部分曾經想單列一章,在這兒卻不能收入本書,實在是萬分遺憾! 第六册、第八册、第十册部分通過比較分析,最後得以復原。在這些册卷中所包括的第十章《吴蘭雪和阮堂》部分是根據《書苑》第五卷八號所刊載的《吴蘭雪和清朝文化》部分整理的。第十四章《劉燕庭和阮堂》是根據《東方學報》(東京)第十册所刊載的《以海東金石苑爲中心的清、朝文化交流研究(上)》所整理的。第十八章《阮堂歲寒圖和清儒十六家》部分是根據《漢學會雜誌》第十卷第二號刊載的《清、朝文化交流的一斷面》進行整理而成。其中在這些雜誌上刊載的論文也有之後補充另行刊載的情况。

至昭和十年(1935)爲止,先父一直把自己的研究成果以論文的形式進行具體化,也是爲了使這些研究主題具有親緣性(關聯性)。在昭和十年(1935)的寒冷的冬天,京城大學支那哲學研究所的諸位同仁熬夜爲這部著作進行了整理。本多龍成助教授,研究室助手庄司秀一先生,京城大學予科教授中澤希男先生都是在學習小組裏經常見面的同學,他們和幾位學生一起每日來到我家直到論文修訂完成爲止,按先父所期許的標準進行了仔細的校注,每當想起這些我都情不自禁。由三部組成,達到四千多頁的原稿是由這些同仁們分擔抄録的,每次看到抄録的原稿筆蹟,我心中不由得産生出很多的温情。

先父因翰墨和在遥遠的朝鮮、清朝的學人有着深厚的交誼,和當時韓國的紳縉名家的交流也頗讓人炫目。只是這種交流都是根基於學術,雖然有時不是其人本意的强求,偶爾也會有因爲韓國人士的尖鋭質問而感到惶恐不安的事情。比如,先父在北京留學過程中,曾經因爲没能查找到朝鮮的朴齊家資料而苦悶了好多年,在大正十五年(1926)赴任京城大學後立即就去拜訪了首爾的一位老學者并詢問朴齊家的學術情况,在没有得到任何答案的情况下,先父的心情也應該是很自責的。而且,著作中的《阮堂先生全集誤謬》部分是阮堂的季弟琴眉(名相喜)的玄孫金翊煥先生編纂的,其中有一部分清儒的作品被誤收入爲阮堂的作品中了,這些都使得這部書有了學術上的空洞之感。不僅如此,也得到了韓國方面的很多協助。通過這樣的自我反省也可以更深切地體會到朝鮮時期學人對清朝學壇跪拜學習的虔誠態度。我在昭和四十七年(1972)夏天通過韓國研究院院長崔書勉先生的介紹參加了在首爾召開的第二回韓日文化論壇會議,作爲唯一的一個日本人,能參加這個文化外交活動也讓我感到無比的榮幸。這個會議邀請的是研究韓國文化的專業學者,是韓日兩國共同主辦的在韓國召開的學術盛會。這也是韓國人對李退溪、金阮堂的敬慕之心開始發芽的現象。而對於這方面研究的前輩來説,我只不過是剛開始做這方面研究的後生,能被邀請參加也讓我爲稠情古誼而感到萬分感動。在會議結束之後的無窮花盛開的光復節,由主賓阿部吉雄先生、宇野精一先生,以及在會議上發表《朝鮮時期初等教育的展開相》論文的渡部學教授一起去參觀了成均館大廟。在那兒很意外地碰到了金翊煥先生,也很高興地握手寒暄。金翊煥先生穿着端莊的儒服,用很高昂的韓語對成均館大廟歷史文化進行了講解,現在看着先父的著述,更讓我感慨無量!

先父經常提起"星野先生",星野先生的名爲"恒",號爲"豊城"。先父在明治四十年(1907)前後在東京大學在學期間曾經在先生門下學習。星野先生是鹽谷宕陰的大弟子,宕陰先生和安井息軒都繼承了松崎慊堂的學統。慊堂先生的《慊堂日曆》(天保四年十月十二日條)中有開始關注《皇清經解》研究的記録,在其去世前後《皇清經解》也傳入了日本。正基於慊堂先生的啓蒙,尊重《經解》的精神纔由宕陰先生、息軒先生兩位儒學大家傳承下來,因而也傳授給了豊城先生。先父在對《皇清經解》的研究上是在向恩師充分地學習了清朝考證學和經書的文獻學之後開始的。先父在之後任教于第八高等學校時期曾經想全部收集清朝考據學的原刻本資料,既而對康熙、雍正、乾隆、嘉慶年間學者的著述刻本進行了收集,進而堅定了自己樸學研究的方向。在大正十年(1921)至大正十二年(1923)被派往北京做駐北京海外研究的期間,先父也直接去琉璃廠書肆對有關文獻資料進行了涉獵收集。大正五年(1926)在京城大學創設之後,得到了赴任漢文科教授的任命,父親認爲首爾是韓國和清朝學問交流空間上的要衝,很有必要發掘整理埋藏在韓國的大量的清朝名賢手札、翰墨、書幅、善本圖書等文獻資料，先父是帶着這種再生、再組織的開發意識趕赴韓國的。正因爲先父帶着這種開發意識，纔最後發現了清朝經學，以及清朝文化是多麽的興盛燦爛。只要看一下現在家中保存的清人送給的卷軸古玩，也可以發現這些都是用語言無法形容的典雅逸品。

清朝文化東傳朝鮮的問題其實已經在一百六十年前日本使節和朝鮮通信使在對馬島見面時由日本江户時期的碩儒向朝鮮使節提出過，對於這個問題，本書中雖有涉及，不過松崎慊堂的著述《接鮮瘖語》中也有記述。即，大學的鉅頭林述齋和通信使正使書記金清山，述齋的門人松崎慊堂和朝鮮製述官李太華之間的問答。述齋和慊堂對清朝和朝鮮的消息是帶有怎樣的熱切期望詢問的呢？可是他們對朝鮮金、李二人的回答并没有滿足就結束了問答。金清山曾經跟随阮堂的父親酉堂出使燕京，在那裏和清人有過直接的交流，可是其成果卻被阮堂繼承了。如果説先父的學統是相當於慊堂的孫輩，從這方面也不能不説是一段奇緣。藤塚六代祖中有個叫知明的人物，他作爲宫城縣塩釜神社的祠宫精通神典圖書。他和林子平交往深厚，想把自己的學術傳向海外，他的第三個兒了保作爲養子過繼給了荷蘭醫生前野良澤，從而和慊堂建立了親交。知明的墓誌銘也是慊堂代替述齋撰述的，這樣的因緣慊堂也是不知道的。這樣的問題都是和他的學統有關的後生們來解决的，這可能也是上天下達的指示吧，不能不讓人産生這樣的感想啊！

先父生前經常去長崎圖書館查看保存的書籍原賬寫本，這些都是江户末期最後三十年從江蘇、浙江由清人的船舶載來的資料，依靠這些船舶的書籍運輸爲日本增添了大量的文獻資料，而這些文獻也爲先父提供了很多的啓示。本著作中先父對翁覃溪爲首的清朝的金石學研究，不僅僅局限在自國的秦漢唐宋的金石，也對朝鮮甚至於日本的石刻古碑有着深入的研究。這種就像貓手中抓着的老鼠一樣的“集要”在先父的著作中也明確地展現出來了。先父對埋没的書籍進行挖掘整理的信念也是基於這種“集要”的觀點。像這樣，對於被發掘的文獻資料，比起通過頭腦來考察，直接用手一一進行整理歸納，得以讓日、朝、清三國的學術脈絡鏈接起來，并形成了一個基盤。在這兒，如果用社會科學的學説來看的話，可以説用“假借的原理”做縱橫線條（“中國學”的名稱包括古代祀典的發掘，是先父在八高生開始就和有師弟關係的加藤常賢先生有着密切的關係）。加藤先生在京城大學做助教授時經常去父親的書齋和父親談論訓詁之學，他們經常因一個問題而議論到天亮的身影就像發生在昨天的事情，不過這也已經成爲了故事！加藤先生之後曾任教於廣島文理科大學，戰後轉任到東京大學做教授。

我曾經去川崎市加藤先生的家裏拜訪過他，向加藤先生報告了先父著作出版的事情。先生聽後非常高興，并願意爲先父的遺著撰寫跋文，這對於我來説是非常榮幸的事情，在詳細瞭解先父學風的加藤先生那兒也聽他講述了很多有關先父的解説。

先父在京城撰寫論文時期，書齋的窗外即是峻嶺重疊，對面處是帶有淡淡桃色美麗花紋的花崗岩聳立於天際，像孤雁要長鳴一樣。在首爾的北方，面對着聳立於天際的北漢山鋸齒峰的先父的書齋名爲“望漢廬”，也是含有先父對兩漢經師的思慕之情。

先父直到現在纔可以説還了學界一個債務。爲了完成這個心願，首先應該感謝爲本書的出版進行企劃的國書刊行會社長佐藤今朝夫先生，還有以竹内淳夫先生爲首的編輯部的諸位先生，是他們代替先父盡力爲這部著書盡了最大的努力。最後，也感謝我去世的母親，她雖然没有直接參與本書的完成，但是作爲先父的妻子，也一直爲了父親的研究盡心盡力，并不惜協力出資幫助父親的研究。永遠不能忘記在嚴寒的冬季總是比父親早起，爲了父親點燃暖爐的母親的身影。

昭和四十九年（1974）十一月

藤塚明直